천사 미국과 악마 북한

언론복합체의 대한민국 요리법

김성해 · 강국진

천사
ANGEL

미국과 북한

악마
DEVIL

언론복합체의
대한민국 요리법

생각 을 나누는 나무

목차

제 1 장

한반도의 서글픈 자화상

사람이 지나간 자리엔 언제나 흔적이 남는다. 어제 우리가 한 행동은 오늘 우리가 품는 생각을 제약하고 오늘 우리가 품은 생각은 내일 우리가 할 행동을 제어한다. 우리는 이런 이치를 나타내는 여러 표현을 알고 있다. 세 살 버릇 여든 간다거나 콩 심은데 콩 난다는 속담도 있다. 업보 혹은 '천국을 위해 복을 쌓는다'라는 종교교리로 포장하기도 한다. 사회과학에서는 경로의존성, 수확체증 등으로 설명하기도 한다.

2019년 하반기 한국의 대외관계와 국내현안에서 가장 인상적인 장면으로 꼽을 수 있는 한일갈등과 검찰개혁을 예로 들어보자. 전혀 상관없어 보이는 두 가지는 일제잔재청산이라는 무척 민감한 주제로 엮여 있다. 검찰이 기소독점과 기소편의 등 각종 특권을 갖게 된 건 제헌의회가 그렇게 법을 만들었기 때문이다. 제헌의회에서도 너무 지나친 특권을 검찰에 부여한다는 문제제기가 적잖이 있었다. 그럼에도 불구하고 악질친일파들이 우글거리고 부정부패와 인권침해를 밥먹듯이 하는 경찰을 제어해야 한다는 건 누구도 부정할 수 없는 시대적 과제였다. 결국 친일잔재를 제대로 청산하지 못한 업보가 검찰권력 강화로 이어졌고 경로의 존성을 거쳐 오늘에 이르게 된 셈이다.

　문화체육관광부가 2019년 2월 26일 공개한 '3·1운동 및 대한민국임시정부 수립 100주년 국민인식 여론조사' 결과를 보면 69.4%가 일본에 호감이 가지 않는다고 답했다. 3·1운동 정신 계승 방법으로 29.0%가 '친일잔재 청산'을 꼽았다. 응답자 가운데 친일잔재가 전혀 청산되지 않았다는 응답이 30.8%나 됐고, 별로 청산되지 않았다는 49.3%나 됐다. 친일잔재 청산 문제에 관한 한 대한민국 국민 사이에 큰 이견이 없다는 걸 보여주는 결과다. 친일잔재 청산이 제대로 안 된 원인으로는 48.3%가 '정치인·고위공무원·재벌 등에 친일파 후손들이 많아서'라고 답변했다.[1] 이런 인식은 문재인 대통령이 3·1운동 100주년 기념식 경축사에서 "친일잔재 청산은 너무나 오래 미뤄둔 숙제"라면서 "잘못된 과거를 성찰할 때 우리는 미래를 향해 함께 갈 수 있다"고 말한 것과도 일맥상통한다.[2] 이런 맥락을 생각해본다면 아베 총리의 무역규제로 시작해 지소미아협정 파기 등으로 숨가쁘게 이어진 와중에 일본 불매운동이 격하게 타올랐다는 건 어떤 면에선 매우 자연스러운 전개가 아닐까 싶기도 하다.

---

[1]　이 여론조사는 정부가 한국갤럽에 의뢰해 2월 1~8일 전국 만 19세 이상 국민 1004명을 대상으로 전화면접조사 방식으로 진행했다. 표본오차는 95% 신뢰 수준에서 ±3.1%포인트이다. 3·1운동 하면 유관순… 국민 80% 친일잔재 청산 안 됐다. 연합뉴스. 2019/2/26.

[2]　문 대통령 "친일청산 미룰 수 없는 과제… 신한반도체제로 새로운 100년 열겠다". 한겨레. 2019/3/2.

1. 반역의 세월

일제에 빌붙어 동포들을 탄압했던 친일파들이 해방 이후에도 권력을 잡았다. 제2공화국 국무총리를 지냈던 장면의 아들인 장순이 학교에서 귀갓길에 있는 경찰서를 지날 때마다 생생하게 들렸다는 "고문 피해자들의 비명 소리"[3] 는 좌절된 해방의 단편을 예리하게 보여준다. 당시 경찰은 곧 친일파 집합소나 다름없었고 평범한 장삼이사들을 좌경화시키는 교과서 자체였다. 독립운동가 출신으로 해방 직후 경찰 고위직에 몸담았던 최능진의 증언을 보면 "매일같이 많은 사람들이 증거도 없이 경찰의 편파적인 생각에 따라 체포되었다. 어떤 경찰관은 '저놈은 맘에 안 드니 데려다가 두둘겨 패고 감옥에 처넣자'고 말했다"라고 할 정도였다. 최능진은 "경무국은 부패했으며 인민의 적이다. 이러한 정세가 계속되면 한인의 80%가 공산주의 쪽으로 돌아설 것이다"라는 보고서를 제출했다. 그 결과, 그는 해임당했다.[4]

일본은 1950년부터 1953년까지 한반도에서 벌어진 전쟁을 통해 바닥까지 떨어졌던 경제를 부흥시킬 기틀을 마련했다. 일본은 1950년에는 경제성장률이 10.9%, 1951년에는 13%까지 기록했다. 국제수지가 흑자로 전환돼 1951년 외환보유고는 9억 4,000만 달러에 이르러 미국이 대일 원조를 종료할 정도였다. 일본 수상을 지낸 요시다 시게루가 한국전쟁을 "신이 내린 선물"로 평가했

---

3)   장순. 2016. <미국의 한반도 개입에 대한 성찰>. 후마니타스. 235쪽.
4)   브루스 커밍스, 김자동 옮김. 1986. <한국전쟁의 기원>. 일월서각. 222쪽.

다거나 일본은행 총재 이치마다 히사토가 "우리 재계는 구원받은 것"이라고 말한 건 딱히 과장도 아니었다.[5] 2019년 일본이 반도체 분야에서 한국에 보복조치를 취한 것은 전쟁과 경제부흥이라는 정반대 상황을 다시 떠올리게 만든다. 이런 여러 가지 역사적 맥락을 고려하면, 아무리 냉정하게 말해도 한국인들이 공유하는 친일잔재 문제와 일본에 대한 뿌리 깊은 불신은 말 그대로 '콩 심은 데 콩 난' 결과라고 할 수밖에 없다. 하지만 과연 그게 전부일까? 우리가 인식하는 한일관계의 생각 틀에 뭔가 놓친 구석은 없을까.

조선총독부 앞에 걸려 있던 일장기가 내려간 건 1945년 9월 9일이었다. 일본군 무장해제를 위해 전날 인천에 상륙했던 미군은 항복 조인식을 한 뒤 일장기를 내렸다. 이 장면에서 우리는 '해방'이라는 두 단어를 떠올릴 수밖에 없다. 하지만 그 다음 장면을 놓치면 진실의 반쪽만 본 셈이다. 일장기를 내린 미군은 곧바로 성조기를 게양했다. 미군정은 조선총독부를 고스란히 대체했다. 미군은 맥아더 일본점령군 사령관이 스스로 규정했듯이 자신들을 처음부터 '점령군'으로 인식했고 또 그렇게 행동했다.

1945년 8월 15일 직전 조선총독부는 급박하게 움직였다. 제2차 세계대전 패전 소식을 알게 됐을 때 조선인들이 폭동을 일으키거나 일본 거류민과 일본군을 공격할 가능성을 우려했기 때문이다. 총독부는 결국 여운형과 그가 이끄는 비밀독립운동단체인 건국동맹에게 행정권을 이양하기로 했다. 8월 15일 아침 엔도 류사

---

5) 강준만. 2004. <한국 현대사 산책 1950년대편 2권>. 인물과사상사. 53쪽.

쿠(遠藤柳作) 정무총감과 회담에서 여운형은 행정권 인수 의사를 밝히면서 정치범 · 경제범 즉시 석방, 경성에 3개월치 식량 확보, 치안유지와 건설사업 · 학생훈련과 청년 조직화에 간섭하지 말 것 등 5개 항을 요구했고 수락을 받아냈다. 여운형은 그날 저녁 건국준비위원회를 조직했다. 16일에는 오전 10시를 기해 전국 형무소에서 정치범과 경제범 약 1만 6,000여 명이 풀려났다. 17일에는 건준 부서 결정을 완료했다. 치안유지 권한과 방송국 등 언론기관도 조선총독부한테서 이양받았다. 총독부 건물에는 태극기가 휘날리기 시작했다. 하지만 총독부와 미군이 비밀리에 연락을 주고받으면서 상황이 뒤바뀌기 시작했다. 미군은 총독부에게 "미군 진주까지 모든 체제를 변경하지 말고 계속 유지하되, 정식 항복할 때 일본 통치기구를 그대로 미군에게 인계하라"고 통고했다. 총독부는 8월 18일 오후에 여운형에 대한 행정권 이양을 취소한다고 발표했다. 태극기도 다시 일장기로 바꿔 달았다.

하지 중장과 그가 이끄는 제24군단이 9월 8일 인천에 상륙했다. 미군은 인천 주민들에게 외출금지령을 내렸다. 시내 질서유지를 맡은 건 총에 대검을 꽂은 일본 경찰이었다. 미군을 환영하러 나왔다가 일본 경찰이 쏜 총에 맞아 두 명이 사망했다. 하지는 일본인들에게 치안유지에 협조해줘 고맙다고 밝혔다. 총독부 앞 일장기가 성조기로 바뀐 건 다음 날이었다. 조선총독부는 미군정청(MG)으로 간판을 바꿔달았다. 일괄 사퇴한 총독부 일본인 관리들은 비공식 고문으로 일했다. 이들은 8월부터 10월 사이에 약 350권에 이르는 비망록을 영어로 번역해 미군정청에 제출했다. 일본인 고문들은 한국인들을 추천하는 역할도 맡았다. 그렇게 해서 조병옥 경무국장, 장택상 수도경찰국장을 비롯해 노덕술 같은 이들이 경찰 핵심부를 차지할 수 있었다. 미군정의 공식 소식통은 미국인들이 "총독의 기존 행정기구를 활용했다"라고 기술했다.[6]

그 결과로, 일본 군대는 심지어 '미군정'이라고 쓰인 완장을 차고 신나게 거리로 나와서… 미군정의 권위하에 그런 일이 벌어지고 있다는 사실을 믿을 수 없어 하는 한국인들 앞에서 보란듯이 무리지어 활보하고 다녔다. 무장한 일본 군인들은 '미군이 재가한 일본군 파견대'라고 쓴 트럭을 타고 시내를 오갔다.[7] 장순은 이런 목격담도 증언했다. "1945년 8월 말 일곱 살의 어린 소년이었던 나는 우리집 근처인 혜화동 로터리 주변에서 신나서 고함을 지르고 저절로 우러나오는 노래를 부르며 터질 듯 빡빡하게 무임승차한 사람들이 가득 타고 있었던 전차를 보았다. 어떤 사람들은 앞 뒷문에 간신히 매달려 있었다. 그때 어디선가 기관총을 운전석 위에 단 군용 트럭을 타고 일본군이 나타나 전차에 매달린 사람들을 향해 마구 총을 쏘았다."[8]

친일잔재는 살아남았다. 해방 이후에도 친일파가 득세한 것이 분단과 전쟁으로 이어졌다. 민족정기를 바로 세우려면 친일잔재를 청산해야 한다는 건 한국 국민 절대다수가 동의한다. 하지만 우리는 정작 진실의 반쪽을 의도적으로 혹은 무의식적으로 놓치

6) 커밍스. 앞의 책. 207~208쪽.

7) Harold Isaacs. 1947. *No Peace for Asia*. NY: Macmillan. 93~94. 장순. 2016. 237쪽에서 재인용.

8) 장순. 앞의 책. 237쪽.

고 있다. 친일잔재를 청산하지 않고 오히려 육성한 건 누구였는가. 그리고 그 이유는 무엇인가. 친일잔재를 살려낸 건 미군정이었다. 그 이유는 경찰을 감독하던 윌리엄 매글린 대령이 "우리는 만일 '일제하 한국 경찰이' 일본인들을 위해서 일을 잘했다면 우리를 위해서도 일을 잘할 것이라고 생각했다"라고 말한 것에서 찾을 수 있을 것이다.[9] 이제 친일잔재는 미군정을 위해 복무하는 동시에 자신들의 이해관계를 개입시키기 시작했다. 하지 중장이 여운형을 만났을 때 첫마디가 "일본인의 돈을 얼마나 먹었느냐?"라는 말이었을 정도로 '친일파이자 공산주의자'라는 황당한 흑색선전이 힘을 발휘했다.[10] 좀 더 거시적으로 본다면 일본부터 파키스탄에 이르는 반공 방벽을 만들려 했던 미국의 세계전략이 있었다. 그러려면 한반도 남부가 미국과 일본의 통제 아래 있어야 했다.[11]

일본이 전쟁 전과 유사한 모습으로 되살아난 건 필연적인 귀결이었다.[12] 한반도에게 그것은 분단과 전쟁, 그리고 더 큰 분단으로 이어졌다. 이미 미군정 주재 국무부 고문인 윌리엄 랭던이 1945년 11월 20일에 국무부장관에게 보낸 전문에서 분단정부 수

---

9) Mark Gayn. 1948. Japan Diary. NY: William Sloan. 391쪽. 장순. 앞의 책. 258쪽에서 재인용.

10) 이기형. 2004. 『여운형 평전』. 실천문학. 417쪽.

11) Micaael Schaller, 1985. The American Occupation of Japan: The Origins of the Cold War in Asia. NY: Oxford University Press. PP.viii, 211. 장순. 앞의 책. 232쪽에서 재인용.

12) Schaller. 앞의 책. 51쪽.

립의 기본방향이 등장했다.[13] 1946년 4월 6일 AP통신은 "미 점령 군 당국은 남조선에 한하여 조선 정부 수립에 착수하였다"고 보도했다.[14] 이승만이 그 유명한 '정읍발언'에서 "우리는 남방만이라도 임시정부 혹은 위원회 같은 것을 조직하여 38 이북에서 소련이 철퇴하도록 세계 공론에 호소하여야 될 것이니 여러분도 결심하여야 될 것이다"고 말한 것은 AP통신 보도가 나오고 두 달이 지난 6월 3일이었다.[15]

그 속에서 "미국은 한국에서 자국의 이익을 보호하기 위하여 풀뿌리 민중운동에 참여한 국내 혁명가들을 신속하고 직접적인 폭력을 동원해 진압했다. 미국의 군사적 점령은 1945년에서 1948년에 이르는 기간 동안 한국의 사회혁명을 효과적으로 유산시켰다."[16] 그리하여 "미군이 한국에 도착한 지 3개월 내에 내린 결정들이 대전 후 남한의 기본적 정치구조를 결정짓기에 이르렀다."[17] 그 결과 한국은 일본 경제부흥을 위한 뒷마당이 돼 버렸다. 같은 원조라도 일본과 한국이 받은 원조는 성격부터 달랐다. 일본은 '항구 기지화 정책'을 위한 경제원조 중심이었고 한국은

---

13) 커밍스. 앞의 책. 245쪽.

14) 서울신문. 1946/4/7. 군정청이 본국에 남한 단정 수립을 제의했다는 소식의 외신 보도.

15) 서울신문. 1946/6/4. 이승만, 정읍 환영 강연회에서 단정 수립 필요성 주장. 김기협. 2012. 『해방일기 4권 반공의 포로가 된 이남의 해방』. 너머북스. 151쪽에서 재인용.

16) 장순. 앞의 책. 227쪽.

17) 커밍스. 앞의 책. 185쪽.

대공산권 방어기지를 위한 군사원조 중심이었다.[18] 미국은 한국에 준 원조자금으로 한국에서 구입할 수 있는 물품조차 일본에서 구입하도록 압박을 가했다. 유엔군사령부도 일본인 기술자들을 불러 일을 시키고 부산 부두 노동까지도 일본인을 고용하도록 했다.[19]

2. 분단체제

분단 이후 한국은 정치경제문화에 걸쳐 분단의 그늘을 못 벗어났다는 측면에서 '분단체제'라는 규정이 가능하다. 미국이 만들어 놓은 냉전체제 속에서 형성되고 수립된 한국의 분단체제는 냉전과 군사독재, 산업화와 민주화라는 숱한 시간 속에서도 여전히 한국을 지배하고 있다. 수십 년에 걸친 남북대화는 번번이 좌절되거나 유산되면서 다양한 층위에서 갈등과 기회비용, 세계관의 제약과 대외정책 제약으로 이어졌다. 왜 우리는 악순환의 고리를 끊지 못하는가. 속 편하게 김일성·김정일·김정은 탓, 종북세력 탓, 심지어 동성애 탓 말고 다른 대안을 모색할 수는 없는 것일까. 왜 우리는 해방 이후 70년이 지나도록 '일제 잔재 청산'이라는 반쪽짜

18) 공제욱. 2000. 『한국전쟁과 재벌의 형성』. 경상대학교 사회과학연구소 엮음. <한국전쟁과 한국자본주의>. 한울아카데미. 71~72쪽.

19) 서중석. 2002. <비극의 현대지도자들>. 성균관대 출판부. 155쪽.

리 진단에서 못 벗어나고 있는 것일까.

1945년 11월 20일부터 사흘간 열렸던 전국인민위원회 대표자 대회에서 조선공산당 조직국 부책임자 겸 서울시 당위원장 자격으로 축사를 했던 김삼룡은 친일파들을 비판하면서도 "38도선 이남의 미군도 역시 조선해방을 위하여 협조하는 군대이므로 우리는 이러한 군정이 결코 독립방해자가 아니고 협력자로서 그들과 협력하여 독립을 위해 싸워나가야 한다"고 말했다. 미국은 '진보적 민주주의국가'[20]인데 친일파와 민족반역자들의 이간질과 거짓 정보 혹은 '가짜뉴스' 때문에 본의 아니게 인민위원회를 적대시하는 등 조선 인민들의 의지에 반하는 정책을 펴고 있다고 판단했던 것이다.[21] 생각해보면 21세기 한국의 인식은 20세기 중반 공산당 지도부의 수준에서 한발짝도 더 나가지 못했다는 비판에서 얼마나 자유로운가.

한국에서 특정한 담론이 '상식'으로 대접받는 건 공론장이 그런 방향으로 작동하기 때문일 것이다. 한국이 직면한 현실을 냉정히 자각하고 도약하기 위해서는 한국의 공론장을 지배하는 이들을 알아야 한다. 한국의 보수는 얼핏 보면 대단히 수준이 낮아 보인다. 거리에서 벌이는 집회는 맥락없는 증오만 쏟아내는 연사들과 생뚱맞은 공연, 거기다 성조기도 모자라 이스라엘 국기까지 흔드는 '할배'들로 가득하다. 조국 전 법무장관을 규탄하는 집회에

---

20) 해방 직후인 1945년 8월 20일 조선공산당재건위원회는 박헌영 명의로 발표한 '현 정세와 우리의 임무'(이른바 8월테제)는 미국을 소련·영국·중국과 함께 '진보적 민주주의국가'로 규정했다. 8월테제 전문은 국사편찬위원회 홈페이지 참조.

21) 김민희. 1993. 『쓰여지지 않은 역사』. 대동. 54~55쪽.

서 가장 자주 들을 수 있는 노래인 '아! 대한민국'에서 "아~ 우리 조국, 아~ 영원토록 사랑하리라"라는 가사가 줄기차게 나오는 걸 듣다 보면 웃어야 할지 울어야 할지 모르겠다. 집회 모습만 보면 한국의 보수 몰락을 가로막는 건 기대수명 연장밖에 없는 것 아닌가 하는 생각까지 들 정도다. 최근 출간된 〈반일 종족주의〉만 해도 참신한 인상은 고사하고 깊이를 느끼기 힘들다.[22] 하지만 곰곰이 생각해보면 이런 인상은 거대한 빙하 가운데 바다 위에 자리잡은 극히 일부라는 데 생각이 미치게 된다. 태극기와 성조기, 이스라엘 국기가 함께 등장하는 집회는 표피에 불과하다. 반공을 토대로 한 상징권력이 공론장을 매개로 어떻게 작동하는지 살펴보면 이들이 수십 년에 걸쳐 '보편'언어를 장악해 왔다는 데 주목하지 않을 수 없다.

기득권 집단이 '보편'언어를 선점한 구조를 가장 극명하게 보여주는 사례는 최근 벌어진 한일갈등이라고 할 수 있다. 이른바 친미·친일 보수파의 언어는 자유시장과 재산권, 법치, 인권 등으로 구성된다. 향하는 곳은 미국식 가치동맹이다. 우리가 지향해야 할 목표지점에 미국과 미국식 가치가 있다. 미국식 가치에는 자유시장과 재산권, 법치, 인권 등이 자리잡고 있다. 미국식 가치를 공유하는 집단은 미국 등 서구, 그리고 일본이다. 그 반대편에 존재하는 건 옛 소련, 북한, 중국 그리고 이들에 경도돼 있는 국내 종

---

22) 대표저자인 이영훈 전 서울대 경제학부 교수는 이승만학당 교장이다. 공동저자 가운데 한 명인 주익종은 교과서포럼에서 낸 '대안교과서 한국근현대사'(2008) 편찬에 참여했고 현재 이승만학당 교사이다. 김용삼은 조선일보 기자와 월간조선 편집장을 역임했으며 이승만학당 교사이자 펜앤드마이크 정규재TV 대기자다.

북과 반미 세력 등이다. 전자는 보편, 후자는 '특수'이다. 우리가 지향해야 하는 게 보편이라면, 이런 담론구조에서는 한일 간 과거사 문제 혹은 반일 민족주의는 우리가 지향해야 할 목표에 역행하는 반동이 될 수밖에 없다. 최근 한일갈등을 이 언어에 대입해보면, 문재인 정부는 국가 간 약속을 지키지 않고, '골대를 자꾸 옮기는' 등 인류보편적 가치에 역행하고 있다. 최근 논란이 된 〈반일 종족주의〉가 한국의 민족주의를 '종족주의'라고 지칭하는 근거 역시 보편적 가치를 갖지 못했다고 봤기 때문이다.[23]

공론장을 매개로 한 상징권력이 작동하는 핵심에는 바로 이 '보편'언어를 선점하고 끊임없이 재구성하는 과정이 자리잡고 있다. 노무현 정부 당시 세력화를 시작한 '뉴라이트'가 강조했던 의제는 자유민주주의, 북한 인권 개선과 민주화, 자유무역협정, 한미동맹 등이었다. 이 과제들은 고스란히 이명박 정부의 국정목표가 됐다. 뉴라이트는 미국 네오콘과 상당한 유사성을 보이는데 두 세력이 강조하는 의제 역시 인권과 민주주의 자유시장 등 '보편'의 언어로 구성돼 있다. 언어만 그런게 아니다. 뉴라이트에는 미국 '전미민주주의기금'(NED)의 그림자가 짙게 드리워져 있다. 초대 회장이 스스로 밝힌 대로 "CIA가 25년 전 비밀리에 했던 일들"을 공개적으로 하는 NED는 외견상 비정부기구이지만 실제 행적을 보면 1980년대 이란-콘트라 스캔들을 비롯해 세계 각지에서 친미세력 지원과 선거 개입, 반미 정부 전복활동 등을 해왔다. 물론 이들의 활동 대상에는 한국 보수단체와 보수언론도 예외가 아

---

23) 시사IN. 2019. 1924년생 이춘식이 드러낸 세계. 623호.

니다. 특히 인권이라는 보편적 가치야말로 북한 때리기의 핵심 무기가 된다.

과거 냉전 시절에는 '김일성 가짜설'을 통해 제국주의에 맞선 민족해방운동이라는 상징권력을 거세하려는 시도가 있었다. 1980년 광주민주항쟁 이후 '보편'의 자리를 차지한 미국에 의심의 눈초리를 보내기 시작한 학생운동이 김일성을 중심으로 한 항일무장투쟁에 관심을 보이게 된 건 자연스러운 귀결이었다. 1980년대 후반 김일성의 항일운동 경력이 '진짜'라는 글을 학보에 실었던 필자가 구속됐다는 건 북한이라는 '특수'가 '보편'의 자리를 차지하는 건 곧 남한 정부가 '보편'의 자리를 잃을 수 있다는 반응이나 다름없었다. 북한을 '특수'의 자리에 두기 위한 노력은 김일성 사후에는 김정일이 술주정뱅이이며 괴팍하고 종잡을 수 없는 인물이라는 것으로 대체됐다. 김정은 시대 초기 숱하게 거론된 '숙청' 역시 그런 전통의 연장선에 있다. 장성택을 시작으로 리영호, 현영철, 김용진, 현송월, 심지어 김정은의 부인인 리설주 등에 대한 숙청 보도가 줄을 이었다. 북한의 행태를 분석할 때 자주 등장하는 '정상국가' 역시 북한이 '비정상'이며 '보편'과는 거리가 먼 국가라는 이미지를 끊임없이 상기시킨다.

우리가 눈여겨봐야 할 핵심 문제는 이 과정에서 언론이 맡은 역할이다. 언론은 과연 신뢰하기 힘들다는 걸 몰라서 그런 보도를 했을까. 선입견 때문이라고 할 수도 있겠지만 그럼 왜 그런 선입견이 작동하는지 따져봐야 한다. 밑바닥에는 역시 북한을 끊임없이 '비정상' 즉 '보편'의 자리를 차지할 수 없는 존재이며, 그렇기 때문에 붕괴할 수밖에 없고 또 붕괴 중인 존재로 자리매김하는 의식적인 노력이 자리잡고 있다고 할 수 있다. 이런 인식은 일종의 자기실현적 예언으로 확대재생산된다. 가령 1983년 이웅평 대위 귀순, 1986년 김일성 사망 오보 소동, 1994년 김일성 사망, 1997년 조선노동당 비서 황장엽 망명, 2016년 영국 주재 북한대사관 공사 태영호 망명 등 각종 국면마다 북한은 곧 붕괴한다는 분석 아닌 분석이 공론장을 뒤덮었다. 그 후 실제로 일어난 일은 우리가 모두 아는 대로이다.

미국을 '보편'의 자리에 놓는 담론전략은 미국의 이익을 우리 모두의 보편적 이익으로 동일시하도록 이끈다. 2018년 말부터 2019년까지 진행된 분담금 협상 과정에서는 미국의 입장을 옹호하는 것을 넘어 사실상 대변하는 목소리가 줄기차게 등장했다. 미국이 자원봉사단체가 아닌 한 미국이 한국에 기지를 유지하고 군대를 주둔시키는 건 당연히 미국의 국익 때문이라는 너무나 당연한 사실조차 기껏해야 '그걸 누가 모르나' 혹은 '그건 당연한 거지'라는 말 속에 희석돼 버린다. 이 과정에서 '주한미군 감축이 왜 한국 안보에 위협이 되는지, 주한미군 주둔비용으로 왜 연간 1조원이 넘는 비용을 지불해야 하는지, 주한미군 분담금을 늘리면 한국의 안보에 어떤 도움이 되는지' 등 좀 더 근본적인 질문은 제대로 거론되지도 않았다. 그런 게 바로 "한국 안보상황을 고려하면 분담금은 유사시 미군사력을 활용할 수 있는 일종의 보험금"[24] 이라거나 '주한미군 철수는 자해행위다'라면서 "우리는 미국에 필

---

24) 김민석. 2019. 방위비 분담금은 비용 아닌 안보 보험금. 중앙일보. 2019/1/3. 24면.

요한 나라가 되어야 한다"는 주장이 버젓이 나올 수 있는 배경이 된다.[25] 외교수장을 했던 인사가 "방위비 분담금은 한미동맹의 윤활유다. 주한미군이 있으니 우리에게 핵우산이 있고 북한은 물론 중국까지 견제할 수 있다"면서 "지금의 미국은 어느날 갑자기 주한미군 철수를 실행에 옮길 수도 있다"고 우려하거나,[26] 전 통일연구원장이 "(한미) 동맹을 통해 받아들인 자유민주주의 사상, 시장경제 원칙, 기독교적 문화 등은 한국을 세계 유수의 국가로 자리매김하게 한 원동력이 됐다"는 것 역시 이런 인식의 결과물이라고 할 수 있다.[27]

'보편'언어를 선점한다는 이 전략은 그 효과가 갈수록 약해지는 것을 부정할 수 없다. 무엇보다 동구권 붕괴로 단순한 흑백논리로도 별 문제가 없던 냉전 논리가 설 자리가 좁아졌다. 김대중·노무현 정부가 적극적으로 추진한 남북평화협력정책은 '북한=악마'라는 이분법을 무너뜨리기 시작했다. 김대중·노무현 정부에서 교회를 중심으로 대규모 성조기 집회가 처음으로 등장했다는 건 보편과 특수의 위상 변화를 역설적으로 상징한다. 그 전까진 군이 성조기를 과시할 필요도 없이 '만국기'를 내걸었다면 이제는 성조기라는 특정한 국가의 국기에 기대지 않으면 안 되게 됐다. 국가보안법을 비롯해 이명박·박근혜 정부에서 불거진 민간인 사찰과 댓글공작, 강제동원과 위안부 문제를 등한시하는 일본

---

25) 이하경. 2018. 주한미군 철수는 자해행위다. 중앙일보. 2018/12/31.

26) 중앙일보. 2019. 공로명 "안보 구두쇠 안돼… 방위비분담금 2배 못 낼 건 뭔가". 2019/1/8. 5면.

27) 김태우. 2019. 중병 앓는 한미동맹, 모두 침묵만 할 것인가. 조선일보. 2019/1/16.

의 태도는 모두 '보편'의 가치에 반한다. 국사 교과서 국정화 시도는 역사학계에 존재하는 보수와 진보가 대동단결해 한목소리를 내게 했을만큼 '보편'의 반대편에 서 있었다. 북한인권 문제를 다룰 때는 인권이 갖는 보편적 성격을 강조하지만 정작 국가보안법에는 '한국의 특수성'을 말하는 보수언론의 태도 역시 자기모순에 빠져 있다. 하지만 보편의 자리를 뒤바꾸는 것은 일종의 패러다임 전환과 같다. 우리는 동서고금의 역사 속에서 시대가 달라진 게 명확함에도 불구하고 패러다임을 바꾸지 못해 사태를 오판하고 비극을 자초하는 사례를 너무나 자주 목격할 수 있다. 극명한 사례로 병자호란을 꼽을 수 있을 것이다.

병자호란 국면에서 가장 눈길을 끄는 장면은 최명길과 김상헌이 대표하는 주화론과 척화론이다. 당시 최명길과 김상헌의 시각 차이는 이들이 서로 주고받은 시에서 잘 드러난다. 최명길이 "끓는 물과 얼음물이 모두가 물이요/ 갖옷과 베옷 또한 옷 아님이 없으니// 일은 혹 때에 따라 달라질지라도/ 마음이야 어찌 도에서 어긋나겠는가?(湯氷俱是水, 裘葛莫非衣. 事或隨時別, 心寧道與歸.)"라고 할 때 김상헌은 "성공하고 패하고는 천운에 달렸으니/ 옳은 데 귀결되는지 보아야 하리라// 그러나 아침 저녁 바꾼다 해도/ 아랫도리 윗도리 어찌 바꿔 입으리(成敗關天運, 須看義與歸. 雖然反夙莫, 詎可倒裳衣.)"라고 반박했다.[28] 물론 당시 조선 조정에서 주화론은 세력이라고 하기도 민망할 만큼 소수에 불

---

28) 오항녕, 최옥형. 2019. 조선 세 重臣의 瀋陽 구류와 교유-김상헌·최명길·이경여의 경험. <대동문화연구>. 105: 256~289, 275쪽.

과했다. 당시 조선 지배 엘리트들에게 대명(對明) 의리론은 정책 우선순위 문제가 아니라 '어느 정파나 개인을 막론하고 부정할 수 없는 보편적 가치' 즉 '윤리와 도덕의 문제'였다. 사실 최명길조차 도 대명의리론을 부정한 적은 없었다.[29] 이들에게 신생독립국가 인 후금(後金)이란 '보편'의 정반대에 자리잡은 존재였을 뿐 아니 라 보편 문명과 문화를 파괴하는, 요즘으로 치면 이슬람국가(IS) 나 다름없는 집단이었다. 더구나 불과 한 세대 전만 해도 여진족 이란 조선과 명(明) 양측에 조공을 바치던 변방의 보잘것없는 부 족 집단에 불과했다. 이들과 정상적인 외교관계를 한다는 것조차 조선 조정에겐 불쾌하기 짝이 없는 상황이었다. 하지만 임진왜란 과 뒤이은 명나라의 자중지란으로 인한 권력공백의 틈을 이용해 누르하치가 여진족을 통일하면서 국제정세는 질적으로 달라졌다. 현실이 달라지면 그에 대응해 정책도 달라져야 했지만 조선은 그 부분에서 처절하게 실패했다. 잘못된 정책으로 인해 수십만 명이 죽거나 포로로 끌려가 노예생활을 해야 했다. 더 큰 문제는 그 다 음이었다. 후금이 중국과 몽골까지 차지하며 한족에겐 황제, 몽골 족에겐 칸, 티벳 불교의 수호자로서 동북아시아와 중앙아시아까 지 아우르는 '보편'의 자리를 차지했다. 조선은 보편과 특수 사이 에서 길을 잃어버렸다. 그 귀결은 19세기 밀려드는 외세에 대응한 국가전략의 실패와 망국이었다. 21세기 한국이 처한 위기를 17세 기 병자호란이나 19세기 구한말과 단순비교하는 건 분명 지나치 다. 하지만 보편과 특수 사이에서 혼란을 겪는다는 점만 놓고 보

---

29) 허태구. 2013. 崔鳴吉의 主和論과 對明義理. <한국사연구>. 162: 87-122쪽.

면 공통점이 많은 것 또한 사실이다.

3. 족보 없는 엘리트

　남한산성에서 대다수 '충신'들이 보여준 '오랑캐의 신하가 되느니 차라리 모두가 죽을 때까지 싸우자'는 태도를 가장 강력히 견지했던 사헌부 · 사간원 · 홍문관 등 삼사(三司)는 그 역할이 오늘날 언론과 크게 다르지 않았다. 하지만 이들이 보여준 '결기'는 지금 관점에서 보면 거칠게 표현해서 '미군에게 항복하느니 할복하자'던 일본군과 별반 다르지 않아 보인다. 일본이 무조건항복을 선언한 이후 둘도 없는 미국의 동맹으로 변신했던 것처럼 조선 역시 후대의 이미지와는 달리 청나라가 중국을 차지한 뒤로는 청나라와 매우 원만한 관계를 수백년간 유지했다. '북벌'을 외치는 '충신'들이 국방력 강화를 위해 얼마나 비상한 노력을 했는지, 심지어 군대 강화를 위해 얼마나 솔선수범했느냐 하는 점에서 회의적인 평가를 내릴 수밖에 없다. 이들의 이중성은 연암 박지원이 '허생전'에서 날카롭게 풍자한바 있다.[30] 대동법을 통한 조세수입 증대와 국가재정 확대에 매진했던 잠곡(潛谷) 김육(金堉)은 오히려 북벌에 지극히 회의적이었고, '북벌'이라는 대의에 공감했던 산림(山林)들은 대동법에 반대하는 쪽이었다.[31]

심지어 남한산성에서 '결사항전'을 외치던 그 순간조차도 "척화를 주장하는 사람들이라 할지라도 겉으로는 큰소리를 쳤지만 속으로는 화의(和議)가 성립되는 것을 실로 바라고 있었는데, 다만 실속없이 떠들어대는 주장[浮議]에 희생될까 두려워한 나머지 감히 분명하게 발언을 하지 못할 따름이었다"[32] 는 회고와 "그 당시에 나라의 이해를 돌보지 않고 다만 야단스럽게 다투어 과격한 일에만 힘썼습니다. 그 가운데 비록 절의(節義)를 지킨 사람이 있기는 하였습니다만, 대부분은 분위기에 휩쓸린 논의였습니다"[33]

---

30) <허생전>에서 허생은 "국중의 자제들을 가려 뽑아 머리를 깎고 되놈의 옷을 입혀서, 그중 선비는 가서 빈공과(賓貢科)에 응시하고, 또 서민은 멀리 강남(江南)에 건너가서 장사를 하면서, 저 나라의 실정을 정탐하는 한편, 저 땅의 호걸들과 결탁한다면 한번 천하를 뒤집고 국치(國恥)를 씻을 수 있을 것이다"라고 말한다. 이에 이 대장은 힘없이 "사대부들이 모두 조심스럽게 예법(禮法)을 지키는데, 누가 변발을 하고 호복을 입으려 하겠습니까?"라고 대답한다. 그러자 허생은 이렇게 꾸짖는다. "번오기(樊於期)는 원수를 갚기 위해서 자신의 머리를 아끼지 않았고, 무령왕(武寧王)은 나라를 강성하게 만들기 위해서 되놈의 옷을 부끄럽게 여기지 않았다. 이제 대명(大明)을 위해 원수를 갚겠다 하면서 그까짓 머리털 하나를 아끼고, 또 장차 말을 달리고 칼을 쓰고 창을 던지며 활을 당기고 돌을 던져야 할 판국에 넓은 소매의 옷을 고쳐 입지 않고 딴에 예법이라고 한단 말이냐?"

31) 박병련 엮음. 2007. 『잠곡 김육 연구』. 태학사.

32) 張維. <谿谷集> 谿谷漫筆 권1. 崔鳴吉首發講和之議. 허태구. 2013. 崔鳴吉의 主和論과 對明義理. <한국사연구>. 162. 95쪽에서 재인용.

33) <顯宗實錄> 권15, 현종 9년 7월 甲子(27일). 허태구. 2013. 崔鳴吉의 主和論과 對明義理. <한국사연구>, 162. 96쪽에서 재인용.

는 현종대 좌의정 허적(許積)의 지적에서 우리는 당대 '충신'들의 비겁함과 무책임을 따져 묻지 않을 수 없다.

그렇다면 한국의 엘리트집단, 그중에서도 이 책에서 다루는 언론복합체는 병자호란 당시의 '충신'들과 과연 얼마나 다른가. 특히나 세계권력의 지각과 지각이 만나는, 그리하여 지진의 위험이 그 어느 때보다 높은 한반도에서 언론복합체는 평화를 도모하고 통일을 꿈꾸는 데 어느 정도 이바지하고 있는가. '뉴라이트'와 주한미군 방위비 분담금 사례 등을 통해 살펴본다면 우리는 매우 회의적인 대답을 하지 않을 수 없다. 이들이 보여주는 인식의 밑바닥은 가히 분단질서 속 '재조지은(再造之恩)'이나 다름없다고 할 만하다. "최명길의 목을 베라"는 상소가 산더미처럼 쌓이는 속에서도 참혹한 전쟁을 마무리짓고 전후처리를 도맡았으며, 나라를 보존하고 백성을 살리는 데 힘쓴 최명길이 온몸으로 보여줬던 '책임윤리'가 아쉽다.

당시 상황은 청나라 대군이 전격전으로 서울 근교까지 진격했을 때 최명길이 홀로 적진을 찾아가 시간을 끌지 않았다면 인조가 포로로 붙잡히지 않고 남한산성으로 무사히 피신할 수 있었을지도 불확실할 정도로 급박했다. 청나라와 화친할 것을 앞장서서 주장한 사람도 최명길이었지만 훗날 청나라를 직접 방문해 명나라를 함께 공격하자는 파병 요구를 철회하도록 설득한 것도 최명길이었다. 비밀리에 명나라와 외교관계를 계속했던 사실이 적발됐을 때 영의정으로서 모든 책임을 지고 장례도구를 챙겨 청나라 감옥에 갇힌 사람 역시 최명길이었다. 〈조선왕조실록〉 사평(史評)에선 최명길을 이렇게 평가했다. "추숭(追崇)과 화의론을 힘써 주장함으로써 청의(淸議)에 버림받았다. 남한산성의 변란 때에는 척화(斥和)를 주장한 대신을 협박하여 보냄으로써 사감(私感)을 풀었고 환도한 뒤에는 그른 사람들을 등용하여 사류와 알력이 생겼는데 모두들 소인으로 지목하였다[〈인조실록〉 인조 25년(1647년) 5월 17일]." 하지만 같은 날짜 기록에서 인조는 최명길을 일컬어 "위급한 경우를 만나면 앞장서서 피하지 않았고 일에 임하면 칼로 쪼개듯 분명히 처리하여 미칠 사람이 없었으니, 역시 한 시대를 구제한 재상이라 하겠다"며 그를 높였다. 인조는 김상헌에 대해선 "김상헌이 평소에 나라가 어지러우면 같이 죽겠다는 말을 하였으므로 나도 그렇게 여겼는데 오늘날에 이르러서는 먼저 나를 버리고서 젊고 무식한 자들의 앞장을 섰으니 내가 매우 안타깝게 여긴다. 김상헌의 일은 한번 웃을 거리도 못 되는데 무식한 무리는 오히려 남들이 할 수 없는 일이다 하니, 세상을 속이고 명예를 훔치기가 쉽다 하겠다.[〈인조실록〉 인조 15년(1637년) 9월 6일]"는 뼈 있는 평가를 내렸다.

4. 메뉴판 소개

이 글은 다음과 같은 순서로 구성했다. 제2장은 이 책을 이해하기 위한 이론적 지도에 해당한다. 왜 복합체라는 개념이 필요한

지, 언론복합체란 어떤 배경에서 무엇을 설명하기 위해 등장한 것인지를 설명한다. 이 책에서 '복합체'는 파워엘리트 핵심과 주변은 있으나 범위와 구성원은 확정되어 있지 않은 비정형의 연합체를 지칭한다. 단순한 지배와 복종이라는 이분법을 넘어서서 특정한 이해관계를 관철하기 위한 전략적 연대로 볼 수 있다. 특히 외세에 의해 엘리트집단 자체가 뿌리 뽑힌 경험이 있는 한국 현대사에선 친미·반공·개신교를 공통분모로 하는 집단을 분석할 때 '복합체'라는 개념이 유용한 통찰력을 제공해준다. 뒤이어 인간의 이성(logos), 감성(pathos), 도덕성(ethos)이라는 세 가지 요소를 본질로 하는 담론이 무엇인지, 그리고 이를 이용해 권력을 관철하는 방식인 담론정치는 이들이 정치적 영향력을 어떤 방식으로 확보하는지 의문을 풀어준다. 대중의 정서와 여론에 영향을 미치는 집단기억과 상식이 어떻게 만들어지는지, 그리고 이렇게 축적된 문화적 잔재물이 특정한 상황에서 어떻게 호출되어 권력이 원하는 쪽으로 이용되는지 등을 보여준다. 2019년 대한민국 국민은 왜 분단에 대해, 미국에 대해, 북한과 중국에 대해, 심지어 멀리 있는 베네수엘라에 대해 독특한 인식과 감정을 갖고 있는지 밝혀내기 위한 안내서로 보면 된다.

제3장은 언론복합체의 실체를 찾아가는 과정을 담았다. 이 책을 읽는 독자라면 누구나 당연히 가질 만한 "음모론 아니냐?" "설마 그런 게 있겠어?" "여론을 누가 조작해?"와 같은 질문이 한편으로는 당연하지만 그렇지 않을 수 있다는 가능성을 보여준다. 전광훈 목사 등이 연단에 올라 '문재인 하야'와 '조국 사퇴' 등을 외

첬던 2019년 10월 광화문 집회를 출발점으로 삼았다. 얼핏 보면, 조국 장관의 임명을 비판하는 국민의 자발적인 집회로 보이지만 그게 전부는 아니라는 점을 지적한다. 누군가 집회를 주도한 집단이 있고, 꽤 오랫동안 작업을 했으며, 당시 집회 등이 언론을 통해 확산한 과정을 깊이 들여다보면 복합체의 흔적이 보인다는 주장을 담고 있다. 한 예로, 조국 교수의 도덕성에 치명타를 날린 서울대 학생들의 모임이 '트루스포럼'이며, 이들의 배후에는 개신교 교회와 미국의 '프로파간다' 전략이 있다는 의혹 등을 제기한다. 광화문 집회 직후에 열린 한국과 미국의 보수단체의 집행부 모임에 참석한 자들이 누구인지, 그들을 추적하면 어떤 단체, 조직과 배후 인물을 만날 수 있는지 등을 담았다.

제4장과 제5장에서 분석할 복합체의 작동방식과 복합체 구성원에 대한 실마리를 찾기 위한 사전 탐사라고 할 수 있다. 제4장에서는 복합체에 의한 담론정치를 분석한다. 미국이라는 천사와 북한이라는 악마가 자연스럽게 원래부터 존재했던 것이 아니라 인위적으로 창조되고 있다는 관점에서 출발한다. 과연 천사와 악마는 누가 어떻게 만드는가? 국내 언론을 통해 추적해 본 결과 천사에는 '이승만 대통령, 전시작전권, 한미동맹' 등이 있으며, 맞은 편에는 '북한, 종북세력, 중국, 포퓰리즘' 등이 악마로 자리매김한다. 게다가, 건축물이 한번 세워졌다고 하더라도 지속적인 유지와 보수가 필요한 것처럼 '천사와 악마'를 둘러싼 담론은 끝없이 경쟁한다. 언론이 직간접으로 개입하는 담론정치는 크게 '규정짓기'(naming)와 틀짓기(framing)로 구분된다. 북한에 대해 '위

장전술, 불량국가, 안보위협' 등으로 인식하게 만드는 한편, 이승만에 대해서는 '국부(國父)', '외교천재' '반공지도자'라는 기준을 적용하게 만드는 기술이 프레임이다. 문재인 정부의 남북관계 개선 노력이나 미국 트럼프 대통령과 북한 김정은 위원장의 대화 노력에 대해서도 '동맹 훼손' '시간 낭비'로 보게 하는 것도 이런 담론정치와 맞닿아 있다. 복합체가 채택하고 있는 또 다른 전략으로는 '멍석 깔아주기'가 나온다. 중립성과 공정성을 지켜야 하는 언론 입장에서 자신을 대신해서 하고 싶은 말을 해 주는 권위자나, 단체, 또는 행사를 언론이 대신 전달하는 전략이다. 복합체 후보군에 속하는 〈조선일보〉〈뉴데일리〉〈미래한국〉〈블루투데이〉〈월간조선〉 등이 칼럼이나 특별대담과 같은 형식으로 발언권을 제공하는 인물과 단체가 누구인지 분석한 내용이 담긴다.

제5장은 이 과정을 통해 확인된 복합체의 구성원을 체계적으로 정리한 내용이다. 크게 리더십, 핵심세력, 단일네트워크와 복합네트워크로 구분했다. 먼저 리더십에 포함되는 인물은 관료사회, 지식사회, 언론계와 공안세력 등에서 성공적인 경력을 갖고 있으면서, 각종 단체와 성명서를 주도하고, 특강, 인터뷰와 칼럼 등을 통해 '천사와 악마' 담론을 적극적으로 생산하는 인물을 다뤘다. 공안검사 출신의 고영주, 월간조선 발행인을 했던 조갑제, 경찰 공안문제연구소 출신의 유동열 등이 여기서 자세히 소개된다. 핵심세력은 크게 11개로 나눴다. 분단체제의 수혜자 집단으로 보면 된다. 대표적인 세력으로는 대형 개신교, 공안검사와 국정원 등으로 구성되는 공안집단, 자유한국당을 포함한 보수정당, 조중동으

로 대표되는 언론집단, 서울대 이영훈 교수를 비롯한 학자집단, 미국 교포사회와 VOA와 RFA 등을 통해 국내에 영향력을 행사하는 미국 내 군산복합체 등이 모두 포함된다. 세 번째, 단일네트워크는 언론, 학계, 종교계 등의 '영역' 안에서 만들어진 인맥을 분석한다. 관악언론인상의 경우, 예컨대, 서울대 출신이면서, 논설위원 등의 직책을 맡고, 반공과 친미라는 공감대를 가진 집단이다.〈조선일보〉출신으로〈미래한국〉〈월간조선〉〈뉴데일리〉〈트루스포럼〉〈뉴시스〉등에 흩어져 있는 인물들도 여기서 다룬다. 끝으로, 복합네트워크는 각자가 속한 전문 영역을 떠나 특정한 목적을 위해 단체를 만들거나 행사를 주도하는 경우를 뜻한다. 대표적인 것으로 '이승만애국상'과 '구국기도회' 등이 있다. 광화문 집회를 주도한 인물 중 상당수는 이승만애국상과 직접 또는 간접으로 관련되어 있다. 그 밖에, 최근 자한당에서 삭발을 한 황교안, 이언주 등 상당수는 교회를 중심으로 문재인 하야를 주장하는 '구국기도회'와 관련되어 있다.

제6장은 언론복합체가 실제 어떻게 작동하는지 그리고 미국과의 연결고리는 어떻게 되는지 뉴라이트와 NED, 방위비분담금협상 등을 통해 좀 더 깊게 추적한 내용을 담고 있다. 2004년 처음 모습을 드러내 이명박·박근혜 정부에서 주도적인 영향력을 행사했던 뉴라이트는 과연 어떤 과정을 통해 한국 사회의 담론지형을 바꾸는 존재가 되었는가. 동아일보가 2004년 11월 8일부터 15일까지 6번에 걸쳐 보도한 '뉴라이트 침묵에서 행동으로'라는 기획 연재기사와 조선일보와 한나라당이 신속하게 이에 호응하는 일련

의 과정에 주목하지 않을 수 없다. 뉴라이트가 내세웠던 '북한 인권개선과 민주화 추구'나 '한미동맹 발전'같은 구호는 고스란히 이명박·박근혜 정부의 국정과제와 정책목표가 되었다. 그 속에서 개성공단과 금강산관광 등 남북화해와 평화협력을 위한 다양한 정책과 국제사회에서 한국의 전략적 위상을 높이기 위한 국가전략은 모두 쓰레기통에 처박혀 버렸다. 문재인 정부에서 논란이 된 방위비 분담금 역시 비슷한 양상이다. 주한미군 주둔비 가운데 한국이 분담하는 몫으로, 주한미군에서 일하는 한국인 노동자 인건비와 각종 미군기지 건설 비용, 군수 지원비 등 명목으로 사용하는 방위비 분담금은 2018년 연초부터 제10차 협상을 통해 한미양국이 결정했다. 이 과정에서 트럼프 대통령을 위시한 미국 정부는 분담금 액수를 대폭 상향하기 위한 다양한 압력을 행사했다. 하지만 한국의 언론, 특히 군사안보 분야에서 전문성을 가진 것으로 평가받는 전문기자들과 주요 논설위원들은 대체로 미국의 이익과 한국의 이익을 동일시하고, 다른 질서를 인정하지 않는 모습을 보였다. 이들은 "방위비 분담금은 비용 아닌 안보 보험금"이라거나 "우리는 미국에 필요한 나라가 되어야 한다"고 주장하거나, "동맹을 경시하는 트럼프의 아집, 그리고 좌파그룹을 의식하는 한국 집권세력의 낡은 인식"을 동일선상에서 분담금 협상의 걸림돌로 제시하는 식으로 논지를 전개했다.

결론에 해당하는 제7장에선 전체 내용을 복기하는 한편 대안질서에 대한 고민을 담아봤다. 필자들이 보기에 2019년 현재 대한민국은 '내전'이 진행중이다. 더 냉정히 말한다면 휴전 이후에도 내전 아닌 날이 없었다. 차이가 있다면 과거엔 너무 일방적이어서 의식할 필요도 없었다는 정도 차이일 뿐이다. 그런 속에서도 긍정적으로 볼 여지는 분명히 있다. 트위터나 페이스북, 유튜브 등 다양한 플랫폼이 생겨나면서 공론장이 꾸준히 확장돼 '기울어진 운동장'이 예전보다는 덜 기울어지게 됐다. 무엇보다 한반도를 둘러싼 객관적 정세가 근본적인 변화 속에 있다. 필자들은 '목마른 사람이 우물을 판다'라는 속담을 예로 들며 우리가 주체적이고 적극적인 자세로 우리의 미래를 설계하고 만들어가는 노력이 중요하다는 점을 재차 강조하고자 한다.

제 2 장

언론복합체와 담론정치

"뭘 그런 걸 물어. 바보 아냐?" 너무 당연한 것에 대해 의문을 제기하면 듣는 핀잔이다. '목마른 사람이 우물을 판다'는 것을 문제 삼으면 이런 반응이 나올 법하다. 뭔가 절실하게 필요한 게 있으면 인간은 누구나 그것을 해결하려고 노력한다는 단순한 뜻이기 때문이다. 그러나 명확해 보이는 이 얘기도 조금만 들여다보면 꽤 복잡하다. 먼저 '목이 마르다'는 상황을 정확하게 인식하지 못할 가능성이 있다. 신체의 각 기능이 정상적으로 작동하고 두뇌가 정확한 판단을 할 수 없을 때 이런 일이 생긴다. 잔뜩 술에 취해 있거나 약물에 중독된 상황을 생각해 보면 된다. 자신이 가진 정보와 판단을 신뢰하지 못할 때도 현실과 동떨어진 판단을 한다. 가령, 저명한 의사가 갈증은 착각이고 당뇨병이 원인이라고 진단을 내리는 경우다. 대부분의 사람은 이럴 때 물을 마시는 방법 대신 의사의 처방을 따른다. '우물을 판다'는 것은 더 어렵다.

갈증을 해소할 방법은 많다. 굳이 우물을 파는 수고로움을 선택하지 않아도 된다는 말이다. 편하게 물 한 잔을 달라고 부탁할 수도 있고, 생수 한 통을 사 마시거나, 수돗물을 찾아도 된다. 다른 방법이 전혀 없을 때 부득이 '우물 파기'라는 마지막 방법을 동원한다. 그러나 결코 쉬운 결정이 아니다. 당장 아무 곳에나 우물을 팔 수 없다. 물이 나올 만한 곳인지를 알아야 하고 얼마나 깊이 파야 할지 계산해야 한다. 혼자 할 수 있는 일이 아니므로 주변의 도움도 필요하다. 작업을 시작하도록 설득하고, 중간에 지치면 격려하고, 끝을 볼 때까지 추스르는 일도 포함된다. 만약 마실 수 있는 수준의 적절한 샘물이 나오지 않으면 그 책임까지 떠안아야 한다. "웬 말장난?"이라고 할지 모르지만, 이유가 있다. 세상이 작동하는 방식에 이 속담을 적용할 수 있는 영역이 차고 넘치는 것과 관련이 있다. 2019년 가을, 광화문에서 일상적으로 볼 수 있는 엄청난 규모의 태극기 시위가 그중의 하나다.

흔히 한반도를 호랑이 형상으로 비유한다. 분단으로 인해 이 호랑이의 허리는 현재 족쇄에 묶여 있다. 막 태어난 새끼 때로 볼 수 있는 1945년만 해도 부작용은 크지 않았다. 덩치는 커졌지만, 허리 부분은 성장하지 못하는 기형이 되면서부터 문제가 불거지기 시작했다. 몸통이 잘린 생명체가 제대로 자랄 수 없는 것과 유사한 상황이다. 그러나 흥미롭게도 분단으로 인한 기회비용이 꾸준히 증가하고 있는 현실과 달리 병의 근원에 해당하는 분단에 관한 관심과 해결하려는 노력은 별로 없다. 1990년 냉전이 끝나기 전에는 안보 위협이 문제였다. 국제사회가 탈냉전으로 전환된 이후에도 달라지지 않고 있는 게 문제다. 갈증을 풀려면 '목이 마르다'라는 현실을 자각하는 것이 출발점인데 이게 제대로 작동하지 않는 상황이다. 게다가 분명 목이 타들어 가는 상황이 되어도 물 대신 다른 데서 해결책을 찾으려는 시도가 이어졌다. 냉전이라는 어쩔 수 없는 상황 탓이라고 볼 수도 있었지만 그게 아니라는 것도 금방 드러났다. 임기응변으로 물을 빌리는 대신 '우물을 파는 것'과 같은 파격도 전혀 이루어지지 않았다. 분단의 해결책과는 거리가 먼 '한미동맹'은 이제 신성불가침이 되었다. "뭘 그 정도까지?"라고 생각할지 모르지만 2019년 우리가 직면하고 있는 현실이 그렇다.

지구상 대부분 국가는 핵전쟁을 우려하지 않는다. 하지만 한반도는 다르다. 1994년 6월만 해도 미국은 북한의 영변 핵시설 공격 문제를 심각하게 검토했다. 북한의 버르장머리를 고쳐야 한다고 큰소리를 쳤던 김영삼 대통령이 미국의 움직임을 파악하지도 못한 상태에서 벌어진 일이었다. 지미 카터 전 대통령이 평양을 방문해 김일성 주석의 양보를 얻어낸 덕분에 재앙을 피했다. 전쟁이 발발하기까지 겨우 1시간 정도만 남은 때였다.[34] 전쟁에 대한 공포는 김대중과 노무현 정부를 거치면서 잠깐 진정 국면을 맞았다. 이명박 정부가 되면서 상황은 급변했다. 2008년 금강산 관광 중단을 시작으로 2010년만 해도 천안함 침몰과 5·24 조치 발표, 북한의 11월 23일 연평도 포격으로 쉴 새 없이 갈등이 높아졌다. 이명박 정부는 "다시는 (북한이) 도발할 수 없도록 막대한 응징을 해야 한다"는 방침을 발표했고, 11월 28일부터는 미국의 핵 항공모함 조지 워싱턴호를 동원한 대규모 한미연합훈련을 했다. 평양

---

34) 김연철. 전쟁 문턱까지 갔던 1994년 6월. <한겨레21> 750호. 2009/3/4.

일대가 폭격받을 것이라는 소문에 휩싸인 북한 또한 "대결에는 대결로, 전쟁에는 전쟁으로 단호히 맞받아 나가겠다."라고 목청을 높였다.[35]

2017년 8월 8일, 북한을 겨냥한 도널드 트럼프 대통령의 경고가 알려진다. "미국을 협박하는 일을 중단하라. 그렇지 않으면 인류가 한 번도 겪어보지 못한 화염과 분노에 직면하게 될 것"이라는 경고였다.[36] 그해 9월 19일 열린 유엔총회에서도 "필요하다면 북한을 완전히 파괴할 것"이라고 덧붙였다. 일촉즉발의 상황은 북한의 강력한 반발로 더욱 악화된다. 북한의 김정은 위원장이 직접 발표한 성명서는 9월 22일 모습을 드러냈다. "미국의 늙다리 미치광이를 반드시, 반드시 불로 다스릴 것"이라는 다짐과 함께 "세계의 면전에서 나와 국가의 존재 자체를 부정하고 모욕하며 우리 공화국을 없애겠다는 역대 가장 포악한 선전포고를 해온 이상 우리도 그에 상응한 사상 최고의 초강경 대응조치 단행을 심중히 고려할 것"이라는 내용을 담았다. 미국 전략폭격기 B-1B가 비무장지대 최북단까지 출격하는 가운데 북한은 11월 22일 대륙간탄도미사일 화성15호를 발사한다. 불가능해 보였던 극적인 반전은 2018년을 맞으면서 시작됐다. "한반도에 더 이상 전쟁은 없을 것이며 새로운 평화의 시대가 열릴 것"을 선언한 남북정상회담이 열린

---

35) 손봉석. 험악한 남북, 팽팽한 주변 4강 … 위기 치닫는 한반도. <경향신문>. 2010/11/26.

36) Peter Baker & Choe Sang-Hun (08/08/2017) Trump threatens 'Fire and Fury' against North Korea if it endagers U.S. New York Times, https://www.nytimes.com/2017/08/08/world/asia/north-korea-un-sanctions-nuclear-missile-united-nations.html

것은 그해 4월 27일이다. 정상적인 국가라면 어렵게 마련한 우호적인 분위기를 유지하고, 더 나아가 항구적인 평화체제를 마련하기 위해 최선을 다하기 마련이다. 그런데 한국 사회는 좀 다르다.

　무엇보다 우선, 한국이 직면하고 있는 많은 문제의 본질이 '분단'이라는 사실을 인정하지 않거나 아예 '분단'이 문제라는 점을 모르는 사람이 많다. 갈증을 달래 줄 수 있는 '분단'을 극복하려고 노력하기보다 오히려 유지하는 데 집중한다. 예컨대, 북한에 모든 책임을 떠넘기는 한편으로 절대 공존할 수 없는 악마로 만드는 일을 주저하지 않는다. 앞으로 같이 만들어갈 좋은 일은 전혀 생각하지 않고 돌이킬 수 없는 과거에만 매달린다. 진위를 알 수도 없는 안 좋은 얘기에는 귀가 솔깃하면서 전후좌우 맥락이나 진실 자체에는 관심을 기울이지 않는다. 게다가 애초 분단이라는 '목마른' 상황을 만든 당사자의 의견만 좇고 다른 관점은 무시한다. 미국이 한편으로는 군사 무기를 팔아먹고 다른 한편으로는 동아시아 지역의 영향력을 유지하려는 '불순한 의도'가 있다는 것에도 별로 개의치 않는다. 본인에게는 아무런 이득이 없음에도 불구하고 '남한'을 위해 피 흘리고, 먹고 살게 해 주고, 지금도 거의 공짜와 다름없이 우리를 지켜주고 있다는 믿음은 거의 맹목적이다. 미국 사대주의가 워낙 뿌리 깊은 상황이기 때문에 '물 마시는' 것조차 허락을 구한다. 촛불혁명으로 정권을 바꿔도 별로 달라지지 않는다. 1972년 남북합의서를 교환할 때부터 합의된 "우리 민족끼리"라는 원칙은 미국이 허락하는 한도에서만 적용된다. 물을 찾는 단순한 행위도 제약받는 상황에서 '대안질서'를 찾는 노력은 아예 무모한 도전이 된지 오래다. '한미군사훈련'을 중단하고 장차 주한미군을 내보내자는 주장은 곧바로 '빨갱이' '종북' '주사파'란 딱지로 돌아온다. 광화문에서 태극기와 성조기를 들고 있는 사람들만 이렇게 생각하는 게 아니다. 분단에 대해서는 오직 한 가지 관점만 갖도록 '통제'하는 국가보안법도 영향을 주지만 그것만으로는 모두 설명되지 않는다. 한반도가 직면한 상황과 국가이익에 대한 냉정하고 합리적인 판단에 따른 결정도 아니다. 집단지성이 제대로 작용한 것과는 거리가 멀다. 굳이 비유하자면 '눈에 콩깍지가 낀' 상황에 가깝다. 무엇이 문제일까. 인간이 세상을 인식하고, 느끼고, 필요한 행동을 하는 것은 '본능'이 아닌 '학습'의 결과라는 것과 관련이 있다.

각자 어떻게 성장해 왔는지 잠깐만 돌아보면 알 수 있다. 대표적인 것으로 우선 가족이 있다. 인간은 태어나면서부터 자신이 선택하지 않은 부모와 형제를 만난다. 집안 분위기에 영향을 받는다. 부모의 직업을 자녀들이 이어받는 경우가 많다는 것을 생각하면 된다. 집안의 각종 행사도 영향을 미친다. 정기적으로 외식을 한다든가, 음악회를 가거나, 집안 제사를 함께 하는 경우다. 집안 어른들과 맺는 관계도 중요한 부분이다. 집안의 주요 결정을 하는 부모님의 역할이 아주 크다. 때로는 교육을 통해 또 때로는 무의식적으로 아이들은 부모가 원하는 방식으로 길러진다. 간혹 부모의 눈 밖에 난 친척이나 친구를 만나면 불이익을 감수해야 한다. 머리가 좀 커지면 학교가 이 역할을 대신한다. 학교 선생님과 교과서는 '정답'을 가르친다. 물론 자기 멋대로 답을 택할 수는 있지만, 기회비용은 상당하다. 그래서 자연스럽게 '모범생'이 되고자 하는 욕망을 키운다. 좀 더 어른이 되면 대중매체를 통해 이 학습을 이어간다. 일상적으로 접하는 뉴스, 영화, 드라마, 대중가요 등이 여기에 해당한다.

TV나 영화의 경우 주로 '감성'에 영향을 미친다. 누군가를 '악마'로 규정할 때 동원되는 정서, 태도, 이미지 등이 이렇게 전달된다. 일반인이 저렴한 가격으로 때로는 무료로 이용할 수 있는 뉴스와 책은 '이성'에 개입한다. 세상을 논리적으로 이해할 수 있도록 돕고 특히 '왜, 무슨 근거로, 무엇을 목적'으로 등에 대한 길잡이 역할을 한다. 전시관, 기념관, 동상, 박물관 역시 주요 통로다. 학창시절, 등·하교 때 항상 봤던 이순신 장군, 세종대왕, 단군상 등은 이 목적을 위해 '특별'한 곳에 전시된 장치다. 크게 논리(logos), 정서(pathos), 윤리(ethos)로 구분할 수 있는 담론은 이 모든 과정에 개입한다. 엄격하게 말하면, 담론을 통하지 않고는 세상을 제대로 인식하기도, 느낄 수도, 옳고 그름을 구분하기도 어렵다. 국가공동체의 필수 요소에 해당하는 집단정체성도 담론을 통해 '만들어'지며, 공공정책을 좌우하는 여론도 언론을 통해 유통되는 담론과 무관하지 않다.

지배계급과 복합체

인간은 어떻게 공동체를 이루고 살까? 우리 몸과 달리 국가의 작동방식은 전혀 자연스럽지 않다. 달리 말하면, 신체 일부를 형성하고 있는 손과 발은 굳이 두뇌가 더 보호를 받고 덜 노동한다는 점에 대해 불평하지 않는다. 종합상황실 역할을 하는 두뇌 또한 발가락에 가시가 박혀도 이를 외면하지 않는다. 몸 일부라도 아프거나 제 기능을 못 하면 생명체가 정상적으로 기능하지 못한다는 '운명 공동체'라는 것과 관련이 있다. 국가는 다를까? 물론 17세기 이후 등장한 국민국가에 대해 '지배계급'의 도구에 불과하다는 비판은 있다. 모든 형태의 국가가 없어지면 오히려 더 살기 좋은 세상이 될 수 있다는 '무정부주의'에 찬성하는 사람들도 많다. 그런데도 '국가'의 필요성은 분명히 있다. 국민으로서는 세금을 내는 것도, 군대에 가야 하는 것도, 일상에서 정부의 간섭을 받는 것도 불편하다. 그렇지만 합법적인 국가 구성원이 아닐 때 받게 되는 불이익을 생각하면 달리 볼 부분이 있다. 국내에 체류하는 미등록 이주노동자들을 생각해보자. 그들은 강도를 당하거나, 병을 얻거나, 직장을 잃어도 제대로 된 도움을 받는 데 한계가 많다. 특정 국가의 정당한 구성원이라는 것을 인정해주는 여권을 못 만든다. 우리가 평소 의식하지 못해서 그렇지 나라 없는 설움이란 매우 크고 무겁다. 강대국의 식민지로 지배를 받았던 많은 민족은 그런 이유로 죽을 힘을 다해 독립 국가를 세우려 했다.

대한민국 헌법 제1조에는 "대한민국은 민주공화국이다. 대한민국의 주권은 국민에게 있고 모든 권력은 국민으로부터 나온다."라는 내용이 들어 있다. "모든 국민은 법 앞에 평등하다. 특수계급의 제도는 인정되지 아니하며, 어떠한 형태로도 이를 창설할 수 없다."라는 내용은 제11조에 나온다. 얼핏 보면 불평등은 없고 '권력 관계'도 별로 문제가 안 되는 것으로 볼 수 있다. 현실은 전혀 다르다. 물론 조선시대와 같은 신분제는 없어졌다. 그렇다고 해서 권력을 독점하는 집단과 그렇지 못하는 다수가 존재하는 현실이 사라진 것은 아니다. 헌법에 나와 있는 '법 앞에 모두가 평등'하다는 것도 환상에 가깝다. 2019년 서초동을 밝히고 있는 촛불시위를 통해 확인된 것처럼 '검찰'이라는 집단은 엄청난 특권을 누린다. 자신과 관련된 비리는 수사하지 않거나, 기소를 않거나, 유리한 사실만 재판에 제시할 수 있다. 재벌이나 돈 많은 사람도 다른 대접을 받는다. 대법관을 비롯해 노른자위 직위를 차지하고 있던 공직자들만 집중적으로 고용하는 대형 법률회사를 생각해 보면 더 잘 보인다. 임종인과 장화식이 2008년 펴낸 〈법률사무소 김앤장〉에 관련 내용이 나온다. 2003년 기준으로 이 회사에 고문으로 영입된 인물로는 부총리를 지낸 이헌재, 서울국세청장을 지낸 황재성, 이주석과 전형수, 국무조정실장을 지낸 한덕수 등이 있다. 고문료는 연간 4억 원 이상을 받았다.

만약 주고받는 게 없다면 전직 관료에게 이런 특혜를 해 줄 이유가 없다. 평범한 사람은 언감생심 이들의 도움을 받을 수도 없다. 능력과 의지만 있으면 누구나 권력을 누릴 수 있을 것 같지만 현실은 안 그렇다. 2019년 10월을 뜨겁게 달구고 있는 '조국 사태'가 이를 잘 보여준다. 갈등 당사자에 해당하는 보수와 진보 정치인을 비롯해 상당수 검찰의 핵심 인물은 서울대 출신이다. 법무부 장관으로 임명된 '조국'은 법대에서 학부를 졸업하고 현재 서울대 교수로 재직 중이다. 검찰총장 윤석열 또한 서울대 법대 출신이다. 자유한국당의 원내대표로 광화문 집회를 이끄는 나경원도 동문이다. 진보 진영으로 분류되는 인물 중에도 서울대 비중은 상당히 높다. 현재 노무현재단 이사장에 있는 유시민은 서울대 경제학과를, 동양대에 재직 중인 진중권은 서울대 미대를, 또 검찰개혁 특별위원회 위원장을 맡게 된 박주민 더불어민주당 국회의원도 법대 동문이다. 공부를 잘해야 진입할 수 있는 관료나 검찰과 달리 정치 쪽은 다르지 않을까 생각할 수 있지만, 이것도 착각이다. 가령, 지난 2016년에 선출된 제20대 국회의원 중 서울대 출신은 전체 253명 중 67명이나 된다. 전체의 거의 30%를 차지한다. 고려대, 성균관대와 연세대가 그 다음으로 각각 35명, 25명, 20명이나 된다. 소위 명문대에 속하는 이들을 모두 합치면 전체의 63%를 넘는다.[37] 엘리트로 분류되는 특정 집단이 존재한다는 것과 이들이 일반 서민과 비교할 수 없는 수준의 경제적, 정치적, 문화적 특혜를 누린다는 점을 잘 보여준다. 과연 이런 불평등에도 불구하고 국가는 어떻게 유지되는 것일까? 그 해답은 권력에 있다.

권력은 크게 세 가지 차원으로 나뉜다. 권력을 소유한 누군가에 의해 그렇지 못한 상대가 자신의 의지와 무관하게 무엇인가를 하거나 못하는 것이 1차원이다. 자본주의 세상에서 돈이 갖는 힘을 생각하면 된다. 자신이 가진 노동력을 팔아야 생계를 유지할 수 있는 사람들에게 돈은 권력이 된다. 자본가 계급은 돈을 내세워

---

37) 장세희. 20대 국회의원 당선자 대학별 순위 … 서울대, 고려대, 성균관대, 연세대, 한양대, 중앙대. <한국경제>. 2016/4/14.

자기가 고용한 직원들에게 특정한 행위나 사고를 강요할 수 있다. 학창시절, 전교에서 가장 싸움을 잘하는 아이가 다른 학생들을 부하처럼 부릴 수 있었던 것도 동일한 권력 작용이다. 자칫하면 폭력의 희생자가 될 수 있는 상황에서 약한 이들은 비록 부당하고 나쁜 일이라도 힘센 애의 심기를 건들지 않으려고 노력하게 된다. 약간 차원을 달리 하는 것으로 제2차원의 권력이 있다. 자신이 하고 싶지 않은 일은 하지 않는 힘이다. 대표적인 것이 UN이나 IMF에서 일부 국가만 행사하는 거부권이다. 공들여 의사결정을 해도 누군가에 의해 가로막힐 수 있다면 자연스럽게 그 사람이 원하는 일을 하게 된다. 2019년 가을을 뜨겁게 달구고 있는 검찰개혁에서도 발견된다. 검찰은 자신에게 불리한 사건이 생기면 아예 수사하지 않거나, 기소 자체를 막는다. 공정한 재판을 받을 기회 자체가 아예 봉쇄된다. 그래서 '의사결정 방해(Non Decision Making)'권력이라고 부른다.

제3차원은 가장 수준이 높은 단계다. 남들이 자발적으로 자신이 원하는 일을 하거나 원하는 방향으로 움직이도록 만든다. 취향이나 선호도를 자신에게 유리하도록 조정함으로써 얻어지는 효과다. 1950년 전쟁을 거치면서 남한 사회에 체계적으로 도입된 반공교육을 생각하면 된다. 북한에 대한 적개심, 사회주의 경제모델에 대한 반감, 전쟁에서 함께 싸워 준 미국에 대한 감사함 등이 학습된다. 당시에 학교를 다니거나, TV를 시청하거나, 영화를 본 많은 사람들은 이런 이유에서 철저한 반공주의자로 거듭난다. 국제사회에서도 이런 사례는 쉽게 찾을 수 있다. 제국주의 시대, 식민지가 된 경험을 가진 국가에서 주로 발견된다. 영국, 프랑스와 스페인 등은 이들 지배당한 국민의 모델이 된다. 지식인은 자발적으로 유학을 하고, 종주국의 문화는 사회 전반에서 모방 되며, 궁극적으로 대부분의 식민지 사람들은 자신을 지배하는 국가에서 인정받기 위해 노력한다. 알제리 독립운동가 프란츠 파농은 이를 『검은 피부 하얀 가면』에서 고찰한바 있다.

전통적으로 이런 권력은 지배계급이 행사해 왔다. 그러나 계급이라는 개념은 '지배자와 지배받는 자'라는 이분법을 전제로 한다는 게 문제다. 전통사회처럼 계급 구분이 뚜렷하고 지배자가 소수라면 문제가 없다. 권력이 분산되고 특히 민주주의가 진행되면서 '계급'이라는 개념은 너무 모호하며, 포괄적이며, 내부의 복잡한 의사결정 구조를 반영하지 못한다는 비판을 받았다. 그래서 등장한 개념이 핵심실력자(Deep State), 파워엘리트, 상류사회 등이다. 복합체도 이런 필요성에서 등장했다.

복합체 연구는 많지 않다. 군산복합체(Military-Industrial Complex)란 개념을 널리 알린 인물은 제2차 세계대전 당시 연합군 총사령관을 지낸 뒤 미국 대통령이 된 드와이트 아이젠하워다. 재임 8년 동안 그는 반복된 전쟁을 통해 급성장한 군수산업, 펜타곤, 군수업체 유치를 통해 당선된 의원들과 로비스트 등으로 구성된 일군의 강력한 이익집단이 등장하는 것을 지켜봤다. 퇴임 연설을 통해 그는 "만약 깨어 있는 시민이 이들을 민주적으로 통제하지 못한다면 미국은 조만간 또 다른 전쟁으로 내몰릴 것"이라는 경고를 내놨다. 불과 몇 년 뒤, 미국은 전후 최악의 실수로 알려진

베트남 전쟁이라는 수렁에 빠진다. 붉은 제국 소련에 대한 봉쇄전략과 베트남을 장악하지 않으면 동남아시아 지역이 차례로 공산화가 될 것이라고 했던 도미노효과의 주창자로 잘 알려진 조지 캐넌 또한 "내일 당장 소련이 무너진다고 하더라도 미국의 군산복합체는 건재할 것이다. 경제에는 암적 존재가 될 다른 '악마'를 발견할 것이기 때문에"라고 말한 것으로 전해진다(Cox, 2014). 대통령, 의회, 펜타곤, CIA를 비롯한 정보기관, 연방수사국(FBI)과 군수업체 등이 유기적으로 결합한 이 복합체는 그 이후에도 크고 작은 국제사회 전쟁과 관련이 있다. 한 예로, 1980년대 레이건 대통령이 추진한 '별들의 전쟁(Star Wars)'은 미공군과 보잉사가 설립한 랜드재단 작품이다. 대량살상무기를 핑계로 시작한 2003년의 이라크 전쟁 역시 배후에는 이들 복합체가 있었다. 미국 언론인 출신 론 서스킨드가 2004년 출판한 〈충성의 대가(The Price of Loyalty)〉에 관련 내용이 잘 나와 있다. 핵심 인물로 부통령을 역임했던 딕 체니가 등장한다. 그가 대표이사로 일했던 핼리버튼이 전후 복구사업과 관타나모 수용소 건설 등을 통해 무려 110억 달러 이상을 벌었다는 얘기다.

학술적으로 복합체가 제대로 다루어지지 않은 이유는 뭘까? 우선 파워엘리트와 같은 비슷한 개념이 더 널리 알려진 것도 관련이 있다. 대표적인 책이 라이트 밀즈가 1956년에 펴낸 『파워엘리트』다. 아이젠하워의 군산복합체 언급이 나오기 직전이다. 밀즈는 '핵심 중의 핵심'에 있는 권력집단으로 크게 6개 그룹을 꼽았다. 첫번째는 주요 도시의 '명문가' 집단이다. 대중스타와 언론인이 속한 '유명인사'는 두 번째 그룹이다. 업종을 대표하는 기업체의 대표이사들과 막대한 동산 및 부동산을 소유한 '자산가'는 세 번째와 네 번째다. 대통령과 국방부 장관에게 조언을 해 주는 합동참모본부와 국가안보위원회(NSC) 위원 등은 '군부엘리트'에 속한다. 마지막 그룹에는 대통령을 포함해 행정부에서 일하는 50명 정도의 고위관료들이 포함된다.

윌리엄 돔호프는 이 전통을 이어받아 1987년 『누가 미국을 통치하는가?: 뉴헤이븐과 지역사회의 권력 재고찰(Who Rules America?: New Haven and Community Power Reexamined)』라는 책을 내놓는다. 역대 미국 정부의 주요정책을 둘러싼 의사결정 과정에 주목한 연구다. '정책기획 연결망'이라는 개념을 통해 돔호프는 대기업과 그들이 후원하는 재단, 씽크탱크와 정책토론모임, 연방정부라는 삼각고리를 찾았다. 대기업, 재단, 싱크탱크 등의 '이사회' 구성원이 상당 부분 겹친다는 것과 그들 중 다수가 정부의 각종 위원회에 참가한다는 것 역시 확인된다. 대통령 직속의 각급 '경제자문위원회' 위원장들이 싱크탱크 출신으로 채워진다는 점과 이들이 정책토론모임에 자문할 뿐만 아니라, 때로 기업체 이사진으로 복귀한다는 점도 드러났다. 주요 법인과 기업체 '이사'직을 겸직하는 경우는 무려 87.5%를 넘었다. 파워엘리트의 네트워크를 그는 크게 '경제적, 정치적, 군사적 및 이념적'으로 나눴다. 물리적으로 모이는 장소는 싱크탱크, 의회 청문회 또는 조지워싱턴과 조지타운대학 등이고 상징적 광장에 해당하는 뉴스 미디어와 학술저널 등을 의제를 조정하거나 국민 설득 작업을 위한

공감대를 형성했다.[38]

2015년에 피터 스콧이 쓴 『미국의 실력자들: 월스트리트, 정유회사, 그리고 미국 민주주의에 대한 공격』도 이 범주에 속한다. 학술연구로 분류할 수는 없지만 눈여겨봐야 할 또 다른 작업으로는 1970년 미국심리치료학보에 발표된 '반공 복합체'와 조나단 헤르조그가 2011년 펴낸 책 『종교산업 복합체: 냉전 초기, 공산주의에 대한 미국의 종교 전쟁』 등이 있다.

국내에서도 먼저 알려진 것은 '군산복합체'다. 월간지 〈말〉과 같은 비판적 잡지에서 자주 등장했다. 학술적으로 분석한 경우는 김승국(1993)이 쓴 '미국 군산복합체의 동향'이 거의 유일하다. 신순철(2009) 또한 미국이 2003년 이라크를 침략한 배경으로 군산복합체를 지목하고 이들의 협력자로 언론과 정부 관료를 파헤친바 있다. 명확한 정의를 내리지 않고 복합체를 활용한 다른 연구로는 원자력 에너지를 둘러싼 주요 인물과 단체와 이익집단을 분석한 김은혜와 박배균(2016), 블라디미르 푸틴의 집권 이후 형성된 러시아 정부 내 파워엘리트를 '권력복합체' 관점에서 다룬 신범식(2004) 등이 있다. 중국과 미국 간 패권경쟁 수혜자로 부상한 군수업체와 군부세력을 '지역안보복합체'로 파악한 이원우(2013)의 작업도 그중 하나다. 민주화 이후 새로운 권력 집단으로 부상한 언론을 중심으로 살펴본 연구도 일부 있다. 한 예로, 장행훈(2012)은 선거라는 합법적인 권력수단을 장악한 선거복합체를 거론하면서 그 핵심으로 보수적인 언론을 지목했다. 이병욱과

---

38) 김성해. 2019. 『지식패권』 1권. 605쪽에서 재인용.

김성해(2013) 또한 자유한국당으로 대표되는 보수 정당과 조선일보, 동아일보, 문화일보와 같은 보수적 언론을 묶어 '담론 복합체'로 분석한 적이 있다.

1997년의 외환위기 또한 국내에서 복합체에 관한 관심이 다시 높아진 계기였다. 당시 한국, 필리핀, 인도네시아와 태국 등은 미국 정부와 IMF가 제시한 혹독한 구조조정 프로그램을 받아들여야 했다. 그러나 애초 기대와 달리 극심한 부작용이 나타났으며 1998년 이후에는 당시의 처방이 일부 세력에 의한 일방적인 주장이었다는 사실도 드러났다. 대외정책에서 가장 영향력 있는 〈포린 어페어〉에 1998년 6월에 실린 글이 대표적이다. 컬럼비아대학 경제학 교수로 있던 자그디시 바그와티(Bhagwati)가 쓴 이 글에 '월가-재무부-복합체'란 개념이 등장한다. 아시아의 구조개혁 프로그램을 관철한 배후로 재무부, IMF, 골드만삭스, 시티은행, 국제경제연구소(IIE), 미국외교협회(CFR) 등을 언급했다. 미국의 대외경제정책이 이들에 의해 좌우되었으며 반드시 미국의 국가이익과 일치하지 않았다는 설명이었다. 그 직후 진행된 일련의 과정을 봐도 바그와티가 틀리지 않았다는 것을 잘 보여준다. 피터슨재단의 프레드 버그스타인(Bergstein)의 의회 청문회 증언에 따르면, IMF 구조개혁 결정 과정에서 국무부와 국방부의 의견은 재무부와 일치하지 않았다(1998). 1998년 이후 급속히 부상한 ASEAN+3와 같은 아시아공동체 논의도 미국이 원하던 상황은 아니었다(김성해, 2013). 미국의 국익에도 반드시 도움이 되지 않았다. 지배계급 내부에도 권력 투쟁이 있다는 의미다.

복합체라는 개념을 사용하진 않았지만 유사한 연구는 국내에서도 드물지 않다. 가령, 이성로(2010)는 "한국 지배층의 이데올로기적 헤게모니: 그 구조와 작용원리"라는 논문에서 한국의 지배층은 누구이며 어떤 특성이 있는가라는 질문을 던진다. 그가 분석한 지배층에는 '경제집단, 정치집단, 고위관료와 법조계, 언론권력, 군부' 등이 포함되어 있다. 권력의 행사는 크게 무력을 사용하거나 문화적 지배를 활용하는 방식으로 나눴다. 이준식과 박태균(1995)의 연구 역시 '보수정치세력'과 '재벌'을 지배세력의 핵심으로 구분하는 한편, '근대화론'과 '반공이데올로기' 등을 지배이데올로기로 분석한 경우다. 그람시가 말한 역사적 블록을 통해 한국 사회를 분석한 사례는 김종법(2015)이 있다. '친일-반공-지배-발전-연합'이라는 개념을 통해 그는 한국의 지배집단을 정리했다. 그 밖에, 특정 집단에 집중함으로써 권력의 핵심을 밝히려는 노력으로는 개신교를 분석한 류대영(2014)과 윤경로(2016), 재벌을 파헤친 김동운(1997), 그리고 미국의 대리자 역할을 하는 친미성향의 엘리트에 주목한 이행선(2013)과 김종영(2016) 등이 있다. 공통으로 민주화와 국가권력의 변화 이후에도 기존의 권력질서가 어떻게 유지되고 있는가를 해명하기 위한 연구들이다. 그러나 복합체라는 개념이 필요한 이유는 몇 개 더 있다.

먼저, 지배계급 내부에서 외부의 환경변화에 따라 특정 집단이 부상하고 퇴조하는 내용을 파악하지 못했다는 점이다. 가령, 1960년 아이젠하워가 군산복합체를 경고하기 전까지 이 집단의 실체는 물론 영향력은 충분히 알려지지 않았다. 미국이 배후에 있었던 1954년의 이란과 과테말라의 쿠데타 등도 지배계급의 공동작품 정도로 알려졌다. 제2차 세계대전과 한국전쟁을 거치면서 군수산업과 펜타곤, CIA 등이 권력의 핵심으로 성장한 것 역시 알지 못했다. 바그와티가 지적한 재무부-월가 복합체도 비슷한 역사적 맥락이 있다. 1990년대 중반의 미국 중심의 자본시장 개방과 시티은행, 골드만삭스와 같은 글로벌 금융기관의 급성장과 관련되어 있다. 한국에 적용해도 된다. 해방 직후 권력의 핵심에는 미군정, 군정의 보호를 받는 반공성향의 친일 부역자, 미국 유학파 출신의 개신교 목사들, 그리고 이승만으로 대표되는 미국과 영국 등 친미인사들이 있었다. 박정희와 전두환을 거치면서 미국에서 군사훈련을 받고 군부에서 엘리트로 성장한 '친미' 성향이면서 철저한 '반공주의'자들이 그 자리를 대체했다. 냉전 이후에는 경제력을 가진 재벌 집단의 영향력이 자연스럽게 증가했다. 이런 한계는 복합체로 접근함으로써 보완할 수 있다. 분단질서를 유지함으로써 결정적 이해관계를 관철할 수 있는 제도, 조직, 주요 행위자들은 누구인지, 그들이 개입하고 있는 담론정치는 어떤 방식으로 진행되는지, 또 그들의 역할과 영향력이 해방공간, 전쟁, 반공군부독재, 민주화시기, 남북화해시기를 거쳐 현재 어떤 상황에 있는지 등은 지배집단을 해체해 봐야 파악할 수 있다.

지배계급을 구성하는 특정 블록 간 '경쟁과 협력' 관계를 파악하기 어렵다는 점도 주목해야 한다. 1998년 6월 16일, 현대그룹 회장 정주영은 소 떼를 몰고 휴전선을 건넜다. 금강산관광을 비롯해 본격적인 남북교류가 이때부터 시작됐다. 분단질서 유지에 가장 큰 위협이 된 사건이기도 하다. 한국 지배층의 가장 핵심으로 알려진 현대그룹이 앞장섰다. 안보보다는 이윤이 먼저 고려된 상황이었다. 그러나 2019년 지금까지 남북관계는 큰 변화가 없다. 분단질서가 유지되어야 한다는 여론이나 북한에 대한 일반적인 정서도 크게 달라지지 않았다. 지배층 내부에서 분단을 지키려는 세력과 극복하려는 진영이 경쟁하고 있다는 증거다. 국가의 중요한 정책을 결정하는 영향력을 행사하는 파워엘리트 분석만으로는 이 부분을 설명하기 어렵다. 다시 말해, 분단질서를 둘러싸고 이익집단 간 투쟁이 진행되고 있으며, 뭔가 밝혀지지 않은 이유로 인해 분단을 극복하려는 노력이 좌절되었다고 볼 수 있다. 민주화가 상당 부분 진행되었다는 점을 고려하면, 물리적 폭력(군대)이나 국가보안법과 같은 '강제'가 아닌 '회유'의 방법이 무엇이었나를 생각해야 한다.

한국의 주권을 넘어서는 국제사회의 영향력을 분석하지 못했다는 점 역시 한계로 지적할 수 있다. 2018년 10월 10일 트럼프 대통령은 "한국은 미국의 승인 없이는 아무것도 하지 못한다."라고 공개적으로 밝혔다. 동맹이라는 껍데기에 감춰진 불평등한 한미관계의 본질을 드러냈다. 냉전 동안 한국은 미국이 구축한 반공 동맹의 일부였다. 일본 오키나와에 있는 미군기지, 대만에 대한 미국의 지원, 필리핀에 있는 클라크 공군기지와 수비크만 해군기지 등은 한반도 상황과 절대 무관하지 않다. 2000년대 이후 남북관계가 개선될 기미가 있을 때마다 미국과 일본에서 일종의 '방해 공작'이 진행된 것도 흥미롭다. 금창리 핵시설, 고농축우라늄,

방코델타아시아를 통한 불법 돈세탁과 위조지폐 의혹에 대한 확실한 증거는 드러난 적이 없으며 미국은 이를 핑계로 북미 제네바 협의와 6자회담을 폐기했다(김성해 외, 2017). 또 다른 예로, 일본의 아사히신문은 2013년 9월 21일 "북한이 리설주 관련 추문을 은폐하기 위해 은하수악단 관계자 9명을 처형했다"라는 익명의 제보를 공개했다. 당시 남북한은 추석을 앞둔 이산가족 상봉 행사를 준비하던 중이었고 이 보도를 계기로 행사는 무산됐다. 한국의 지배계급 내부에도 갈등이 있다는 것과 이들이 '단일'한 유기체로 미국과 일본 등과 협력하는 것이 아니라는 점을 보여준다. 권력의 핵심 중 일부 집단 또는 연합세력이 외부와 협력을 하고 있으며 이를 분석하기 위해서는 일국 단위의 지배계급 또는 파워엘리트 분석을 넘어서야 한다는 의미다. '복합체' 개념을 활용하면 국내와 국제사회 간 존재하는 연대와 갈등에 대한 실마리를 얻기 쉽다. 한국 사회가 자발적으로 IMF 의견을 좇았던 경험에 적용해도 잘 맞아 든다.

당시 재무부-월가 복합체는 한국에 있는 특정 이익집단과 한배를 탔다. 정부 주도 경제모델을 '관치금융'으로, 재벌 전략을 '족벌 경영'으로, 또 해외투자에 대한 저항을 '경제 민족주의'로 공격했다(김성해 외, 2007). 정부에 비판적이던 언론, 미국에서 공부한 경제학자, 국제통화기금과 글로벌 금융기관과 유착되어 있었던 전문가들이 같은 편에 섰다(지주형, 2011). 당연히 그들이 한국의 지배계급을 대변하지도 않았고, 국내에는 그들과 대척점에 서 있는 다른 이익집단도 있었다. 정치, 경제, 군사, 문화 등 현안에 따라 경쟁 또는 협력했으며 닫힌 연합이 아닌 열린 연합에 가까웠다. 정확한 지휘체계는 없었지만 상당한 수준의 공감대를 바탕으로 지식인과 언론인이 함께하는 '담론정치'도 진행됐다(이찬근, 2001/ 장하준·신장섭, 2004/ 지주형, 2011). 정리해고제를 도입하고, 자본시장을 추가로 더 개방하며, 알짜 국내기업을 외국기업에 매각하는 데 반대하면 '개혁 저항세력'이라는 낙인이 찍혔다. 시장의 실패를 교정하는 정부의 정당한 개입도 '관치금융'으로 내몰렸다. 그리고 이 과정에서 언론은 막강한 권력이었다. 무엇이 옳은지 그른지, 누가 권위자이고 아닌지, 무슨 정책을 채택해야 올바른 방향인지 판단했다. 정부의 관료들과 경제학자들 역시 자신들의 주장을 관철하기 위해 '언론'을 적극적으로 활용했다. 덕분에 언론의 몸값은 높아졌고 자연스럽게 복합체 내부에서 중심축 역할을 맡았다. 언론복합체라는 개념은 이런 관찰에서 출발한다.

언론복합체

과연 대한민국을 자신들이 원하는 방향으로 이끌어 갈 만한 권력, 전략과 청사진을 가진 집단은 존재할까? 조선 후기를 주물렀던 권문세도가 같은 존재가 없다면 '복합체'란 전제는 틀린 게 아닐까? 그러나, 비록 영향력은 줄어들었다 할지라도, 비슷한 부류의 권력층이 존재할 뿐만 아니라 견고한 인맥을 형성하면서 긴밀하게 협력하고 있다면 이를 복합체라고 불러도 되지 않을까? 분단체제가 70년 가까이 진행되면서 정치, 경제, 군사, 외교 등을 둘러싼 견고한 이해관계가 형성되어 있다는 점도 고려해야 하지 않을까? 언론을 중심으로, 그리고, 언론을 핵심 자산으로 활용한다는 '언론복합체'는 이런 질문에 답할 수 있는 실마리를 제공한다.

언론복합체는 크게 두 가지 전제에서 출발한다. 그중 하나는, 한국 사회의 권력 집단 내부에서 언론 엘리트의 영향력이 꾸준하게 확대해 왔으며, 특히 1987년 민주화 운동과 1997년의 외환위기의 도움을 받았다는 점이다. 다른 하나는, 국민의 공감과 동의를 확보하는 경쟁으로 권력 게임이 바뀌면서 '언론'이 권력 투쟁의 핵심 전선이 되었다는 점이다. 과거와 달리 복합체의 어떤 구성원도 이제는 언론을 활용하지 않고는 자기 뜻을 관철하기 어렵다. 물론 과거에도 우호적인 여론을 확보하는 것은 권력 유지와 관철에 있어 필수적인 과제였다. 그러나 2000년대 이후 급속하게 퍼진 디지털 혁명을 맞아 담론경쟁에서 우위를 차지하는 것은 필수 조건이 됐다.

국내에서 언론이 권력기관으로 변모하기 시작한 것은 1990년대 초반으로 거슬러 올라간다. 1990년에는 〈경향신문〉이 한화그룹에 인수되었고, 1991년 11월에는 현대그룹이 〈문화일보〉를 창간했다. 그보다 앞선 1988년에는 순복음교회가 〈국민일보〉를, 1989년에는 〈세계일보〉가 통일교 재단에 의해 설립됐다. 언론사가 특정한 목적을 위해 동원되는 것을 넘어 그 자체로 이익집단화되기 시작한 시기였다. 언론의 정치 권력화는 1992년 대선을 계기로 더욱 강화된다. 막강한 경제력을 바탕으로 현대그룹의 정주영 회장은 스스로 대통령에 출마했다. 〈문화일보〉가 '국민당 기관지'라는 비판을 받을 만큼 그의 당선을 위해 노력한 것은 자연스러웠다. 〈조선일보〉는 반대로 김영삼 후보를 적극 지지했으며 '밤의 대통령'이라는 말이 나오는 것도 이때였다. 1997년 11월 외환위기를 계기로 언론의 주도권은 더욱 뚜렷해졌다.

당시 위기를 맞닥뜨리기 직전까지 명문대학과 고등고시라는 한국 내 엘리트 코스를 통해 구조화 된 경제 관료들의 권위는 견고하게 유지되고 있었다. 1987년 이전까지 한국의 파워엘리트를 주도했던 군부엘리트는 1988년 8월 6일 중앙경제신문의 오홍근 사회부장 테러 사건 이후 권력의 전면에서 밀려났다. 군부가 주도하던 권력 질서는 그 이후 관료, 재벌, 대학, 언론과 종교계 등이 상호 협력하고 경쟁하는 구도로 바뀌었다. 외환위기 이전까지는 그래도 '육사와 서울대'를 정점으로 하는 관료 엘리트가 중심에 있었다. 유감스럽게도 1998년을 정점으로 그들의 영향력은 상당히 약해졌다. 잘나가던 한국 경제가 붕괴하면서 이들이 했던 모든 방식이 비판을 받았고 그 자리를 물려받은 것은 미국을 기반으로 성장한 일종의 '글로벌 전문가' 집단이었다. 가령, 당시 외환위기 협상을 주도했던 임창렬 장관은 IMF에서 근무한 경력이 있고 DJ의 경제고문을 맡았던 유종근 지사는 미국 럿거스대학 경제학 교수 출신이었다. 1998년 당시만 하더라도 서울대, 연대와 고대 등에 박사과정으로 입학하기는 절대 쉽지 않았지만, 그 이후 20년에 걸쳐 미국 유학파는 가장 견고한 기득권 집단으로 부상했다. 최근에 발간된 김성해의 『지식패권』과 김종영의 『지배받는 지배자: 미국 유학과 한국 엘리트의 탄생』은 이를 잘 보여준다. 미국 박사라는 '상징 권력'은 미국 유학을 유도하고 이것이 다시 '상징 권력'을 강화시키는 상승작용을 일으킨다. 언론을 통해 의제를 제시하고 확대 재생산하는 필진들은 대부분 교수집단이고 그 가운데 절반 이상이 미국에서 박사학위를 받은 이들이다. 1943년부터 2012년까지 외국에서 박사학위를 받은 것으로 한국연구재단에 등록된 3만 9,135명 가운데 미국 박사는 2만 2,279명으로 56.93%나 된다(강국진, 2012). 한국은 그 당시 일종의 권력 공백 상황을 맞았고 '언론 권력'은 그 틈새를 잘 이용했다.

1997년 국내 언론은 외환위기를 예측하지 못했으며 정부의 앵무새 역할을 했다. 그러나 흥미롭지만, IMF 얘기가 나오기 시작했을 때 그들은 가장 앞서 개혁을 외쳤고, IMF 권고에 반대하는 집단을 무자비하게 공격했다. 2019년 현재 우리 머릿속에 있는 외환위기 및 그 이후의 구조개혁에 대한 지식과 정서 및 태도가 어떻게 형성되어 있는가를 반추해 보면 답이 보인다. 혼돈의 시기에 결국 '말할 권리'를 가진 집단이 승리할 수밖에 없었고 결과적으로 일부 언론은 한국적 '앙시엥 레짐'에서 일종의 결정권 또는 거부권을 마음껏 누렸다. 정치권력이나 사법권 등에 비해 언론은 상대적으로 약자다. 항상 강자와 연대를 하지 않고서는 영향력을 발휘할 수 없다. 그러나 '결정권이나 거부권'을 구조적으로 행사할 수밖에 없는 상황이라면 그 힘의 크기는 달라진다. 1997년 이후 한국 사회에서 언론(특히 보수적인 주류언론)은 절묘한 상황을 맞았다. 정보에 대한 수요가 급증했고, 공교롭게도 이들은, 전략적

요충지에 일찌감치 터전을 잡았다.

국내 신문시장의 70%, 종편이라는 24시간 채널, 정치권, 정부 및 학계 등에 포진해 있는 네트워크는 절대 간단하지 않다. 한 예로, 김대중 정부가 임명하고자 했던 최장집 교수의 인선을 부결시킨 것은 언론이었다. 노무현 정부가 공개적으로 언론과의 전쟁을 선언한 것도 분명 이유가 있었다. 게다가 1987년 이후 국내에서 언론이 권력화되고 있다는 얘기는 꾸준히 제기되고 있다. 2009년 〈경향신문〉의 이대근 전 편집국장은 "한국 언론의 문제는 특정 정치 세력과 동일시하면서 이들을 추종하고 이해관계를 공유하며 그에 맞춰 일관성 없이 일관된 정치적 지향점 없이 일관된 가치 기준도 없이 보도하는 데 있다. 한국 언론은 이미 정당이다"라고 까지 했다.

국내에서 언론계 출신 인사들은 정부와 대기업 및 국회로 자리를 옮기거나 이들과 밀접한 관계를 맺는다. 자신들은 우매한 대중을 이끌어야 하고, 대중은 정치인의 선동에 쉽게 휩쓸리며, 진정한 국가이익은 자신들만이 판단할 수 있다고 믿는 선민의식이 강한 집단이 언론이다. 공동체의 이익이라는 관점에서 봤을 때 정치적 혼란과 일상적 불안감은 자산이 아니라 부채지만 언론의 입장은 다르다. 정보에 대한 목마름을 부추기고, 정보에 대한 의존도를 높이고, 궁극적으로 자신의 존재가치를 높일 수 있다. 복합체의 다른 구성원과 달리 언론은 누구나 거쳐야 하는 '관문'을 장악했다는 장점이 있다. 언론은 자신에게 유리한 의제는 통과시키고 그렇지 않은 이슈나 주장은 차단할 수 있다. 대중이 어떻게 생각해야 하는지는 간섭하기 어렵지만 '무엇'에 대해 생각해야 하는지 지침을 준다. 깜깜한 밤에 야광등 역할을 하는 것으로 보면 된다. 맥락을 생략한 채 특정한 관점이나 사실만 강조하면 전혀 다른 실체를 만들 수 있다. 자신이 원하는 관점으로 인식하도록 만들 수 있다는 것도 언론이 갖는 힘이다. 흔히 프레임 이론으로 알려져 있는데 일상에 바쁘고 또 모든 사실을 공정하게 비교하기 어려운 대중으로서는 언론이 제시한 해석 틀에서 온전히 자유롭기 어렵다.

담론정치

지난 2016년 겨울을 달구었던 촛불시위는 박근혜 대통령의 탄핵으로 이어졌다. 과연 1987년 민주화 이후 숨죽여 있던 다수 국민을 움직인 힘은 무엇일까? 분명한 것 중의 하나는 '제도'와 '시스템'에서 변화는 없었다는 점이다. 경제에서는 '신자유주의적' 질서가 일상의 풍경이 되어 이제는 거부하는 것조차 낯설다. 가령 1996년 김영삼 대통령이 '파견근로제' 등의 노동개혁 방안을 발표했을 때 국민적 저항은 상당했다. 노동자의 파업에 대한 호의적인 여론도 꽤 높았다. 강명구(1994)의 논문에서 주장한 것처럼 '정부와 보수언론'의 경제위기설은 별로 설득력이 없었다. 기득권의 몫을 내놓지 않으려는 이념 공세 정도로 받아들여졌다. '국산품'을 사용해야 한다는 의식도 높았다. '경제 민족주의'로 알려진 이 생각은 자연스럽게 외국자본에 대한 높은 적대감으로 발전했다. 그렇지만 1998년 구조개혁 이후 이러한 덜 '신자유주의적'인 시스템은 모두 무너졌다. 약 20년이 세월이 지나면서 '비정규직, 외국자본, 금융시장 개방, 공기업 민영화' 등은 상식이 되었다.

　정치에서도 큰 변화가 없었다. 1987년 직선제가 다시 실시된 이후 여전히 단임제 대통령은 유지가 된다. 특정 지역의 국회의원을 뽑는 방식(소선구제)도 여전하고 지방자치단체의 의원을 충원하는 방식도 크게 다르지 않다. 김대중과 노무현 정권 10년을 거치면서 일부 '질서'의 재편이 생겼지만 여전히 '기득권' 집단은 견고하다. 권력의 핵심으로 알려진 군대, 검찰과 경찰, 언론 및 국정원 등에서 TK의 위세는 여전하다. TK가 아니라 '서울대'를 정점으로 한 학벌 엘리트로 보아도 본질은 크게 안 달라진다. 마르크스의 관점이건 그람시의 관점이건, 혹은 찰스 라이트의 관점이건 '권력의 기본적인 질서'가 크게 변하지 않았다는 의미다. 그런데도 국민은 촛불혁명을 끌어냈다. 끝이 아니다. 불과 2년 정도가 지난 2019년에는 정반대의 집회가 열리고 있다. 10월 3일 개천절 집회의 주된 요구 사항은 '문재인 하야'와 '한미동맹 강화' 등이다.

　무엇이 달라졌을까? 탄핵을 끌어낸 저항과 최근에 불거지고 있는 또 다른 저항은 어떻게 가능할까? '집단적인 사고방식, 가치관, 상식, 집단정서' 등에 주목하는 것은 이런 까닭에서다. 영화, 드라마와 소설 등은 이를 추측해 볼 수는 있는 좋은 가늠자다. 2012년 이후 관객수 1천만 명을 돌파한 국내 영화로는 〈명량〉, 〈국제시장〉, 〈베테랑〉, 〈7번방의 선물〉, 〈암살〉, 〈광해, 왕이 된 남자〉, 〈

변호인〉 등이 있다. 정부 차원에서 조직적으로 지원한 〈국제시장〉을 제외하면 공통점이 있다. 권력형 비리에 대한 분노, 민주적 리더십에 대한 열망, 정의로운 사회에 대한 목마름 등이다. 특검 조사에서 밝혀진 것처럼 박근혜 대통령이 〈변호인〉과 〈광해, 왕이 된 남자〉 등에 알레르기 반응을 보였다는 것도 주목할 만한 지점이다. 전혀 인기를 끌 것 같지 않아 보였던 책 〈정의란 무엇인가〉역시 집단정서를 어느 정도 대변한다. 책, 드라마, 뉴스 등을 두루 살펴봐야 정확하게 알 수 있지만 '담론지형'에 뭔가 변화가 일어났을 것으로 짐작할 수 있는 '근거'도 많다.

담론지형의 변화

지식은 '낯설게' 하는 것을 목표로 한다. 인간이 뭔가 다른 생각과 행동을 하게 되는 이유와 관련이 있다. 낯선 곳을 여행한 후에, 전혀 다른 경험을 한 후에, 또 참신한 새로운 시각을 접한 다음에, 사람은 변한다. 물론 단 한 번의 충격을 통해 변하는 경우는 드물다. 자신의 경험에 다른 사람의 경험이 보태질 때, 또 막연한 느낌이 논리적으로 확인될 때, 깜깜한 동굴 끝에 출구가 보이는 것과 같은 상황에서 인간은 달라진다. 집단이 모여 있는 사회도 마찬가지다. 김대중과 노무현 정부는 그런 의미에서 한편으로는 '실패'했지만 다른 한편으로는 결코 되돌아갈 수 없는 '경험'을 우리 사회에 던졌다고 볼 수 있다. 1998년부터 추진된 '햇볕정책'은 김정일과 북한에 대한 상식을 바꿨다. 지금은 상상도 할 수 없지만 2000년 남북정상회담 등을 전후해서 김정일 배지를 달고 다니는 사람도 있었다. 북한은 더 이상 악마가 아니었고 잘못 알려진 많은 상식과 편견이 깨지기 시작했다. 미국을 무조건 추종해야 한다는 것에 대해서도 다른 시각도 도전받았다. 노무현 정부의 동북아 '균형자' 역할이나 '전시작전통제권' 회수를 둘러싼 논란 등은 그 자체만으로 '인식'의 균열을 만들었다. 금강산 관광이나 개성공단 등의 경험 역시 적대적인 공생이 아닌 '건설적'인 상생이 가능하다는 비전을 보여줬다. 자유를 한번 맛본 인간은 결코 노예로 다시 돌아갈 수 없다고 했던 말도 적용된다.

노무현 정부는 '민주주의'를 새롭게 정의했다. 권력은 낮아졌고, 비판과 조롱의 대상이 되었다. 정권은 더 이상 무소불위의 권력 집단이 아니었다. 청와대와 언론은 일종의 힘겨루기를 했고 국민은 그것이 가능하다는 것을 직접 봤다. 언론을 유신시절과 같이 통제하려고 했던 시도 자체가 애초에 불가능한 상황이었다. 만약 전두환 정권이 끝난 직후였다면 정부의 이러한 '조작'과 '통제'가 작동했을 가능성이 높았다. 대한민국이 겪었던 새로운 경험은 이를 정당화 또는 반박하기 위한 담론을 낳았으며 자연스럽게 '디지털'을 통해 전 사회로 확산되었다. 로버트 엔트만이 말한 것처럼 일종의 '폭포수 효과'가 발생한 것과 유사했다. 경제 부문에서도 새로운 풍경이 드러났다. 대기업의 불공정 경쟁은 비난을 받았고 강자의 '갑질'은 노출되고 집단적인 반응을 불렀다. 집단정서를 무시했던 기업은 실질적인 손실을 감수해야 했고 위기관리 차원에서 사과해야 했다. 박정희 신화와 밀접하게 연결된 '성장신화'는 분배 정의를 요구하는 현실과 자주 충돌했다. '경제민주화'로 대변되는 일련의 담론은 이러한 현실을 설명하고 논리적 정당성을 부여해 줬다. 변화한 현실을 설명하기 위한 다양한 담론들은 자연스럽게 대중문화 생산자들의 상식으로 발전했고 이는 다시 대중의 반향을 확산시키는 영화, 연극과 드라마 등으로 구체화되었다.

현실은 있는 그대로 전달되지 않는다. 인격을 모독하는 부당한 행위가 있어도 이것을 '갑질'로 규정하고 그것이 옳지 못하다고 하는 설명이 없을 때, 그것은 의미 있는 '실체'가 아니다. 군사, 경제, 민주화 등의 변화한 현실도 마찬가지다. "그럴 듯하다" "그럴 수 있겠다" "상식으로 봤을 때도 문제가 있어"라는 식의 사회적 공감대가 없이는 그 어떤 제도나 법률도 추진되기 어렵다. 국회에서 논의조차 되지 못하던 '김영란법'이 단기간에 법안으로 통과될 수 있었던 것이나, 성주 군민의 '사드 반대' 투쟁이 동력을 얻을 수 있었던 것도 이를 논리적으로 이해할 수 있는 '담론'이 미리 형성된 것과 무관하지 않다. 같은 맥락에서 2019년 광화문 시위도 설명이 된다.

박근혜 정부에 대한 비판은 영화와 인터넷 언론, 시와 문학 등을 통해 진행됐다. 노무현 정권이 들어선 2003년 이후부터 보수 진영이 주로 의지한 것은 대중집회였다. 동병상련의 처지인 집단이 있었다. 김대중 정부와 조선일보, 중앙일보, 동아일보 등은 대척 관계에 있었다. 전후 사정은 명확하지 않지만, 정부는 이들을 대상으로 세무조사를 했다. 보수언론 입장에서는 김영삼 정부를 편든 데 따른 탄압으로 봤다. 순복음교회의 조용기 목사와 금란교회의 김홍도 목사의 비리가 MBC 등을 통해 폭로되면서 대형 개신교의 반발심도 높아졌다. 김대중 대통령의 북한 방문과 뒤이은 6·15 정상회담을 불편해 하는 공안검사, 국정원 출신, 전·현직 장교들과 미국을 추종하는 엘리트 집단도 엄연히 존재했다. 일종의 선구자 역할을 한 사람이 당시 월간조선의 편집국장이던 조갑제였다. 2001년 9월호가 출발점이었다. "친북세력에 대항할 세력은 반공 기독교뿐"이라는 특집기사가 실렸다. "김대중 정부의 통일 정책은 보수 기독교에 대한 탄압"이라면서 "보수 기독교 교단이 왜 친북세력에 대해 침묵하고 있느냐"고 주장했다. 보수적인 목사들에 대한 인터뷰도 연속으로 나왔다. 대표적인 인물로는 박정희 정권 때부터 반공 설교로 유명했던 조용기 목사를 비롯해 소망교회의 곽선희, 지구촌교회의 이동원, 사랑의교회 옥한흠, 한국기독교총연합회 길자연 회장 등이 있다. 자신들이 극도로 경계했던 노무현 정부가 들어서면서 이들은 거리로 나섰다. 2003년 1월 11일과 19일에 열린 '나라와 민족을 위한 평화기도회'가 시작이었다. 같은 해 3월 1일에는 '반핵 반김 자유통일 국민회의'가 열렸고 태극기와 함께 성조기가 펄럭였다.[39] 미국의 부시 대통령은 한국 교회의 이런 움직임에 감사의 인사를 전했고 북한에 대해서도 기존의 합의를 뒤엎는 일련의 조치가 잇따랐다. 2019년 광화문의 풍경은 이때 뿌린 씨앗이 박근혜 대통령의 탄핵사태를 맞아 잠깐

---

39) 백찬흠. 노무현 전 대통령의 최대 정적은 한국교회였다. <가톨릭뉴스 지금여기>. 2009/6/11.

주춤한 뒤 다시 꽃을 피운 것에 가깝다. 진영은 달랐지만, 담론정치가 개입했다는 공통점이 있다.

광화문의 담론정치

복합체는 어떤 식으로든 이번 2019년 10월의 광화문 집회와 관련되어 있다. 중도층으로 분류되는 국민을 대상으로 한 여론전이 치열했다는 점을 고려할 때 언론을 통한 담론정치도 치열했을 개연성이 높다. 그렇다면 담론전쟁을 위해 언론을 활용하는 게 정말 효과가 있을까? 대중이 좀 더 쉽게 즐기고 찾는 영화, 드라마, 문학, 전시회 등이 아닌 언론, 특히 뉴스가 갖는 강점은 무엇일까? 그 답은 뉴스가 담론의 본질에 가장 가깝다는 점에서 찾을 수 있다. 인간은 세상을 논리적으로 이해하려고 한다. 그래야 제대로 된 분석과 미래에 대한 전망이 가능하다. 논리(logos)는 또한 서로 다른 생각을 하는 다수가 최소한의 합의를 이룰 수 있는 지점이다. 합리적이라는 것은 따라서 객관적으로 확인할 수 있는 증거와 누구도 반박할 수 없는 사실관계가 결합해 완결성을 가진 일련의 '이야기'를 이룬다는 뜻이다. 17세기 이래 과학의 발전을 이끈 힘도 실험과 논증의 토대에 해당하는 논리다. 당시의 분위기를 '어둠에 빛을 비춘다'는 뜻의 계몽주의(Enlightenment)라고 부르는 것도 이런 까닭에서다. 그동안 하나님의 섭리 또는 믿음의 영역으로 알려졌던 자연현상과 권력 질서 등이 점차 인간이 개입할 수 있는 영역으로 바뀌었다. 그러나 인간은 이성만큼이나 강렬한 감성을 갖고 있다.

질투, 부러움, 부끄러움, 뿌듯함과 같은 감정은 논리적으로 설명하기 어렵다. 타인을 설득하는 기술 정도로 번역되는 수사학(rhetoric)은 이런 배경에서 로고스와 파토스(pathos)를 별개의 영역으로 봤다. 라틴어 어원으로 '경험하다' 또는 '아프다'라는 뜻을 갖는 파토스는 "감정에 호소함으로써 행동의 변화를 끌어낸다."라는 뜻으로 쓰인다. 공감(Sympathy), 반감(Antipathy), 감정이입(Empathy), 동정심(Compassion)과 같은 영어 단어에 들어 있다. 영화, 드라마, 음악을 접하면서 눈물을 흘리는 것은 이런 담론이 파토스 요소를 더 많이 갖고 있기 때문이다. 같은 뉴스라도 글자로 읽을 때보다 영상과 소리로 접할 때 더 쉽게 흥분하게 되는 것 또한 이와 관련이 깊다. 대화나 웅변에 포함된 마지막 영역이 에토스(ethos)다. 윤리(ethics)에 사용되는 단어인데 '옳고 그름'과 관련되어 있다. 누군가 신뢰할 수 있고, 존중을 받으며, 평판이 좋은 사람이 하는 말은 덜 논리적이고, 불편한 감정이 생겨도 받아들이게 된다는 뜻으로 이해하면 된다. 다른 담론과 비교했을 때 전문언론(professional journalism)이 제공하는 뉴스는 이 세 가지 요소를 두루 갖추고 있다.

민주주의라는 정치체제에서 언론은 이미 하나의 제도다. 행정부, 입법부, 사법부에 이어 제4부가 되었다는 말은 그냥 하는 소리가 아니다. 전문성이나 책임감을 따졌을 때 언론이 정부, 국회, 법원과 검찰, 대학보다 특별히 잘난 것은 없다. 대중이 그렇게 믿는다는 게 문제다. 전혀 근거가 없지도 않다. 언론은 그간 권력을 감시하고, 국민이 필요한 정보를 제공하며, 공적인 사안에 관한 토론 마당을 제공한다는 신화를 꾸준히 축적해왔다. 때로는 시민의 정치적 권리를 위해, 때로는 국가의 독립을 위해, 때로는 잘못된 정책을 바로잡기 위해 국민의 편에 섰다. 존재의 이유(raison d'être)에 해당하는 뉴스를 믿을 수 있으면서 대중이 쉽게 이해할 수 있는 '공공지식(public knowledge)'으로 진화시키는 데도 힘을 보탰다. 게다가, 뉴스는 1인 창작물이 아닌 집단창작물이다. 최종 소비재로 나오기 전에 몇 번에 걸쳐 사실확인이라는 과정을 거친다. 일반인은 접근하기 힘든 정보도 활용하고 권위가 있는 전문가의 도움도 받는다. 국민은 이런 사정을 잘 안다. 그래서 속으로 '기레기'라고 욕을 하면서도 결국은 이들이 제공하는 뉴스와 함께 살아간다. 언론이 중요하다고 생각하는 것에 주목하고, 뉴스에 인용된 전문가를 신뢰하며, 언론인이 제시하는 체계적인 설명을 받아들일 수밖에 없다. 대중의 감성에 호소할 목적으로 의도적으로 '선택'된 사진과 영상에 반응하고 전문가의 권위를 빌려 전달하는 주장에 동의하게 된다.

제3장

'숨은, 그림 찾기

"무슨 음모론 타령이야. 미친 거 아냐?" 분단기득권 집단이 보수 언론사를 핵심축으로 담론전쟁에 돌입했다고 하면 곧바로 나오는 반응 중 하나다. 꼬리를 물고 쏟아지는 질문은 대략 이런 식이다. "강력한 저항에도 불구하고 잇따라 진보 정권이 출범하는 것은 어떻게 설명할 건데?" "비록 기득권을 지키려는 집단이 있다고 하더라도 한국에서 그들은 이미 주변부로 밀려나지 않았을까?" "집단지성 시대에 전혀 어울리지 않는 엘리트 중심의 사고방식 아닌가?" 2019년 현재 시점에서 정확한 답을 아는 사람은 없다. 관점 자체가 아예 틀렸거나 확인할 수 없는 것일 수도 있다. 그렇지만 학술적으로 증명은 되지 않았지만 이와 비슷한 주장을 하거나 그런 의혹을 제기하는 분은 많다. 성신여대 교수로 김대중 정부에서 국가안전보장회의 정책전문위원을 역임했던 최민자 교수는 그중의 한 명이다. "한국 보수는 근대 이후 외세 의존적·반공주의적 성격을 띤 탓에 이념적 체계화를 도모하지 못한 채 기득권 고수와 권력투쟁을 위한 이념적 도구로서만 작동해 왔다."라고 지적한다. 일종의 '미국 아바타'일 가능성에 대해서도 "한국 보수 세력은 고유의 역사와 전통, 사상과 정신문화 속에 그 이념적 뿌리를 내리지 못한 탓에 한반도 민족주의와 결합하지 못했다"라는 말에 드러난다.[40]

청주교대의 선우현 교수가 주장하는 내용도 닮았다. 한국의 주류 보수가 '북한'에 대해 왜 그렇게 적대적인가 하는 질문에 대해 그는 "한국의 주류 보수는 자신들의 친일 행각을 반공으로 희석시키며 자칭 '건국세력'으로 부활한 뒤 스스로 통치 권력을 구축하거나 독재 권력과 야합해 남한 내 지배세력으로 군림해 왔다. 이를 통해 한민족 전체의 행복과 이익을 염두에 두고 분단 구도를 타파하고자 진력하기보다는 분단과 대립의 논리를 끊임없이 사회 구성원들에게 주입시켰으며, 북한을 민족 공동체의 일원으로 간주하기보다는 타도와 배척의 대상으로 바라보도록 의식화시켰다."라고 답했다.[41]

교수들만 그렇게 보는 것은 아니다. 언론인 중에도 한겨레의 고명섭 논설위원이 같은 논리를 편다. 분단체제를 통해 수혜를 보는 집단이 있다는 것과 이들은 변화를 원하지 않는다는 생각이다. "한국전쟁이 남긴 거대한 트라우마가 공통감각의 모태를 형성했고, 이 모태에서 분단 기득권 집단은 남북의 대결과 증오를 이용하고 부추겨 반공·냉전의 공통감각을 육성했다. 휴전선 이북을

---

40) 박주희. "뿌리 없는 보수… 기득권 고수 권력투쟁 도구로만 작동" <한국일보>. 2014/6/9.

41) 선우현. 적대 구도의 고착화로 다져진 주류 보수의 권력 기반 <청주대 대학원신문>. 2012/9/5.

타자화·악마화 하는 이데올로기 조작을 통해, 이미 형성된 공통감각을 훈육하는 집요한 내부전쟁을 벌였다. 분단체제가 공통감각을 떠받치고, 공통감각은 다시 분단체제를 지탱했다"는 칼럼에 잘 드러나 있다.[42] 책상물림이 아니라 현장을 잘 아는 편에 속하는 통일부장관을 지낸 정세현도 "평화가 오면 5,000만 명 중 4,500만 명은 좋아하겠지만 분단체제하에서 기득권을 구축하고 먹고 살았던 사람들은 밥줄이 끊어지고 먹거리가 없어지는 것"이라고 말한다. 언론복합체가 그 중심에 있을 가능성 역시 곳곳에서 드러난다.

정세현 장관이 보기에 2019년 북미관계나 남북관계가 제대로 진행되지 못하는 이유 중의 하나는 국내 기득권 때문이다. 그에 따르면 이들은 '분단시대 대북적대를 전제로 해서 구축된' 세력으로 여기에는 '보수단체, 무조건 북한 얘기만 나오면 적대적인 사실을 쓰는 언론들, 대북 적대심에 근거해 선거를 치르던 사람들'이 모두 포함되어 있다. 장기간에 걸쳐 언론노조 활동을 하고 〈미디어오늘〉 대표를 지내기도 했던 신학림 또한 "미국에 군산복합체가 있다면 우리나라에는 '수구반동복합체'가 있다. 한나라당, 조선일보, 중앙일보, 동아일보가 그들이다. 요즘엔 문화일보도 넣어야 할 것 같다. 언론개혁을 막고 수구반동세력이 발호하는 것을 보면 그 중심에 '조중동'이 있다. '조중동' 족벌신문들이 그렇게 할 수 있는 이유는 그들이 이미 신문시장을 장악하고 있기 때문이다."라고 주장한다. 과거 군부독재 정권 시기와 달리 보수적 사회

---

42) 고명섭. 분단체제 해체와 '공통감각' 재편 〈한겨레〉. 2018/6/19.

단체가 복합체에 합류했다는 주장도 있다. 일본인 출신 역사학자로 한국 현대사를 전공하고 『파시즘과 제3세계주의 사이에서』란 책을 출판한 후지이 다케시가 대표적이다. 국내 학자와 이 문제를 토론하는 자리에서 다음과 같은 진단을 내놨다.

새로운 보수운동단체들이 주로 나타난 게 노무현정권 때인데 제가 당시에 뉴라이트에 관심이 많아서 그쪽 모임에 나가보기도 했거든요. 가보면 그들의 위기의식이 대단했어요. 이제 재야세력이 돼버렸다는 데서 받는 상실감이 컸고, 그래서 나름의 반성을 했던 거죠. 그런데 뉴라이트는 기본적으로 엘리트 집단이었다는 점에서 어버이연합 같은 단체와는 분명히 구별해야 합니다. 보수운동이 가장 극적으로 증가한 시점이 2003~2004년입니다. 2003년 3·1절에 안보단체들이 '반핵반김자유통일 국민대회'로 결집했어요. 보수 기독교계도 1월부터 금식기도회 같은 행사를 열면서 집결하기 시작했고요. 그러다가 그해 6·25 행사 때 양쪽이 '한미동맹 강화'라는 구호로 만났어요. 당시 집회 규모가 10만 명을 넘었습니다. 2004년에는 국가보안법이 이슈가 되어 역시 10만 명 규모의 집회가 열렸고요. 뉴라이트 운동도 2004년 11월에 자유주의연대를 시작으로 공개운동으로 전환했지요.[43]

단순한 의혹 수준이 아니라는 것을 확인할 방법도 있다. 몇 단

---

43) 이나미, 정환봉, 후지이 다케시, 정현곤. 2016. 보수적 사회단체, 어떻게 움직이나. 창비 44(3). 447-475.

계를 거치면 된다. 특정 세력이 배후에 있을 것으로 의심되는 대표성을 갖는 행사, 사건이나 주제를 찾아 속살을 들여다보는 게 첫 단계다. 문재인 하야를 외치면서 진행하고 있는 대규모 집회가 적절한 후보다. 특히 2019년 10월 3일의 광화문 집회는 분단을 유지하고자 하는 집단의 속살을 파헤칠 좋은 기회다.

지혜로운 왕으로 알려진 '솔로몬의 지혜'를 빌리는 게 두 번째 단계다. 한 치의 양보도 없이 서로 자기 아이라고 주장하는 두 여인에게 왕은 "아이를 절반으로 나눠서 주라"는 판결을 내린다. 친모는 차마 그럴 수 없어 자기 애가 아니라고 했고, 이를 본 왕은 진짜 엄마를 가려냈다는 얘기다. 국제정치를 분석할 때 자주 등장하는 '퀴 보노(Cui bono)'라는 질문과 같은 맥락이다. 특정한 관점이 얼마나 합리적이고 설득력 있는가에 초점을 맞추는 대신 누가 이런 관점을 제시하며, 그 목적은 무엇인가를 질문한다. 인간이나 단체나 자기보호 본능이 있다는 것과 핵심적 이해관계는 본능적으로 지키려고 한다는 점을 고려한 접근이다. 한 예로 다음과 같은 질문을 제기한다고 보면 된다. 국민의 저항으로 쫓겨난 이승만 대통령을 자꾸 꺼내는 사람은 누구일까? 이승만의 복원으로 이익을 볼 수 있는 집단과 어떤 관계일까? 만약 국민 다수가 이승만을 국부로 인정할 경우 누가 가장 큰 수혜자가 될까?

마지막 단계는 이 과정에서 파악된 '화자(話者)'가 누구인지를 확인한 다음, 유사한 관점을 공유하는 집단 혹은 개인 간 연결고리를 파악하는 작업이다. 분단을 유지해야 하는 근거로 늘 등장하는 한미동맹이 한 예가 될 수 있다. 우리 사회의 누군가는 한미동맹을 신성하게 여긴다. 동맹을 훼손할 수 있는 작은 징조만 보여도 신경질적으로 반응한다. 집회에 참석하거나, 단체나 협회를 조직하거나, 광고하거나 성명을 발표하고, 언론과 접촉해 인터뷰하거나, 때로는 직접 칼럼을 쓴다. 그들 중에 지도자(Leader) 역할을 하는 인물은 누구인지, 어떤 경력의 소유자인지, 누구와 관련되어 있는지 파악할 수 있다. 만약 단체나 협회가 관여하고 있다면 누가 속해 있는지, 그들이 중복해서 가입하고 있는 단체는 어디인지를 분석하기도 어렵지 않다. 미국 군산복합체가 최대 수혜자라는 점에서 이들이 국내 복합체와 소통하는 방식은 무엇인지, 국내에서 지적으로 의존하는 인물이나 단체는 어디인지, 두 집단을 이어주는 단체는 또 어떤 곳인지 등을 밝히는 것도 가능하다.

복합체의 흔적

문재인 정부가 들어선 지 2년차를 맞은 2019년 개천절. 광화문 광장과 시청 부근은 2017년 촛불시위 이후 가장 많은 인파가 몰렸다. 주최 측은 대략 300만 명이 넘는다고 했고 적게 잡아도 100만 명을 넘는 수준이었다. 자발적으로 참가한 사람이 많았다. 박근혜 대통령이 탄핵을 당한 직후 줄곧 시위를 이끌었던 집단은 태극기 부대였다. 한동안 그들은 고립되어 있었고 소수에 불과했다. 그러나 이번 시위는 달랐다. 참가자들의 면면을 봐도 쉽게 드러난다. 50대 여성, 20대 남성, 강남 3구의 중산층 등으로 다양했다. 연령대로 보면 60대와 70대가 다수였지만 20대의 대학생도 꽤 모였다. 노무현 정부가 들어선 직후 등장했던 보수 교회 중심의 집회와 비교했을 때도 참가 인원과 여론의 호응도가 남달랐다. 교회만 참석한 게 아니라 천주교와 불교 쪽에서도 힘을 보탰다. 자유한국당과 대한애국당 등에서 참가했지만 단순히 동원할 수 있는 수준을 넘었다. 복합체와 관련 짓는 게 전혀 설득력이 없다. 그러나 가면을 벗겨보면 전혀 다른 그림이 나온다. 우선, 확인할 수는 없지만, 그간 유사한 집회를 주도해 왔던 여의도순복음교회에서만 30만 명 정도가 참가한 것으로 알려진다. 황교안 당 대표를 비롯해 나경원(원내대표), 김문수(전 경기도지사)와 홍준표(전 당 대표) 등 지도부가 함께 참여한 자유한국당에서는 조직적으로 당원을 동원했다는 논란도 있다.[44] 분단 기득권의 그림자가 상당히 짙다는 점도 어렵지 않게 드러난다.

지난 분단 70년 동안 최대 수혜자는 누구일까? 1946년을 전후로 월남한 개신교 집단이 으뜸이다. 일본 식민지를 거치는 동안 그들은 양지에 살았다. 평안도 지역을 중심으로 한 개신교 집단의 엘리트는 미국 유학이라는 특혜를 누렸다. 해방 직후 미군이 주둔했을 때도 그들은 누구보다 유리한 입장이었다. 남한 사회 통치라는 관점에서 봤을 때 그들은 한편으로는 같은 하나님을 섬겼고 다른 한편으로는 친일 낙인을 벗기 위해 적극적으로 협력할 수밖에 없는 절박함이 있었다. 공산주의에 대한 적대감과 종교적 거부감도 한몫했다. 일본이 남기고 간 많은 재산은 자연스럽게 개신교의

---

44) 정연주·이우연. 2019/10/18. 이인영, "한국당 당역별 400명 배정, 광화문 동원집회 증명". <뉴시스>.

몫이 되었고 교회와 신학교가 잇달아 들어섰다. 전쟁을 겪으면서 쏟아지기 시작한 구호물자 역시 교회로서는 하나님의 선물과 같았다. 한 손에는 일용할 양식을 다른 손에는 성경을 들고 있는 교회가 급속하게 팽창하는 것도 자연스러웠다. 국제사회에서 유래를 찾아보기 어려운 대한민국이라는 기독교 공화국은 이렇게 탄생했다. 그들을 한몸으로 묶는 것은 북한과 공산주의라는 공통의 적이었다. 미국에 대한 애정도 남다르다. '적그리스도'로 알려진 사악한 집단으로부터 한국을 지켜주는 수호천사였으며, 경제적 후원자였고, 무조건 모방해야 할 일류국가였다. 남북관계가 좋아지고 미국의 역할이 줄어들기 시작한 2000년대 초반의 변화는 그런 의미에서 전혀 달갑지 않은 불청객이었다.

군부와 국정원, 공안검사 등도 의도했든 아니든 막대한 수혜를 누린 집단이다. 북한이라는 '공공의 적'이 있는 한 정부 예산에서 국방비가 차지하는 비중은 쉽게 줄어들지 않는다. 북한의 위협을 내세우면 뭐든지 정당화시킬 수 있다. 미국으로부터 군수품을 수입하는 것도, 군사훈련을 하는 것도, 군부대에 골프장을 늘리는 것도 어렵지 않았다. 보안사령부를 비롯해 국가정보원, 검찰 공안부와 경찰 정보과 등도 분단을 배경으로 지나치게 덩치가 커진 경우다. 국가보안법과 반공법이 위세를 떨치는 한국 사회에서 주기적으로 간첩 사건을 만나는 것은 낯설지 않다. 국가안보를 지켜야 한다는 당위 앞에서 자유는 억압되고 인권은 사치품 대접을 받았다. 정부에 대한 정당한 비판이나 노동자의 권리 주장도 '빨갱이'란 딱지만 붙이면 쉽게 풀렸다. 국정원이나 공안부 검사를 거친

후에 국회의원이나 장관이 되는 것도 어렵지 않았다. 그러나 북한이 '주적'이 아닌 '동족'이 되면서 그들이 누렸던 특혜는 줄어들었다. 그들에게 북한은 절대 변하지 않는 악마였고, 분단을 극복하기 위한 노력은 적과 내통하는 불순한 행동이었다. 미국은 적당한 구실을 찾지 못하던 그들에게 구세주와 같았다. 2002년 부시 대통령은 '악의 축'에 북한을 포함했다. 2001년 9·11 테러로 상처받은 국민의 자존감을 회복하는 한편, 군산복합체의 이해관계를 관철하는 데 있어 북한을 악마로 만드는 전략은 거부할 이유가 없었다. 2019년의 광화문 시위의 유래는 이렇게 깊다. 무대는 달랐지만 배우는 변하지 않았다. 시나리오도 거의 유사하다.

'문재인하야 범국민투쟁본부 대표'는 전광훈 목사다. 분단질서가 유지되어야 한다는 확고한 신념을 갖고 있다. 한 예로, 2005년 금란교회에서 열린 집회에서 그는 "이 땅에 인민공화국을 세우려는 꿈을 꾸고 있는 사람들을 물리치고 300만 생명공동체를 만들어 하나님의 나라를 이뤄보자"라고 말했다. 2018년에는 "대한민국이 건국 후 70년 만에 자랑스러운 세계 선진 10대 대국이 될 수 있었던 이유는 이승만 대통령이 '자유민주주의, 자유시장경제, 한미동맹 그리고 기독교 입국론'이라는 4대 기둥 위에 대한민국을 설계했기 때문"이라는 주장을 내세웠다. 그가 대표로 있는 한국기독교총연합회(한기총)가 지난 2003년부터 이런 시위를 주도해왔다는 것도 기억할 필요가 있다. 공동대표를 맡은 천주교의 이계성 대표도 낯선 이름이 아니다. 극우성향의 보수 인물이 참가하는 모임이나 행사에는 안 빠진다. 2018년 1월에 열린 인터넷 매체

〈펜앤드마이크〉후원회에도 참석했고, 한국자유회의 발기인 중의 한 명이다. 미국 CIA가 후원했던 것으로 알려진 문화자유회의(Congress for Cultrural Freedom)를 본떠 2017년에 설립한 단체다. 극우로 분류되는 집단이 함께했다는 것도 눈여겨봐야 한다.

작년 2018년 광화문에서 열린 범국민 총궐기 대회의 판박이다. 규모가 더 커졌고 조국 장관이 표면에 내세운 이슈라는 게 달랐을 따름이다. 전광훈 목사는 그때 한국교회연합의 대표 자격으로 참여했다. 공안검사 출신으로 영화 '변호인'을 통해 알려진 부림사건의 주임검사였던 고영주는 시민단체연합 대표였다. 그 밖에, 태극기혁명국민운동본부, 구국포럼, 대한민국수호비상국민회의, 전국학부모단체연합, 32개 탈북인권단체연합회, 6·25전쟁납북인사가족협의회 등 약 1,400개의 자유 우파 단체들이 모였다. 강단에 나선 연사들의 주장도 크게 다르지 않았다. 예컨대, 극우 언론인으로 유명한 월간조선의 조갑제 편집인은 "촛불 혁명은 반역이다. 북과 연방제 통일은 똥물과 샘물 섞어 마시자는 것"이라고 했고, 탈북자 출신의 이애란은 "김정은 환영하자는 것은 신사참배보다 더한 배도행위"라고 목청을 높였다.

광화문 집회의 배후에 있었던 '한미보수연합대회'에도 낯익은 얼굴이 많다.[45] 국내 참석자로는 자유한국당 대표 황교안을 비롯해 김진태, 민경욱, 전희경 의원이 있다. 그중 황교안과 김진태는 공안검사 출신이다. 전국경제인연합(전경련)의 위장계열사인 자유경제원 출신의 전희경 의원과 함께 이들은 〈구국기도〉란 블

---

45) 최고야. 2019/10/3. 한미 보수, 오늘 서울서 한자리에 모인다. 〈동아일보〉.

로그 필자다. 순복음교회 계열인 〈오직예수제일교회〉에서 자금을 지원하는데 온라인 주소는 http://korea318.com이다. 북한 인권과 구국을 위해 전진 배치한 애국 장소로 "아브라함의 친구들, 318명이 함께 그 지역의 자유를 지켜낸 내용을 벤치마킹한 곳"으로 알려진다. 조갑제를 비롯해 극우 인사들이 다수 칼럼리스트로 활동한다. 보수 지식인 김동길 연세대 교수와 전직 북한 외교관이었던 태영호도 포함되어 있다. 미국 대표로 온 인사들도 기독교, 반공주의, 군산복합체와 관련이 깊다. 그중 한 명이 매튜 휘태커 (Mathhew Whitaker)다. 트럼프 행정부에서 검찰총장 대행을 한 인물인데 힐러리 클린턴의 이메일 스캔들을 집중 파헤친 단체의 설립자다. "하나님을 믿는 사람만 판사가 될 자격이 있다"라고 말할 정도로 기독교 근본주의 사상을 가진 인물이다. 당일 행사에 동행한 인물 중에는 국가안보회의(NSC) 부보좌관을 지낸 캐슬린 맥팔랜드(K. T. McFarland)도 포함되어 있다.

전직 국방부 공무원 출신으로 보수적인 폭스뉴스의 해설가로도 일했다. 미군의 이라크 민간인 사살 장면을 공개한 줄리안 어산지(Julian Assange)와 아부 그레이브 고문을 폭로한 첼시 매닝(Chelsea Manning)을 사형시켜야 한다고 주장할 정도로 미국 예외주의 신봉자다. 친이스라엘 단체로 전쟁을 통해서라도 이란을 제압해야 한다고 주장하는 민주주의수호재단(Foundation for Defense of Democracies) 이사회 일원이다. 칼럼을 통해 중국과 북한 비판에 앞장서는 고든창(Gordon Chang)도 군산복합체 사람이다. 국가정보위와 CIA 등에서 잔뼈가 굵은 인물이다. 2019년

5월 22일 서울에서 열린 '한국자유전선' 창립대회에서 "문재인 대통령은 단 하나 … 인민민주공화국을 돕는 일만 한다 … 김정은 정권의 배를 부르게 할 것이고, 재력을 사용해서 남을 공격하게 될, 그러한 상황을 만들게 될 이 개성공단을 왜 재개하려고 하십니까"라고 말했다.[46] 게다가, 당시 집회에 참석한 대학생들도 복합체와 관련이 깊다.

대학로 마로니에공원에서 같은 날 열린 집회는 분단을 유지하려는 세력과 무관해 보인다. 등장한 구호도 "조로남불 그만하고 자진해서 사퇴하라" "흙수저는 학사경고 금수저는 격려장학" "학생들이 거부한다 법무장관 내려와라" 등이다. 그러나 이날 행사를 포함해 조국사퇴를 외친 일련의 집회에는 '트루스 얼라이언스(Truth Alliance)'의 발자취가 짙다. 2017년 2월 서울대 내 보수적 기독교 모임이었던 '다니엘 기도회'가 뿌리다. 한미자유총연맹 강필원 박사를 특강으로 모실 정도로 한미동맹을 신성하게 생각하는 '한미우호기도회'에 참석하는 목사들이 다수 지도위원으로 참가한다. 보수 개신교의 목소리를 활발하게 반영해 주는 극동방송 김장환 목사가 세운 수원침례교회의 고명진, 여의도순복음교회의 이영훈, 중앙성결교회의 한기채 목사 등이다. 초빙 강사 중에는 보수 성향의 인사로 분류되는 양동안(전 한국학중앙연구원), 김석우(전 통일원차관), 신원식(전 합참의장), 남재준(전 국정원장), 유동열(자유민주연구원) 등이 포함되어 있다. 서울대를 비롯해 이화여대, 고려대, 한국외대 등에서 조직된 트루스포럼의 연합

46) 신승민. 2019/5/22. 고든 창 "대한민국 전복이 문재인의 목표인가". <월간조선>.

체다. 명칭에 진실(Truth)을 사용하고 있다는 점에 주목할 필요가 있다.

1948년 미국 트루만 대통령이 냉전을 시작하면서 선포한 '진실 공작(Truth Campaign)'에서 따왔을 가능성이 아주 크다. 공산주의라는 사악한 악마와 대적하기 위해 추진된 프로파간다 작전이다. 〈미국의소리(Voice of America)〉, 〈라디오자유유럽(Radio Free Europe)〉, 〈라디오자유아시아(Radio Free Asia)〉 등의 선전매체가 이 목적을 위해 세워졌다. 미국과 관련되어 있다는 것은 '건국·산업화의 가치, 북한 해방, 한미동맹 공고화, 탄핵의 부당함 호소'라는 목표에도 드러난다. 핵심 인물 역시 분단 기득권 집단과 관련이 많다. 서울대 대표였던 김은구는 제11회(2018년) '이승만 애국상' 수상자다. 대한민국사랑회가 주최하는 이 상의 심사위원에는 고영주 변호사와 류근일 조선일보 논설위원, 또 조갑제와 김문수 등이 참가한다. 극우 매체로 알려진 〈펜앤드마이크〉〈정규제TV〉〈조갑제TV〉에도 단골 인사로 출연한다. 고려대학교 대표는 조평세다. 미국 CIA가 배후에 있는 〈월드비전〉 팀장을 거쳐 군산복합체의 대표 싱크탱크인 전략문제연구소(CSIS)에서 객원 연구원을 지냈다. 미국 교포사회가 설립한 〈구국재단〉의 초청을 받아 발제한 적도 있다. 그와 함께한 인물 중에는 북한으로 풍선을 날려 지역주민과 갈등을 빚었던 자유북한운동연합 대표인 박상학, 반공주의자 고든 창, 북한인권위원회 수잔 솔티(Suzanne Scholte), 종북주의 전문가로 알려진 로렌스 펙(Lawrence Peck) 등이다. 집회 때 등장한 성명서와 유인물에서도 복합체의 그림자가 보인다.

행사 조직위원회가 발표한 성명서는 이렇게 시작한다. "대한민국 건국과 6 · 25 그리고 오늘날의 대한민국이 있기까지 물심양면으로 도움을 주신 자유진영 우방국 국민 여러분!" 대한민국 헌법 전문에 나오는 '3 · 1운동'과 '임시정부의 법통 계승'이라는 말은 언급되지 않는다. 보수진영에서 추진하고 있는 '건국절' 입장이 잘 녹아 있다. 대한민국의 출발점은 1948년의 단독정부이며, 국부(國父)는 이승만 대통령이라는 관점이다. "물심양면으로 도움을 주신 자유진영 우방국"은 '미국'을 지칭하는 것으로 한미동맹과 반공정책 덕분에 잘사는 나라가 되었다는 믿음이다. 문재인 대통령이 탄핵 되어야 한다는 이유도 "대학에 다닐 때 주입받았던 주사파 간첩 사상" 때문이라는 점을 안 숨긴다. 조국 장관을 둘러싼 논란 때문에 모이는 게 아니라는 것도 밝힌다. "문재인 대통령은 한미동맹을 파괴하고, 소득주도 성장 정책으로 경제를 파탄 냈으며, 국군을 무장해제 시켰습니다. … 그리고 자신의 속에 있는 간첩 사상을 노골적으로 나타내며 낮은 단계 연방제를 통해 대한민국을 북한에 상납하려는 그의 의도를 확실히 드러냈습니다"라는 부분이다.

행사장에서 나눠준 유인물에서도 유사한 주장이 반복된다. "공산주의가 반드시 망하는 5가지 특징" 중 1번은 "거짓 선동을 해서 나라를 망하게 한다."라는 주장이 적혀 있다. "대기업의 소유주를 적폐세력으로 보고 부를 대물림하지 못하게 하려고 상속세를 과다하게 부과해서 공산화한다."와 "많이 가진 자의 재산을 놀고먹는 자에게 나누어 주는 정책과 대기업을 무너뜨리는 정책으로 경제를 파탄시킨다."라는 게 2번과 3번이다. 마지막 항목에는 "기독교를 비롯한 종교를 적폐세력으로 보고, 대형교회를 공격하고, 방송을 통해 불륜관계를 미화하는 드라마 연속극을 통해 가정을 파괴시키고 동성애법을 만들어 더러운 세상을 만든다."가 적혀 있다. 별로 낯설지 않은 내용인데 2003년 이후 반복되는 풍경이기 때문이다.

2003년 6월 21일. 시청 광장에서는 '반핵반김 · 자유통일 국민대회'가 열렸다. 한기총(대표회장 길자연 목사)과 한국기독교지도자협의회(대표회장 최해일 목사)가 주관했으며, 여의도순복음교회의 조용기 목사, 수원중앙침례교회의 김장환 목사와 최성규 목사(KNCC) 등이 함께했다. 경찰 추산으로 10만 명이 넘는 교인이 광장을 메웠다. 공동대회 의장이었던 최해일 목사는 먼저 "북한이 남침했을 때 미국과 UN이 없었다면 우리는 이 자리에 없었을 것"이라고 말문을 열었다. 대회에서는 모두 6개의 결의문이 채택되었는데 "김정일은 민족을 말살시킬 핵무기를 폐기하고 동포를 정치수용소와 모든 압제 속에서 당장 놓으라"와 "주한미군 철수를 주장하는 반미 친북좌익 세력들의 책동을 분쇄하고 자유통일의 그날이 오도록 앞장서자"는 내용이다. 기독교 인사들이 중심이 된 1부에 이어 2부에서는 "반미 친북 반역 집단에 경고한다. 한미동맹 강화하여 분단의 역사 끝장내자."라는 구호가 이어졌다. 대한민국해군동지회, 상이군경회, 해병전우회, 재향군인회 등이 함께

한 자리였다.[47)]

2004년 3월 1일에도 '반핵·반김정일 국권수호국민대회협의회'가 열렸다. 1부 '구국기도회'를 준비한 단체는 이번에도 한기총이다. 2부 행사인 '나라사랑 한마당'에는 태극기와 함께 성조기가 입장했고 애국안보단체, 참전단체, 이북도민회, 재향군인회 등이 자리를 채웠다. 예비역 대장 출신으로 재향군인회 회장을 맡고 있던 이상훈은 "기울어져 가는 대한민국의 운명을 바라만 보고 있을 수 없어 오늘 이 자리에 애국시민이 총궐기한 것"이라고 밝혔다. "친북세력 국회장악, 힘모아 막아내자" "안보혼란 부추기는 친북세력 몰아내자"란 구호도 잇따랐다. 행사장에서 나눠준 결의문에는 "애국선열들의 희생으로 지켜온 이 나라 자유민주주의가 지금 무책임한 친북 좌익세력들에 의해 흔들리고 있습니다. '대한민국'호가 침몰 위기에 직면해 있습니다. 이제 애국시민이 일어설 때입니다"라는 내용이 적혀 있었다. "존경하는 조지 부시 미국 대통령님!"으로 시작하는 호소문도 발표된다. "대한민국 국민은 6·25 한국전쟁 당시 자유대한민국을 빈사상태에서 구출한 데 이어 지난 50여 년간 북한의 남침저지에도 결정적 역할을 감당해준 미국에 뜨거운 사의를 표하면서 정의와 도덕이 존중되는 세계질서 정착을 위해 부단한 노력을 경주하고 있는 미국에 아낌없는 갈채를 보내는 바입니다."로 끝나는 글이다.[48)] 문재인 정부가 들어선 이후에도 달라지지 않았다.

47) 정윤석. 2003/6/25. 10만 명 참석 '반핵 기도 물결'. <기독교포털뉴스>.

48) 김철. 2004/3/3. 친북좌익척결, 부패추방 3·1절 국민대회. <코나스넷>.

2017년 11월 7일. 광화문에서는 '회개와 구국기도회'가 열렸다. 전광훈 목사는 "대한민국이 오늘에 오르기까지 그 중심에는 한국교회가 서 있었다. … 대한민국은 이승만 대통령이 만든 설계도 위에 만들어졌다. 이승만 대통령 때문에 밥 먹고 사는 줄 알아야 한다."라고 설교했다. 청와대 대변인으로 재직 중 성추행 사건에 휘말린 윤창중도 연사로 나왔다. "보수 우파 100만 시민이 오늘 트럼프 대통령의 방한을 환영하고, 대한민국 안보가 파탄 나는 걸 막기 위해 모였다. 문재인 정권은 반미 골수 정권이다. 반미는 종북이다. 반미 친북 종북 좌파를 척결해야 한다."를 외쳤다. 종교 행사와 거리가 멀었다는 것은 당시 등장했던 구호를 통해서도 금방 밝혀진다. "대한민국의 뿌리는 미국이다." "대한민국 절대다수 애국 국민과 1,200만 성도는 트럼프 대통령과 미국이 베풀어 준 도움에 무한한 감사를 드린다." "문재인 촛불 세력이 적폐 청산이라는 이름으로 정치 보복에 몰두하고 있다. 촛불 세력과 청와대 주사파 세력은 이승만 대통령이 일으켜 세우고, 박정희 대통령이 번영하게 만든 대한민국에서 즉각 퇴장하라." 등이다.[49] 언론이 '중심'에 있었다는 점도 짐작하기 어렵지 않다.

100만 명 이상이 모인 당시 집회의 다수는 연령대가 높다. 휴대전화 사용을 근거로 했을 때 70대 이상이 19만 명(41.1%), 60대가 14만 7,000명(31.7%)이었다.[50] 연령대를 고려할 때 그들은

---

49) 이용필. 2017/11/7. 극우 집회 판 깔아 준 한기총 구국 기도회. <뉴스앤조이>.

50) 손덕호. 2019/10/13. 10 · 3 광화문 집회에 누가 나왔나 보니… 50대 엄마, 20대 아들, 강남3구 주민 "조국 사퇴" 외쳤다. <조선일보>.

종이신문, 월간지, 주간지 등 인쇄 매체에 더 익숙하다고 짐작할 수 있다. 발행 부수를 기준으로 할 때 〈조선일보〉〈중앙일보〉〈동아일보〉 등 보수지가 차지하는 비중은 70%가 넘는다. 형식적으로는 독립되어 있지만, 인력과 뉴스를 공유하는 곳이 〈월간조선〉〈신동아〉〈한국논단〉〈주간조선〉 등이다. 뉴라이트 진영의 대변인 역할을 했던 〈시대정신〉과 '북한 동포 해방과 믿음의 공동체 실현'을 목표로 했던 〈미래한국〉도 항상 이들 곁에 있었다고 봐야 한다. 군복을 입은 분도 많았으며 자유총연맹, 재향군인회, 고엽제전우회 회원이 많았다. 1950년대 이후 반공교육을 집중적으로 받은 세대로, 베트남전쟁이라는 집단경험을 공유한다. 인지부조화 이론에서 지적하듯 자신의 경험, 선입관, 신념과 지식체계와 일치하는 보수적인 언론에 더 끌릴 수밖에 없다. TK(대구와 경북) 지역에서도 많이 왔는데 이들은 문재인 정부에 가장 비판적이면서 박근혜 대통령 탄핵을 여전히 받아들이지 않는다. 실재, 대구에서는 목욕탕에 가도 〈조선일보〉만 읽는 곳이 많다. 여느 식당에 가도 채널은 TV조선에 고정되어 있다. 일찍부터 구국기도회를 통해 대형교회 신도들이 집단으로 참가했다는 것도 기억하면 좋다. 교회에 다니는 분들이 즐겨 찾는 매체도 〈아멘뉴스〉, 〈크리스천투데이〉, 〈기독교TV〉 등이 있다. 그중에서도 〈극동방송〉이 군계일학이다.

'나라와 민족을 위한 평화기도회'가 있다. 2003년 1월 11일에는 시청 앞 광장에서 진행되었는데 조용기 목사와 금란교회의 김홍도 목사가 행사를 이끌었다. 낯익은 구호와 기도가 나왔다. "촛불시위는 반미운동이므로 당장 그만두어야 한다." "주한미군이 떠나면 이 나라는 당장 공산화된다." "하나님께서 부시 미 대통령의 마음을 붙들어 주한미군이 이 나라를 떠나지 않도록 역사해 달라." 등이다. 당시 유인물 중에는 "사이버와 광장을 점령하라."라는 문구가 적힌 〈월간조선〉의 표지가 돋보였다. 놀라운 것은 이 집회가 〈극동방송〉을 통해 전국에 생중계로 방송되었다는 점이다. 대표적인 미국통이면서 전직 대통령들과 남다른 친분을 과시해 왔던 김장환 목사가 30년 이상 주인으로 있는 매체다. 인기 프로그램은 〈극동포럼〉으로 조갑제 기자, 이회창 한나라당 총재, 탈북인사 황장엽 씨 등이 단골로 출연한다. '보고 싶은 사람 듣고 싶은 이야기'도 인기가 높다. 극우로 분류되는 박세직(전 재향군인회장), 권영해(전 안기부장), 이철승(전 자유총연맹 총재) 등이 인터뷰 대상자다.[51]

청와대 앞에서 폭력사태를 일으킨 북한 이탈 주민들도 중요한 참가자다. 당시 집회에는 북한민주화위원회, 북한인민해방전선, 물망초재단 등이 함께한 것으로 알려진다. 북한의 정권교체를 노골적으로 주장하는 한편, 북한의 인권문제를 적극적으로 제기하는 이들이 즐겨 찾는 매체도 많다. 대표적으로 〈열린북한방송〉, 〈자유북한방송〉, 〈데일리NK〉, 〈북한개혁방송〉, 〈자유조선방송〉 등이 있다. 외형적으로는 미국 국무부에서, 그러나 내부적으로는 CIA가 자금을 대는 국립민주주의기금(National Endowment Foundation, NED)의 후원을 받는다. 그 밖에, 〈조갑제닷컴〉, 〈펜

---

51) 김용민. 2006/11/2. 김장환 목사의 극동방송을 아십니까. 〈미디어오늘〉.

앤드마이크〉, 〈뉴데일리〉와 〈독립신문〉과 같은 인터넷신문도 복합체의 일원으로 기능했을 가능성이 크다. 유튜브를 기반으로 한 〈정규제TV〉〈신의한수〉〈공병호TV〉와 〈이승만TV〉 등도 힘을 보탰다.

담론전쟁의 전선

"내가 그의 이름을 불러주기 전에는// 그는 다만// 하나의 몸짓에 지나지 않았다// … 내가 그의 이름을 불러준 것처럼// 나의 이 빛깔과 향기에 알맞은// 누가 나의 이름을 불러다오// 그에게로 가서 나도// 그의 꽃이 되고 싶다." 김춘수 시인이 쓴 '꽃'이라는 시의 일부다. 명칭이 얼마나 중요한지 잘 보여주는 사례로 자주 인용한다. 2019년 한국 사회에 적용하면 어떨까? 지금 상황에 대해 '분단체제'라는 이름을 부여하는 것과 '건국 70년 체제'라고 하는 것은 전혀 다르다. '분단'이라는 개념이 통일된 한민족을 전제로 하는 것이라면 '건국'에서는 1948년 수립된 대한민국 정부가 모든 판단의 기준이 된다. 여기에 '퀴 보노'란 질문을 던지면 이 명칭 중에서 누가 맞고 틀린지는 중요하지 않게 된다. 특정한 명칭이 누구의 견해를 대변하고, 왜 논란이 되었으며, 궁극적으로 누구의 이해관계를 보호하고 있는가를 따진다.

만약 '분단'이 지배적인 관점이 되면 다음 질문이 불가피하다. 분단은 왜 생겼을까? 애초 분단 상황을 초래한 집단은 누구인가? 분단체제에서 권력과 재물을 챙긴 세력은? 분단이라는 정상적이지 않은 상황이 계속되는 이유는 무엇인가? 분단을 통해 이익을 얻은 집단과 분단 상황의 지속이라는 현실 사이에는 어떤 관련성이 있을까? 반대로, '건국'이 기준이 되면 나올 수 있는 의문 자체가 달라진다. 자랑스러운 대한민국의 정통성을 부정하는 집단은 누구이며 그 의도는 무엇일까? 국부(國父) 이승만 대통령이 지금과 같은 푸대접을 받는 것이 정당한가? 100년도 안 된 우리가 세계 10위권의 경제 대국이 될 수 있었던 것은 누구의 공로일까? 장차 선진국으로 발돋움하는 과정에서 가장 큰 걸림돌이 된 북한을 어떻게 처리할까? 공산주의로부터 한국을 지켜주고 그간 많은 도움을 준 미국과 맺은 혈맹 관계를 어떻게 하면 계속 유지할 수 있을까? 한국이 안정적으로 발전할 수 있는 토양이었던 시장 자본주의 모델에 대한 위협을 어떻게 막아낼 수 있을까? 미국이 주도하는 국제 질서를 통해 한국이 오늘날과 같은 번영을 누릴 수 있었다면 이 질서를 유지하기 위해 한국은 무엇을 해야 할까?

질문이 달라지면 해답은 따라간다. 분단 관점에서 볼 때, 악의 근원은 미국의 군산복합체를 비롯한 '냉전세력'이 된다. 맹목적인 반공주의와 미국 사대주의에 앞장서는 보수 개신교도 책임소재에서 벗어날 수 없다. 정치적 목적을 위해 없는 간첩도 만들어내는 국정원과 공안검사도 청산대상이 된다. 냉전이 끝났음에도 불구하고 여전히 북한을 주적으로 삼고 천문학적인 군사비를 당연하게 받아들이는 군부도 비난을 받는다. 그러나 '건국' 관점에서 문제아 집단은 전혀 다르게 구성된다. 우선 민주화 진영으로 분류되는 집단이 있다. 북한의 인권문제나 위협에는 눈을 감는 철부지며, 한국이 번영할 수 있도록 도와준 혈맹 미국을 외면하는 배은망덕한 부류다. 국가보안법을 폐지하고 전시작전권을 환수하려는 단체나 개인도 적을 이롭게 하는 자들이다. 한국 사회에서 분단과 관련한 논의가 '전쟁'이 될 가능성이 큰 것은 이런 까닭에서다. 학자들끼리 한가하게 주고받는 '말장난'이 아니라 '죽고 사는' 문제다.

담론전쟁이라고 하면 총알과 포탄이 빗발치는 전쟁보다 가볍게 생각하는 경향이 있다. 절반만 맞다. 당장 죽거나 파괴되지 않는다는 점에서는 덜 치명적이다. 그러나 물리적 전쟁과 달리 이 전쟁은 다수의 '공감과 동의(Heats & Minds)'를 공략한다. 권력의 3차원에서 보듯 본인의 의지나 선호도와 무관하게 타인을 위해 봉사하게 된다. 그것도 기쁜 마음으로. 전쟁의 비유로 다시 돌아가면 담론을 둘러싼 싸움은 장기전이다. 안토니오 그람시는 이를 유격전이 아니라 진지전이라고 표현한다. 한 번의 싸움으로 끝나지 않는 다방면에 걸쳐 '지속적'으로 전개되는 일종의 게릴라전으로 본다. 논리적인 설득력, 정서적 공감력, 도덕적 우위는 한두 번의 전투로 확보할 수 있는 자산이 아니기 때문이다. 그러나 다른 일반적인 전쟁과 마찬가지로 여기서도 모든 '전선'에서 모든 '전투'에 승리하는 것은 불가능하다. 부득이 '선택과 집중'을 해야 한다. 핵심적인 이해관계가 걸린 전선에 집중해야 한다는 의미다.

2007년 6월 10일. 노무현 대통령은 6월 항쟁 20주년 기념사에서 한국사회의 복합체에 대해 잠깐 언급했다. "지난날의 기득권 세력은 守舊(수구) 언론과 결탁해 끊임없이 개혁을 반대하고 진보를 가로막고 있다. … 지난날 독재 권력의 앞잡이가 되어 국민의 눈과 귀를 가리고 민주시민을 폭도로 매도해왔던 수구(守舊) 언론들은 그들 스스로 권력으로 등장해 민주세력을 흔들고 수구의 가치를 수호하는 데 앞장서고 있다."라는 발언이다. 진보진영에서는 이 말에 속이 시원했겠지만, 그간 권력의 양지에서 온갖 특혜를 누려왔던 집단이 봤을 때는 도저히 받아들일 수 없는 망언이다. 국회 법제사법위원장으로서 노무현 탄핵소추 위원장을 맡은 김기춘(전 법무부 장관 겸 박근혜 대통령 비서실장)이 "노무현 대통령은 싸이코다."라고 말할 정도였다. 지금 단계에서 누가 옳은지는 알 수 없다. 그러나, 만약 노 대통령의 통찰이 틀린 게 아니라면, 그동안 특혜를 누려온 집단이 있을뿐더러 그들이 현실에 어떤 식으로든 개입하고 있다는 것은 단순한 의혹을 넘어선다. 과연 북한의 위협으로부터 국가를 지키는 한편, 한미동맹을 통해 오늘날의 번영을 이끌었다고 믿는 이들은 무엇에 관심을 쏟을까? 다시 말해, 분단이 축복이라는 관점에서 봤을 때 자신에게 유리한 주장은 널리 알리고, 불리한 얘기에 대해서는 논리적으로 반박하고, 논란이 되는 사안에 대해서는 경쟁을 해야 하는 본질적 주제로는 어떤 게 있을까? 평범한 사람이 비슷한 처지에 놓였을 때 어떻게 대응하는지를 통해 그 실마리를 찾을 수 있다.

인간은 누구나 자기방어 본능을 갖는다. 지금 현재 자신이 놓여 있는 상황을 온전히 객관적으로 평가하는 것도 불가능에 가깝다. 명예, 권력, 재물, 인맥 등을 기준으로 해도 누구와 비교하는가에 따라 긍지를 느낄 수도 있고 모멸감을 느끼게 될 수도 있다. 결국, 있는 그대로의 모습을 인정해야 하는데 그러기 위해서는 자신이 했던 '선택'을 정당화시켜야 한다. 그것이 대학이든, 직장이든, 배우자든 관련이 없다. 일부 후회하는 부분이 있더라도 "어쩔 수 없었다"라고 위로하거나, 당시 상황에서는 '최선'이었다고 믿어야 한다. 만약 그렇지 않다면 자괴감으로 버틸 수 없다. 그때 왜 그렇게 선택했을까, 그때 그 사람을 만나지 않았더라면, 그때 그 일을 하지 않았더라면 하는 마음으로는 정상적인 생활이 힘들다. 과거를 받아들이는 한편으로, 현재 자신이 가진 장점과 자신을 힘들게 하는 것이 무엇인지 '판단'하고, 그것에 맞게 '처신'한다. 달리 말하면, 지금의 자신이 있도록 긍정적으로 작용한 요소는 지키려는 의지가 생기고, 이를 위협하는 것은 경계한다. 끝으로, 현재 상황이 그렇게 부정적이지 않다고 판단할 경우, 큰 틀이나 방향성은 가능한 바꾸지 않으려고 한다. 국가공동체로 확장해도 큰 무리가 없다. 담론전쟁이 진행될 가능성이 큰 전선은 크게 '영웅 신화, 적군 공략, 동맹 규합' 정도로 나뉜다.

먼저 '영웅 신화'는 평범한 인간이 자존감을 확보하기 위해 자신의 과거와 선택을 미화하는 작업에 해당한다. 원래 영웅이기 때문이 아니라 집단의 단결과 '우리'라는 정체성을 위해 영웅은 만들어져야 한다. 광화문에 이순신 장군 동상이 있는 것이나 각종 위인전이 읽히는 이유를 생각하면 된다. 보수진영에서 꾸준히 띄우고 있는 이승만 국부 논란이 대표적이다. 분단모순을 지적하는 사람이 볼 때 전시작전권의 포기나 한미동맹은 득보다 실이 많다. 반공연맹에 속하면서 얻은 것도 있지만 과다한 군사비와 외국

군대의 주둔과 같은 부정적인 영향이 생겼다. 영웅신화는 이를 뒤집는 작업이다. 국부로서 이승만은 외교술의 천재이며, 한미동맹은 그가 남겨준 귀한 자산이 된다. 미국도 영웅이 될 필요가 있다. 굳이 우리를 도와주지 않아도 되는 상황에서 함께 피를 흘렸고 그 이후에는 먹을 것을 주고, 한국경제가 이만큼 성장할 수 있도록 뒤를 봐줬다는 믿음이다. 눈에 띄는 사례 중 하나로 '이승만 대통령'과 관련한 일련의 작업을 꼽을 수 있다.

'대한민국 건국 60년 기념사업위원회의 설치 및 운영에 관한 규정.' 이명박 대통령의 훈령으로 2008년 5월 22일 제정됐다. 뉴라이트 계열이었던 서울대학교 이영훈 교수가 쓴 '우리도 건국절을 만들자'에 대한 정치권의 호응이었다. 〈동아일보〉에 쓴 칼럼을 통해 그는 "대한민국의 건국은 민족의 통일 염원에도 불구하고 강행된 '남한만의 단독정부의 수립'이라는 불행한 사건으로 치부되어 있을 뿐이다. … 누가 이 나라를 잘못 세워진 나라라고 하는가. 누가 이 자랑스러운 건국사를 분열주의자들의 책동이었다고 하는가."라고 말했다(2006/7/31). 그러나 학계와 시민사회의 강력한 반발에 당시 위원회는 제대로 된 성과를 내지 못한 채 문을 닫는다. 박근혜 정부가 들어서면서 이 문제는 다시 표면화된다. 2016년 8월 15일 광복절 기념사에는 "오늘은 제71주년 광복절이자 건국 68주년을 맞는 역사적인 날입니다"라는 내용이 들어갔다. 집권당인 새누리당에서 1948년 8월 15일을 광복절이자 건국절로 다시 세우는 법제화가 필요하다는 주장이 나온 것은 불과 이틀 후인 8월 17일이다. 당시 국회부의장이었던 심재철 의원은 "이승만 대통령이 일부 권위주의적인 행동을 보였다고 해서 건국 자체를 깡그리 무시하는 것은 우리의 생일을 부정하는 것"이라고 주장했다.[52] 2017년 8월 2일 발표된 신한국당의 혁신선언문에도 "대한민국은 1948년 건국 이래 자유민주 진영이 피와 땀으로 일으켜 세우고 지켜온 나라."라는 내용이 포함됐다. 얼핏 틀린 말은 아닌 것처럼 보이지만, '건국절'을 둘러싼 맥락은 생각보다 훨씬 복잡하고 궁극적으로 권력투쟁과 연결되어 있다.

"유구한 역사와 전통에 빛나는 우리 대한국민은 3·1운동으로 건립된 대한민국임시정부의 법통을 계승한다." 대한민국 헌법 전문에 나온다. 국가의 정체성을 명문화한 것이 헌법이라는 점을 고려할 때 여기에 포함된 단어는 매우 무겁다. 우선 '유구한 역사와 전통'이라는 대목에서 빠진 단어가 무엇인지 생각해 봐야 한다. 왕과 양반이 다스렸던, 그래서 봉건제라고 하는, '고려'나 '조선'에 대해서는 전혀 얘기하지 않는다. 과거 왕조시대와 완전히 결별했다는 선언이다. 그 뒤에 나오는 '3·1운동'은 제국주의에 대한 반대를, '4·19'는 민주주의에 대한 옹호를 뜻한다. 1919년 발표된 '독립선언서'에 구체적 내용이 나와 있다. "낡은 시대의 유물인 침략주의와 강권주의에 희생되어, 우리 민족이 수천 년 역사상 처음으로 다른 민족에게 억눌리는 고통을 받고 있다."라는 부분이다. 북한이 말끝마다 '미제국주의'라고 말하는 것은 이 인식의 연장선에 있다. 북한은 1948년 이후의 상황이 일본이라는 제국이 미국으로 바뀐 것에 불과하다고 본다. 1972년 남북이 합의한 '7.4

---

52) 박세열. 2017/8/17. 새누리당 "1948년 건국절 법제화 추진". <프레시안>.

공동성명'에 나오는 "통일은 외세에 의존하거나 외세의 간섭을 받음이 없이 자주적으로 해결하여야 한다."라는 '민족 우선' 원칙도 그때 벌써 나와 있다. "우리는 오늘 조선이 독립한 나라이며, 조선인이 이 나라의 주인임을 선언한다. … 우리는 나아가 싸우면 어떤 강한 적도 꺾을 수 있고, 설령 물러난다 해도 이루려 한다면 어떤 뜻도 펼칠 수 있다."라는 내용이다.

민족대표 33인 중 천도교(15명)와 기독교(16명)의 비중이 압도적이었다는 점도 눈여겨볼 필요가 있다. 민족주의와 민주주의에 대한 공감대를 보여준다. 1905년 3대 교주인 손병희가 명칭을 바꾼 천도교의 원래 뿌리는 동학(東學)이다. 중국에서 건너온 로마 가톨릭이라는 '서쪽에서 건너온 학문(그래서 西學)'에 맞서 김치 냄새 나는 우리식 신앙을 가져야 한다는 문제의식과 관련이 있다. "모든 국민은 평등하다."라는 원칙을 본질로 하는 민주주의 세상을 꿈꿨다. 사람이 곧 하늘이라는 인내천(人乃天)과 하늘의 마음이 곧 사람의 마음이라는 천심즉인심(天心卽人心)이라는 교리에 잘 드러나 있다. 평안도 지방을 중심으로 퍼진 기독교가 미국 선교사의 영향을 많이 받았다는 것도 주목할 부분이다. 미국은 당시 전 세계의 '모범생'으로 최초의 민주공화국이었다. 프랑스, 독일, 스페인 등 유럽 제국들이 여전히 왕의 지배를 받았던 1789년에 국민투표로 왕을 뽑았다. 임기도 4년씩 두 번만 보장했다. 독립선언을 하면 미국이 일본에 압력을 행사해 주리라 믿을 정도였다. 물론 헌법에 명시된 '임시정부의 법통'이라는 부분은 논란이 있다. 당장 1930년대 만주와 연해주 중심으로 활동을 했던 사회주의 계열의 민족주의자가 소외되는 문제가 발생한다. 중국 장개석 정부와 함께 활동을 했던 김구 중심의 임시정부 사람들은 공산주의에 반대하는 우익 민족주의에 속한다. 일본이 항복하기 직전 미국 CIA와 함께 국내 진공훈련을 시도했지만, 결과적으로 제대로 된 독립운동은 없었다. 남한 단독정부가 수립될 때 '임시정부'에서 정통성을 찾고자 했던 장본인도 이승만 대통령이다. 그러나 이런 맥락을 무시하고 대한민국의 출범에 대한 기여도를 중심으로 평가하자는 게 건국절 논의다. 동전의 양면에 해당하는 일이 1960년 4·19 민주화 혁명으로 쫓겨난 이승만 대통령에 대한 복권 노력이다.

『반일 종족주의: 대한민국 위기의 근원』. 조국(전 법무부 장관) 임명 사태에서 뜻하지 않게 베스트셀러가 된 책이다. 일본군 위안부 피해는 과장된 것이며, 조선인들은 돈을 벌기 위해 자발적으로 일본군에 입대했다는 내용이다. 일본이 한반도에 상당한 투자를 했고 조선은 그 덕분에 근대화에 성공했다는 분석도 들어 있다. 낙성대연구소 소속의 학자들이 공동필자로 참가했는데 그중 책임자가 위에 나오는 이영훈 교수다. 보수 성향의 〈뉴데일리〉가 세운 '이승만 학당'의 교장이다. 학교장 인사말에는 "이승만 대통령이 없었으면 대한민국은 생기지 않거나 다른 나라가 되었을 것이다. 이승만 대통령은 오늘날까지 이어지는 국가의 기틀을 잡았다. 국민 직선에 의한 대통령 중심제 정부 형태의 수립, 농지개혁의 실시, 공산 침략전쟁의 방위, 한미군사동맹의 체결, 국가경제 기초 공업의 건설 등, 그의 건국 공적은 청사에 길이 빛난다."라는 내용이 나와 있다. 강사진에는 조선일보 기자 출신으로 〈펜앤드마이크〉에서 대기자로 일하고 있는 김용삼, 연세대 이승만연구소에 재직 중인 김학은 교수, 뉴라이트 대변지였던 〈시대정신〉을 창간한 안병직 등이 참가한다. 교회 장로였던 국부 이승만 대통령이 세운 '기독교 공화국'에 대한 확신은 자연스럽게 '적군 공략'이라는 제2의 전선과 연결된다. 분단 기득권 입장에서 결코 타협할 수 없는 악마는 언제나 '북한'과 '공산주의'였다.

인간을 종교적 동물이라고 한다. 착한 일을 하면 죽어서 천당에 가고, 죄를 지으면 지옥에 떨어진다는 것을 믿는 사람은 생각보다 많다. 전지전능한 하나님이 있어 자신을 돌봐주고 때로는 악마를 보내 시험에 들게 만든다는 얘기에도 귀가 솔깃해진다. 만약 악마가 없고 지옥이 없으면 어떻게 될까? 죄를 지으면 처벌하는 법도 있고 양심의 가책이라는 것도 있지만 지금보다 더 혼탁해질 것은 분명하다. 인간의 본성과 관련이 있다. 죽음 뒤를 아무도 모르는 상황에서 자칫 모를 일에 대비하고자 하는 욕심도 작용한다. 국가도 비슷하다. 만약 북한이라는 위협이 없다면 한국 사회는 어떻게 변할까? 당장 국가보안법이 필요 없다. 정부 예산의 15%를 차지하는 막대한 국방비도 줄어든다. 남자들은 군대에 안 가도 된다. 매년 실시하는 한미군사훈련이 무용지물이 되는 것도 당연하다. 북한으로부터 우리를 지켜주기 위해 존재하는 주한미군도 한국을 떠나는 게 맞다. 그래서 북한은 본인의 행동이나 의지와 상관없이 '악마'가 되어야 한다. 김정은을 중심으로 한 공산당은 사람 죽이기를 밥 먹듯 하고, 교회 신자들을 이유 없이 고문하고, 미국을 평계로 온갖 억압을 정당화시키는 존재로 받아들여져야 한다는 의미다.

남한 개신교의 주류는 고향이 평안도다. 한신대학교 강인철 교수가 쓴 『한국의 개신교와 반공주의: 보수적 개신교의 정치적 행동주의 탐구』라는 책에 잘 나와 있다. 미국 선교사의 영향을 많이 받았던 그들은 태생적으로 반공주의자였다. 1917년 3월 8일, 러시아의 로마노프 왕조는 사회주의 혁명으로 무너졌다. 공산주의에 대한 공포(Red Scare)는 그 이후 미국에서도 눈에 띄는 현상이 되었다. 1950년부터 1954년까지 미국을 휩쓴 공산주의자에 대한 마녀사냥(즉 메카시즘)의 뿌리는 이때 뿌려졌다. 영국, 프랑스, 덴마크 등을 모방해 제국주의를 추진했던 일본 정부로서도 '사회주의'는 미리 제거해야 할 암적 존재였다. 1930년대 시베리아와 만주에서 항일투쟁을 벌였던 무리가 대부분 민족주의 성향의 사회주의 계열이었다는 점도 영향을 미쳤다. 그뿐만 아니라, 1941년 12월 7일, 일본이 하와이 진주만을 공격하기 전까지 양국은 우호적 관계였다. 덕분에 많은 개신교 지도자들이 미국 유학을 했고 귀국 후에는 자연스럽게 미국 군정을 도울 수 있었다. 1932년 '예수교연합공의회'가 "일체의 유물교육 유물사상 계급적 투쟁 혁명 수단에 의한 사회개조와 반동적 탄압에 반대"한다고 발표한 것은 이런 배경에서다.

해방공간의 좌·우익 대립과 뒤이은 전쟁 역시 중요한 변수였다. 1950년 6월 26일, 서울에서 '대한기독교구제회'가 조직된다. 제주도 4.3사건 진압으로 악명을 얻은 서북청년단이 속해 있던 영락교회의 한경직 목사가 초대회장이다. 북한은 물론 공산주의를 '사탄'으로 규정한 장면은 여럿 있다. 1950년 12월 17일, 이들 개신교인은 트루먼 대통령과 맥아더 사령관 앞으로 다음과 같은 내용의 진문을 보냈다. "(한국전쟁은) 세계 민주주의 자유 국가들과 공산독재 국가들과의 양 진영 사이에 필연적으로 일어날 최후 결전의 전초전"이며 "정당한 이유인 한 우리 백만신도는 즐겨 민족의 선두에 서서 희생의 첫 열매가 될 것을 굳이 약속하는바"라는 내용이다.[53] 박정희, 전두환 정권을 거치면서 교회는 정부의 반공 정책에 충실하게 협력했고 반대급부는 달콤했다. 공포를 통해 성장한 '공안세력, 군부, 보수 정당, 탈북자, 교포사회' 등이 이들과 연합하게 되는 것도 자연스러웠다. 게다가 전쟁의 공포를 내면에 각인시킨 사람들에게 북한의 위협은 통치를 위한 훌륭한 핑계였다. 정당한 노동운동이나 정부 비판에 대해서도 '빨갱이'라는 딱지만 붙이면 유리한 여론을 만들어졌다. 문제는 이런 위협이 영원하지 않다는 점이다. 적대감과 공포감을 계속 조장하는 한편, 또 다른 위협을 만들어야 하는 필요성이 생긴다. 국내 일부 언론이 포퓰리즘과 중국패권을 유달리 강조하는 것은 이런 상황과 과연 무관하지 않다. 적이 있으면 친구도 있어야 한다. '동맹 규합'은 끝없이 자기편을 확인하고 늘리면서, 이들의 충성심을 끌어내는 전선이다.

보수집회에서 성조기는 빠지지 않는다. '한미동맹 강화'라는 구

---

53) 정원식. 2010/7/20. [2010 연중기획] 한국 개신교 반공주의 통해 급성장. <주간경향>.

호도 흔하다. 국내 교회는 막대한 돈을 들여 해마다 '한미우호기도회'를 개최한다. 재정은 순복음교회를 비롯해 수원침례교회와 중앙성결교회 등이 부담한다. 2019년 워싱턴 트럼프인터내셔널호텔에서 개최된 회의에는 트럼프 행정부에서 복음주의 자문위원장을 맡고 있는 폴라 화이트(Paula White) 목사, 공화당 의원 미셸 바크먼(Michele Bachmann), 부통령 마이크 펜스(Mike Fence), 전 태평양함대사령관 리차드 맥코맥(Richard McCormack) 등이 참석했다. 정부와 방위산업체 한화(주)가 후원하는 '한미동맹재단'이라는 곳도 있다. 현재 회장은 한미연합부사령관 출신의 예비역 대장 정승조다. 재단의 목적은 "한미동맹이 한미 양국의 국가이익에 부합된다는 확고한 신념을 가지고 동맹이 더욱 공고해지고 긴밀해질 수 있도록 양국이 함께 노력"하고 "한미동맹을 증진하는 사업을 추진하기 위한 것"으로 알려진다. 정부가 추진하고 있는 전시작전권 환수를 적극적으로 반대하는 집단이 엘리트 장교들이라는 것도 흥미롭다.

진정으로 국가안보를 근심하기 때문이라고 믿고 싶지만, 한미 양국에 뿌리를 두고 있는 군산복합체라는 친구를 잃고 싶지 않은 몸부림일 가능성도 있다. "소금 먹은 놈이 물을 찾는다."라는 속담처럼 지난 70년간 꾸준히 소금을 먹었기 때문에 '동맹 규합' 차원에서 목소리를 높이는 게 아닌가 하는 의혹이다. 대한민국 장교 중 상당수가 미국에서 유학했다는 것도 누가 '친구'인지 결정하는 데 한몫을 했다. 전방에서 적과 마주했던 전직 장군들의 주장이라면 일리가 있지 않겠냐라고 말할지 모르겠다. 전직 대통령 중에도 이런 생각을 반박한 사람이 있었다면 얘기가 달라진다. 그중 한 명은 보수가 존경하는 박정희다. 미국이 주한미군 철수를 추진했을 때 "지금 주한미군을 붙잡고 '더 있어 달라', '기간을 연장해 달라'고 교섭을 벌이는 것은 우스운 일입니다. … 이제 우리도 체통을 세울 때가 되었습니다. 60만 대군을 가진 우리가 4만 명의 미군에게 의존하는 것은 무엇보다 창피한 일입니다"라고 말한 것으로 전해진다.[54]

2006년 민주평화통일자문회의에 등장했던 노무현 대통령의 발언도 흡사하다. "자기 나라 자기 군대 작전통제도 제대로 할 수 없는 군대를 만들어 놓고 전작권 회수하면 안 된다고 모여서 성명을 내는 군 수뇌부는 직무유기를 하는 것 아니냐"는 부분이다.[55] 당시 "부끄러운 줄 알아야지. 이렇게 수치스러운 일들 하고"라는 핀잔을 들은 단체가 예비역 장성들로 구성된 '성우회'다. 일본 극우단체 사사가와 평화재단의 지원을 받았다는 의혹도 있다.[56]

미국 의회와 펜타곤 등에 탄원서를 보내 전작권 환수를 막아달라고 했는데, "미국 정부가 한국의 준비 상태가 부족한데도 노무현 정부의 일방적인 요구에 순순히 응했고," "이 중대한 문제에 대해 미국 정부와 조야는 물론 미국 국민이 우호적인 관심을 보여 줄 것"을 요구한다는 내용이다.[57] 2019년에 출범한 '대한민국수

54) 이만열. 2014/11/3. 박정희, 노태우, 노무현의 전시작전통제권 고민. <U Korea News>.

55) 이정환. 2010/6/27. "부끄러운 줄 알아야지" 노무현이 MB에게 주는 충고. <미디어오늘>.

56) 황일송. 2018/9/3. 일본 극우단체 지원받은 대한민국 성우회. <뉴스타파>.

57) 길진균. 2007/3/13. 성우회 "전작권 전환 반대" 성명 美의회 전달. <동아일보>.

호예비역장성단'도 있다. 공동대표는 국방부 장관을 역임한 바 있는 권영해, 김동신, 김태영을 비롯해 전직 한미연합부사령관 김재창, 합참의장 이필성, 해군참모총장 이수용, 공군참모총장 이억수, 해병대사령관 이상무와 박환인 등이다. 2019년 1월 30일 발표한 성명서를 통해 "한미동맹은 대한민국의 생존과 번영을 지켜주는 필수 불가결의 요소이자 안보 방벽(으로) 문재인 정부가 북한에 줄 돈은 있어도 주한미군 지원에 쓸 돈은 없다고 한다면 우리 국민들이 나서서 주한미군 주둔비용의 부족분을 보충해 주한미군을 지켜야만 한다."라는 입장을 냈다. 대법원의 강제징용 손해배상 판결과 일본의 수출규제로 불거진 한일갈등도 닮은 점이 많다.

2019년 7월 1일, 일본은 안전보장을 이유로 반도체 제조에 꼭 필요한 일부 부품을 통제한다고 발표했다. 대응조치 중 하나로 한국 정부도 8월 22일 한일군사정보보호협정(GSOMIA) 연장을 안 하겠다고 알렸다. 국민 다수가 일본제품 불매운동에 나선 가운데 보수진영은 견해가 달랐다. 자유한국당 황교안 대표는 "지소미아 파기에 북한의 김정은은 만세를 부르고 중국과 러시아는 축배를 들며 반길 것"이라고 밝혔다.[58] 바른미래당 하태경 의원 역시 "조국 후보자에 대한 국민적 분노를 반일(反日) 이슈로 덮기 위한 꼼수로 문·조(문재인·조국) 동맹을 지키기 위해 한미동맹을 버렸다."라는 의견을 냈다.[59] 동맹에 관한 진실은 원래 없다는 것과

---

58) 박준석. 2019/8/23. 황교안 "지소미아 파기로 김정은 만세 부를 것". <한국일보>.

59) 김보연. 2019/8/22. 野 "지소미아 파기, 문·조동맹 위해 한미동맹 버린 것". <조선일보>.

담론투쟁의 결과물이라는 게 잘 드러난다. 권력은 우리의 동맹이 누구이며, 동맹의 행동을 어떻게 해석하며, 관계유지를 위해 무엇을 하는지를 결정할 수 있다는 것도 알 수 있다.

성공사례

1986년 10월 30일. 정부는 "북한 금강산댐이 터지면 한강 홍수 때의 10배나 되는 물이 한강 제방을 넘쳐 여의도 국회의사당이 완전히 잠기고 63빌딩의 허리까지 수마가 덮쳐온다."라는 충격적인 발표를 한다. 방송과 신문은 온통 이 뉴스로 넘쳐났다. 공중파 방송에서는 63빌딩이 물에 잠기는 장면이 연속해서 나왔다. '북괴'를 규탄하는 시위가 연일 열렸다. 북한의 물 공격을 막기 위한 '평화의 댐'을 건설하기 위한 성금 모으기도 진행됐다. TV에서 성금 장면을 생방송으로 내보내는 가운데 기업체 임원을 비롯해 어린애들까지 저금통을 들고 나섰다. 그때 모은 돈이 무려 744억 원이나 된다. 지금 돌아보면 황당한 소설 같은 얘기지만 당시에는 모두가 그렇게 믿었다. 정부 발표를 신뢰하지 않을 수 없게끔 권위자들이 힘을 보탰다. 그중의 한 명이 나중에 서울대 교수로 있던 선우중호 교수다. 서울대 토목공학과를 졸업하고 미국 콜로라도주립대에서 공학박사를 받은 인물이다. 성공회대 김동춘 교수가 "단군 이래 우리 역사에서 국가 공권력이 저지른 가장 잔혹하고 비인도적이고 반국민적인 범죄"의 희생자였던 국민보도연맹을 조직했던 선우종원 검사가 부친이다. 전혀 사실이 아니라는 것과 안기부가 배후에 있었다는 것은 이후에 드러났다. 1993년 6월 감사원은 "평화의 댐은 완전히 조작된 정보에 의해 만들어진 허구"라고 밝혔다.[60] 정부의 조작과 언론의 오보 사건으로 기억되지만, 복합체와 관련한 몇 가지 실마리를 준다. 과거를 복기해 보면 누가 '수혜자'인지, 언론은 어떤 '담론전략'을 사용했는지, 언론의 도움을 받은 '동업자' 집단은 어떻게 구성되어 있는지 등이 드러난다. 일단 작동방식을 파악한 다음에는 이를 근거로 2019년의 복합체 현황을 추적할 수 있다.

수혜자

북한 금강산 댐 건설 소식과 뒤이은 논란의 수혜자 중 으뜸은 전두환 정권이다. 같은 날 건국대학교에서 시위하고 있던 대학생 1,500명 이상이 강제로 연행됐지만, 국민은 별로 개의치 않았다. 북한이 생명과 재산을 위협하는데 한가하게 데모만 한다고 핀잔하는 사람이 더 많았다. 1988년 올림픽을 앞둔 상황에서 국론 분열도 성공적으로 봉합했다. 북한의 실체를 보여준 것도 성과다. 국제사회에서 유례가 없는 물 공격을 시도하는 집단이라는 '악마'라는 점을 한번 더 확인해줬다. 노동자, 재일동포와 군인 등을 대상으로 간첩 색출에 앞장섰던 국가안전기획부, 보안사령부, 공안검사, 경찰 정보과 등 공안 집단도 혜택을 봤다. 정부에 비판적이었던 인사들을 일반 국민과 격리할 수 있었고, 그들 자신은 권

---

60) 미디어오늘. 1995/5/31. [오보이야기 2] '평화의 댐' 보도. <미디어오늘>.

력의 노른자위로 영전했다. 1980년대 후반 서울중앙지검에서 이런 공안 사건을 담당했던 인물 중 한 명이 지금의 황교안 대표다. 1986년 부천서 성고문 사건이나 1987년의 물고문 치사 사건이 일어났던 것은 이런 분위기와 무관하지 않다. 정권에 적극적으로 협력한 반대급부로 언론이 누린 특혜도 엄청났다. 한국방송광고공사를 통해 조성한 2,580억 규모의 자금은 언론인 해외연수와 지원 프로그램 등에 쓰였다. 언론 통폐합으로 경쟁자는 줄어든 가운데 정부는 또한 각종 잡지의 창간을 허가해 줬다. 중소기업 고유업종인 상업인쇄, 각종 문화사업, 스포츠사업, 부동산 임대업 등에도 참가할 수 있도록 도왔다. 국내 4대 신문사의 1987년 매출액이 1980년에 비해 3.26배나 증가할 정도였다. 언론인 중에서 국회의원이 된 사람만 해도 30명이 넘는 것으로 알려진다.[61] 대표적인 인물로는 한나라당 대표를 지낸 최병렬을 꼽는다. 〈조선일보〉 편집국장으로 일하던 1985년 당시 집권당이던 민주정의당 국회의원이 됐다. 1988년 노태우 정부 때는 청와대 정무수석을 거쳐 문화공보부, 공보처, 노동부 장관 등을 두루 맡았다. 그렇다면 명백한 수혜자가 있다는 것은 무슨 의미일까? 만약 당시 언론 보도가 순수한 언론 활동과 거리가 먼 것이었다고 하면, 거꾸로, 특정한 이해관계를 가진 집단이 의도적으로 담론정치를 했다고 볼 수 있지 않을까? 정권에 의한 언론 공작이란 이를 거칠게 표현한 것으로 실재 권력과 언론이 결탁해 진행한 담론정치로 규정하는 게 맞다. 과연 언론은 어떤 담론전략을 동원했을까? 제2차 세계대전

---

61) 신문자본팀. 1996/4/10. 5공화국 편, 언론에 대한 특혜. 〈미디어오늘〉.

중 심리전을 연구했던 미국 학자들이 정리한 S-M-C-R-E 모델이 도움이 된다.

담론전략

1986년 보도가 나왔을 때 송신자(Sender)는 크게 두 부류가 있다. 정권과 언론이다. 국가안전기획부가 배후에 있었고 언론을 이용했다. 그렇다고 언론이 챙긴 당근을 고려할 때 수동적으로 명령을 받기만 한 건 아니었다. 정부에 협조하면서도 언론에 대한 최소한의 신뢰를 확보하는 방법을 모색했을 가능성이 크다. 그렇지 않으면 국민의 신뢰를 잃게 되고 결과적으로는 영향력 감소가 불가피하다. 방송과 신문이 많지 않았던 때라 채널(Channel)은 큰 변수가 아니었다. 광고나 성금 모금 운동 등이 채널의 역할을 했지만 역시 방송을 통해 '증폭' 되어야 한다는 한계가 있었다. 목표 공략층으로 설정했던 수신자(Receiver) 상황도 고려할 필요가 있다. 만약 1950년 6·25 전쟁에 참여했다면, 60대 언저리가 된다. 베트남전쟁을 경험한 세대는 대략 40대 초·중반이다. 1968년 1월에 발생했던 북한 김신조 일행의 청와대 기습사건을 알 만한 사람들도 얼추 비슷한 나이다. 학교에서는 반공 교과서에, TV에서는 〈전우〉와 〈검사 오제도〉와 같은 드라마에, 또 반공 글짓기와 웅변대회에 노출된 세대다. 게다가 언론을 만나는 시간대와 장소도 거의 고정되어 있다. TV 뉴스는 저녁을 먹은 후 쇼파에 앉아 볼 때가 많고, 신문은 출근 시간대나 오전 중 사무실에서 읽었다.

결국, 가장 신경 써야 할 부분은 로고스, 에토스, 파토스가 결합한 담론이라는 알맹이(Message)다. 그리고 이 담론을 전달하기 위해서는 우선 대중의 '관심(Attention)'을 확보해야 한다.

회사 일도 많고, 챙겨야 할 사람도 있고, 가족도 돌봐야 한다. 하루 24시간 중에서 언론에 주목할 수 있는 시간은 그렇게 많지 않다. TV와 라디오를 활용할 경우 특히 시간대 계산은 필수다. 황금시간대로 알려진 저녁 9시 뉴스는 반드시 장악해야 하는 시간이다. 신문의 경우, 1면과 사설과 칼럼이 실리는 마지막 면이 중요하다. 그래서 방송의 프로그램 편성과 신문의 지면 편집을 결정할 수 있는 의사결정권자와 협력하게 된다. 매스커뮤니케이션 효과의 하나로 알려진 의제설정(agenda setting)이 적용되는 단계다. 모든 국민이 저녁 9시 뉴스와 신문 1면에 나오는 기사는 중요하다고 생각한다. 보도량이 많은 사안도 국민이 보기엔 정말 중요한 문제로 최우선으로 해결해야 하는 긴급한 과제가 된다. 일상에 쫓기는 대중이 봤을 때 머리에 더 분명하게 각인되는 것은 '문화적 공명'이라는 조건이 충족될 때다. 관련 속담으로 "개밥에 도토리" 혹은 "돼지우리에 주석 자물통"이라는 게 있다. 잡식성으로 알고 있지만 개는 도토리를 안 먹는다. 전혀 관심이 없다. 자신이 좋아하는 맛, 냄새, 형체와 전혀 무관하기 때문이다. 돼지에게 주석(구리)도 마찬가지다. 돼지우리에 던져 놓으면 정말 '없는' 것 취급을 한다. 냄새를 맡거나 근처에 가는 법도 없다. 인간도 이와 비슷하다. 고기도 먹어본 사람이 찾는다. 집에서, 학교에서, 직장에서, 대중매체에서 배운 모든 것이 의식과 무의식에 축적된다.

광복절, 3·1절, 개천절과 같은 집단행사와 이순신과 세종대왕과 같은 동상, 박물관과 전시관도 우리의 '머리와 가슴'을 채우는 원천 재료가 된다. 한국인이라는 집단정체성은 이런 과정을 통해 형성된다. 국민의 관심을 끌기 위해서는 이런 경험과 정체성에 '울림(공명)'을 일으켜야 하며, 슬픈 일이지만, 한국 사회에 이런 주제는 많다. 북한과 공산주의는 그중에서도 가장 확실한 반응을 일으키는 주제다. 살짝 언급만 해도 곧바로 뜨거운 반응이 온다. 북한이 서울을 물바다로 만들 준비를 한다는 뉴스는 여기에 꼭 맞다. 전쟁을 겪은 세대는 공산당 놈들이라면 그러고도 남는다고 생각한다. MBC에서 방영되던 반공 드라마 〈그림자〉의 주제가도 널리 불렸다. "그림자 내 모습은 거리를 헤매인다// 그림자 내 영혼은 허공에 흩어지네// 어둠이 내리는 길목에 서성이며// 불 켜진 창들을 바라보면서…"라는 가사가 들어 있다. "이웃집에 오신 손님, 간첩인가 다시 보자" "앞에 가는 저 등산객, 간첩인가 다시 보자"와 같은 표어가 곳곳에 붙어 있는 시대였으니 이 노래가 어떻게 받아들여졌을지 짐작하기 어렵지 않다. 그러나 대중의 관심을 사로잡는 것은 끝이 아니라 시작이다. 무엇보다 그럴듯해야 한다. 논리적으로 압도할 수 있어야 한다. 그래야 믿는다. 로고스의 영역이다.

정교한 담론전략 덕분에 언론은 신뢰를 축적해 왔다. 크게 두 가지 정도를 기억하면 된다. 언론이 제공하는 뉴스는 잘 정제되고, 편집된, 알아듣기 쉽도록 다듬어진 정보다. 적절한 비유, 논리를 뒷받침하는 증거, 권위자의 인용 등이 잘 배합되어 먹기 좋은 상태로 식단에 오른 음식이다. 정치, 경제, 국제현안 등 복잡한 문제를 단순하고 명료하게 이해할 수 있도록 도와준다. 탁월한 웅변가로 볼 수 있는 예수나 석가모니처럼 비유에 능하다. 막연한 소문이 아닌 객관적으로 확인할 수 있는 '증거'를 제시하는 것도 특징이다. 집단창작물이라서 복수의 관문을 거치고 무엇보다 책임소재를 밝힌다. 만약 틀린 정보거나, 왜곡했거나, 허위라면 곧바로 항의할 수 있는 대상이 있다. 언론이 주로 '공식 정보원'을 많이 인용하는 것 또한 설득력을 높이는 비결이다. 청와대, 국회, 법원과 검찰, 경찰 등은 '공신력'을 갖는 곳이다. 대통령이나 국회의원 또는 판사가 의도적으로 거짓을 말하거나 속일 것으로 생각하지는 않는다. 관련 주제에 대해 남다른 학식, 경험, 직책을 가진 '권위자'를 인용하는 것도 강력한 무기다. 위에 나온 선우중호 교수처럼 서울대 출신에, 미국 유학파에, 서울대 교수라는 직책을 갖고 있으면 평범한 사람들은 그냥 믿는다. 끝으로, 언론은 독자들에게 요리하는 수고로움을 끼치지 않는다. 체계적인 논리 구조를 갖는 '해석의 얼개(frame)' 안에 넣어서 전달해 준다. 앞에 나온 북한의 금강산 댐 건설에 적용해 보면 좀 더 잘 이해할 수 있다.

북한은 왜 금강산에 댐을 건설했을까? 최소 두 개의 프레임이 경쟁했다. 그중 하나는 '전력용'이라는 일련의 논리적 설명이다. 북한의 발전소 건설 계획은 1986년 4월 처음 알려졌다. "원산 지역에 위치한 공장들에 전력을 공급하고 안변 일대에 농업용수를 제공하기 위한 것"이라는 점도 밝혔다.[62] 전쟁할 의사가 없다는

---

62) 서중석. 2017/1/23. 원폭보다 센 수공? 금강산댐 '공포 사기극' 전말. <프레시안>.

점도 공개적으로 발표했다. 댐 건설에 군대를 투입함으로써 평화를 원한다는 것도 내세웠다. 남한 정부의 발표에 대해서도 반박하는 내용의 논평을 냈다. 1986년 11월 27일 〈로동신문〉을 통해서다. "남조선 괴뢰들이 발전소의 저수량을 엄청나게 과장하고 경제적 효과성을 제멋대로 줄여서 선전하는 것은 '그 어떤 다른 목적을 가지고 있는 특수건설'인 것처럼 보이기 위하여 고의적으로 꾸며낸 생억지'라는 내용이다. 금강산 댐이 들어선다는 지역의 지형상 최대 저수량은 160억 톤으로 그 이상이 되면 북쪽으로 물이 넘친다는 정부의 보고서도 드러났다. '물폭탄'이라는 프레임은 이런 내용을 전면 부정한다. 먹고 살기도 힘든 북한이 난데없이 금강산에 댐을 짓는 게 이상하다는 논리였다. 북한의 거짓말에 대해 귀에 딱지가 앉을 정도로 자주 들어왔다는 점을 고려했을 때 '군사용'이 아니라는 게 오히려 낯설었다. 북한이 악마라는 확고한 고정관념을 가진 사람들에게 훨씬 더 큰 울림을 갖는 설명이다. 진실과 허위는 중요하지 않았다. 전쟁을 겪고 일상적으로 간첩 얘기를 듣는 때였다. 1983년부터는 북한의 위협을 막기 위해 팀스피릿(Team Spirit)이라는 이름의 대규모 한미군사훈련도 매년 시행하고 있었다. 일단 프레임이 정해졌으면 이를 견고하게 할 방법이 동원된다. 정부 관료나 산하 연구기관의 전문가들이 나와 북한은 이전에도 거짓말을 많이 했다는 말을 전한다. 북한 사정을 잘 아는 사람의 말이니까 안 믿을 도리가 없다. 토목공학을 전공한 교수와 국책연구기관 박사가 나와 모의실험도 한다. 복잡한 수학 공식도 등장한다. '물 폭탄'일 수밖에 없는 온갖 파편적인 정보도 나온다.

위성으로 봤을 때 북한 군부대가 이동을 했다든가, 일반적인 수력발전소와 다른 장치가 있다거나, 북한 주민들 사이에 관련 소문이 퍼졌다고 하는 얘기다. '전력용'이라는 프레임을 '논리적'으로 반박하는 작업도 같이 이루어진다. 전문가 중에서도 선뜻 "아니다"라고 말할 용기를 가진 사람은 많지 않다. 2001년 7월 20일 MBC가 방송한 〈이제는 말할 수 있다: 금강산댐 사건〉에 관련 얘기가 나온다. 당시 서울대에서 토목공학과에 재직하고 있었던 안수한 교수는 인터뷰를 통해 "그땐 무서워서 (말을) 못하죠. 우린 공무원인데… 내 자식이 있는데, 당장 그만두면 어떡합니까. 그런 분위기가 아니었어요. 그땐… 그땐 뭐 공포 분위기죠"라고 밝혔다. 북한과 관련한 정보의 '비대칭'이 심각하다는 것도 문제다. 정부는 방대한 정보를 확보한 상태에서 필요한 부분만 선별해서 내보낸다. 정부의 발표가 틀렸다는 것을 애초 증명하기 어려운 구조다. 그래도 의혹을 거두지 않는 부류가 있으면 그들의 동기와 전문성을 문제 삼는다. 평소에도 북한에 호의적인 발언을 많이 했다거나, 전문성이 부족하다는 등의 핑계를 대면서 권위를 무너뜨린다. 그러나 논리적으로 반박할 수 없다는 이유만으로 국민이 정부 발표를 신뢰한 것은 아니다. 파토스와 에토스 차원의 강화 작업이 더해졌다.

"퇴색한 6·25행사… 지난 10년간 참석한 유일한 대통령은?" 보수 성향의 〈뉴데일리〉가 2017년 6월 27일 내보낸 뉴스다. 이명박 대통령은 기념식에 참석했지만, 문재인 대통령은 그러지 않았다는 얘기다. 공식 일정이 없었다는 점도 밝힌다. 문 대통령은 이와 달리 5.18 기념식에는 참석했고, 직접 기념사를 읽고 눈물을 흘렸다는 내용도 담았다. 있는 사실을 '거울'처럼 반영한 것으로 보이지만 달리 볼 부분이 있다. 직접 기념사를 읽는 것과 '퇴색한'이라는 단어는 뚜렷하게 대비된다. 전쟁으로 가족을 잃고, 고향을 떠나온, 지금도 북한 때문에 불안에 떨고 있다고 믿는 사람들에게 6·25행사는 단순한 기념일이 아니다. 평생을 "상기하자 6·25. 때려잡자 공산당."이라는 구호를 듣고 살아온 입장에서는 정말 서운한 일이다. 대통령이 '눈물'을 흘렸다는 이야기도 '감성'에 불을 붙인다. 광주에서 시위하다 죽은 사람을 위해서는 지극 정성을 보이면서 북한이라는 악마에 대해서는 '외면'한다는 분노가 솟구칠 만하다. '물 폭탄'에도 비슷한 방법이 활용되었을 것으로 짐작하는 것은 어렵지 않다. TV에서 63빌딩이 물에 잠길 때 어떤 음악이 사용되었을까? 북한의 금강산 댐을 보여주는 영상의 배경 색깔은 무엇일까? 북한에 대해서는 증오심과 공포감을 조장하는 한편, 정부에 대해서는 '신뢰감', 함께 성금을 내는 사람들에게는 '동료의식', 휴전선을 지키는 군인에 대해서는 '자부심'을 갖도록 하지 않았을까? 마무리 작업으로 에토스도 동원된다. '물공격'이라는 위협을 받는 상황에서 '전력용'을 고집하는 사람들은 '옳지' 않다. 그들 스스로 '부끄러워' 해야 하며, 그렇지 않으면, '염치'를 알도록 압력을 행사해야 한다. 반공 집회나 성금 모금에 참여하지 않는 사람도 '죄의식'에 시달리도록 만든다. 언론 혼자서 하지 않았다. 누가 함께 했을까? 언론을 잘 들여다보면 '동업자'가 보인다.

동업자

대한민국은 민주공화국이다. 영어로 하면 Republic of Korea다. 민주(民主)는 국민이 주인이라는 뜻이다. 공화(共和)의 어원은 라틴어 '레스 푸블리카(res publica)'다. 공(共)은 함께한다를 의미한다. 전기나 도로, 상수도, 통신망 같은 혼자서 독점하지 못하고 같이 사용하는 공유재(共有材)에 붙는다. 화(和)는 뜻이 맞아 서로 사이가 좋다를 가리킨다. 다툼을 푼다는 화해(和解), 서로 잘 어울린다는 조화(調和), 다툼이 없이 즐겁고 다정하다는 화목(和睦)에 포함되어 있다. 민주공화국은 따라서 각자 입장과 이해관계가 다른 국민이 화해하고, 타협하고, 다수의 결정에 따르는 방안을 찾아 발전했다. 그리스 아테네에 있었던 아고라(Agora)가 그 출발점으로 알려진다. 직업, 계급과 나이와 관계없이 누구나 자유롭게 참가할 수 있는 '광장'이었다. 최초로 공화제를 도입한 로마에서 이 역할을 한 곳은 '포럼(Forum)'이다. 로마 시내를 관통하면 넓은 열린 도로다. 그러나 인구가 늘어나고, 활동 반경이 넓어지고, 더 많은 사람이 참여할 필요성이 생기면서 물리적인 '광장'을 대신할 '상징적 광장(Symbolic Stage)'이 등장했다. 언론이 제공하는 '공론장'은 바로 이 광장을 뜻하는 것으로, 가장 본질적이고 중요하기 때문에 '메타 포럼(meta forum)'이라고 부른다. 공론장에서 공은 두 가지 뜻을 갖는다. 하나는 위에 나온 '같이 나눈다'를 뜻하는 공(共)이다. 다른 하나는 특정 개인에게만 해당하는 사적(私的)인 영역이 아니라 모두에게 열려 있다는 '공적(公的)' 존재로 쓰인다. 정리하면, 다수가 차별 없이 참가하면서 공동체의 중요한 문제에 대해 함께 대화하고 합의를 모색하는 공간이라는 의미다. 언론은 몇 가지 조건을 지킨다는 묵시적 계약을 통해 이 역할을 맡는다. 언론에 대해 광범위한 정보에 접근할 수 있도록 해 주고, 필요할 경우 정보원을 공개하지 않아도 처벌하지 않고, '공공이익'을 위한 보도일 경우 상당 부분 책임을 면해주는 것은 이런 계약 때문이다.

언론은 첫째 '공정'해야 한다. 축구나 야구의 심판 또는 재판장의 판사와 같은 역할이다. 권력자, 자본가, 지위가 높거나 뛰어난 학식이 있다고 특혜를 주지 않아야 한다. 자기 스스로 목소리를 내지 못하는 사람을 위해서는 오히려 '대변자' 역할을 해 줄 것을 기대한다. 관리자로서 언론은 또한 허위정보나 거짓말은 골라내고 진실이 유통되도록 할 책임이 있다. 만약 공론장에 올라온 정보 자체가 믿을 수 없다면 이를 토대로 한 진지한 토론과 논의는 불가능하다. 국가이익과 공공이익의 관점에서 중요한 이슈를 선별해 전달하는 것도 포함된다. 국민의 관심을 끌기 위한 목적으로 별로 중요하지도 않고 진지한 논의에는 오히려 방해되는 파편적이고 선정적인 정보만 제공하면 안 된다는 말이다. 언론은 그 밖에 욕설, 지나치게 감정적인 표현, 혐오를 부추기고, 상대를 위협하는 발언 등은 걸러줄 책임이 있다. 현실에서 이런 조건을 모두 충족시킬 수는 없지만, 언론이 지향해야 할 방향성이라는 것은 부정하기 어렵다.

1987년 6·29 선언이 나오기 전까지 국내에서 이 공론장은 상당히 왜곡된 상태였다. 권력의 통제가 심할 때였다. 방송사와 신문사에는 정부 기관원이 나와 '사전 검열'을 하기도 했다. 국민이 알아야 할 것과 알지 말아야 할 것, 의도적으로 확대할 것과 축소시킬 것 등을 모두 걸렀다. 만약 언론이 이런 통제를 거부하고 자기의 뜻에 따라 공론장을 운영하려고 하면 곧바로 탄압을 받았다. 한 예로, 박정희 정권은 각 신문사 편집국장과 보도국장에게 "학원 내 움직임은 일절 보도를 삼가고, 학생들이 거리로 뛰쳐나왔을 때는 1단 정도로 작게 취급하며, 연탄 문제 등 사회불안을 조성할 우려가 있는 기사는 작게 취급해 달라"와 같은 협조 공문을 보냈다. 전두환 정권이 실시한 '보도지침'도 잘 알려져 있다. 1986년 9월 6일 월간 〈말〉지가 폭로했다. 당시 〈한국일보〉에 있으면서 이를 폭로했던 김주언 기자는 "보도지침을 어겼을 경우에는 야간에까지 전화를 하거나 기관원들이 편집국에 와 확인하고 신문사의 존폐 문제를 들어 협박했다"고 전한다. 본인이 근무하고 있던 언론사에만 "안기부 1명, 보안사 1명, 문공부 홍보조정실 1명, 치안본부와 종로경찰서 직원 등 가장 많을 때는 7명 정도"가 드나들었다는 말도 덧붙였다.[63]

　정부가 언론을 통해 '물 폭탄' 담론정치를 했던 때는 1986년이다. 한편으로는 정부의 압력으로 인해, 다른 한편으로는 언론의 자발적 협력을 통해 공론장은 '정치화'된 상태였다. 동업자들은 마음껏 이 광장을 활용했다. 2001년 MBC 보도를 통해 밝혀진 것처럼 이 게임의 기획자는 국가안전기획부(안기부)였다. 1985년부터 1987년까지 책임자로 있었던 인물은 장세동이다. 직전에는 대

---

63)　김덕련. 2017/1/16. 언론 주무른 보도지침, 그 배후는 청와대였다. 〈프레시안〉.

통령 경호실장을 맡았다. 전두환 대통령의 최측근으로 1979년 12
·12 군사쿠데타의 중심인물이다. 국내문제를 담당하면서 각종
정치공작을 총괄했던 차관급의 제2차장은 이학봉이다. 역시 쿠
데타의 주역 중 한 명으로 보안사령부 대공처장 출신이다. 1980
년 5월 광주민주화운동 때 시민을 향해 발포 명령을 내린 곳이 보
안사인데 그의 직속 상관이 대통령 전두환이다. 위의 MBC 보도
에 따르면 안기부 내에 작전을 총괄하는 대책추진본부가 있었다.
직속 산하 조직으로는 '자문 전문가 집단' '관계기관 실무국장 회
의' '성금모금 정부지원 조정위원회' 등을 뒀다. 정부 내에 있는
14개 부처를 관리할 목적의 '합동 실무위원회'도 설치되었다. 언
론은 이때 일종의 '멍석을 깔아주는' 역할을 맡았다. 정부의 발표,
성명서, 정책담당자에 대한 인터뷰 등이다. 댐을 이용한 침공이라
는 점에서 맨 먼저 멍석에 오른 사람은 이규효 건설부 장관이다.
10월 30일, 그는 기자회견을 통해 북한의 '물 폭탄'이라는 발표
를 했고, 방송과 신문은 이를 전국으로 퍼 날랐다. 일주일 후 언론
은 북한의 댐 건설을 비난하는 이기백 국방부 장관의 발언을 전했
다. 북한에게 댐 건설을 중지하라고 요구했던 문공부장관 이웅희
도 언론의 집중 조명을 받았다. MBC는 〈특집방송〉으로 "금강산
댐 건설 음모"를 내보냈다. 당시의 최고 인기 프로그램이었던 〈토
요일 토요일은 즐거워〉와 같은 프로그램도 확성기 중 하나였다.
진행자였던 이덕화는 "북괴 금강산댐 건설을 규탄하고 우리 평화
의 댐 건설을 위한 온 국민의 뜻과 힘이 한곳에 모여지고 있습니
다"라고 말했다. 공동진행자 송옥숙도 "수많은 경고에도 불구하

고 남침야욕을 포기하지 않고 있는 북괴의 저 금강산댐 건설을 저지하는 방법은 우리도 그에 대응하는 평화의 댐을 건설하는 길밖에 없다고 생각됩니다."라고 덧붙였다. "'평화의 댐'은 꼭 건설되어야 한다."라고 했던 당시 토목학회장 최영박 등도 언론에 자주 등장한 인물이다. 감성을 자극하는 '집회 사진'과 '구호'도 공론장을 채웠다.

언론이 퍼뜨린 구호는 "살인마 김일성은 민족살인공사 즉시 중지하라" "제2의 6·25 획책하는 금강산 댐공사 즉각 중지하라" "멸공없이 평화없고 멸공없이 통일없다" "북괴는 남침 야욕을 목적으로 한 금강산댐 공사를 즉각 중지하라" 등으로 무수히 많았다. 전국 각지에서 열린 북한 규탄 집회도 언론의 단골 메뉴였다. 한 예로, 1986년 11월 14일 〈중앙일보〉에는 다음과 같은 기사가 나온다.

【경기 종합=연합】
북괴금강산댐 건설을 규탄하는 경기도민 궐기대회가 13일에도 계속돼 이날 하루 동안 도내 24개 지역 2천7백여 주민과 이천지역 각급 학교 학생 2만 9천여 명이 북괴에 댐건설중지를 촉구했다.

【대전=엽합】
북괴 금강산댐 축조 규탄 충남도민궐기대회가 14일 상오 11시 대전공설운동장에서 시민·학생·사회 각기관·단체대표·임직원 및 반공연맹·재향군인회 회원 등 5만여 명이 참가한 가운데 열렸다.

각종 성명서와 광고를 실어주거나 행사를 취재해 보도하는 것도 언론이 멍석을 깔아주는 방법의 하나였다. 관련 행사로는 "평화의 댐 건설 지원 범시민 걷기대회" "평화의 댐 역주 노장 마라톤" "금강산댐 건설 서울시민 규탄대회" 등이 있다. 언론이 광고를 통해 대변인 역할을 해준 단체도 많았다. 광복회, 대한반공청년회, 대한민국재향군인회, 재건국민운동중앙회, 한국반공연맹, 이북5도중앙연합회, 대한상이군경회, 한국전몰군경유족회, 한국기독교교회협의회, 대한기독교연합회, 대한예수교연합회, 한국천주교중앙협의회, 천도교, 학술원, 전국경제인연합회, 한국부인회, 대한어머니회, 대한변호사협회, 한국예술문화단체총연합회, 한국신문협회, 한국방송협회, 대한체육회, 예술원 등이 여기에 해당한다. 그중에서 재향군인회와 관련한 내용이 기록으로 남아 있다.

전국적인 규탄 궐기대회를 1986년 11월 7일부터 11월 29일까지 개최, 북괴 공사집단의 적화야욕에 대한 국민의 경각심을 촉구함으로써 용공사상을 배격하고 국가보위와 투철한 반공사상 무장을 촉진시켰다. 본부에서는 1986년 11월 9일자 조선일보에 규탄성명서를 게재하였으며, 부산, 대구, 경기, 강원, 충남, 전북, 경남지회에서도 각 지방 일간지에 성명서를 게재하였다. 또한 반공연맹과 공동주관한 규탄 궐기대회가 전국 주요도시 12개 지역에서 83만 5,000명이 참가한 가운데 개최되었으며, 기타 시, 군, 구 43개 지역에서도 11만 1,540명이 참가하여 북괴의 금강산댐 구축을

규탄하였다.[64]

　언론은 또한 반대세력을 억압하는 데도 빠지지 않는다. 금강산 댐 발표가 있던 날 1,000명 이상 체포된 건국대 농성과 관련한 보도다. 김종호 당시 내무장관이 국회 본회의에서 발표한 "단순한 좌경적 차원이 아니라 마치 공산폭력혁명이나 적화통일을 획책 방조하는 도시게릴라를 보는 것 같아 슬픔과 개탄을 금할 수 없다"라는 말은 반복해서 인용된다. "이번 공산혁명분자의 건국대 점거 농성 사건은 3단계 적화통일전략의 제1단계를 넘어선 반국가적 책동이라고 볼 수 있다."라는 강민창 당시 치안본부장의 발언도 언론이 깔아준 멍석을 통해 전국으로 퍼져 나갔다.

---

64) <재향군인회의 활동>. 456쪽.
　　http://www.korva.or.kr/pdf/%ED%96%A5%EA%B5%B050%EB%85%84%E
　　C%82%AC-3%ED%8E%B8.pdf

제4장

담론전쟁의 현장

국내에서 일부 언론이 정치권력이라는 것은 2019년 10월의 집회 현장에서도 뚜렷하게 확인된다. 광화문과 달리 서초동에 몰린 사람들의 손에는 "검찰개혁, 조국수호, 언론개혁"이라는 푯말이 들려있다. 황석영(소설가)과 안도현(시인) 등 작가 1,276명이 발표한 성명서에도 언론은 빠지지 않는다. "기득권 지키기에만 매몰된 정치 집단은 해묵은 정쟁을 일삼고, '권력의 칼날'에서 '칼날을 쥔 권력'이 되려는 야심을 숨기지 않는 대한민국 검찰, 이들 사이를 오가며 권력 주변을 서성이는 언론 하이에나, 이들은 '삼각 동맹'과 같이 한몸으로 움직이며 정치 개혁, 검찰개혁 등의 시대적 과제에 국민들의 관심이 집중될까, 흙탕물 튕기기에 급급하다."에 잘 나와 있다. 문재인 대통령 또한 "언론 스스로 그 절박함에 대해 깊이 성찰하면서 신뢰받는 언론을 위해 자기 개혁을 위해 노력해주실 것을 당부드린다."라고 공개적으로 비판할 정도다. 언론개혁의 대상이 누구인지는 명확하지 않지만, 언론복합체가 포함되어 있을 것으로 짐작하는 것은 어렵지 않다. 제3장의 담론전략에서 밝혀진 것처럼 그들이 '기레기'라고 욕을 먹는 이유도 대단한 비밀이 아니다. 크게 세 가지 정도가 두드러진다.

일부 기득권을 누리는 언론사들이 공론장을 사유화하고 있다는 게 첫 번째 지점이다. 민주주의 사회에서 건강한 공론장은 깨끗한 물과 맑은 공기와 같다. 공론장에 특정 집단이 논의하고 싶은 얘기만 등장하고 그들이 원하지 않은 얘기는 외면받고, 말할 권리는 소수가 독점하면서 다수는 '듣는' 것만 허용되는 상황은 전혀 건강하지 않다. 진보와 보수 언론이 각자 자신이 하고 싶은 얘기를 하면 결과적으로 공론장은 작동하는 것 아니냐는 주장은 그래서 틀렸다. 같은 장터라도 목이 좋은 곳과 후미진 곳이 있다. 국내에서 정권과 결탁한 일부 언론사는 특혜를 통해 덩치를 키웠지만, 다수는 구멍가게 수준을 벗어나지 못하고 있다. 다시 말해, 〈조선일보〉와 〈한겨레〉이 공존하기 때문에 공론장이 평등하다는 주장은 설득력이 떨어진다. 특히 정부, 대기업, 군대, 국회 등에 자리를 잡은 여론을 주도하는 독자를 기준으로 할 때 두 신문의 격차는 생각보다 크다. 게다가, 보수와 진보라는 이분법으로 봤을 때 〈조선일보〉와 같은 진영에 속한 언론사들은 경제지, 전문지, 주간지, 월간지, 인터넷매체 등에 광범위하게 흩어져 있다. 공론장을 통해 특정한 문제를 키우고 축소하는 역량이 전혀 동등하지 않다. 전후좌우 맥락과 다양한 관점을 제공함으로써 국민 스스로 판단하도록 돕기보다는 자신들이 원하는 '프레임'만 강요한다는 게 두 번째다. 공론장을 편향적으로 운영한다는 문제다.

"국내 언론은 정파적이다."라는 말은 절반만 맞다. 모든 언론이

'정치적 목적'에 따라 정치적이지 않은 문제들까지 특정한 프레임으로 보도하는 것은 아니다. 정치권이 개입해 있는 쟁점을 제외하면 많은 뉴스는 정치와 비교적 거리가 있다. 예컨대, 대학입시 정책, 탈원전을 포함한 에너지정책, 최저임금제를 포함한 경제정책, 북한을 포함하는 대외정책 등은 굳이 이데올로기 관점에서 접근하지 않아도 된다. 일부 언론이 모든 문제를 지나치게 정치적인 논란으로 끌고 가는 게 오히려 문제다. 보수진영에 속하는 언론사에서 정도가 심하고 오히려 중도나 진보 진영에 속하는 언론사들은 '정치화'를 피하려고 한다는 게 진실에 더 가깝다. 〈한겨레〉나 〈조선일보〉나 똑같다고 보는 사람이 있겠지만 꼭 그렇지는 않다. 세명대 이봉수 교수가 쓴 『중립에 기어를 넣고는 달릴 수 없다』에 잘 나와 있다. 본인이 〈한겨레〉 시민편집인으로 활약할 때 쓴 글을 묶은 책이다. 〈조선일보〉〈문화일보〉〈동아일보〉 등 보수적인 언론이 노무현 정부를 무차별적으로 공격할 때 〈한겨레〉가 어중간한 '균형' 또는 '양비론'의 신화에 빠져 있었다고 비판한다. "보수 언론이 기울여 놓은 운동장을 진보언론이 바로잡으려면 확실한 정체성으로 무장해야 한다. … 어려울 때일수록 전선을 분명히 해야 한다. … 양극화가 극심한 상황에서 중립에 기어를 넣고 달릴 수는 없기 때문이다"라는 게 그의 주장이다. 보수 언론은 이와 달랐다. 〈조선일보〉의 변용식 편집인이 2004년 11월 7일에 쓴 "왜 앞이 캄캄한가"란 칼럼은 그중의 하나다. "2004년에 일어나고 있는 소란은 급진적이고, 과거 회귀적이며, 반(反)시장적인 '집권당 프로그램' 때문에 빚어지고 있다. 4개 법안이라는 게 뭔가.

국보법 폐지안은 국내 좌익과 평양 정권이 그토록 원하던 것이고, 사립학교법은 학교 주인과 고유의 설립 정신을 없애자는 것이며, 언론법안은 비판 신문에 족쇄를 채우고 모든 신문을 사실상 획일화·공영화하겠다는 발상이다."라는 내용이다. 정부의 정책을 통째로 '좌파정권' 프레임에 담았다. 명확한 인과관계를 증명할 수는 없지만 2006년 인터넷에서 "이게 다 노무현 대통령 때문"이라는 증후군이 생긴 것은 보수 언론의 이런 정파성과 관련이 있다.[65] 국민이 위임한 공론장을 입맛에 따라 '대여'해 줌으로써 특정한 이해관계를 관철한다는 점이 마지막이다.

〈"폴리페서 비판하더니 내로남불이냐"… 서울대생들 조국 교수 사퇴하라〉. 〈조선일보〉의 최효정 기자가 2019년 7월 30일에 쓴 기사다. 출처가 같은 뉴스가 잇따라 언론에 등장했다. 〈동아일보〉는 7월 31일 〈"내로남불 폴리페서, 교수직 사퇴하라" 법무장관 거론 조국 겨눈 서울대생들〉을 내보냈다. "폴리페서 휴직 비판했던 조국 '내로남불' 부메랑"(문화일보, 2019/7/30)과 "조국 오늘 서울대 복직 학생들, 환영보다 비판"(한국경제, 2019/8/1)도 있다. 얼핏 보면, 국내 최고의 대학이라는 서울대에서 많은 학생이 조국 교수를 비판하는 것처럼 보인다. 진실은 꽤 다르다. 제대로 된 여론이라고 보기 어려운 익명의 게시판이 출처다. 앞에서도 언급했던 〈트루스포럼〉이라는 단체가 개설한 토론마당이다. 박근

---

65) 노무현 대통령에 대해 부정적으로 생각하는 사람 중 다수가 조선, 중앙, 동아일보와 같은 보수 언론의 독자였다는 점은 다음의 논문을 통해서도 확인된다. 나은경·이강형·김현석. 2008. "이게 다 노무현 때문? 대통령에 대한 평가의 사회 정서적 근원과 미디어 이용 및 대화 요인". 〈한국언론학보〉 52(4). 299-323.

혜 대통령이 탄핵을 당한 직후 설립되었고 뒤에는 보수 개신교 집단이 있다. 왜 그랬을까? 현장 취재를 할 만한 인력이 부족해서 생긴 관행의 문제일까? 단순한 실수일까? 오히려 너무 잘 알았기 때문에 '뉴스화'했다는 게 정답에 가깝다. 뒤따른 보도에서 이들이 붙인 '대자보' 내용도 상세하게 전달한 게 그 증거다. 언론으로서는 일석이조(一石二鳥)의 효과를 얻는다. 본인들이 조국 교수를 비판하면 별로 설득력이 없다. 정파적인 언론이기 때문에 굳이 큰 의미를 부여하지 않는다. 모교의 제자들이 반대 목소리를 낸다는 것은 전혀 다르다. 독자들은 훨씬 더 객관적인 관점이라고 생각할뿐더러, 조국 교수가 '윤리적'으로 문제가 있다고 느끼게 된다. 한쪽 편을 든다는 '정파적'이라는 비판에서도 벗어날 수 있다. 대학생의 의견을 있는 그대로 전달해 주는 것은 '국민의 알 권리'를 위한 것이다. 언론이 동업자를 위해 집행하는 '담론전략'에 가깝다. KBS에서 〈저널리즘 J〉를 진행하고 있는 정준희 박사는 이와 유사한 맥락에서 다음과 같이 말한다.

그 가운데에서도 가장 심각한 형태를 나는 '복화술'이라 부른다. 기자 자신이 말하고 싶은 것을 해당 발언자를 통해 전달하거나, 모종의 특수한 이해관계를 공식적인 기사를 통해 자연스럽고 정당한 것으로 바꾸어 사람들의 의식 안에 침투시키고자 하는 일련의 행동이기 때문이다. 이 글을 통해 일일이 다 밝힐 수는 없겠지만, 우리는 매일매일 결코 간과할 수 없을 만큼 많은 종류의 복화술 저널리즘을 마주한다. 기자 스스로 대기업의 입이 되고, 특정 정치세력의 대변자가 되고, 공익과는 무관한 이해관계의 목소리를 받아쓰면서 일말의 부끄러움도 느끼지 못하는 경우를 지켜보고 있노라면 불쾌감을 넘어 무력감에 빠져들기도 한다.[66]

2018년 2월의 평창 동계올림픽과 9월의 남북정상회담도 벌써 과거형이 되고 있다. 불과 1년 정도가 지난 2019년 10월 23일, 북한의 김정은 국무위원장은 화해와 협력의 상징 중 하나인 현대아산이 지은 금강산 시설을 철거하라고 지시했다. 북한이 요구한 경제협력이 자꾸 늦어지는 데 대한 대응조치다. 북한은 2019년 5월 12일에도 〈조선의 오늘〉을 통해 "개성공업지구 재가동 문제는 미국의 승인을 받을 문제가 아니다"며, "(남측이) 승인이니, 제재의 틀이니 하면서 외세에게 협력사업에 대한 간섭의 명분을 주고 있다"라고 비판한바 있다.[67] 통일부 장관을 지낸 정세현 또한 평화를 방해하는 세력이 있다고 말하면서 "미국 실무자들은 퇴직 후를 생각한다. 군산복합체와 밀접히 연관돼 있다. 군산복합체 먹이사슬에 들어가 있다. 그래서 긴장이 유지되고 무기 시장이 유지되는, 나아가 확대되는 쪽으로 상대방의 협상 전략을 분석한다. 그리고 시장이 확대될 수 있는 쪽의 대책으로 대통령도 흔든다. 처음에는 빨리 해결한다고 하다가도 '서두르지 않겠다, 북한이 항복

66) 정준희. 2009. 관행이란 이름의 범속함, 그 악의 평범성: 게으른 받아쓰기를 넘어 복화술 저널리즘으로. <방송기자> 47. 12-14.

67) 정현용. 2019/5/12. 北 매체, "개성공단, 美 승인대상 아냐… 남측이 결단 내려야". <중앙일보>.

할 때까지 기다리겠다'밖에 안 된다."라는 의견을 내놨다.[68]

한반도 장벽은 물리적이기도 하지만 '정치'의 결과물이다. 지진이나 태풍처럼 필연적인 것이 아니라 인간의 개입에 따라 결과는 얼마든지 달라질 수 있다. 분단을 지속시키기 위해 개입하는 일부 집단의 담론에도 영향을 받는다. 그러나 단순한 의혹 제기를 넘어 반박할 수 없는 증거로 제시하는 게 난관이다. 국내 언론이 비판받고 있는 주요 지점에 대한 분석을 활용하면 이 과제를 풀 수 있다. 만약 언론이 정치적 목적을 위해 특정한 전략을 활용하고 있다면, 거꾸로, 이 전략을 추적해 배후에 '누가' 있는지를 밝힐 수 있지 않을까? 다시 말해, 국내 언론 중 누군가 '이승만 대통령, 한미동맹, 전시작전권' 등을 '천사'로 만드는 한편, '북한, 중국, 베네수엘라' 등을 '악마'로 만들고 있다면 이들이 바로 복합체는 아닐까? 그리고, 앞서 살펴본 것처럼, 이들 언론이 '뉴스'로 보도한 단체나 그들의 행사와 성명서, 직접 또는 간접으로 '인용'한 정보원, 혹은 칼럼을 쓸 수 있도록 배려해 준 전문가 무리는 일종의 '동맹자'로 분류할 수 있지 않을까?

---

68) 성한용. 2018/11/18. '미국 군산복합체' 장단에 춤추는 '대한민국 보수기득권'. <한겨레>.

1. 천사 지키기와 악마 만들기: 언론의 주도전략

문화체육관광부는 2018년 12월 〈한국의 종교 현황〉 자료를 발표했다. 전체 인구수 4,905만 명 중에서 종교인은 43.9%인 2,155만 명으로 나타났다. 그중 가장 높은 비중을 차지하는 종교는 개신교다. 무려 967만 명이다. 불교와 천주교가 뒤에 있는데 각각 761만 명과 389만 명이다. 교회와 성당이 원래 한 뿌리였다는 점을 고려하면 이들이 종교인 중에서 차지하는 비중은 대략 62%나 된다. 게다가, 많은 차이에도 불구하고, 기독교와 불교는 공통으로 천당(天堂)과 지옥(地獄) 개념을 갖고 있다. 한글판 신약성서에서 지옥은 모두 13번 등장한다. 그중 12회는 헬라어 명사 '게엔나(γέεννα)'를 번역한 말이다. 예루살렘 남서쪽에 위치한 '게힌남'이라는 골짜기 이름에서 따왔다. 절대자에게 희생 제물로 어린 아이를 산채로 불태운 장소로 유명하다. 이곳은 또한 쓰레기 소각장으로 사용되었는데 늘 연기가 피어나고 악취가 끊이지 않았다. 요한계시록에 나오는 '유황불 붙는 못'이라든가 '불의 못'의 기원도 이곳일 가능성이 크다. 불교의 어원은 산스크리트어 '나라카(naraka)'인데 도저히 벗어날 수 없는 극한 상황을 뜻한다. 한자로 번역될 때 '나락(奈落)'이 된다. 죽음을 종말이라고 보는 교회와 달리 인간은 여섯 개의 세계를 영원히 순환한다고 본다. 천당에 해당하는 곳은 천(天)이다. 그보다 좀 못한 단계가 인간이 사는 인(人)이다. 지옥은 가장 낮은 단계에 있는데, 그 사이에 아수라, 아귀, 축생이 있다. 불경과 고승의 저술에 주로 등장하는 명칭은 아비지옥(阿鼻地獄)인데 "고통이 끝도 없이 계속된다."라는 뜻이다.[69] 한국인의 집단의식 속에 지옥이 얼마나 강한 영향을 미치고 있는지는 영화 〈신과 함께〉의 흥행기록을 보면 짐작할 수 있다. 1편 〈죄와 벌〉은 누적 관객 수가 1,400만 명 정도다. 2018년 1월 기준으로 역대 최대로 알려진 1,761만 명의 〈명량〉과 1,426만 명의 〈국제시장〉 다음이다. 2018년 8월 개봉한 2편 〈인과 연〉도 1,200만을 훌쩍 넘겼다. 일반 대중이 아닌 권력 집단에서도 '천국과 지옥'은 견고한 믿음 체계를 구성한다.

〈중앙일보〉 탐사기획팀에서 2005년과 2006년 연속으로 발간한 자료가 하나 있다. 『대한민국 파워엘리트: 한국을 움직이는 엘리트, 그들은 누구인가』란 책으로 출판됐다. 국내에서 권력층으로 분류할 수 있는 약 3만 명을 분석했는데 그중에서 개신교의 비중은 40.5%다. 천주교가 그다음으로 22.6%다. 불교는 18.4%에 불과하다. 역대 대통령 중 개신교 출신은 이승만, 윤보선, 김영삼, 이명박이 꼽힌다. 국회의원 중에서도 압도적인 비중을 차지한다. 임기가 2004부터 시작된 17대에서 개신교는 34%(103명), 천주교는 23%(70명)이다. 개신교 비중은 18대에서 더 높아진다. 299명 중에서 119명으로 무려 40%를 차지한다. 법조인 중에는 이용훈 대법원장을 비롯해 전·현직 대법관 이용우, 김상원, 박시환 등이 꼽힌다. 국내 최대의 로펌으로 알려진 법무법인 〈김앤장〉의 대표 변호사 김영무와 2위인 법무법인 〈광장〉의 김병재 대표 변호사와

---

69) 윤홍식. 2018/5/8. 기독교와 불교의 지옥: 8단계의 대지옥을 말하는 불교. <본헤럴드>.

4위 〈화우〉의 강우현 대표 변호사도 교회에 다닌다. 강 변호사는 여의도순복음교회 장로이기도 하다.[70] 정치권, 재계, 정부, 법조계 등을 가리지 않고 각종 기도 모임이 열린다. 정치인들은 주로 '국가조찬기도회'와 '청와대 기독선교회'를 찾는다. 법조계에서는 '법조 선교회'가 유명한데 그중 상당수는 강남에 있는 '사랑의 교회'에 출석한다. 권력을 장악한 역사는 아주 깊고 지금도 이어지고 있다.

1948년 5월 31일. 며칠 전 5.10 선거에서 선출된 국회의원 198명이 처음으로 모이는 제헌국회가 열린다. 당시 임시의장은 이승만 박사였다. 그의 권유로 이윤영 의원이 감사의 기도를 올린다. 감리교 목사 출신으로 월남한 후 남산감리교회를 세운 현직 목사였다. "이 우주와 만물을 창조하시고 인간의 역사를 섭리하시는 하나님이시여. 이 민족을 돌아보시고 이 땅에 축복하셔서 감사에 넘치는 오늘이 있게 하심을 주님께 저희들은 성심으로 감사하나이다…. 역사의 첫걸음을 걷는 오늘 우리의 환희와 우리의 감격에 넘치는 이 민족적 기쁨을 다 하나님에게 영광과 감사를 올리나이다. 이 모든 말씀을 주 예수 그리스도 이름 받들어 기도하나이다. 아멘"이라는.[71] 1950년 12월, 전쟁 중 이승만 대통령은 서울의 〈정동교회〉에서 "일본의 압제에서 우리 민족을 해방 시켜주신 하나님 아버지 저의 늙은 목숨을 조국통일의 제단에 바치겠나이

---

70) 아름다운 빛. 2012/12/9. 한국의 파워엘리트 90% 이상 기독교, <Daum> 블로그 http://blog.daum.net/_blog/BlogTypeView.do?blogid=0EYU5&articleno=12835155&categoryId=0&regdt=20121209224854

71) 유영대. 2016/7/15. 1948.5.31. 대한민국 국회는 기도로 시작했다. <국민일보>.

다. 불쌍한 우리 민족을 굽어살피사 통일과 재회의 기쁨을 안겨주시고 영세자유와 평강복락을 누릴 수 있도록 도와주소서. 저의 보잘것없는 영혼을 조국의 통일 제단에 바칠테니 원하실 때에 아버지 곁으로 거두어 주옵소서"라고 기도했다.[72] 지금도 이 풍경은 별로 달라지지 않았다. 지난 2019년 3월 19일에 열린 '자유한국당 기독인회 조찬기도회'에서 그 흔적을 엿볼 수 있다. 황교안 대표의 기도는 이렇게 시작한다. "정말 우리 자유한국당 기독인회는 믿음의 뿌리를 가지고 있는데 우리 대한민국이 그런 믿음의 뿌리로부터 시작되었다. 우리 제헌의회가 기도로 시작되지 않았나. 우리의 선친들이 믿음으로 정말 이 나라를 바로 세우겠다고 했고, 또 그것이 오늘의 번영에까지 이르게 된 것이라고 믿는다."라는 얘기다. 원내대표 나경원 의원도 뒤이어 "반갑다. 오늘 아침에 정말 좋은 시간이었다. 우리 대한민국의 큰 어른이신 김장환 목사님의 말씀에서도 많은 것을 느끼고 간다. '자유케 하리라'가 올해 극동방송의 말씀이라고 하시는데 저희 대한민국의 자유가 정말 없어지고 있다. 경제의 자유, 말할 자유, 심지어 생각할 자유도 없어지고 있다. 저희 자유한국당 국회의원들이 모두 여러분들과 함께 대한민국의 자유를 지키겠다는 말씀을 드리면서 우리 황교안 당대표님께서 새로 우리 당의 지도부로 오시면서 '저희 당이 많은 국민의 사랑을 이제 받기 시작했다' 이런 말씀들 하신다."라고 전했다.

---

72) <미래한국> 자료.
　　http://www.sarang.com/srcc_mcm2/727/?lan=ko&pid=srcc_mcm&category=4

교인이라면 누구나 가슴에 새기는 말씀이 있다. 시편 23장 1절부터 6절에 나온다. "여호와는 나의 목자시니 내게 부족함이 없으리로다// 그가 나를 푸른 풀밭에 누이시며 쉴 만한 물가로 인도하시는도다.// 내 영혼을 소생시키고 자기 이름을 위하여 의의 길로 인도하시는도다.// 내가 사망의 음침한 골짜기로 다닐지라도 해를 두려워하지 않을 것은 주께서 나와 함께 하심이라 주의 지팡이와 막대기가 나를 안위하시나이다.// 주께서 내 원수의 목전에서 내게 상을 차려 주시고 기름을 내 머리에 부으셨으니 내 잔이 넘치나이다.// 내 평생에 선하심과 인자하심이 반드시 나를 따르리니 내가 여호와의 집에 영원히 살리로다."라는 구절이다. 교인들이 '천사와 악마'에 대해 무엇을 기대하고 있으며 누구를 '수호천사'로 생각하는지 짐작할 수 있는 글이다. 위의 구절에 '나' 대신 기독교 공화국으로 태어난 '대한민국'을 넣으면 된다. 실제로 이승만 대통령은 국가의 주요 의식을 기독교 의식에 따라 집행했고, 크리스마스를 국경일로 정했다. 군대에 군종 제도를 도입했으며, 기독교 신문과 방송사의 설립을 허용했고, 전쟁 중에는 미국에서 들어오는 구호물자가 '한국기독교연합회'를 통해 배분되도록 길을 터줬다.[73] 다음과 같은 일련의 논리는 이런 상황에서 자연스럽게 파생된 것으로 보면 된다. 절대자 하나님은 고난에 처한 우리 민족을 위해 '미국'이라는 수호천사를 보내 주셨다. 미국은 자기들에게 아무런 이득도 없는 한국을 위해 피를 흘렸다. 이승만 대통령은 이 과정에서 탁월한 외교력을 발휘했고 전쟁 후에

---

73) 유영익. 2019/4/11. 우남 이승만의 기독교 건국 리더십. <크리스천투데이>.

는 한국이 미국의 보호 아래 안정적으로 발전할 수 있도록 했다. 국부(國父)의 노력 덕분에 미국은 전시작전권을 맡아주고 전례가 많지 않은 '반공 동맹'의 일부로 한국을 받아줬다. 오늘날 한국이 이만큼 발전할 수 있게 된 것은 미국의 배려와 보호 덕분이다. 중국의 도전을 받아 한미동맹이 자칫 도전을 받을 수 있는 상황에서 한국은 이 관계를 잘 발전시키고 유지할 책무가 있다. 만약 누군가 이를 인정하지 않거나 한미동맹을 훼손하려고 한다면 그가 곧 악마가 된다.

국내 교단에서 '영락교회' 한경직 목사의 위상은 상당하다. 장로교 총회장과 한국기독교연합회 회장을 겸했던 인물이다. 프린스턴신학교 출신으로 이승만 대통령의 동창이다. 덕분에 미국 군정에서 통역도 맡는다. 한국전쟁 때는 기독교연합 전시비상대책위원회 회장으로 미국 원조물 처리에 관여했다. 악마의 실체에 대해 일찍부터 설교를 해 왔다. "묵시록을 보면 거기 큰 붉은 용이 있어서 그의 사자들과 같이 천사장 미가엘과 그의 사자들로 더불어 하늘에서 싸우다가 땅에 쫓겨 내려오고 또한 계속해서 땅 위에서 성도들과 싸운다는 이야기가 있습니다. 여기 붉은 용은 사탄을 의미합니다. 이 사탄은 때를 따라서 여러 가지 탈을 쓰고 하나님 나라를 적대합니다. 이 20세기에는 공산주의의 탈을 쓰고 나타난 것은 틀림없습니다"라는 말로 알 수 있다.[74] 미국에서 공부한 인연으로 1950년대 선풍적 인기를 끌었던 빌리 그레함 목사에 많

---

74) 홍일표. 2013. 김재준의 공산주의 이해- 한경직, 박형룡과의 비교를 중심으로. <한국교회사학회지> 34. 335-369. 338쪽 재인용.

은 영향을 받았다. 조용기 목사(여의도순복음교회)와 김장환 목사(수원침례교회) 등의 도움으로 그는 국내에서도 대규모 선교대회를 열었다. 항상 설교 때마다 "세상은 두 진영으로 나뉘고 있다. 한편에서 우리는 소위 서양문화를 보고 있으며, 그 문화의 열매는 하나님의 말씀인 성경과 17세기와 18세기 부흥에 토대를 갖고 있다. 다른 한편에서 공산주의는 하나님에 대항해서, 그리스도에 대항해서, 성경에 대항해서, 그리고 모든 종교에 대항해서 전쟁을 선포하였다"라고 말했다.[75] 북한과 공산주의를 '악마'로 규정하는 방식은 지금도 유효하다. 한 예로, 금란교회의 김홍도 목사는 "종북(從北)사상을 가진 사람들은 반미(反美)사상을 가진 사람들이고 국부 이승만을 증오한다."라고 믿는다.[76] 〈월간조선〉의 편집장으로 각종 극우 단체에 종횡무진 참가하는 조갑제도 이런 신념이 확고하다. "김일성과 김정일은 사탄이다. 원수와 사탄은 다르다. 김일성 부자를 용서하라고 말하는 목사는 착각한 거다. 반(反) 성경적 생각이다. 김일성과 김정일을 돌려놓을 방법이 없다. 사탄처럼 제거해야 한다."라고 말할 정도다.[77] 놓치지 않아야 할 지점이 있는데 바로 미국과 관련이 많다는 점이다. 국제사회의 '악마'를 규정할 때 특히 그렇다.

태극기집회에 가면 성조기와 함께 쉽게 마주치는 게 이스라엘

75) 이은선. 2018. 6·25전쟁과 미국 복음주의와 한국교회. 〈영산신학저널〉 44. 199-237.

76) 김동수. 2011/8/24. 김지철·김홍도 목사, 당신들은 설교를 모독했다. 〈오마이뉴스〉.

77) 김세진. 2009/5/22. 조갑제. "김일성과 김정일은 사탄이다". 〈뉴스엔조이〉.

국기다. 왜 그럴까? 두 가지 해석이 가능하다. 먼저 종교적인 설명이다. 일본에 나라를 뺏긴 조선 입장에서 이스라엘은 동병상련의 처지에 놓인 집단이다. 미국과 영국의 도움으로 어렵게 독립 국가를 세웠다는 점에서 한국과 닮은 게 많다고 생각한다. 구약성서도 많은 영향을 미쳤다. 신약성서와 달리 이스라엘 민족의 수난기와 고통 극복의 역사서에 가깝다. 그러나 종교만으로 설명되지 않는 부분도 많다. 학교에서 배운 이스라엘은 항상 모범적인 국가다. 훨씬 덩치가 큰 적대적인 아랍 국가들에 대항해서 온 국민이 일치 단결한다는 사례였다. 국민정신을 보여주는 일종의 경제공동체인 키부츠(Kibbutz)와 집단농촌 마을인 모샤브(Mohsav)도 열심히 배웠다. 미국이 정치, 군사적 목적으로 이스라엘을 특별 대우한다는 것도 당연히 고려되어야 한다. 1948년 건국 이후 이스라엘은 미국, 영국, 프랑스 등 기존 제국주의 국가와 한편이 된다. 이웃하고 있는 이집트와 시리아 등이 아랍민족주의를 내세우는 것과 관련이 깊다. 1956년 제2차 아랍-이스라엘 전쟁을 이해하면 된다. 영국에서 독립한 이집트의 가말 나세르 대통령은 국가재건에 필요한 재정을 확보하기 위해 수에즈 운하에 대한 국유화를 선언한다. 영국과 프랑스는 이를 받아들일 수 없었고 결국 아랍권의 '공공의 적'이 되어 있던 이스라엘을 돕는다. 미국과 이스라엘의 특수관계는 그 이후에도 지속된다. 한 예로, 2018년 현재 미국은 군사비 명목으로 매년 3조 2,048억 원을 지원한다. 전쟁하고 있는 아프가니스탄의 2조 466억보다 많다.[78] 미국의 관점이 한국의

---

78) 안정훈. 2017/12/18. '예루살렘 선언'으로 본 美의 친이스라엘 행보 분석. <매일경제>.

'적과 친구'를 결정한다는 증거는 그 밖에도 많다.

"미국은 2001년 9·11 사태가 벌어진 직후 향후 5년 이내에 이라크, 시리아, 리비아, 레바논, 소말리아, 수단과 이란의 정권을 교체할 계획을 세웠다." 유고슬라비아 내전 당시 총사령관으로 예비역 대장 웨슬리 클록(Wesley Clark)이 한 언론사를 통해 밝힌 내용이다.[79] 2019년 현재 이라크의 사담 후세인과 리비아의 콜 가다피는 이 세상 사람이 아니다. 작년까지만 해도 내전의 끝이 보이지 않았던 시리아는 러시아의 도움으로 겨우 안정을 찾는 중이다. 트럼프 대통령은 취임 직후 이란과 2015년 맺었던 포괄적공동행동계획(JCPOA)을 일방적으로 폐기했다. 곧이어 이란에 대한 경제제재가 시작되었으며, 호르무즈 해협으로 항공모함과 B-52 전략폭격기가 파견됐다. 현재 이 지역은 언제 전쟁이 터질지 모를 화약고가 된 상태다. 만약 미국과 무관하다면 국내에서 이들이 '악당' 대접을 받을 이유는 없다. 현실은 정반대다. "이슬람은 사탄" 2003년 10월 17일 〈조선일보〉에 나온 기사 제목이다. "오사마 빈 라덴, 사담 후세인 추적 임무를 맡아온 미국 국방부 부차관보가 '이슬람 적들은 악마(Satan)' '이슬람 신은 우상(idol)'이라고 말했던 것으로 드러나 논란이 일고 있다."는 내용이 나온다. 단순한 인용일 수도 있지만, 공론장을 빌려줬을 가능

---

79) Amy Goodman (2007/3/2) Global Warfare: "We're Going to Take out 7 Countries in 5 Years: Iraq, Syria, Lebanon, Libya, Somalia, Sudan & Iran, 〈Democracy Now〉
https://www.globalresearch.ca/we-re-going-to-take-out-7-countries-in-5-years-iraq-syria-lebanon-libya-somalia-sudan-iran/5166

성도 있다. 같은 해 12월 14일 〈한국경제〉에서도 비슷한 규정이 나온다. "그(후세인)는 국내정치 면에서 수천 명의 반대세력을 처형하고 강압적이고 무자비한 보안군을 동원, 해외 망명 세력에 대해서도 거침없는 암살을 자행하는 등 공포정치로 더욱 미움을 샀다. 특히 1990년대 전후로는 아들인 우다이와 쿠사이 간에 권력 후계를 둘러싼 암투가 진행되면서 전형적인 세습 독재의 길을 걸었다."라는 내용이다. 리비아에 대한 반응도 비슷하다. 2011년 리비아 전쟁이 시작되기 직전 '아랍민주화 혁명을 지지하는 코리아의 평화행동'은 기자회견을 연다. 행사장에 등장한 구호는 "리비아 독재정부는 학살을 중단하라" "카다피 정권은 무차별 학살을 중단하라" "피어라 아랍의 봄 리비아에 자유를" 등이다. 별로 이상할 것 없어 보이지만 왜 하필 '리비아'였는가에 주목할 필요가 있다. 미국의 우방이었던 이집트와 튀니지의 민주화 운동 진압은 별로 주목을 못 받았다. 언론도 대동소이하다.

가령 〈동아일보〉는 2011년 8월 23일 사설을 통해 "어떤 독재자도 군대만으로는 국민의 분노를 잠재울 수 없음을 다시 보게 된다. … 세계는 시리아와 북한을 지켜보고 있다. 두 나라는 세습독재라는 공통점이 있다."라고 말했다. 북한과 연결고리를 만드는 것도 안 빠진다. "북한은 지정학적 상황이 북아프리카나 중동과 다르고, 중국이 후견국으로 체제를 방어해주고 있다. 그러나 북한을 인권 유린과 경제 실패의 지옥으로 만든 김일성 독재 왕조에 대해 2,400만 북한 주민이 반기를 들 날이 언젠가는 올 것이다. 그것이 역사의 순리이자 경험칙이다."는 내용이다. 악마가 된 배경에 대해서는 무관심하다. 실제, 이라크, 리비아와 이란은 공통으로 원유 결제대금을 미국 '달러'가 아닌 다른 것으로 변경했거나 그럴 계획을 하고 있다. 대량살상무기가 이라크에 없었다는 것과 리비아를 공격한 이유가 석유 이권 때문이었다는 것도 주목을 받지 못한다. 2019년 지금도 그들은 '악마'였기 때문에 국제사회의 심판을 받았다는 관점이 지배적이다. 달라진 게 있다면 리비아와 이라크의 자리에 비슷한 처지에 있는 베네수엘라가 들어간 정도랄까? 흥미롭게도 이란, 북한, 이라크와 시리아 등에 붙였던 "독재자, 인권 탄압, 사회주의, 좌파" 등의 수식어는 거의 같다. 〈조선일보〉의 김대중 고문이 쓴 "지상에 지옥이 있다면 단연 베네수엘라가 이에 속할 것"이라며 "놀랍게도 지금 문 정권하에서 취해지고 있는 정책 방향은 과거 베네수엘라를 많이 닮았다. 신자유주의를 배격하고 국가주의로 나가고 있는 점, 자본통제, 참여 민주주의, 민중 권력 강화, 반(反)대기업 정책, 복지정책 확대 등이 그렇다"라는 칼럼에 잘 드러나 있다.[80] 국내에서 천사와 악마는 이런 과정을 통해 일종의 '건축물'이 되었다. 그렇지만 일단 건물을 세운 다음에도 지속적인 '유지와 보수'는 불가피하다.

2019년 현재 한국인의 미국에 대한 호감도는 좀 낮다. 미국 제일주의를 내세우는 트럼프 대통령에 대한 불편함이 반영된 결과다. 그러나 박근혜 정부가 집권하던 동안 미국에 대한 감정은 아주 좋았다. 미국 퓨리서치센터가 2014년 발표한 자료가 있다. 전 세계에서 미국에 대한 호감도가 가장 높은 국가 순위에서 한국은

---

80) 김대중. 2018/8/14. 10년이면 강산도 亡할 수 있다. 〈조선일보〉.

필리핀(92%), 가나(89%)에 이어 3위다. 무려 84%다. 미국의 전통적인 우방으로 알려진 이스라엘(81%), 일본(68%), 영국(65%)과 호주(63%)보다 높다.[81] 늘 그렇지는 않았다. 2002년 6월 13일, 미군 장갑차에 의해 여중생 두 명이 죽임을 당했을 때는 대규모 반미시위가 시청 광장에서 열릴 정도였다. 미국에 대한 호감도는 2003년 46%까지 낮아졌다. 당연한 결과지만 당시 북한은 '악마'의 범주에서 벗어나 있었다. 대한민국 국방부가 발표하는 국방백서가 그 증거다. 주적(主敵)이란 표현이 이 보고서에 나오는데 "주권, 국토, 국민, 재산을 위협하고 침해하는 세력"을 뜻한다. 1994년 북측 대표가 '서울 불바다' 발언을 하면서 1995년부터 북한에 대해 이 표현을 썼다. 김대중 정부가 들어선 1998년부터 2002년까지 이 표현은 백서에서 빠진다. 2004년에는 '주적'이란 표현이 빠지고 "직접적 군사위협" "심각한 위협" 등이 대신 사용됐다. 2010년 연평도 포격이 발생한 이후에는 "북한군은 우리의 적"이란 표현이 다시 등장한다. 문재인 정부가 들어서고 남북관계가 개선된 2018년에는 삭제된 상태다. 고정불변의 '적'이 있는 것이 아니라 끝없이 '보완'된다는 점과 정부의 정책에 실질적으로 반영이 된다는 것을 잘 보여준다. 다시 말하면, 분단체제의 유지 또는 변화에 있어 '천사와 악마'를 누구로 규정하는가 하는 문제는 본질적인 문제로 '담론투쟁'이 불가피한 '전선'이다. 만약 복합체가 이 전선에 개입한다면 그들은 누구일까? 분단이 갖는 특수성을 고려하면 잠정적인 '천사와 악마'를 찾는 게 그렇게 어렵지

---

81) LA로컬. 2015/6/24. 한국인 미국 호감도 84% … 2000년 이후 최고. <한국일보>.

않다.

1990년 윤석양 이병은 국가보안사령부에 의한 대규모 민간인 사찰을 폭로했다. 대학교수 중에는 당시 고려대에 재직 중이던 강만길이 포함되어 있다. 『분단시대의 역사 인식』과 『고쳐 쓴 한국현대사』 등 많은 저작을 남겼다. 그가 한 인터뷰 중에 단서가 될 만한 얘기가 나온다. 복합체라는 개념을 대신해 "냉전세력"이라고 규정하는 한편, "식민지 기간에는 친일파, 미군정 이후는 일본의 적이었던 미국에 아부하는 친미파로 둔갑한 외세의 앞잡이"들을 여기에 포함한다. 동원하는 전략으로는 "분단 획책, 서해교전과 같은 전쟁획책, 사대주의, 남북 적대의식 부추기기" 등이다. "용공=친북=반미=민주화세력=불순세력=급진세력=탄압대상"이라는 악마와 그 반대편에 속하는 "반공=친미=사대주의=민족반역자" 등의 천사 후보군도 드러냈다.[82] 공정성과 객관성을 지켜야 하는 언론까지 한 무리로 엮는 것이 부당하다는 생각도 틀렸다. 통일연구원의 조민 박사는 오히려 언론이 핵심이라고 말한다. "우리 사회의 언론은 특정 계기마다 반공·냉전의식을 조장하고 생산·재생산해 왔다는 점에서 특별한 주의를 기울일 필요가 있다. 과거의 공안세력만이 문제가 아니라, 보수언론이 스스로 공안 세력화되어 고문과 정치적 폭력의 동반자였다."라는 말에 잘 드러나 있다.[83]

---

82) 강만길 외. 2001. 『이제 문제는 냉전세력이다』 중심.

83) 조민. 2000/3/16. 언론, 냉전의 마지막 수문장- 국내언론의 경우. <미디어오늘>.

첫 번째 수호천사, 이승만 대통령

국내에서 천사와 악마의 대표선수는 미국과 북한이다. 해방 공간에서 단독정부를 추진했고, 기독교가 중심이 된 반공국가를 세운 창업자에 해당하는 이승만이 1번 후보가 되는 것은 그래서 자연스럽다. 워낙 논란의 인물이다. 야누스의 얼굴처럼 한편에는 천사가 다른 한편에는 악마가 공존한다. 긍정적으로 보는 견해에서는 대체로 다음과 같은 신화를 언급한다. 약관 20대에 일본에 저항하다 감옥살이를 했고 그 이후 미국으로 건너갔다. 명문 하버드대와 프린스턴대에서 국내 최초로 국제정치학으로 박사학위를 마친 천재다. 1919년 설립된 임시정부의 초대 대통령이었지만 억울한 누명을 쓰고 탄핵을 당했다. 1920년대 이후 일본에 대한 무장투쟁을 포기하고 외교적인 해결을 주장한 건 친일의 증거가 아닌 냉정한 현실주의 전략이었다. 민족의 독립을 위해 꾸준히 노력했고 1941년부터는 본격적으로 항일투쟁에도 나섰다. 〈미국의 소리(Voice of America)〉에서 항일 프로파간다 활동을 도왔으며 상해 임시정부에 있던 김구 등 독립군이 미국의 도움을 받아 국내 진공 작전을 추진할 수 있도록 연결해 줬다. 맥아더 사령부의 도움으로 귀국을 하긴 했지만, 미국의 이익보다는 민족의 이익을 우선시했다. 북한 공산당의 무력 침략으로 위기에 처한 국가를 미국과 함께 성공적으로 지켜냈고 미국을 설득해 반공연맹에 가입함으로써 오늘날 대한민국의 기틀을 마련했다. 박정희 대통령이 추진했던 국가경제개발 5개년 계획도 그의 재임 중에 이미 준비 중이었다. 또한, 1960년 3·15 부정선거로 하와이로 망명을 하긴 했지만, 그는 관리 책임 정도만 있다. 당시 부통령이었던 이기붕을 비롯한 일부 정치인의 잘못을 그가 대신 짊어졌으며 폭압적인 방식으로 시위를 진압하지도 않았다. 건국의 아버지로서 그의 공로는 재조명되어야 하며 그가 '수호천사'의 지위를 회복하는 것이 향후 한미동맹을 기반으로 한 대한한국의 장밋빛 미래와 직결된다. 대강 이런 얘기다. 물론 반대하는 관점도 터무니없지 않다.

2012년 12월 26일, 유튜브를 통해 공개된 다큐멘터리 〈백년전쟁- 두 얼굴의 이승만〉이 그중의 하나다. 민족문제연구소가 제작했는데 위에 언급된 내용이 대부분 정확하지 않은 '신화'에 불과하다고 본다. 몇 가지 쟁점을 조목조목 반박한다. 박사학위부터 시작한다. 미국에 건너간 지 불과 5년 만에 학부, 석사와 박사를 모두 마쳤다는 것에 대해 '선교단체 후원설'을 제기한다. 그가 하버드대 석사과정에 머문 기간은 1907년 가을부터 1908년 봄이다. 정상적으로 학위를 따지 못했다. 그렇지만 1908년 9월부터 프린스턴대에 박사과정에 입학한다. 불과 2년이 못 된 1910년 6월 14일에는 철학박사를 받는다. 박사 논문도 요즘으로 치면 문헌조사 정도에 불과한 수준인데 120쪽 정도밖에 안 된다. 공부한 기간이 5년도 못 되는데 학사, 석사, 박사를 모두 마쳤다. 천재거나 다른 요인이 작용했다고 봐야 한다. 조선을 이끌고 갈 목회자를 양성하고자 했던 감리교에서 도와주지 않고는 힘든 일이다. 20대에 쓴 『독립정신』이란 책도 반일운동과 무관하다고 본다. 1904년에 집필된 책이다. 구한말 상황을 고려할 때 일본에 적대적일 수 없는 상황이었다. 일본을 도와 러시아와 다른 열강으로부터 독립해야 한다는 주장이 대부분이다. 책에 있는 내용도 이를 뒷받침한다. "우리나라 신민들이 일본에 대하야 깁히 감사히 넉일 바-로라"와 "아라사를 이기고 군함을 파하였으미 이러한 경사가 다시없다 하는지라 눈 있고 귀 있는 자야 어찌 참아 이것을 듣고 보며 감동하는 눈물이 나지 아니하리오" 등이다.[84] 억울한 탄핵이 아니라 그에 합당한 잘못이 있다는 얘기도 담겨 있다. 임시정부 시절 이승만을 유독 대통령이라는 직위에 집착했으며, 미국 이민 사회에서 독립자금으로 모아준 돈도 임의로 사용했다는 견해다. 일본에 대해 무장투쟁과 외교투쟁을 병행해야 하는 상황에서 미국의 힘을 통해 '독립'을 해야 한다는 주장은 매국에 가까웠다. 독립운동단체인 '동제사' 출신의 단재 신채호 선생은 심지어 "이승만은 위임통치를 제창하던 자이므로 국무총리로 신임키 불능하다."며 "이승만은 이완용보다 더 큰 역적이다. 이완용은 있는 나라를 팔아먹었지만, 이승만은 아직 나라를 찾기도 전에 팔아먹은 놈"이라고 할 정도였다.[85]

미국이 이승만의 귀국을 막은 것 또한 그가 자신의 출세를 위해 정치를 하려 한다는 의심 때문이라는 얘기가 나온다. 2019년에 출간된 김성해의 『지식패권』에는 더 많은 얘기가 담겨 있다. 이승만의 반일(反日)은 철저하게 미국과 일본의 관계 변화에서 이해해야 한다는 게 이 책의 첫 번째 주장이다. 그가 미국으로 건

---

84) 장영주. 2014/10/13. <기고> 역사전문 PD가 본 다큐 <백년전쟁> 판결의 문제점. <PD Journal>.

85) 편집자. 2019/4/11. 신채호 "이승만은 이완용보다 더 큰 역적". <한겨레>.

너갔던 1906년 미국과 일본의 관계는 매우 가까웠다. 미국의 테시어도어 루스벨트(Theodore Roosevelt) 대통령이 프랑스, 영국, 독일, 러시아 등을 견제하기 위한 목적으로 일본과 긴밀하게 협력하던 때였다. 미국의 필리핀 점령과 일본의 한국 점령을 서로 눈감아 주기로 했던 1905년의 카스라-태프트 밀약이 그 증거다. 이승만은 1905년 8월 이 밀약의 미국 측 당사자인 태프트(William H. Taft) 국무장관의 주선으로 시어도어 루스벨트 대통령과 만난 것으로 알려진다. 그가 미국에 머물 동안 제대로 반일운동을 한 증거는 없다. 미일관계가 좋을 때 일개 이민자가 노골적으로 대외정책을 반대한다는 것도 상식에 어긋난다. 반일투사로 돌아선 것은 따라서 일본이 진주만을 공격하고 양국이 전쟁에 돌입한 시기 전후로 봐야 한다. 당시 프랭클린 루스벨트 행정부는 외국인 등록법 등을 통해 대략 10만 명 이상을 집단수용소에 가뒀다. 미국을 이용한 게 아니라 오히려 '아바타'였다는 주장이 두 번째다. 평생을 미국에 살았고 우리말보다 영어가 편했던 이승만에게 "미국은 결코 침략국이 아니다. 미국 사람들은 곤란에 처해 있는 모든 국가들을 돕고자 하고 있으며, 그 대가로서 영토나 또는 기타 보수를 바라지 않는" 국가였다. 미국의 필리핀 점령에 대해서도 "해방과 원조를 목적한 것이지 침략을 뜻하지 않았다. 필리핀 사람을 교육시켜 도와주어서 독립권 얻기로 목적한 것을 잊어버릴 사람은 없을 것"이라고 믿었다.[86] 미국 주류의 생각이 잘 반영

86) 손호철. 1996. 1950년대 한국사회의 이데올로기: 한국전쟁 전후를 중심으로. <한국정치연구> 5(0). 41-79.

된 것으로 알려진 『백인의 책무: 미국과 필리핀 군도(The White Man's Burden: The United States and the Philippine Islands)』라는 시와 거의 일치한다. 『정글북』을 쓴 리디어드 키플링(Rudyard Kipling)가 1899년 쓴 작품으로 필리핀을 식민지로 만드는 것은 미국의 고상한 책무라는 내용을 담았다. 1898년 스페인 전쟁 이후로 미국이 노골적으로 제국주의 국가로 전환했다는 것은 전혀 동의하지 않는다. 1945년 이후 비슷한 내전을 겪었던 그리스, 필리핀과 한국 모두 이승만과 유사한 인물이 있었다는 점도 눈여겨봐야 할 지점이다. 김성해는 당시 상황을 다음과 같이 정리한다.

> 겉으로는 자본주의와 공산주의 간 갈등으로 보이지만 내면에는 제국주의와 민족주의 갈등이 숨어 있다. 1947년 공식화 되는 트루먼 독트린과 관련된 얘기다. 목숨을 걸고 무장투쟁을 했던 입장에서 봤을 때 영국의 후광은 입은 조지2세(그리스), 미국 식민지 시대 고위관료를 지낸 마누엘 록사(필리핀), 배후에 CIA가 있었던 이승만(한국)은 외세의 앞잡이로 보였다. 내전으로 치닫는 과정도 아주 유사하다. 민주적 선거는 거친다. 단, 미국이 원하는 인물이 선출될 수 있도록 사전 작업을 충분히 한다. 반대쪽에서는 불리한 운동장에서 축구를 하든지 아니면 게임을 포기하는 수밖에 없다. 정부가 수립된 이후에는 좀 더 합법적으로 박해가 진행된다. 결국 무장투쟁으로 내몰리지만, 외세와 힘을 합친 정부를 이길 수는 없다. 대량 학살이 따르고 일부는 빨치산이 되고 다수는 투항한다.[87]

---

87) 김성해. 2019. 『지식패권』 2권. 민음사. 182-183쪽.

단독정부 수립과 그 이후 반공연맹 가입 등이 진행될 때 이승만 대통령의 자문역할을 했던 두 명의 미국인이 직접 또는 간접으로 펜타곤, 국무부와 CIA 등과 관련이 깊다는 내용도 놓칠 수 없다. 프리스톤 굿페로우(Preceton Goodfellow)와 로버트 올리버(Robert Oliver) 얘기다. 굿펠로우는 CIA 전신으로 알려진 전략기획국(Office of Strategic Services, OSS)을 설립한 인물이다. 월리엄 도노반(Wiliam Donovan)이 책임자였고 자신은 서열 2위였다. 예비역 대령 출신으로 전쟁 중 한국의 텅스텐 수출로 상당한 떡고물을 챙긴 인물이다. 이승만에게 항공편을 제공했던 맥아더사령부 핵심 인사들과 이득을 나눴다. 제주 4·3사건과 여수·순천 10·19사건, 또 국민보도연맹 대학살에도 그의 발자취는 짙다. 미국 정부가 이승만이 이 문제를 어떻게 처리하는지 지켜보고 있으며 보다 강경한 대응을 통해 리더십을 보여줘야 한다고 조언한 것으로 알려진다. 펜실베이아주립대 교수 출신의 올리버는 아예 공식적인 CIA 첩자였다.[88] 대학교수 월급이 500불 정도였을 때 1949년부터 1952년 동안 자문료만 무려 12만 불 정도를 챙겼다. 한국을 반공동맹에 편입시킨 것이 천재적인 외교술이라는 평가에 대해서도 전혀 다른 관점이 있다. 국제정세를 전혀 모르고 하는 소리다. KBS 특강을 통해 김용옥 교수가 밝힌 것처럼 신탁통치에 찬성했다면, 굳이 단독정부를 세울 필요가 없었다. 미국의 남북전쟁과 이름도 똑같은 6·25 내전도 피해갈 수 있는 상황이었다. 공

---

88) David Frank & Park, WooSoo (2018) The Complicity of the Ghostwriter: Robert T. Oliver, Syngman Rhee, and the Rhetoric of a Dictator. Rhetoric Review 37 (2018): 105-117.

산당의 위협 때문에 단독정부를 수립한 게 아니라는 의미다.

게다가, 1950년대 이후 독립한 신생국가들은 공통으로 미국이나 소련과 동맹을 맺기보다는 자본주의와 사회주의 진영 모두를 거부하는 '비동맹' 세력을 형성하고자 했다. 네덜란드에서 독립한 인도네시아에서 열린 1955년의 '반둥회의(Bandung Conference)'가 출발점이다. 전 세계 인구의 54%를 차지하는 29개국이 참가했다. 10개의 선언문을 채택했는데 그중에는 "모든 국가의 주권과 영토의 불가침을 존중하고, 다른 나라의 내정에 간섭하지 않으며, 강대국의 특정한 이해관계를 위해 동맹을 맺지 않고, 국가 간 상호 이해와 협력을 강화한다"는 내용이 포함되어 있다. 민족주의 성향이 강했던 유고슬라비아의 티토, 인도의 네루, 인도네시아의 수카르노, 이집트의 나세르, 중국의 저우언라이, 북한의 김일성 등이 모두 이 회의에 나갔다. 한국 정부는 이들과 다른 길을 걸었다. 미국의 반공동맹이 되면서 당시 경제력으로는 과분한 국방비를 지출하고, 제2세계로 알려진 사회주의 국가와 불필요하게 대립했으며, 결과적으로 분단이 계속되는 상황에 내몰렸다. 끝으로, 이승만이 자발적으로 물러나지 않았다는 점과 1980년 광주와 달랐다는 점도 사실관계에서 어긋난다. 미국은 굿펠로우를 통해 이승만의 망명을 주선했고 박정희 장군이 이끄는 군사쿠데타에 대해서도 준비하고 있었다. 1961년 5·16 쿠데타 직후 김종필 대령을 중심으로 한국판 CIA인 중앙정보부가 설립되고 국가보안법에 더해 반공법을 제정한 게 그 증거다. 평안도 지역에서 대규모로 월남한 개신교 성향의 청년을 중심으로 '반공청년단'

을 만들고 이들을 통해 공포정치를 편 것도 부정하기 어렵다. 한 국 사회의 통념을 기준으로 했을 때 이승만은 '천사'가 되기엔 결 격사유가 많다. 대통령을 두 번이나 한 것은 맞지만 두 번 모두 탄 핵을 당한 인물이다. 대한민국 헌법에 명시된 '4·19 정신'의 원 인 제공자이기도 하다. 복합체의 담론전략은 이런 사정을 고려했 을 가능성이 크다.

국민은 언론이 중요하다고 생각하는 현안을 좇아간다. 공익 차 원에서 아무리 중요한 것이라고 하더라도 언론이 관리하는 공론 장에 등장하지 못하면 주목을 받지 못한다. 반대로, 지극히 사적 이고 공동체로서는 중요하지 않더라도 공론장을 통하면 그 의미 가 달라진다. 언론의 이런 역할을 알기 때문에 정치인, 기업가, 연 예인, 대학교수, 정치검사 등은 공통으로 기자들과 친하게 지내 려고 한다. 광고나 성명서 등을 통해 대중의 관심을 끌 수도 있 지만, 공정한 중재자가 소개하는 것으로 보이는 뉴스와 칼럼 등 에 비할 바가 아니다. 같은 내용이라도 언론이라는 외피를 걸치 면 신뢰도가 높아진다. 언론의 이러한 속성을 고려하면 누가 '이 승만' 지키기에 나서고 있는지 파악할 길이 생긴다. 이승만과 관 련한 포럼, 시상식, 추모식, 관련 저술, 행사 등을 적극적으로 알 리는 언론사가 누구인가를 들여다보면 된다. 인터넷에서 검색만 하면 그 결과를 쉽게 찾을 수 있다. 구글 검색창에 들어가 '이승 만건국포럼'을 치면 방대한 자료가 쏟아진다. 유튜브, 블로그 외 에 출처를 알 수 없는 자료도 없지 않지만, 언론사가 명확하게 표 시된 경우도 많다. 잠깐 훑어봐도 〈조선일보〉 부사장과 상무 출신의 안병훈과 인보길이 운영하는 〈뉴데일리〉에서 제공한 뉴스가 상당하다. 지금은 〈건국이념보급회〉로 이름을 바꾼 〈이승만연구소〉는 이 회사 부설 조직이다. 담론전쟁을 펴고 있다는 증거는 "북 주민 해방… 이승만의 소원을 기억하시나요?"(2019/10/2), "이승만 대통령 업적, 제대로 평가 받아야, 이승만 포럼 100회"(2019/6/16), "100년 전에 이런 생각을? 이승만 논문 '중립국론' 다시 보니…"(2019/6/19) "3·1 운동의 실제 기획자는 이승만이었다"(2019/5/16) 등을 통해 드러난다. 〈조선일보〉도 못지않다. "이승만 포럼 100회… 18일 정동제일교회서 기념세미나"(2019/6/17), "이승만 대통령의 詩 '고목가'… 최남선보다 10년 앞선 최초의…"(2019/6/18), "지금 우리가 누리는 자유, 누구 덕분인가요?"(2015/12/16) 등이 검색된다. 계열사에 속하는 〈월간조선〉도 각별한 공을 쏟는다.

〈월간조선〉 2016년 11월호에는 배진영 기자가 쓴 "탈북 대학생·청년들, 이승만을 공부한다."라는 기사가 나온다. 탈북자 출신으로 '서북청년재건단'과 '한미자유연맹'에 참가하고 있는 이애란 씨가 원장으로 있는 〈자유통일문화원〉에서 열린 강의 참관기다. 그날 강사는 이승만학당의 교장으로 있는 이영훈 교수다. 이승만이 쓴 〈독립정신〉이 교재다. "이승만 대통령은 '공산주의는 콜레라와 같다'고 했습니다. 만일 좌우합작정부가 들어섰다면, 내각책임제를 도입했을 가능성이 크고, 동유럽에서 그랬던 것처럼 공산당이 작용해서 결국은 공산화되었을 가능성이 큽니다. 이승만 대통령은 그걸 막은 분입니다."라는 강의 내용도 소개한다.

그보다 몇 달 앞선 7월호에는 "이승만학당, 남산에 강의실 마련하고 새 출발"이라는 기사가 보인다. 이영훈 교수가 〈이승만TV〉를 개국한다는 광고에 이어 "2016년 자유통일문화원(이사장 김명자, 대표 이애란) 부설로 출범한 이승만학당은 5기에 걸쳐 탈북자, 청소년, 일반 시민 등 130여 명의 수강생들을 교육해 왔다. 종로 자유통일문화원, 배재빌딩, 동국대학교, 마포 자유아카데미 등을 전전하다가 이번에 남산애니메이션센터와 리라초등학교 맞은편에 있는 영현빌딩에 새 보금자리를 마련했다."라는 내용이 있다. 축하연을 하기 전에 노재봉 전 총리가 "한국 자유민주주의와 그 적(敵)들"이라는 주제의 특강이 있었다는 것과 "이인수 박사 부부, 안병훈 기파랑 사장(전 조선일보 부사장), 인보길 뉴데일리 회장(전 조선일보 편집국장), 정규재 펜앤드마이크 대표, 현진권 전 자유경제원장, 김광숙 백년동안 대표, 황인희 작가" 등이 참가했다는 얘기도 전해준다. 통신사인 〈뉴시스〉도 중요한 공로자 중 하나다. 우연의 일치일지는 모르지만, 현직 대표이사가 〈조선일보〉와 인연이 많은 분이다. 2014년 부임한 김현호 사장은 〈월간조선〉 발행인과 한국언론진흥재단 이사를 두루 거친 인물이다.[89] 〈조선일보〉 부설 '통한문제연구소' 소장 출신이다. 북한 섹션 'NK리포트'를 담당한 곳이 이 연구소인데 '북한정치범수용소해체국민운동본부' 공동대표를 맡은 탈북자 출신 강철환 기자도 이곳 소속이었다.

---

89) 대표이사에서 물러난 이후 그는 현재 상임고문을 맡고 있다. 복합체 후보군에 속하는 천영우(전 외교안보수석), 김성민(자유북한방송대표), 신원식(전 합동참모본부 차장) 등과 일련의 인터뷰를 계속한다. 멍석 깔아주기 전략으로 보면 된다.

2018년 7월 1일. 〈뉴시스〉는 "이승만 건국포럼 강연하는 신철식 회장"이라는 기사를 내보냈다. 광운대학교 이사장을 지낸 신철식은 '이승만기념회' 회장이다. 부친은 악질 친일파로 알려진 장택상 수도경찰청장의 추천으로 이승만 정권에서 요직을 독차지했던 신현확 전 국무총리다. 국내에서는 〈국민일보〉와 〈중앙일보〉에서 이 기사를 다뤘다. 대부분 미국 LA에 거주하는 김운영 편집위원이 작성한 글이다. "이승만 대통령 서거 제53주년 추모회"(2018/7/19)와 "이승만 건국대통령 기념사업회, LA서 포럼 개최"(2018/7/1)도 보인다. "이승만의 건국 과정이 완벽한 건국 대통령이었고 한국의 지도자일 뿐 아니라 세계의 지도자였음을 강조했다."는 내용이 담겨 있다. 경쟁업체인 〈연합뉴스〉와 비교했을 때도 차이가 있다. 2019년 7월 18일에 두 매체가 나란히 올린 "이승만 서거 53주기 추모식" 뉴스에 잘 드러난다. 〈연합뉴스〉는 같은 날 추모식이 열린 몽양 여운영 선생과 이승만에 대한 뉴스가 절반씩 차지한다. 내용도 "황해도 평산 출생으로 젊은 시절부터 독립운동에 투신했던 이 전 대통령은 1919년 중국 상하이에서 대한민국 임시정부가 수립되자 초대 임정 대통령에 추대됐고, 광복 후인 1948년 대한민국 정부 수립을 선포하고 초대 대통령에 취임했다. 1961년 3·15 부정선거로 4·19 혁명이 일어나자 대통령직에서 물러난 이 전 대통령은 미국 하와이로 건너가 1965년 7월 19일 서거했다."라는 식으로 '중립적'이다. 〈뉴시스〉는 많이 다르다. 여운영 추모식은 안 다뤘다. 이승만을 좋게 볼 수밖에 없는 사실관계들만 연대별로 제시했다. 먼저 "1896년 서울에서 서

재필 박사의 지도로 협성회(協成會)를 조직, '협성회회보'라는 주간신문을 발간해 논설위원으로 활동하며 러시아의 절영도조차에 대해 국민이 합심해 국권보호에 나설 것을 촉구해 조차요구를 철회시켰다."라는 내용이 나온다. 〈백년전쟁〉에서 비판을 받은 학위 취득 과정에 대해서도 "1904년 11월 미국으로 건너 간 이 전 대통령은 1905~1910년까지 조지워싱턴 대학, 하버드 대학, 프린스턴 대학에서 각각 학사·석사·박사 학위를 취득하고 1910년 귀국했다"로 표현한다. 미국 생활과 해방 이후 행적에 대해서도 "1919년 4월 상하이(上海) 임시정부 초대 대통령으로 추대됐으며, 1921년 5월 워싱턴 군축회의와 1933년 제네바 국제연맹회의에 참석해 한국의 독립을 위해 활동했다. 이 전 대통령은 일본이 패망하자 1945년 10월 16일 귀국해 '뭉치고 엉키라, 뭉치면 살고 흩어지면 못 사나니 다 같이 하나로 뭉치자'고 주장했다"와 같은 좋은 얘기만 전한다. 이승만에 대한 호의적인 뉴스를 제공하는 매체는 그 밖에도 꽤 있다.

앞에서 이영훈 교수가 〈이승만TV〉를 개국했다는 얘기는 했다. 보수진영의 목소리를 적극적으로 대변하는 〈공병호TV〉〈정규재TV〉〈조갑제TV〉〈이춘근TV〉〈펜앤드마이크TV〉 등의 유튜브 기반 방송도 뒤지지 않는다. 공병호는 전경련 산하 〈자유경제연구원〉 원장 출신이다. 정부의 개입에 비판적이면서 미국식 자유시장주의 모델을 적극적으로 옹호한다. 〈한국경제〉 주필을 역임한 정규재는 현재 〈펜앤드마이크〉 대표이사를 맡고 있다. 자유기업연구원 출신이 다수 참가하는 극우에 가까운 인터넷 매체다.

현재 해양전략연구소 연구위원으로 재직 중인 이춘근 박사도 자유기업원 부원장 출신으로 보수적 성향이 강한 〈미래한국〉 편집위원으로 일한 적도 있다. 공통으로 이승만 천사 만들기에 팔을 걷어붙인다. 한 예로, 〈공병호TV〉에서는 "이승만 박정희를 알아주는 사람들은 왜 복을 받는가"(2019/5/12), "이승만 양자 이강석 영정 앞에서 눈물을 보이다"(2019/6/21), "이승만과 갑신정변"(2019/9/5) 등의 영상이 올라와 있다. 〈정규재TV〉와 〈펜앤드마이크TV〉도 "국부 이승만을 생각한다"(2016/1/18), "건국 대통령 이승만"(2015/7/16), "특별대담; 이영훈 교수의 이승만 공부합시다"(18/6/17) 등이 나온다. 교회와 관련된 인터넷 언론사에서도 이승만은 중요한 뉴스다. 2019년 4월 10일 〈기독교타임즈〉는 "하나님의 기적, 대한민국 건국 역사 기억해야, '이승만전집' 발간" 뉴스가 나온다. 2015년 4월 28일 세종문화회관에서 열린 『건국대통령 이승만의 분노』 출판기념회는 〈기독일보〉〈크리스천투데이〉〈기독교타임즈〉〈기독교헤럴드〉 등을 통해 알려진다. 당시 행사는 이승만 대통령에 관한 영화 제작비를 모금하는 것이 목적이었는데, 추진위원장은 2019년 광화문 시위를 이끈 전광훈 목사였다. "오늘날 대한민국을 있게 한 이승만 대통령을 국민의 한 사람으로서 존경하며 기쁜 마음으로 책을 구상한 지 2년여 만에 이렇게 책을 내게 됐다. 이 책을 시작으로 이승만 대통령의 진실을 세상에 알려 하나님이 인도하시는 세상을 이룩하는 데 온몸을 바쳐 헌신할 것을 다짐하며 다시 한번 도와주신 분들과 이 책을 읽는 모든 분들에게 하나님의 축복이 함께하시길 기원한다."라고 했다. 행사 참가자 중에는 한국장로교총연합회장 황수원 목사, 진 돗개새바람선도학교대표 박병선 장로, 전 국방부장관 이상훈, 경 인여대 이사장 김길자 등이 포함되어 있다. 그중에서 김길자 이사 장은 '건국 대통령 이승만 박사 기념사업회' 이사를 맡고 있으면 서 '우남이승만애국상'을 제정한 인물이다. 찬조 연설을 통해 "최 근 들어 대한민국을 본격적으로 부정하는 이들이 늘고 있다. 그 들은 좌파 사상을 담은 영화를 만들어 영향을 끼치는데, 우파들 은 문화에 소홀했다. … 이제 애국 목사님들이 이 영화 제작을 결 단하신 것에 대해 감개무량하다."라고 말했다.[90] '동전의 양면'에 해당하는 것이 '부정적' 사실에 대한 반발이다. 최근에 일어난 일 중에서 이를 잘 보여줄 수 있는 대표적인 사례 중 하나는 〈백년전 쟁〉 다큐멘터리를 둘러싼 논란이다. 위에 나온 언론사에서도 다루 지만 〈블루투데이〉가 돋보였다.

〈블루투데이〉는 2012년 설립된 인터넷매체다. 대한민국 국민 들의 자유민주주의체제 수호와 국가 안보의식 고취 및 교육을 위 해 설립한 '블루유니온'이란 시민단체에서 운영한다. 대표는 권유 미로 여군 부사관 출신으로 재향 여군협의회 회원이다.[91] 2013년 2월 14일에 〈백년전쟁〉을 다뤘다. "정규재TV, 민족문제연구소에 '흉측한 뽀샵민족주의' 일침"이라는 제목의 기사다. "정규재TV 는 13일 유튜브 채널을 통해 공개한 '사진 조작의 달인들'이라는

---

90) 이대웅. 2014/2/13. '건국대통령 이승만' 영화 만든다… 감독은 서세원 목사. <크리 스천투데이>.

91) 조준경. 2018/1/11. <인터뷰> 권유미 "힘들어도 학생들에게 안보교육합니다". <펜 앤드마이크>.

영상에서 민족문제연구소의 해당 영상에 대해 "역사에 대한 깊이 있는 이해가 없는 사람이 보면 이승만 대통령이 나쁜 사람이라고 할 수밖에 없게 만들어놨는데, 역사를 알고 보면 교묘하게 짜깁기를 해서 의도적으로 역사적 사실을 왜곡하는, 아주 흉측한 기록물"이라고 비판했다는 얘기를 전한다. 다큐를 제작한 민족문제연구소를 비판하는 내용도 있다. "민족문제연구소의 임헌영 소장의 본명은 임준열이다. 그가 임준열에서 임헌영으로 개명한 계기는 확실치 않으나 남조선노동당 당수 출신으로 북한의 내각 부총리를 지냈던 박헌영을 존경했다는 것이 중론으로 받아들여지고 있다. 임 소장의 부친은 보도연맹 사건으로 사형을 당했으며 형제 4명마저 좌익활동으로 사형을 받았다. 임 소장 본인 역시 남조선민족해방전선준비위원회(남민전) 사건에 연루되어 징역형을 받았다"라는 부분이다. 같은 해 3월 31일에는 새누리당 홍문종 의원의 "작년 대선을 앞두고 공개된 다큐멘터리 영상물, '백년전쟁'으로 촉발된 역사논쟁은 위험천만이다. 오로지 '친일'과 '반일', '독립'과 '자주' 이분법적 사고로 난도질 하고 있으니 오죽할까 싶다." 라는 블로그가 소개된다.

곧이어 4월 22일에 나온 기사에서는 "최근 문제가 되고 있는 영상은 민족문제연구소가 … 진행했던 모금 콘서트에서 상영된 것으로 … 북한의 지령을 받는 재일본조선인총연합회 소속 학교를 후원하는 등 좌파 성향의 배우 권해효 씨가 사회를 맡았으며 시인 고은, 오연호 오마이뉴스 대표기자 등이 논객으로 참석했다."는 얘기를 담고 있다. 2001년 '북한동포 해방과 믿음의 공동체 실현'을 목표로 창간한 보수 성향의 〈미래한국〉에서도 비슷한 시기 이 문제를 다뤘다. 2013년 3월 29일에 나온 "대한민국 해체하는 백년전쟁 해부한다."라는 기사다. 〈뉴데일리〉 산하 건국이념 보급회 김효선 사무총장과 인터뷰한 내용을 정리한 글이다. "'백년전쟁'이 전달하고자 하는 핵심 내용은 이승만을 비롯한 건국세력은 친일파이고, 따라서 이승만-박정희로 이어지는 대한민국은 친일파들이 세운 나라이기 때문에 정통성이 없을 뿐만 아니라 미제의 식민지에 불과하다는 것이다. 그렇기 때문에 '백년전쟁'은 이승만을 '악질 친일 정치 깡패, 모리배'로 만들었다."는 주장이 담겨 있다.

2013년 3월 13일. 박근혜 대통령은 청와대에서 조만간 KBS 이사장으로 임명할 서울대 명예교수 이인호 씨를 만났다. 원로 12명이 참석한 이 자리에서 이 교수는 〈백년전쟁〉이 국가안보에 미칠 수 있는 부작용을 전했다. 이승만 전 대통령의 양자 이인수 박사가 이 다큐멘터리를 제작한 감독 등을 상대로 '사자(死者)에 대한 명예훼손' 소송을 제기한 것은 그해 5월이다. 2017년 11월 서울중앙지검 공안1부는 '백년전쟁' 감독 김 씨와 프로듀서 최 씨를 불구속으로 기소해 재판에 넘겼다. 피고들은 2018년 8월에 열린 국민참여재판을 통해 1차로 무죄를 선고받은 데 이어 2019년 6월에 열린 2심에서도 무죄를 받았다. 2019년 3월 16일 김용옥 교수가 KBS 특강에서 "(이 전 대통령을) 국립묘지에서 파내야 한다"고 발언했을 때도 비슷한 상황이 전개됐다.

국민의 공분을 불러일으키는 발언이라고 비판하면서 '공론장'

에 등장시킨 매체는 〈동아일보〉〈조선일보〉〈매일경제〉〈문화일보〉〈크리스천투데이〉〈뉴데일리〉〈기독일보〉〈뉴스플러스〉〈미디어펜〉 등이다. 앞서 나왔던 유튜브 방송도 침묵하지 않았다. 우선 〈이승만TV〉는 "화적 김용옥에 대한 분노"란 제목으로 이영훈 교수가 직접 반박 방송을 내보냈다. "지식인이 할 수 없는 최악의 욕설을 했다. 이 문제를 침묵하고 넘어갈 수 없다. 천박하기 이를 데 없고 마치 역사의 화적떼와 같다."라는 내용이다. 그는 또한 "이승만은 미국의 괴뢰"라는 주장에 대해 "공산주의자들이 우리의 건국 세력, 이승만 김성수 등을 비판하기 위해서 했던 이야기다. 그 선전을 그대로 하고 있다."라는 말도 덧붙였다. 〈정규재TV〉에서도 "이승만이 괴뢰라고? 김용옥 씨 약 먹을 시간입니다"란 논평이 나왔다. 〈디지털TV조선〉도 '문갑식의 진짜뉴스' 코너를 통해 "이승만을 국립묘지에서 파내라고? 도올이 돌았나?"라는 방송을 내보냈다. 2019년 6월 26일, 김용옥 교수는 사자명예훼손으로 고소를 당했고 9월 17일 경찰로부터 '무혐의' 처분을 받았다. 〈백년전쟁〉 당시와 거의 판박이다. 담론전략도 매우 닮았다.

2019년 3월 21일. 〈조선일보〉는 연세대학교 김명섭 교수의 인터뷰를 실었다. 그가 연세대학교 〈이승만연구소〉 소속이라는 것과 박근혜 정부 때 국사편찬위원장을 지낸 유영익 교수가 중심이 된 '한국현대사학회' 출신이라는 것은 밝히지 않았다. "80년대 베스트셀러 『해방 전후사의 인식』 필진으로 한국정치외교사학회장" 출신이라는 얘기만 적혔다. 인터뷰 내용 중에는 "대한제국 수립 직전 독립협회 당시부터 활약한 이승만은 대한민국 임시정부 초대 대통령을 지낸 분이다. 이승만의 외교 활동 덕분에 태평양전쟁 당시 재미 한인들은 일본인처럼 강제 수용되지 않았다. 한국이 2차 대전 참전국이 아니면서 1943년 카이로회담에서 독립을 보장받는 데도 기여했다. 6·25전쟁에서 나라를 지켰고, 한·미 동맹이라는 안전판을 만들어 놓았다. 이런 이승만의 일부 오점만 문제 삼으면 어떡하나."라는 얘기다. 〈문화일보〉에 등장한 정보원도 전광훈 목사와 이영훈 교수 등 이승만을 적극적으로 지키려는 인물이다. 〈크리스천투데이〉와 〈기독일보〉에서 인용한 인물 또한 위에 나오는 김명섭 교수다. 〈조선일보〉 인터뷰에 나왔던 내용과 별로 다르지 않다. 〈문화일보〉와 〈뉴스플러스〉는 '사자명예훼손'을 주장하는 사람들이 나온다. 대한민국재향군인회와 '사랑의 교회' 전광훈 목사다. 특히 향군은 "대한민국 건국의 주역이며 한반도의 공산화를 막고 한미상호방위조약을 체결해 대한민국의 평화와 안정을 보장하는 데 큰 업적을 남긴 이승만 대통령을 폄훼하고 모욕하는 것은 대한민국의 탄생과 자유민주 체제를 부정하는 것이며 한미동맹을 폄하하는 것"이라는 내용의 성명서를 냈다.

두 번째 수호천사, 전시작전권

"지구상에서 가장 놀라운 형태로 주권을 양보한 사례." 전직 주한 미군 사령관이었던 리차드 스틸웰(Richard Stillwell)의 고백이다. 전쟁이 시작된 지 채 한 달도 되지 않았던 1950년 7월 14일, 이승만 대통령이 유엔군 사령관 더글라스 맥아더 장군에게 보낸

편지 한 장으로 결정됐다. "본인은 현 작전상태가 계속되는 동안 일체의 지휘권을 이양하게 된 것을 기쁘게 여기는 바이며 지휘권은 귀하 자신 또는 귀하가 한국 내 또한 한국 근해에서 행사하도록 위임한 기타 사령관이 행사해야 할 것"이라는 내용이 적혀 있다. 그때부터 지금까지 한국 군대는 지휘권을 행사하지 않고 있다. 당연한 말이지만 그사이 몇 번의 환수 노력이 있었다. 노무현과 문재인과 같은 좌파 정부만 주장한 것도 아니다. 맨 먼저 이 문제를 꺼낸 사람은 박정희 대통령이다. 자국의 이해관계에 따라 언제든지 동맹국을 버리는 미국이라는 것을 경험한 후 추진된 국방 자주화 정책과 관련이 있다. 북한보다 군사력과 경제력 모두 열세에 있었던 1968년 1월 21일, 청와대는 북한 특공대의 기습 공격을 받는다. 이틀 뒤 23일에는 원산 앞바다에서 작전을 수행하고 있던 미국 군함 푸에블로호가 북한에 납치된다. 전투 도중 미국 병사 1명이 사망하고 82명이 포로로 억류된다. 대통령 박정희는 북한에 대한 단호한 대응을 요구했지만, 미국은 외교적 해결책을 찾았다. 본격적으로 확대하기 시작한 베트남 전쟁을 앞두고 제2의 전선을 만들 수 없는 상황이었다. 제2차 세계대전의 최대 승전국으로 획득했던 막대한 경제력도 급격하게 소진된 상태였다. 1970년 2월, 닉슨 대통령이 의회에서 발표한 새로운 대외정책은 이런 배경에서 나왔다.

'닉슨독트린'으로 알려진 이 정책의 핵심은 미국에 더는 의존하지 말고 "자기 집은 자기가 지키라"는 요구였다. 한국은 난감한 상황에 놓였다. 북한의 위협이 확인된 상태에서 주한미군을 줄

이거나 완전히 철수하겠다는 통보는 악몽이었다. 박정희는 고민에 빠졌다. 경제도 살리고 자주국방도 실현할 방안이 필요했다. 중화학공업에서 답을 찾는다. 김형아 교수가 쓴 『박정희의 양날의 선택: 유신과 중화학공업』이란 책에 잘 나와 있다. 화학공장에서는 비료도 만들지만 화약을 만든다. 자동차를 개조하면 쉽게 트럭과 탱크가 된다. 조선업을 발전시키면 군함과 수송선도 만들 수 있다. 1970년 8월 6일에는 국방과학연구소(Agency for Defense Development, ADD)도 만들었다. 연구소 출범식에 참석해 "1976년까지 최소한 이스라엘 수준의 자주국방 태세를 목표로 총포, 탄약, 통신기, 차량 등의 기본 병기를 국산화하고, 1980년대 초까지 전차, 항공기, 유도탄, 함정 등 정밀 병기를 생산할 수 있는 기술을 확보하라."라고 지시했다. 미국에게 주한미군을 계속 남겨 달라고 구걸하는 것도 자존심 상하는 일이라고 밝혔다.

박정희의 꿈은 전두환 정권이 들어선 이후 물거품이 된다. 무엇보다 미국이 한국의 자주국방을 허락하지 않았다. 군사쿠데타라는 원죄가 있었던 전두환 장군은 국방과학연구소를 무력화시키는 한편, 레이건 정부가 추진하던 냉전 대열에 다시 합류했다. 1983년부터 본격적으로 시작된 팀스피리트 훈련은 이런 배경에서 나왔다. 전시작전권 문제가 다시 불거진 것은 노태우 정부 때다. 국내에서는 민주화 운동이 뜨거웠고 국제사회에서는 냉전이 무너지고 있었다. 대통령 선거공약에 전수권 환수 문제가 처음 포함되었고, 마침내 김영삼 정부가 들어선 1994년 한국은 평시작전통제권을 되돌려 받았다. 전작권 문제는 그 이후 고(故) 노무현 대통령이 당선되기 전까지 전혀 논의조차 되지 않았다. 1994년 불거진 북한발 위기로 인해 한반도는 전쟁 1시간 전까지 내몰렸다. 제네바 협상을 통해 북미관계와 남북관계가 좋아지긴 했지만 넘어야할 산은 너무 많았다. 미국의 부시 대통령은 2002년 1월 의회 연설을 통해 북한을 '악의 축'으로 규정하는 한편, 제네바 합의에 더는 얽매이지 않겠다고 선언했다. 북미관계가 점차 악화하는 가운데 노무현 대통령은 하나의 돌파구로 전작권 환수에 나섰다. 전시작전권이 있어야 미국의 반대에도 불구하고 남북관계를 주도적으로 풀 수 있다는 계산속이었다.

2005년 10월 1일 국군의 날 기념식에서 노무현 대통령은 "전시작전통제권 행사를 통해 스스로 한반도 안보를 책임지는 명실상부한 자주 군대로 거듭"나야 한다고 밝혔다. 정작 반대는 한국군 내부에서 나왔다. 2006년 8월 11일, 역대 국방장관 17명과 예비역 장성급 원로 10명은 재향군인회관에서 성명서를 냈다. "북한의 핵무기 프로그램과 미사일 발사, 그리고 이에 대한 유엔 안보리의 대북 제재안 통과로 한반도의 안보 위기가 더욱 고조되고 있는 이 시점에서 튼튼하게 작동되고 있는 한미연합방위 체제를 근본적으로 흔들려는 저의는 미군 철수를 겨냥한 대남공작 차원의 악랄한 흉계에 휘말리는 꼴이 될 것이 분명하다."라는 주장이다. 정부 차원에서 강력하게 추진했던 환수 방침은 이명박 정부가 들어선 후 다시 뒤집혔다. 2010년 3월에는 지금도 원인이 명확하게 밝혀지지 않고 있는 천안함 침몰 사건이 벌어졌고 뒤이은 6월에는 환수 시점이 2015년 12월 1일로 연기됐다. 박근혜 정부가 들어선 이후에는 이 일정도 없어졌다. 2014년 10월 23일 한미 연례안보협의회(SCM)에서는 한반도의 안보 상황이 개선되고 한국군의 독자적 작전 능력이 향상될 때까지 전작권 환수를 연기한다는 내용이 발표된다. 정해진 기한이 없어졌고 한국의 역량을 평가하는 방식에 대해서도 밝히지 않았다. 노무현 정부를 계승한 문재인 대통령이 이 문제를 다시 꺼낸 것은 자연스러웠다.

2017년 9월 28일. '국군의 날' 행사에서 문재인 대통령은 "정부는 전시작전통제권 조기 환수를 목표로 하고 있으며, 우리가 전시작전권을 가져야 북한이 우리를 더 두려워하고, 국민은 군을 더 신뢰하게 될 것"이라고 밝혔다. 전시작전권 환수를 둘러싼 갈등은 이번에도 반복된다. 2019년 10월 31일. 김동신, 윤광웅, 김태영, 한민구 등 전직 국방부 장관 4명은 앞서 2014년 합의한 내용이 충족될 때까지 전작권 환수 시기를 신중하게 결정해야 한다는 견해를 제시했다. 한 예로, 김태영 전 장관은 "전작권 전환은 한미연합사가 기능을 발휘하는 데 부정적인 영향을 줄 수밖에 없다. 주한미군 규모 감축이나 철수로 이어질 수도 있다."라고 지적하면서, 현 정부가 조속한 전작권 전환을 추진하는 것은 "현실을 무시하고 자존심만 중시한 정책"이라고 꼬집었다.[92] 누가 옳을까? 전직 국방장관과 예비역 장군들이 반대한다면 그들의 말이 더 설득력 있는 게 아닐까? 과거와 달리 북한이 핵과 미사일로 무장한 현재 상황에서 미국의 도움을 받는 게 오히려 잘된 것 아닌가? 정답이 있을 것 같지만 그렇지 않다. 묻혀 있는 '진실'을 발굴하는 일

---

92) 손효주. 2019/10/3. "전작권 전환, 정치적으로 판단해선 안돼". <동아일보>.

이 아니고 '진실'을 만들어 가는 것에 가깝다. 진민정과 김성해의 연구에 잘 드러나 있다.[93]

전시작전권을 환수 또는 연기해야 하는 이유는 무엇인가? 누가 이런 주장을 하는가? 위의 연구자들이 던진 질문이다. 일반인의 생각과 달리 전문가들 사이에서도 전혀 다른 프레임이 있다는 게 밝혀졌다. 예컨대, 환수를 서둘러야 한다는 프레임은 "진정한 안보를 위해서는 주체적 역량과 판단 및 미국에 휩쓸리지 않는 안보 역량을 갖추어야 한다"는 점을 강조한다. 맞은 편에 있는 프레임은 "북한의 위협 증가 및 주변 정세를 감안할 때 전작권 환수 연기는 불가피한 측면이 있고, 안보의 중요성을 생각할 때 아직은 시기상조"라고 평가한다. 한미관계에 대한 전망도 영향을 미쳤다. 전작권을 한국이 행사하게 되는 상황을 한쪽에서는 "성숙한 동맹 (최근 문재인 정부에서는 이를 '동맹 업그레이드'라고 표현한다)" 이라고 부른다. 반대편에서는 "동맹균열"로 본다. 경제관점에서도 충돌한다. 환수를 찬성하는 쪽에서는 "단기적으로는 국방비가 더 들지만, 미군에 의존하는 시스템은 장기적으로 국익 손실로 이어지며 반복적인 군사위기와 분단 지속에 따른 경제비용이 커진다"는 "장기적손실" 프레임을 내세운다. 반대하는 사람들은 "혈세낭비"와 "경제악영향"이라는 프레임을 내세운다. "미국이 잘 지켜주고 있는 상황에서 군이 자주국방을 위해 돈을 낭비할 필요가 없으며" "국방예산 증가로 국민 경제에 부담을 줄 수 있다"는 논리

---

93) 진민정·김성해. 2015. 제도화된 권력투쟁과 호명된 담론: 전시작전권 환수를 둘러싼 보수와 진보의 담론 경쟁. <의정연구>. 21(2). 59-106.

다. 명예라는 관점에서도 두 진영은 부딪힌다. "주권복원"과 "감상적접근"의 차이다. 한쪽에서는 "주권은 결코 양도할 수 없는 국가의 권리로 지금 당장의 안보위협과 경제적 부담이 있더라도 반드시 회복되어야 하는 숙제"로 본다. 맞은편에서는 "안보는 명예보다 더 소중한 것으로, 제대로 된 준비 없이 동맹관계를 훼손할 수 있는 대의명분은 감상적이고 또 철없는 짓이다"라고 본다. 앞서 나왔던 솔로몬의 재판처럼 담론만으로는 진실을 가리기 어렵다. 연구자들은 그래서 한 발 더 나갔다.

담론을 생산하는 사람들이 누구인지, 그들이 어떤 매체를 주로 활용하는지를 파헤쳤다. 환수를 반대하는 전문가들이 칼럼을 쓰고 있는 언론사는 〈조선일보〉〈문화일보〉〈서울경제〉〈데일리안〉 등이었다.[94] 찬성하는 전문가들은 〈한겨레〉〈민족21〉〈경향신문〉〈프레시안〉 등에 주로 등장했다. 흥미로운 것은, 환수를 반대하는 전문가들은 대부분 직접 또는 간접으로 군대와 관련이 있다는 점이었다. 한 예로, 박세환은 재향군인회 회장 출신이다. 예비역 장성으로 전방에서 사단장을 역임했고 한나라당 국회의원을 두 번이나 지냈다. 태어난 해도 1940년이다. 한림대학교 교수로 있는 박용옥 또한 국방부 차관 출신으로 이북5도위원회 평안남도 도지사다. 1942년에 태어난 인물이다. 국민대학교의 박휘락 교수도 예비역 대령 출신으로 대학에 자리를 잡은 경우다. 그 밖에, 세종연

---

94) 앞에 나오는 〈뉴데일리〉는 〈데일리안〉에서 〈조선일보〉 인사들이 독립해 나와 만든 매체다. 대표회장은 조선일보 편집국장과 디지털 조선일보 사장을 지낸 인보길이다. 사장 겸 편집인은 기획이사를 역임한 이진광이며, 부사장 이성복은 영상뉴스 편성부장 출신이다.

구소 연구위원으로 재직 중인 송대성과 정철호는 각각 국군기무
사와 공군사관학교 등에서 일한 경력을 갖고 있다. 환수를 찬성하
는 전문가들은 이와 달리 군대와 직접적인 관계가 없다. 가령, 현
재 정의당 국회의원으로 있는 김종대는 군사전문지 〈디펜스21+〉
의 편집장 출신으로 국방보좌관실 행정관과 노무현 대통령 인수
위원회 국방전문위원 경력이 있다. 국회에서도 오랫동안 국방위
원회 보좌관을 지냈다. 한동대학교의 김준형 교수는 미국 조지워
싱턴대학교에서 박사를 취득했고 미래전략연구원 외교안보전략
센터 센터장 출신이다. 통일부장관 출신의 이종석은 세종연구소
연구위원으로 재직하고 있으며, 외교통일안보분과와 국방부 등
에서 정책자문위원으로 일한 경험이 있다. 그 밖에, 동국대학교의
이철기 교수, 카톨릭대학교의 정경영 교수, 평화네트워크의 정욱
식 대표도 군대와 인연이 없다. 달리 말하면, 분단체제의 최대 수
혜자 '군산복합체'로부터 자유로울 수 있다는 의미다. 전직 군인
이면서 현재 미국 오레건주립대에서 교수로 있는 권영근은 이와
관련해 "박휘락 교수를 포함한 일각에서 전개한 논리는 안보에
관한 어느 정도 지식을 구비한 사람들 입장에서 보면 사실이 아님
을 알 수 있다. 이분들의 주장은 국가안보, 국익보다는 자신이 소
속되어 있는 조직, 소속되어 있던 조직의 이익을 위한 것으로 보
인다."라고 말한다.[95] '미국이 통제하는 전시작전권'이라는 수호
천사가 도전받고 있다는 것과 끝없는 '보강공사'를 필요로 한다는

---

95) 권영근(오레건주립대, 공군사관학교수, 공군대령 예편, 한국국방개혁연구
소장). "미국은 왜 한미동맹을 중시여길까?". https://blog.naver.com/
ygk555/220594737224

것을 알 수 있는 대목이다. 복합체 후보들이 이 전선에 뛰어들었다는 것도 금방 드러난다.

주로 동원되는 프레임은 앞서 진민정과 김성해의 연구에서 밝혀진 것과 많은 점에서 닮았다. "안보위협, 경제적손실, 이적행위, 동맹훼손, 시기상조" 등이다. 군대, 국가정보원, 보수 정당과 관련이 깊은 인물이 주로 말한다는 것도 겹친다. 국방연구원 연구위원을 지낸 김태우가 쓴 2019년 1월자 〈월간조선〉는 그중에서 "이적행위" 프레임을 잘 보여준다. "과거나 지금이나 전작권 조기환수를 주장하는 사람들은 고의성이 짙은 북한의 도발이 발생해도 '증거가 없다' '우발적 사건이다' 등의 논리로 도발을 축소하고 북한을 두둔하는 소위 '평화론자' 즉 북한 당국의 심기를 건드리지 않으려고 노심초사하는 사람들이다. 도발 징후에 선제타격을 가하거나 도발에 강력히 응징한다는 것은 꿈도 꾸지 않을 사람들이다. 그래서 이들이 말하는 '북한이 전작권을 가진 한국군을 더 두려워한다'는 주장은 궤변이 되고 만다."라는 말에 잘 녹아 있다. 2018년 12월 14일에 나온 〈문화일보〉의 "문정부 '나이브'한 외교안보, 북에도 미에도 당할까 불안"이라는 칼럼에는 "동맹훼손" 프레임을 담았다. 원로 정치학자 전인영 명예교수와 인터뷰한 내용 중 일부인데 "문재인 정부가 말로는 평화와 안보를 강조하지만, 북한의 강한 핵 보유 집착과 협상 전략을 제대로 파악하지 못한 채 한·미 동맹과 한·미·일 협력 체제를 약화하는 위험한 방향으로 움직이고 있다. 외교·안보 정책과 그 이행은 희망적 사고와 정치적 신념이 아닌, 냉철한 사고와 오랜 경험 및 지혜를 필요

로 한다."라는 부분이다. 〈동아일보〉의 2018년 6월 29일 사설 "한
미국방, 전작권 조기 전환, '동맹불안'부터 잠재워야" 또한 동일
한 프레임을 보여준다. "평화무드에 따른 안보환경의 변화가 오히
려 한미동맹의 미래에 불안한 그림자를 드리우는 역설적 상황이
다. 앞으로 한미 연합훈련 중단이 계속되고, 트럼프 대통령 희망
대로 주한미군 철수가 논의되고, 우리 정부 목표대로 2023년 전
작권 전환까지 이뤄지면 한미동맹은 과연 지속될 수 있을지 의문
이 커질 수밖에 없다. 매번 '굳건한 동맹'을 외쳐도 입에 발린 수
사(修辭)로만 들리는 요즘이다."라는 내용이다. 전작권 환수가 감
정적인 대응이며, 기회비용만 높아진다는 프레임은 〈조선일보〉가
반복하는 프레임이다.

　"전작권 안 가진 나라 어디 있나"에 온 국민이 현혹됐다. 2018
년 11월 16일 〈조선일보〉의 최보식 기자가 쓴 칼럼이다. 전작권
을 돌려주려고 하는 건 미국이 원래 원하던 일이었고 "이런 미국
의 의도를 읽고도 '전작권 환수'를 성과(成果)로 포장한다면 현
정권의 핵심부는 위험한 집단이다. 모르면서 밀어붙인다면 무능
한 집단이다."라는 논리가 나온다. 전인범 전 특전사령관 "전작권
전환에 대가 따를 것 각오 돼 있나"(조선일보, 2019/8/4)는 "추가
비용" 프레임을 담고 있다. "다만 자주국방을 위해 전작권 전환을
하면 분명히 대가가 따를 것인데 우리 사회가 이를 알고 전작권
을 전환하겠다는 것인지는 걱정된다"고 했다. 그는 "이스라엘은
적대 국가들로부터 포위돼 사회 전체가 전쟁 준비에 몰두해 있고,
주변에 적국이 없는 싱가포르도 효율적인 군 운용을 위해 노력하

고 있다"며 "우리도 여러 사회경제적 비용이 들어간다는 사실을 잘 알아야 한다."라는 내용이다. 국정원 1차장을 지내고 통일부장관 후보로도 올랐던 남주홍 교수의 칼럼도 〈조선일보〉에 나온다. 2019년 8월 31일 칼럼을 통해 그는 "이적행위" 프레임을 강조한다. "한국군의 준비 태세와 관계없이 전시작전권의 조기 이양을 단행할 경우 우리는 속수무책으로 당할 수밖에 없다." 또 "만약 내년 우리 총선에서 이해찬 대표 말대로 보수 세력이 완전히 궤멸되면 한 · 미 동맹도 형해화될 것이기 때문에 북 주도의 '연방제'도 가능하다고 지금 북 지도부는 상상하고 있을지도 모르겠다."는 주장이다. 전작권 문제를 한미동맹과 연결시키는 "동맹훼손" 프레임은 다른 언론에서도 자주 발견된다.

〈동아일보〉가 2017년 11월 11일에 내보낸 "김종환 전 합참의장 '주한미군 있는 한 전쟁 절대 안나'"란 기사는 그중의 하나다. 앞에 나온 복화술 저널리즘의 사례로 볼 수 있다. 전작권 환수를 반대하는 안보전문가를 내세워 "문재인 대통령이 국군의 날 행사에서 '전작권을 가져야 북한이 우리를 더 두려워한다'고 했지만 수긍하기 힘들다"며 "지금은 한반도에서 전쟁이 나면 자동 개입이기 때문에 미군 증원군이 바로 오지만 전작권이 전환되고 연합사가 해체되면 미국 의회 승인을 받아야 하기 때문"이라고 말했다. "의회 승인을 받느라 와도 매우 늦고, 또 전작권이 전환됐기 때문에 와도 한국군의 지휘를 받아 싸워야 하는데 미군이 그런 전례가 없다"는 견해를 담았다. 〈뉴데일리〉의 2017년 10월 28일 칼럼도 비슷하다. 외부인의 발언을 통해 속내를 드러낸다. 2017

년 10월 18일에 나온 "전작권 환수? 미군 철수시키는 지름길"이란 뉴스다. 박정희대통령기념재단 연구위원 남정옥의 "한미동맹 갈등과 발전: 전시작전권, 주한미군, 한미연합사를 중심으로"라는 발제문을 인용했다. "주한미군 없는 한미상호방위조약이 있을 수 없고, 전시작전통제권 없는 한미연합군사령부는 존재할 수 없기 때문이다. 주한미군은 한미상호방위조약에 근거하여 주둔할 수 있는 법적 근거를 마련했고, 한미연합군사령부는 전시작전권을 통해 전시 한반도에서의 전쟁을 수행할 수 있기 때문이다. 그러기 때문에 이 중 하나라도 잘못되면 이는 곧 한미상호방위조약의 무효화로 연결될 것이고, 종국에는 한미동맹의 해체로 이끌게 될 것이다."라는 얘기다. 복합체가 미국과 결코 분리될 수 없다는 것을 보여주는 증거도 많다.

인터넷매체 〈펜앤드마이크〉의 대표이사 정규재는 '이승만 수호천사' 만들기에 앞장서는 〈정규재TV〉를 운영한다. 편집국장은 〈월간조선〉 출신의 김용삼이다. 〈조선일보〉 논설위원을 역임한 류근일은 칼럼니스트로 참여한다. 객원논설위원 중에는 이승만학당 교장 이영훈 교수도 있다. 2019년 10월 22일 "벨 前 주한미군사령관, 北, 한국전쟁 이후 가장 위험… 전작권 전환시 北의 오판 부를 것"이라는 기사가 실려 있다. 미군을 한국의 수호천사로 믿기 때문에 가능한 뉴스다. 미국 국무부에서 프로파간다 매체로 운용하고 있는 '미국의소리(VOA)'에 나온 인터뷰를 충실하게 재현해준다. "내(버월 벨)가 주한미군사령관으로 복무할 당시 노무현 대통령은 매우 적극적으로 전작권 전환을 추진했고 심지어 내게 미군을 한국에 대한 '점령군'으로 표현했다"며 "절대로 잊지 못할 것이다. 극도로 기분이 상했다."와 "한반도에서 전면전 발발 시 미군 4성 장관이 한반도에서 핵무기 대응 결정을 비롯한 완전한 통제권을 갖고 미국과 한국의 대통령 모두에게 보고하는 체계가 훨씬 믿을 만한 억지력을 제공한다"는 얘기가 나온다. 재향군인회에서 발행하는 인터넷 언론사 코나스(KONAS, Korea National Security)도 VOA에 나온 이 기사를 그대로 전달한다. 날짜도 같다. 제목만 "VOA와 인터뷰 '北 핵무기가 한국 아닌 미국 겨냥한 것' 주장은 '황당한 논리'"로 조금 다르다. 미국 정부가 주장해 온 "한국이 준비되거나 적절한 때가 되면 전작권을 넘긴다."라는 "시기상조" 프레임을 국내에 적극적으로 소개하는 것도 특징이다. 〈조선일보〉가 2019년 10월 2일, VOA를 인용해 내보낸 기사에 잘 드러난다. 인용된 정보원은 '랜달 슈라이버 국방부 인도태평양 안보 담당 차관보'로 브루킹스 연구소에서 열린 '미·중 전략적 경쟁' 토론회를 소개하는 내용이다. "한국이 역량을 다 갖출 때까지 미국이 전시작전통제권을 한국에 넘기는 일은 없을 것"이라고 밝혔다. 그는 전작권 전환이 이뤄지기 전에 한국이 전작권을 행사하는 데 필요한 모든 역량을 갖추도록 미국이 요구할 것이라고 말했다. 전작권 전환이 어떤 정치적인 시간표에 맞춰서 이뤄지는 일은 없도록 하겠다는 이야기를 담았다.

불멸의 천사, 한미동맹

2019년 10월 9일. '문재인 하야 범국민투쟁본부' 총괄대표 전광훈 목사는 "대한민국이 사느냐 죽느냐 결사적인 각오로 이 자리에 모였다. … 현재 500만 명을 넘어섰고, 오후 2시까지 지나면 1,000만 명이 모일 것"이라고 발표했다. "이승만 대통령이 이 나라를 건국할 때 자유민주주의와 자유시장경제, 한미동맹, 기독교를 기본으로 나라를 세웠지만, 좌파세력과 주사파 찌꺼기가 대한민국을 해체하려 하고 있다"는 말도 덧붙였다. 대한민국을 지탱하는 3위 일체의 수호천사로 '이승만' '한미동맹'과 '기독교'를 꼽았다. 2016년 8월, 영국에서 한국으로 망명한 태영호 전 북한 공사도 한미동맹을 '불멸의 천사'로 평가한다. 2019년 3월 19일 '자유민주연구원 창립 5주년 기념 만찬' 연설을 통해 그는 "만약 한국 정부가 한미동맹을 약화시키고, 그 결과 미국에서 한국이 빠져나가려는 기미가 보이면 금방이라도 숨넘어갈 것 같던 북한이 '야, 기회가 왔구나' 하고 금방 되살아날 것"이라고 밝혔다. 조원진 우리공화당 공동대표 또한 기자회견에서 "한미동맹은 한국의 생명줄"이라고 말하면서 트럼프 대통령이 북한의 김정은을 만난 것에 대해 "실망하고 분노를 느꼈다. 판문점은 미국과 북한의 사진 찍는 쇼쇼쇼(였다)"라고 말했다. 한미동맹 덕분에 오늘날의 안정과 번영이 가능했다는 관점은 다음과 같은 주장에 잘 녹아 있다.

주한미군은 평시 우리의 안보비용을 절감케 함으로써 지속적인 경제발전에도 기여하고 있다. 주한미군이 보유하고 있는 장비와 물자, 그리고 수십 억 불의 운영 유지비 등을 감안하면 미군 주둔의 기회비용은 엄청나다. 만일 주한미군 철수가 이루어진다면 이 전력을 대체하기 위해서는 천문학적인 추가적 국방예산이 소요될 것으로 판단된다. … (한미동맹은 또한) 동북아지역의 안정을 보장하고 우리의 국가전략 위상을 유지하는 데 기여하고 있다. 우리의 지정학적 여건으로 볼 때나 한미안보동맹은 주변 강대국들과의 관계를 원만하게 유지해 나갈 수 있도록 하는 보장장치이며 통일에 이르는 과정을 안정적으로 관리하고 통일 이후에도 우리의 국가적 생존과 번영에 큰 연관을 갖게 될 것이다.[96]

한미동맹이 인류 역사에서 보기 드문 '상생(相生) 관계'라는 아래 주장들도 쉽게 찾아볼 수 있다.

미국에 대해서 정말 고맙고 진짜 빚을 많이 졌다고 생각합니다. 한-미 동맹은 계속 유지돼야 합니다. 왜냐하면 미국을 위해서도 한국이 이제 필요합니다. 중국, 러시아에 대응하려면 한국이 함께 막아줘야 하고 또 한국은 정말 선택받은 민족입니다. 미국도 그렇지만. 그래서 한-미 동맹은 미국을 위해서도 그렇고 한국을 위해서도 세계 평화를 위해서라도 계속 유지돼야 한다고 봅니다. (박창길, 국민대 명예교수)

---

96) 이상현. 2003. 한미동맹 50년의 성찰과 한미관계의 미래. <국가전략> 9권 1호. 37-64.

한국과 중국은 "전략적 협력 동반자 관계"지만, 그러나 이것은 단어만 거창하지 실제로는 아무 것도 아닐 수 있다. 경제협력이나 문화교류는 가능하지만, 안보문제에는 서로의 의무가 전혀 없기 때문이다. 즐거울 때 잘 지낼 수 있는 관계라고 할 수 있다. 중국은 아직도 북한의 동맹국이고, 천안함이나 연평도 사태, 북한 제재에 대한 비협조 등을 고려할 때 언제나 북한을 지지 및 지원한다. 반면에 한국과 미국은 '동맹관계'이다. 동맹이라는 것은 한국이 공격받을 경우 미국은 자신이 공격받는 것으로 간주하여 핵무기를 포함한 자신의 모든 무기를 사용하여 한국을 공격하는 국가를 응징보복하겠다는 약속이 포함되어 있는 관계이다. 이를 이행하고자 2만 8,500명의 주한미군이 한반도에 주둔하고 있다. 어려울 때일수록 도와줘야 할 의무를 명시해둔 관계이다. (박휘락, 국민대 교수)

북한 공산당의 위협으로부터 우리를 지켜주고, 경제성장을 할 수 있도록 무역흑자를 눈감아줬고, 많은 국민이 앞선 과학과 문화를 배울 수 있도록 배려해 준 미국은 그래서 한국의 수호천사가 되었다. 그래서 트럼프 대통령이 방위비를 지금보다 5배 이상 올려달라고 해도 선뜻 거절하지 못한다. 중국이라는 위협에 맞서 미국에 힘을 보태줘야 하는 것 역시 일종의 '은혜'를 갚는 일이 된다. 〈한겨레〉의 정의길 선임기자가 이런 상황을 '기-승-전-한미동맹 강화!'로 규정할 정도다. 2019년 1월 16일, 〈뉴데일리〉에 실린 '대한민국 통일건국회 청년단' 회원 윤나라의 칼럼 "짐승도 은혜를 안다는데… 우리나라는?"에는 이런 정서가 고스란히 반영되어 있다. 미국은 우리에게 "역경을 통해 맺어진 진정한 친구"다. "그 친구는 지난 70여 년의 세월 동안 우리에게 변함없는 우정을 보여주었다. 명실상부(名實相符) 대한민국 최고의 우방(友邦)으로서, 가장 든든한 버팀목이 되어준 우리의 친구"다. 그래서 문재인 정부가 중국에 약속한 "1)한국은 미국의 사드를 추가 배치하지 않으며, 2)한국은 미국의 어떠한 미사일 방어체제에도 참여하지 않고, 3)한미일 군사동맹에 가입하지 않겠다"라는 3불(不) 정책은 "크나큰 외교적 실례"가 될뿐더러 "미국의 입장에서 보니 대한민국은 진정 후안무치(厚顔無恥)한 나라"가 된다. 그렇다면 이제 무엇을 해야 할까? "우리의 우방국인 미국에 대한 감사함을 가지고 선을 선으로 갚는 일이다. 우리가 우리 자신의 자유와 생존을 유지하기 위해 싸우지 않는다면, 이것이야말로 한국의 자유를 수호함으로써 사랑하는 이들을 지켜내길 원했던 참전 용사들의 은혜를 악으로 갚는 일이 아닐까?"란 고백은 그래서 답이 된다. 당연한 말이지만 이런 견해를 전적으로 부정하는 관점도 있다. 동국대의 강정구 교수와 원광대의 이재봉 교수가 대표적인 인물이다.

"방북단 일부 北과 사전교신 가능성" 2001년 8월 21일 〈조선일보〉 기사다. 서울지검 공안1부 천성관 부장검사의 "범민족 연석회의는 방북 허가 당시 신고되지 않았던 불법 행사이고, 방북 이전에 이 회의 개최와 관련해 북한과 회합·통신 등 모의가 있었을 가능성이 있어 그 여부를 수사 중"이라는 발언이 나온다. "긴급체포된 16명 중 범민련 간부 5명은 국정원에서 조사를 받았으며 '만경대 서명 파문'의 강정구 동국대 교수 등 나머지 11명은 서울시경 산하 3개 대공분실에서 조사를 받았다."라는 얘기도 있다. 대학교수가 왜 긴급체포되었을까? 북한에서 김일성 전 주석의 생가인 만경대를 방문한 후 "만경대 정신 이어받아 통일위업 이룩하자"는 방명록을 쓴 게 발단이었다. 귀국하는 날 공항에는 재향군인회와 자유총연맹 등 보수단체가 미리 나와 있었다. 강 교수는 이 사건으로 국가보안법 위반 혐의로 구속되었다가 보석으로 풀려난다. 2005년 7월 27일 〈데일리서프라이즈〉에 기고한 "맥아더를 알기나 하나요"란 글로 인해 그는 한번 더 시련을 겪는다. 자유개척청년단 등 23개 보수 시민단체는 "북한을 찬양, 고무해 국가 변란을 선전, 선동하고 국헌 문란을 목적으로 내란을 선동한 것"이라는 죄목으로 고발했다. 그해 10월 12일, 천정배 법무부 장관은 "피의자 강정구 교수에 대해서는 헌법과 법률이 규정한 구속사유를 충족했다고 단정하기 어려우므로 불구속 수사를 하도록 일선 검찰에 지휘해 줄 것을 바란다"고 발표한다. 검출총장 김종빈이 이에 반발해 사직서를 낸 것은 이틀 후인 8월 14일이다. 보수 정치권과 보수단체의 반발이 줄을 이었다. 한라당 전여옥 대변인은 "이 땅의 자유민주주의를 지키기 위해 꽃다운 목숨을 바친 수백만의 원혼들이 차마 눈을 감지 못할 일"이라며 "무슨 권리와 목적으로 이 대한민국의 정체성과 존재 이유에 대해 감히 이의를 제기하는가?"라는 논평을 냈다. 재향군인회가 빠지지 않았다. "학문의 자유라는 것은 학술 테두리 속에서 이루어지는 것이지 국민을 선동하는 것까지 학문의 자유라는 미명아래 용인되어서는 안

된다."라고 하면서 "법과 원칙에 따라 강정구 교수를 즉각 구속 수사할 것을 촉구한다."는 성명서를 냈다. 자유시민연대가 발표한 논평에도 "정권의 실세들이 총동원되다시피 나서서 강정구 교수를 구하려는 것을 보면서 우리는 이 정권이 국가보안법의 무력화를 꾀하고, 한 걸음 더 나아가 김정일 정권에 코드 맞추기를 하는 게 아닌지 의심하지 않을 수 없다."는 내용이 담겨 있다. 2010년 12월 10일, 대법원 3부(주심 안대희 대법관)는 강정구 교수에 대한 "징역 2년과 집행유예 3년, 자격정지 2년" 판결을 확정했다. 한미동맹과 국가보안법 등이 한가한 담론이 아니라 목숨이 걸린 문제라는 것을 잘 보여주는 사건이다. 강정구 교수는 누구이며 어떤 입장을 갖고 있을까?

미국 위스콘신대학에서 박사를 마친 유학파다. 학부는 서울대학교 사회학과를 졸업했다. 『분단과 전쟁의 한국현대사』『우리에게 미국은 무엇인가』『민족의 생명권과 통일』 및 『미국을 알기나 하나요』 등 분단 현실과 관련한 많은 저서를 냈다. 한미동맹에 대한 견해는 "미국이라는 존재는 우리에게 보은의 존재가 아니라 비극과 질곡을 갖다준 주범이고 또 탈냉전 이후 한반도 전쟁위기를 몰고 온 전쟁주범"이라는 말에 잘 드러나 있다. 주한미군 덕분에 우리가 안전하다는 논리도 반박한다. "주한미군이 철군되면 한반도는 오히려 전쟁위협에서 벗어나기 때문에 외국 자본의 한반도 투자는 더 활기를 띨 것"이라고 말한다. "1968년 미 간첩선이 북한 영해를 침범한 푸에볼로사건, 1969년 미 스파이기 격추사건, 1976년 판문점 미루나무 사건 등 전쟁 직전까지 갔던 아찔한 순간들이 미국의 도발에 의해 발생했음에도 불구하고 아직도 우리는 "한반도 전쟁위기는 북한이 저지른 것이라는 맹목적 믿음에 빠져 있다."라는 지적이다.[97] 그는 또 불멸의 수호자로 미국을 바라보는 이유를 '자발적 노예주의'에서 찾는다. "일제의 식민지 지배 40여 년, 미국의 신식민지 지배 60년 사이에 친일·친미의 연속에서 스스로 노예 짓을 무려 100년 가까이 해온 탓에 이제 자신들이 자발적 노예주의자라는 사실조차 의식하지 못하는 식민화된 무의식 상태"라는 말에 잘 드러나 있다.[98]

"원광대 이재봉 교수, 한겨레통일문화상 수상… 풀뿌리 통일운동 평가" 2019년 7월 15일 〈한겨레〉에 나온 기사 제목이다. 분단을 극복하고 통일을 준비하기 위해 한겨레통일문화재단에서 수여하는 이 상은 1998년 제정됐다. 제1회 수상자는 독일에 머물렀던 음악가 윤이상 선생님이다. 이 교수는 시상식에서 "평화학자 또는 통일운동가로서 죽을 때까지 평화와 통일에 작은 힘이나마 보태겠다는 각오로 20여 년을 보내왔는데, 이렇게 큰 상까지 받아 영광스럽다"라고 밝혔다. 국가보안법 위반 재판에 단골로 출연한 전문가다. 2014년 7월 8일부터 〈프레시안〉에 "이재봉의 법정증언" 연재를 시작했다. 왜 글을 쓰기 시작했는지 동기도 밝혔다. '운동권'에 몸담아본 적이 없는 터라 그들을 잘 알지도 못하고 친분도 별로 없다. 그럼에도 불구하고 그들과 관련된 민감한 사안에 위험

97) 이현정. 2005/9/30. 강정구. "보은론에서 우릴 해방시켜야". 〈통일뉴스〉.

98) 박현범. 2007/6/1. 강정구. "한미관계 새판 짜야". 〈통일뉴스〉.
http://www.tongilnews.com/news/articleView.html?idxno=72962

한 증언을 그치지 않은 이유는 그들을 지지하거나 옹호하기 위해서가 아니라 국가보안법을 남용하며 민주주의의 기본을 무너뜨리는 검찰의 횡포에 맞서기 위해서다."라는 말에 나온다. 통합진보당 이석기 의원의 '내란음모' 사건 재판에도 증인으로 나갔다. 법정에서 한 증언 중에 한미동맹에 대한 그의 견해가 드러난다. 그는 먼저 "북한은 '반국가 단체'가 아니다. 북한도 남한 못지않은 국가 정통성을 지니고 있다. 자주성이 없다는 뜻의 '괴뢰'는 더욱 아니다. 빌어먹고 굶어 죽으면서 핵무기와 미사일을 개발한다고 '거지 국가'나 '깡패 국가'로 비난할 수는 있어도, 군사적으로 미국에 종속적인 남한이 군사적 자주성만큼은 어느 나라보다 강한 북한을 '괴뢰 국가'로 욕할 수는 없다."라고 지적한다. 미국이 있어 우리는 안전하다고 느낄지 모르지만, 한반도 전쟁위험은 오히려 커진다는 얘기도 전했다. "남한은 미국의 핵우산을 받고 있지만, 북한은 중국이나 러시아의 핵우산을 받은 적이 없다. 또한 남한 땅에서는 미국 핵무기가 1991년 철수되었지만, 한반도 주변 해역에는 핵무기를 실은 미국 잠수함이 수시로 드나들고 있다."라고 말한다. 한미동맹이 수호천사라는 것도 부정한다. 다음에 나오는 내용에 잘 반영되어 있다.

북한만 정전협정을 위반하며 도발하는 게 아니다. 미국은 1958년 남한에 핵무기를 배치하기 위해 북한보다 먼저 그리고 심각하게 정전협정을 위반하기 시작했다. 남한은 해마다 몇 차례씩 미군을 불러들여 대규모 합동군사훈련을 실시하지만, 북한은 단 한번도 중국군이나 러시아군을 끌어들여 군사훈련을 실시하지 않는다. …
주한미군은 한반도 평화와 통일의 걸림돌이 될 수 있다. 세계에서
가장 호전적이라는 북한은 줄기차게 평화협정을 주장하는데, 세계
평화를 수호한다는 미국이 받아들이지 못하는 역설적 현상은 바로
주한미군 때문이다. 북한과 미국 사이에 종전협정이나 평화협정이
맺어지면 미군이 남한에 계속 머물러 있어야 할 법적 명분이 약해
지거나 없어지고, 주한미군이 떠나게 되면 중국을 견제하고 봉쇄하
는 데 구멍이 뚫리기 때문이다. 미국은 중국을 견제하기 위해 주한
미군을 유지해야 하고, 주한미군을 유지하기 위해서는 북한을 적으
로 남겨놓아야 하는 것이다.[99]

담론을 통한 전쟁도 본질은 '전쟁'이다. 승자와 패자만 있을 뿐
'중간'은 없다. 복합체로 의심되는 언론사의 입장도 크게 다르지
않다. 진실 발굴이나 균형 잡힌 관점 전달과는 거리가 멀다. 대표
적인 프레임은 "동맹흔들기, 혈맹, 국익훼손, 안보성역, 자주파패
권, 동맹상실" 등이다. 〈뉴데일리〉에서는 '혈맹' 프레임이 자주 등
장한다. "동맹은 단순한 군사 파트너를 넘어서, 그 나라의 정체성
은 물론이고 체질까지 개선시킬 수 있는 것"으로 "한미동맹으로
과거 동양에서 가장 폐쇄적이었던 은둔의 나라 한국은 미국의 동
맹국이 됨으로써 해양 지향의 태평양 국가로 완전히 탈바꿈 했
다."라는 주장에 잘 나타난다.[100] 〈뉴데일리〉가 2019년 8월 26일

---

99) 이재봉. 2014/7/8. '존경스러운 노교수'와 '쳐죽여야 할 빨갱이' 사이에서. 〈프레시
안〉.

100) 정성화. 2016/4/21. 한미상호방위조약 덕분에 '한강의 기적' 생겼다. 〈뉴데일리〉.

에 실은 "망국의 위기, '자유민주' '한미동맹'으로 뭉쳐야"란 기사에도 꼭 같은 프레임이 관통한다. 세종연구소 송대성 연구위원, 김태우 전 통일연구원장, 박휘락 국민대 교수, 신원식 전 합참참모작전본부장 등의 토론 내용을 정리한 글이다. "미국의 동맹정책이 가장 빛을 발한 성공사례가 대한민국인 것이다." 2013년 세계핵안보정상회의 참석차 방한한 오바마 대통령은 "한미동맹을 비웃은 자들은 이곳 38선에 와서 남북한 양쪽을 보라. 한쪽은 칠흑같이 어두운 암울한 세계가 되었고 다른 한쪽은 세계인들이 부러워하는 찬연히 빛나는 나라가 되었지 않은가"라고 말했다. "한국이야말로 미국이 가장 큰 보람을 느끼는 나라"라는 칭송도 잊지 않았다는 내용이다.

금란교회의 김홍도 목사는 그중에서도 돋보이는 인물이다. 성탄절 미사를 통해 그는 "종북, 반미, 좌파가 왜 그토록 미국을 미워하는지 그 원인을 알아야 합니다. 김일성, 김정일, 김정은과 그들을 추종하는 좌파들은 꿈에도 소원이 남한을 적화통일 하는 것인데, 북한공산군이 부산지역까지 파죽지세로 밀고 내려왔을 때, 적화통일을 눈앞에 두었는데, 미군과 유엔군이 상륙했기 때문입니다."라고 말한 것으로 전해진다. 미국에 은혜를 갚아야 한다는 생각은 "6·25전쟁기간 동안뿐 아니라 휴전이 된 후에도 군사적으로 피난민의 양식과 의복을 대주어서 굶어 죽지 않게 하고, 얼어 죽지 않게 하여 오늘의 경제 대국이 되었기 때문에, 김정일이나 종북, 좌파들은 미국의 '미'자만 들어도 소름이 끼칠 정도로 미워하는 것입니다. 어찌하든지 지금도 한미연합사를 해체하고 휴전협정을 평화협정으로 바꾸고, 그 후에는 전쟁 안 하기로 했다는 핑계로 미군을 철수시키고 난 뒤, 낮은 단계의 고려연방제로 했다가 적화통일하려는 것입니다."라는 말씀에 잘 녹아 있다.[101] '동맹 흔들기' 프레임 역시 〈동아일보〉〈조선일보〉〈문화일보〉〈중앙일보〉 등에서 반복해서 발견된다.

〈조선일보〉의 강인선 논설위원은 2019년 8월 27일 "연합훈련, 지소미아, 주한미군, 한미동맹의 끈 하나씩 풀리고 있다"라는 제목의 칼럼을 썼다. "한·미 연합 군사훈련 중단, 5배의 증액을 요구하는 방위비 분담금 협상 등으로 이미 한·미 동맹의 매듭은 여기저기서 풀려나가고 있다. 이런 상황에서 한국이 지소미아까지 파기하며 한·미·일 안보 협력의 틀을 흔들자 미국은 '미군에 대한 위협'을 들고나왔다. 더 위험해진 미군을 보호하기 위해 방위비 분담의 추가 청구서가 나올 수도 있다."라는 주장을 담았다. 문재인 정부의 잘못된 정책으로 수호천사가 위협을 받고 있다는 의미다. 〈조선일보〉의 조중식 국제부장이 쓴 "한미동맹, 안녕한가"란 칼럼도 비슷하다. "미국의 변심은 갈수록 뚜렷해지고 있다. 방위비 분담금 인상을 압박하면서 연합훈련 때 폭격기가 괌에서 날아오는 비용까지 들먹인다. 급기야 미 대통령 입에서 김정은에 맞장구치면서 "나도 (한·미 연합군사훈련이) 마음에 안 든다. 돈 내는 걸 좋아하지 않기 때문"이라는 말까지 나왔다. 이 정도면 동맹이고 뭐고 없다는 거다. 돈 드는 훈련이 싫다는데, 그보다 수백 배 돈이 들고 희생이 따를 전쟁에 뛰어들려고 할까."라는

---

101) 임태수. 2011/12/24. 김홍도. 從北세력이 원수로 삼는 사람들. 〈올인코리아〉.

논리다. 〈동아일보〉에서도 "한미 간 이상 징후는 23일 지소미아 결정 발표 직후부터 감지됐다. 우리 정부는 "미국이 이해했다"고 했지만 미 정부는 "이해한 적이 없다"고 반박했다. 동맹국 사이에서 의견 충돌이 공개적으로 벌어진 것도 이례적이지만 정부는 미국이 이해했다고 판단한 근거에 대해선 납득할 만한 설명도 제대로 못 하고 있다."라는 주장을 통해 이 프레임을 확산시킨다. 한미 동맹이 수호천사라는 믿음은 경제지에서도 쉽게 확인된다. 특히 〈매일경제〉가 두드러진다. '동맹훼손' 프레임을 담고 있는 사설과 칼럼만 해도 "지소미아로 파열음 커지는 한미동맹, 틈 벌어지지 않게 해야"(2019/8/30), "한미일 안보동맹 균열, 대안은 뭔가"(2019/8/23), "北·中은 '풍우동주' 외치는데 韓·美는 잇단 불협화음"(2019/9/4), "참을 수 없는 동맹의 가벼움"(2019/9/17), "동맹은 돈이 아니라 가치로 맺어진다"(2019/9/25) 등으로 끊임없이 쏟아진다. 한 예로, 2019년 9월 16일에 나온 〈매일경제〉의 사설 "문-트럼프 회담, 한미동맹 파열음 확실히 잠재워야"에서는 다음과 같이 주장한다. "미국은 한미동맹을 통해 한반도 및 동북아시아에서 자유주의적 가치를 지키고 싶어한다. 이것을 위협하는 것은 북핵과 중국의 권위주의적 패권 야욕이다. … (문 대통령은) 자유주의 최후 보루로서 한·미·일 삼각동맹에 대한 의지를 분명히 해야 한다."는 내용이다. 〈서울경제〉의 2019년 3월 31일 사설 "한미정상회담 동맹복원에 초점 맞춰라"에도 '동맹훼손' 프레임이 관통한다. "한국정부의 성급한 남북경협 재개 움직임"에 대한 미국 정부의 우려를 전하는 한편, 대책으로 "이번 한미정상회담에서 가장 시급한 과제는 완전한 비핵화를 위한 대북공조와 한미동맹 관계 복원이다."를 주문한다. 교회 목사 중에는 이를 종교적 단계로 승화시키기는 경우도 많다.

미국과 관련된 문제라 교포사회 언론사, 개신교 언론사와 미국 의회가 특수 목적으로 지원하는 VOA와 RFA 등에서 적극적으로 나선다. '집단기억'을 활용한 수호천사 지키기 전략으로 볼 수 있다. 2012년 10월 1일, 〈중앙일보〉에는 "한미동맹협의회 기념식 오찬장 모습"이라는 기사가 실렸다. 앞에 나온 〈뉴시스〉의 김운영 편집위원이 보낸 글이다. 미국 LA 맥아더 파크에서 열린 9·28 수도 서울 수복 기념행사에 관한 글이다. 〈중앙일보〉는 2013년 7월 2일에도 "LA에서 열린 한미동맹 60주년 기념 6·25 사진전"이라는 기사를 내보낸다. 출처가 같은데, 한미동맹 60주년을 기념하는 전시회 소식이다. "육군종합학교 미주 전우회 LA(회장 정용봉), 9·28 수복 동지회(공동회장 안재득)주최 국군포로송환위원회, 6·25전쟁납북인사가족협의회, 6·25 참전 소년병 전우회" 등이 협찬했다는 내용이다. '한미조찬기도회'에 관한 뉴스도 일상 메뉴다. 2019년 2월 1일, 〈국민일보〉에는 "워싱턴서 '한반도 평화 위한 한미기도회' 열린다"는 기사가 나온다. 행사를 주체하는 여의도순복음교회가 사주로 있는 언론사다. 모임의 성격을 잘 보여주는 정보가 포함되어 있다. 참석 예정자로 국내에서는 "김진표, 조배숙, 이혜훈, 이동섭 의원과 전 과학기술처 장관 정근모 박사, 수원중앙침례교회 고명진 목사" 등이, 또 미국에서는 "트럼프 대통령을 전도하고 현재 트럼프 행정부 복음주의 자문위원장을 맡

은 폴라 화이트 목사"등이 있다. 같은 행사를 내보낸 언론사로는
〈크리스천투데이〉, 〈기독교신문〉, 〈기독교한국신문〉도 있다. 기
도회를 개최한 여의도순복음교회 이영훈 목사의 "예레미야의 간
절한 기도를 들어주신 하나님이 오늘 우리의 기도에 응답해 주실
것"이라며 "한반도 통일의 문이 열리고 있는 이때, 한국과 미국의
지도자들이 하나님께 기도하면 우리가 알지 못하는 크고 놀라운
계획을 보여주실 것"이라는 인사말을 공통으로 전한다. '혈맹' 프
레임은 예외 없이 등장한다. "미국 선교사를 통해 한국에 복음이
들어왔고, 한국전쟁 당시 3만 4천여 미군들의 고귀한 희생을 통해
대한민국이 지켜졌다."라는 내용이다.

　"미-한 기독교 지도자들, 한반도 통일 염원 기도회." 2019년 2
월 8일 VOA에 실린 기사다. 북한자유연합의 수전 숄티 대표의 인
터뷰가 실렸다. 대북풍선날리기 행사에도 늘 참여하는데 북한의
정권교체에 앞장서는 대북 강경파 중 한 명이다. "한반도 평화를
향한 각국의 논의가 진행되고 있는 이 시점에 이들의 기도는 매
우 중요하다며, 자신은 완전하고 되돌릴 수 없는 자유가 북한 땅
에 이뤄지기를 희망하는 마음으로 참석했다."라고 했다. 이들 매
체에 단골로 등장하는 프레임은 '동맹훼손'과 '혈맹'이다. 2019년
8월 22일 RFA에 나온 "미 전문가들 지소미아 폐기는 북한에만 이
득"이라는 기사도 여기에 해당한다. "미국의 전문가들은 한국이
일본과 군사 기밀을 서로 공유할 수 있도록 맺은 한일군사정보보
호협정 이른바 '지소미아'를 1년 더 연장하지 않기로 결정함으로
써 오직 북한만이 이득을 보는 결과를 초래할 것이라고 우려했습

니다."라는 앵커의 발언에서 알 수 있다. 2019년 10월 21일에 나온 VOA의 "미국, '한국 방위비 더 공정한 분담해야' … 전직 고위 당국자들 '동맹에 대한 셈법 근본적 변화'"라는 기사도 주목할 만하다. "미국이 최근 한국의 인도태평양 전략 기여를 요구하고 있는 건 경제적으로 성장한 한국의 역내 역할 확대를 기대하고 있기 때문" 또는 "역사적으로 수십 년간 역내 안정에 기여한 미-한 동맹관계를 단순히 금전적 비용으로 따지는 접근 방식은 문제가 있다"는 등의 발언이다. 공통으로 '혈맹' 프레임을 담고 있다.

악의 축, 북한

북한은 언론을 통해 '꽃'이 아닌 '잡초'가 되어 있다. 북한에 대한 일상 풍경은 다음에 나오는 뉴스를 통해 잘 드러난다.

"장성택 측근 사형 집행, 묶어 놓고 기관총사 '충격'"(동아일보, 2013/12/13) "공포정치 독재자 김정은의 정권 장악력"(월간조선, 2015/07) "공포정치로 버티는 '김정은 독재'"(2015/5/14) "총살에 화형까지 … 위상정보로 폭로한 北 '공개 처형' 실태"(자유일보, 2018/5/28) "평양에서 벌어진 김정은 암살 시도"(RFA, 2014/11/7) "일그러진 북한 모습과 '김정남 피살' 파장"(한겨레, 2017/2/15) "김정남 피살… 北 로열패밀리 잔혹사"(KBS, 2017/2/17) "네티즌, '김정남 피살 북한소행' 기정사실화"(2017/2/15) "김정남 피살설로 본 김정은식 '곁가지' 숙청법"(중앙일보, 2017/2/17) "젊은 탈북자들, 국제포럼서 참혹한 북인권 고발"(RFA, 2019/10/25) "탈북 여성들, 강제북송 위험 때문에 인신매매에 더욱 취약"(VOA, 2019/10/31) "절반 가까이 수용소로… 북한의 요원한 '종교자유'"(기독일보, 2019/10/24) "탈북민 '北' 공개처형 줄었지만, 몰래 데려가 둔기로 때려죽여"(중앙일보, 2019/10/23) "마약에 찌든 북한… 탈북자 36%가 '北'서 투약 경험·현장목격"(뉴스플러스, 2019/10/7) "美정보기관들 '北' 해킹조직 소행 변종 악성코드 확인"(동아일보, 2019/11/1) "인도 원전 사이버 공격에 북 해킹조직 흔적 남아"(RFA, 2019/11/1) "북한, 한국을 사이버 실험 대상으로 삼아"(VOA, 2019/10/11) "북한 해커들, 청와대 노리는 정황 포착"(조선비즈, 2019/7/19) "자금세탁방지기구, 북한 '돈거래위험국' 재지정"(RFA, 2019/10/21) "마약에 빠진 북한… '동네마다 얼음 파는 집'"(동아일보, 2019/5/24) "北 국가보위부 中 내에서 마약밀매 하다 덜미"(자유일보, 2019/5/26) "美 테러보고서 '北 국제테러 반복지원'… 전년 '위협' 표현은 빠져"(연합뉴스, 2019/11/1) "북한 ICBM 위협은 오판, 쏘는 순간 미국은 화염과 분노"(중앙일보, 2019/10/9) "다시 협박 시작 北, 애초에 핵 포기 뜻 없었다"(조선일보, 2019/3/15)

"뭐, 북한을 악마로 만든다고. 북한이 하는 짓거리를 보고도 그런 말이 나와?" "보수진영만 그런 게 아니라 공영방송, 연합뉴스와 진보 진영도 북한을 욕하잖아?" "북한을 악마로 만드는 세력이 있는 게 아니라 원래 악마였던 북한의 실체를 보여주는 거야!"

"복합체가 수호천사를 만드는 것까지는 그럴 수 있다고 봐. 그래도 북한을 악마화 한다는 것은 동의하기 어려워." 북한을 조금이라도 좋게 말하려고 하면 곧바로 나올 법한 반응이다. 21세기에 이런 정권이 어떻게 유지될 수 있을까 하는 의문이 절로 든다. 원래 악마라면 대화를 하려고 하기보다는 무력을 쓰더라도 '정권교체'를 해서 불쌍한 북한 주민이라도 살려야 한다는 생각도 든다. 악마가 절대 힘을 키우기 전에 싹을 자르거나 그게 안 되면 미국이라는 더 힘 쎈 보호자의 도움을 받는 것 역시 불가피하다. 북한의 이런 실체도 모르고 평화를 주장하는 이들은 북한의 하수인이거나 철부지다. 얼핏 보면, 틀린 말도 아니고 달리 반박할 재주도 없어 보인다. 그렇지만 한국은 물론 국제사회에 퍼져 있는 '악의 축' 북한이라는 통념 또한 '만들어진 건축물'일 가능성이 매우 크다. 몇 가지 쟁점을 차분하게 짚어보면 전혀 다른 그림이 보인다. 북한을 잘 아는 사람들일수록 위에 나온 얘기에 동의하지 않는다.

『재미동포 아줌마, 북한에 가다 – 내 생애 가장 아름답고도 슬픈 여행』(2012). 『우리가 아는 북한은 없다』(2019). 재미교포 신은미가 쓴 책의 제목이다. 북한의 지령을 받은 '종북'이나 철부지가 아닌가 싶겠지만 안 그렇다. 책에 적힌 저자 소개에는 "이화여대 음대를 졸업하고 미국 미네소타 주립대에서 박사학위 취득했다. 대학에서 성악과 교수로 학생들을 가르쳤다."라는 내용이 나온다. 미국 시민이면서 왜 북한을 갔냐고 반문할지 모르지만 그 얘기도 책에 나온다. "지난해 10월, 여행을 좋아하는 남편과 함께 북한에 가게 됐습니다. 호기심으로 떠난 여행이었지만, 저는 처음으로 우리 민족의 비극적 운명과 민족애를 느꼈습니다. 동시에 통일에 대한 염원이 생기게 됐습니다. 2011년 10월 이후 지난 4월에 열흘 동안, 그리고 5월에는 3주 동안 나진·선봉을 비롯한 북한 전역을 여행했습니다."란 부분이다. "내가 자라던 시절의 반공교육에 의하면, 북한 사람들은 사람 모습을 하고 있는 '도깨비 악당'들이었다. 그들은 슬픔도 기쁨도 사랑도 연민도 인정도 웃음도 모르는, 그저 빨간 깃발 아래 총부리 겨누며 행진하는 무서운 로봇들이었다. 마지막 순간까지 "공산당이 싫어요"라고 외치는 어린 소년을 무참히 죽일 것만 같았던 '짐승'같은 존재였다."라고 생각하는 "평범한 주부이자 아이들의 엄마"였다.[102] 그런데 남모를 곳에 끌려가서 세뇌를 당했는지 돈에 매수되었는지 모르지만, 북한을 40일 정도 여행한 뒤에 인간이 변했다. 북한을 혐오하던 한 고등학생에 의해 황산 테러를 당했고, 국가보안법 위반 혐의로 고발되었으며, 급기야 미국으로 강제 출국 명령을 받았다. 반성은 커녕 북한의 대변자 노릇을 한다. "북한을 아무리 자주 다녀도 갈 적마다 감동해서, 슬퍼서, 분단된 조국이 너무 억울해서 눈물이 난다"고 말할 정도다. 왜 그럴까? 다음의 인터뷰에 그 이유가 나온다.[103]

북녘의 동포들이 무슨 생각을 하고 무슨 음악을 들으며, 무슨 영

---

102) 전형경. 2014/7/28. 재미교포 아줌마, 평양에 가다. <NK투데이>.

103) 이장수. 2019/5/7. 언론이 감춘 북한의 변신 <우리가 아는 북한은 없다>. <민플러스>.

화를 보며 무슨 음식을 먹고, 무슨 옷을 입고, 무슨 일을 하고 아이들은 어떤 모습이며, 등등, 그리고 북한에 대해 있는 그대로 알고 있다고 해도 우리와는 많이 다른 북녘의 모습을 틀린 것이 아닌, 다름 그 자체로 받아들이고 그들을 문화적으로 이해해야 합니다. … 그리고 그 이해는 머리로 하는 것이 아닌, 사랑을 품고 가슴으로 하는 이해입니다. 이것이 가능할 수 있는 이유는 남과 북의 동포는 오랜 역사와 문화를 통해 변하려야 변할 수 없는 민족적 정서를 공유하고 있기 때문입니다. 통일은 가슴으로 하는 것이라고 저는 믿고 있습니다. 그 가슴은 남과 북 그리고 해외동포 모든 이들의 가슴입니다. 남녘 동포, 북녘 동포의 고통이나 행복에 우리 모두 슬픔의 눈물을 함께 글썽이고 기쁨의 눈물을 함께 흘릴 때, 온 겨레가 원하는 통일은 우리 앞에 다가와 있을 것입니다.

뭘 모르는 아줌마가 북한의 속임수에 걸려든 것 아닐까? 국제 정치학을 잘 알고 미국 내에서도 인정받는 권위자 중에도 견해를 같이하는 사람이 있다면 머쓱해진다. 미국 조지아대학교에서 석좌교수로 있는 박한식이 그런 인물이다. 2018년 〈서울신문〉의 강국진 기자와 대담형식으로 『선을 넘어 생각한다』는 책을 냈다. 부제가 "남과 북을 갈라놓는 12가지 편견에 관하여"다. 1939년 만주에서 태어나 평양에서 수용소 생활을 했다. 분단이 되면서 경북 청도로 내려왔고 서울대학교 정치학과를 졸업했다. 미국 미네소타주립대에서 정치학으로 박사 학위를 취득한 후 조지아대학에서 교편을 잡았다. 제2차 한국전쟁 직전까지 내몰렸던 1994년 당시 조지아 주지사였던 지키 카터 대통령과 함께 평양을 방문했다. 덕분에 한반도 전쟁은 일어나지 않았다. 지금도 CNN 등에서 북한 문제가 터지면 자주 인터뷰하는 권위자다. 2019년 3월부터 〈한겨레〉에 "박한식의 평화에 미치다."를 연재하고 있다. 북한을 제대로 알지도 못한 채 '좋은 말'만 하는 사람은 아니다. 위의 책 서문에 보면 "저는 지금까지 북한을 50여 차례 방문하면서 많은 북한 사람을 만나 보았습니다. 그러다 보니 북한에 대한 온갖 억측과 과장, 왜곡 등의 오해가 너무 많다는 것이 항상 마음에 걸렸습니다. 물론 북한이 워낙 폐쇄적이라 정보 자체가 적은 것도 중요한 원인이겠지만, 의도적인 '악마화' 혹은 '북한에 대한 오리엔탈리즘'이 존재하는 것 또한 분명한 사실입니다."라는 얘기가 나온다. 국내 언론에서는 찾아보기 어려운 '맥락'도 전해준다.

그는 먼저 2013년 12월의 장성택 처형에 대해 말한다. "대다수 한국 사람들에게 장성택을 누가 죽였는지 물어보면 대부분 '김정은 국무위원장'이라고 대답할 것입니다. 저에게 같은 질문을 한다면 저는 '모른다'고 답할 것입니다. 제가 평양에서 들은바를 종합해 보면 조선노동당의 여러 최고위급 간부들이 협의한 끝에 장성택을 처형하기로 결정했기 때문입니다. … 당 차원에서 '당과 국가를 위해 살려 둘 수 없다'고 결정했다는 것입니다."라는 부분이다. 김정남 암살 사건에 대한 북한의 관점도 이 책에 들어 있다.

제가 경찰이나 정보기관 종사자가 아닌 이상 누가 어떻게 왜 죽였는지 길게 분석하는 것은 주제넘는 일입니다. 다만 학자로서 김정남 암살 사건의 정치적 맥락을 살펴보는 것은 가능할 것입니다. … 북한은 말 그대로 김일성 '왕국'이고 김정남은 어쨌든 김일성 주석의 맏손자입니다. 역사를 살펴보면 왕조국가에서 이런 일이 비일비재했습니다. … 김정일 국방위원장만 해도 이복동생인 김평일과 미묘한 관계에 있었고, 결국 김평일은 수십 년째 유럽 대사관을 전전하고 있는 것으로 알려져 있습니다. … 김정남은 어릴 때부터 놀기 좋아하고 물욕만 많아서 일찍부터 김정일 국방위원장의 눈 밖에 났었는데, 일본을 몰래 방문했다가 억류된 것이 결정타였습니다. 친엄마인 성혜림도 정통성 있는 부인이 아니었습니다. 거기다 김정남의 후견인 역할을 한 사람이 바로 장성택이었습니다. 일각에서는 충성 경쟁 차원에서 발생한 암살일 가능성을 제기하기도 했고 그럴 가능성도 배제할 수는 없을 것입니다. (53-54쪽)

제 식구끼리 치고받는 것은 그렇다 치더라도 '천안함'을 공격하는 것은 용서할 수 없지 않을까? 박교수가 보기 좋게 속아 넘어간 것일 수도 있지만 이와 관련한 북한의 입장을 엿볼 수 있는 내용이 있다. "한국 정부는 천안함 사건과 관련해서 북한에 '사과하고 책임자를 처벌하라'고 요구하는 등 천안함 문제로 연일 시끄러울 당시, 북한 측 고위 간부들에게 '사과는 훗날 하더라도 어찌 되었든 미래를 봐야 하는 것 아니냐'고 말했더니, 대뜸 '우리가 하지도 않았는데 사과는 무슨 사과냐'며 언성을 높이는 것을 보고 남북 간에 이 문제를 근본적으로 풀기는 쉽지 않겠다고 생각했습니다."라는 얘기다. 국제사회가 이구동성으로 비난하는 인권 문제에 대해서도 "북한을 제대로 보기 위해서는 다양한 측면의 역사적 · 제도적 맥락을 종합적으로 살펴보는 시각"이 필요하다고 말한다. "북한의 인권과 관련해서는 1990년대 식량난이 일으킨 파괴적 효과를 이야기하지 않을 수 없습니다. 자연재해와 에너지 부족 등이 복합적으로 작용한 북한의 식량난은 국가가 책임지던 배급과 무상 의료제도를 무너뜨렸습니다. 무엇보다 식량난은 그 자체로 생존권을 심각하게 침해합니다. … 재난 상황에서 여성, 아동, 노인들이 가장 큰 위협에 노출되었습니다. … 식량난으로 체제 불안이 가중되자 당국은 감시와 통제를 강화했고, 이것이 상호 감시제와 상호작용을 일으켜 피해가 심각해졌습니다."라는 말도 덧붙였다. 물론 이를 고려하더라도 "그 이후에도 잔혹한 탄압이 계속된다는 탈북자의 증언에 대해서는 뭐라고 할 거냐?"란 질문은 여전히 유효하다. 박교수는 이와 관련해서도 한번쯤 곱씹어야 할 화두를 던진다. 탈북자들을 둘러싼 정치적 맥락 얘기다. 〈한겨레〉 연재를 통해 그는 다음과 같은 얘기를 전해준다.

'탈북'이라는 행위는 북한을 혐오하고 부정하는 가치판단을 명시적으로 함축하고 있다. 북한을 실존적으로 부정한 사람이 어찌 북한에 대해서 공정한 얘기를 할 수 있겠는가? … 더욱 심각한 문제가 있다. 나는 황장엽과 개인적 친분이 있어서 그의 망명 이전 북한에서부터 많은 얘기를 나누었다. 그를 통해서 직접 확인한 적도 있는데, 탈북자의 얘기는 대부분 국가안전기획부(안기부) 내지 국가정보원(국정원)의 각본에 따른 것이라고 말했다. 그런데도 한국의 많은 북한 연구자들은 탈북자의 증언을 기초로 각종 학술서를 저술하고, 탈북자 자신 또한 북한에 대한 가치판단을 기초로 저술한 책을 출판해서 북한 문제 '최고의 전문가'로 행세하고 있지 않은가?[104]

북한 인권 담론을 연구한 싱가포르 대학의 송지영 교수도 비슷한 애기를 한다. 보편적 가치로 알려진 인권을 둘러싼 정치가 있다는 애기다. 그의 연구에 따르면 "탈북자들은 인터뷰를 하는 사람이 듣고 싶어 하는 이야기를 잘 알고 있다. 유엔 북한인권조사위원회나 미국 의회, 서구 언론을 불문하고 질문은 한결같다. "왜 북한을 떠났나? 그곳에서의 삶은 얼마나 끔찍했나?" 그들의 이야기가 끔찍하면 끔찍할수록 더 많은 관심을 받는다. 국제적인 행사에 초청받는 일이 늘어날수록 수입이 늘어난다. 비극적이고 충격적인 이야기들의 경쟁, 이것이 자본주의가 작동하는 방식이다. 이는 한국에서 폐지를 줍거나 화장실을 청소하며 돈을 버는 일보다 나은 삶이다."라고 밝혔다. 유엔 북한인권 조사위원회(COI) 출범에 중요한 근거가 되기도 했던 증언이 허위로 밝혀진 적도 있다. 2013년에 발간된 『14호 수용소 탈출 - 자유를 찾아 북한에서 서방까지 한 남자의 놀랍도록 긴 여정(Exodus from Camp 14)』의 주인공 신동혁 애기다. 북한은 처음부터 그의 주장을 허위라고 밝

---

104) 박한식. 2019/9/24. "요지부동 한반도 냉전 '미국 지적 식민지화' 탓도 크다". <한겨레>.

했고 실제 그의 주장 중 상당 부분은 거짓인 것으로 드러났다.[105]

북한이 왜 핵실험과 미사일에 집착하는가에 대해서도 맥락을 이해할 필요가 있다는 게 그의 마지막 고언이다. "미국은 북핵 문제를 해결하기 위해 북한과 정치적 협상을 하는 듯하지만 실제로는 '완전하고 검증가능하며 돌이킬 수 없는 폐기(CVID)'라는 비현실적인 요구를 하면서 북한으로 하여금 핵무기를 포기하지 못하게 하고 있다. 그런 반면 남한에 대해서는 미국의 핵우산을 이유로 핵무장을 막고 있다. 그러면 북의 핵이 두려운 남한은 미국의 군산복합체로부터 첨단 재래식 무기를 무한정 구입해야만 한다. 더욱이 미국은 한-미 군사훈련을 한국과 세계에 미국의 최첨단 신무기를 홍보하는 수단으로도 활용한다."라는 말에 잘 녹여져 있다. 언론복합체를 주연배우로 한국 사회 전체가 일종의 조연배우로 함께 참여하는 '북한 악마화'는 이런 구조에서 일상적으로 진행된다. 조연의 역할이 집단정서에 호소함으로써 '고정관념'을 강화하는 것과 달리, 주연은 '프레임'을 통해 논리적으로 설득한다는 게 다르다고 할까?

프레임 중에서는 '불량국가'가 돋보인다. 〈국민일보〉가 2019년 3월 18일에 보도한 "탈북민들에게 이래선 안 된다."라는 칼럼에 나온다. 필자는 뉴라이트운동을 이끌었던 김진홍 목사다. "북한은 나라 전체가 '감옥'이라는 평이 나올 정도로 북한 인권 실태는 참담하다."라고 말한다. 탈북자 출신으로 〈조선일보〉 기자로 있는 강철환이 2011년 10월 24일에 쓴 "북한 민주화의 3대 조건"에서

---

105) 정준호. 2015/2/7. 北 인권운동 스타 '진실의 벼랑'에 서다. 〈한국일보〉.

도 발견된다. "김정일 부자(父子)는 폭압체제를 유지하기 위해 국제사회의 압력에도 정치범수용소를 더 확대 운영하고 있다. 북한 내부에서 부는 남한 바람을 차단하기 위해 남한 드라마와의 전쟁이라는 해괴한 명분을 앞세워 국가보위부 등 폭압기구가 총동원되고 있다. 북·중 국경을 감옥처럼 만들고 중국에서 북송돼 오는 탈북자들을 야만적으로 고문하고 처형하면서 국경 붕괴를 막기 위해 최후발악을 하고 있다."는 내용이다. 통일부차관 출신의 김석우가 〈펜앤드마이크〉에 기고한 글을 관통하는 것도 이 프레임이다. "인민들의 이익을 대변한다는 전위조직으로서의 공산당은 봉사자가 아니라 인민 위에 군림하는 착취자가 되어버렸다. … 김정은은 측근 고위인사들마저 참혹하게 공개처형하고 강제수용소에 10만 명을 구금하여 폭압통치를 하고 있다"와 같은 대목이다. '위장전술' 프레임도 자주 등장한다. 다음의 주장에 잘 드러나 있다.

김정은은 한-미 간에 이간질을 하면서, 문재인 대통령의 화해에 대한 열망을 철저히 악용하고 있다. 또 고위급 교류에서 배제되지 않기 위해 절박한 입장의 아베 총리와의 대화 가능성까지 배제하지 않을 것으로 보인다. 김정은에게는 무엇보다도 주민들에게 보여줄 통치자금, 그리고 벌려 놓은 각종 건설 공사에 투입할 자금이 절실하다. (김상욱, 2019/5/31, 〈뉴스타운〉).

이제 '우리 민족끼리'라는 종족적 관념의 전근대성과 '우리는 하나다'라는 구호에 숨겨진 거짓과 기만의 선동성을 벗겨야 한다. 남한과 북한은 정치 체제가 완전히 다른 지구상에서 가장 이질적인 체제다. 북한이 선전·선동에 이용하는 '우리는 하나다'라는 감상적 구호들은 이질적 정치 체제의 문제점을 제대로 인식하지 못하도록 가로막는다.(권순철, 2019/2/28, 〈자유일보〉).

남북문제가 풀리지 않는 근본적인 이유는 북한에게 핵을 포기할 의사가 조금도 없기 때문이다. 북한은 직간접적으로 이를 여러 차례 표시해 왔다. 아직도 이에 대한 환상을 가지고 있는 사람이 있다면 속히 깨어나길 바란다.(민경훈, 2019/6/18, 〈미주한국일보〉).

또 다른 프레임 중에 '안보위협'이 있다. 2019년 7월 27일 〈조선일보〉 사설 "金 '對南 경고'라는데 文은 침묵하고 軍은 '위협 아니다'"에 잘 드러나 있다. "북이 핵과 미사일을 개발한 것은 자신들의 체제를 지키면서 미국에 맞서기 위한 것이라고 말은 하지만 실제는 한국을 협박하고 깔고 앉으려는 것이다. 김정은이 그런 본심을 드러내고 있다. 그래도 한·미 정부 모두 국내 정치에 미칠 파장에만 전전긍긍한다. 대한민국 안보는 누가 걱정하나."라는 주장이다. 같은 신문의 10월 7일 사설도 "한·미가 무엇을 어떻게 하든 김정은은 핵 보유 꿈을 버리지 않는다. 한·미의 모든 안보 전략은 이 명백한 현실의 토대 위에서 세워져야 한다. 북과 협상을 계속하되 유일한 지렛대인 제재를 더욱 강화하는 한편으로 북핵을 무용지물로 만들 실질적인 군사적 대응책도 함께 수립해나가야 한다."는 입장이다. 〈문화일보〉의 10월 7일 사설 "북은 핵, ICBM 재개 협박, 文정부는 여전히 '평화쇼' 타령"에도 같은 프레임이 관통한다. "김정은의 비핵화 진정성을 믿는 사람은 세계에서 문 대통령과 트럼프 대통령뿐이라는 농담 아닌 농담이 나돌 정도다. 문 대통령은 더 이상 '평화 쇼'로 본질을 호도 말고 북핵 폐기라는 본질로 돌아가기 바란다."라는 주장에 포함되어 있다. 〈동아일보〉의 경우 '위장전술'과 '안보위협' 프레임을 모두 동원한다. 2019년 9월 7일 사설의 제목은 "대화판 깔아놓고 核무기 고 늘린 北의 국제 사기극"이다. "위기로 치닫던 한반도가 지난해 초 대화 국면으로 바뀐 이래 요란한 정상회담 이벤트가 이어졌지만 어떤 실질적 합의도 이뤄지지 않았다. 결국 북한엔 시간벌기용이었던 셈이다. 하지만 판을 깨지는 않으면서 대화를 거부하는, 그러면서 대남 도발까지 용인받는 북한의 사기극이 오래갈 수는 없다."에는 특히 '대남도발'과 '사기극'이라는 단어가 들어가 있다. 북한의 대화 노력을 '속임수'로 보는 관점은 "김정은, '백두산 백마쇼의 노림수'"(조선일보, 2019/10/26), "비핵화 약속은 대국민 사기극? 다가오는 진실의 시간"(동아일보, 2019/7/28), "북한의 '비핵화 사기극'? 주연 김정은, 조연 대한민국?"(블루투데이, 2018/11/22), "美 서 '北 핵 사기' 여론 퍼지는데 韓은 '제재 완화' 올인"(뉴스플러스, 2018/11/15), "단계적 비핵화는 '3대' 걸친 사기 행각"(뉴데일리, 2018/3/29), "文-金 회담, 쇼하고 노벨상 탄 DJ-김정일 사기극 속편"(자유일보, 2018/5/8) 등의 제목에도 잘 반영되어 있다.

악마의 후견인, 중국

국제사회를 관통하는 불변의 법칙으로 "영원한 적도 친구도 없다"라는 말이 있다. 역사를 조금만 돌아봐도 그 증거는 차고 넘친다. 1776년 미국이 독립전쟁을 벌인 대상은 지금은 혈맹으로 불리는 영국이다. 1775년부터 1783년까지 양국은 죽기 살기로 싸웠다. 프랑스는 이때 미국을 편들었다. 뉴욕 맨해튼 입구에 서 있는 자유의 여신상은 이 동맹의 증거로 프랑스가 선물한 것이다. 미국과 영국은 1812년부터 1815년까지 또 전쟁을 했다. 프랑스의 나폴레옹 군대를 격파한 뒤 영국이 화력을 집중하면서 수도 워싱턴 DC가 불에 탄 그 전쟁이다. 제대로 수리도 못한 채 흰색 페인트로 칠해 '화이트 하우스'라는 이름의 백악관이 생겼다. 제2차 세계대전 동안 독일, 이탈리아와 일본의 동맹군에 맞서 미국에 힘을 보태준 국가는 소련과 중국이다. 전쟁이 끝난 직후 미국과 서방 국가들은 이들을 공공의 적으로 규정했고 그때부터 냉전이 시작됐다. 중국과 한국의 관계도 별로 다르지 않다. 늘 원수도 아니었고 그렇다고 늘 사이가 좋았던 것도 아니다. 최근에 나온 영화 〈안시성〉이나 〈평양성〉에서 보듯 당나라와 고구려는 늘 불편한 관계였다. 당나라의 힘을 빌려 고구려를 물리친 이후 신라 역시 당나라와 전쟁을 벌였다. 고려를 건국한 태조 왕건은 당시 중국 천하를 통일한 송나라와 아주 좋은 관계를 유지했다. 중간에 있는 거란을 견제할 필요성 때문이었다. 고려와 중국의 우호적인 관계는 몽골 제국의 등장으로 시련에 빠졌다. 몽골의 공격을 맞아 고려는 약 7년 이상 버텼지만 결국 항복하고 왕자를 인질로 보냈다.

명나라가 중국을 통일하는 과정에 한반도에서는 조선이라는 새로운 왕조가 등장했다. 원나라를 돕기 위해 명나라를 공격하라는 명령을 거부한 이성계는 내친김에 왕위에 올랐다. 1592년 임진년에 일본이 조선을 침략했을 때 명나라는 원군을 보내 줄 정도로 양국은 가까웠다. 중국의 주인이 청나라로 바뀌면서 또 한번의 대외정책 전환이 불가피한 상황이 왔다. 만주족이 세운 청나라는 1627년과 1636년 조선을 공격했고 역사책에서 이 사건은 '정묘호란'과 '병자호란'으로 불린다. 한자어 호(胡)는 오랑캐를 뜻하며 란(亂)은 어지럽다는 의미다. 참혹한 패배를 겪고 난 이후 조선은 자신을 명나라의 후예로 보는 소중화(小中華) 사상으로 무장한다. 명나라 황제를 모시는 만동묘(萬東廟)와 임진왜란 때 도와준 은혜를 잊지 않겠다는 뜻에서 세운 대보단(大報壇)이 그 흔적이다. 1910년 일본의 식민지가 되기 직전 청나라는 조선의 후견인이었고 그 이후에는 함께 제국주의 투쟁에 나섰다. '악마의 후견인' 중국은 1945년 일본의 패망이 가져다준 부산물이었으며, 분단을 맞은 한반도는 또 다른 선택을 강요받았다. 미국의 영향권에 있었던 한국은 자연스럽게 중국 본토를 차지한 중화인민공화국(중공)과 맞서게 된다. 1949년 중국 공산당에 패한 장개석이 이끄는 국민당이 세운 대만과 '반공동맹'의 일부가 되는 것도 당연했다.

무려 40년 이상 지속한 적대관계는 1992년 8월 24일 체결된 한중수교를 통해 마침표를 찍게 된다. 북한이라는 '악마의 후견인' 중국은 이를 고려할 때 반세기가 채 못된 건축물로 보면 된다.

국가이익 관점에서 봤을 때도 한국에서 푸대접을 받거나 '악마'가 될 이유는 별로 없다. 물론 중국은 그 덩치만으로 위협이다. 2019년 홍콩 시위와 티벳트, 신장지구 등에서 드러나듯 '독립'운동은 냉혹하게 다룬다. 언론자유를 억압하고 곳곳에서 인권을 탄압한다는 비판이 끊이지 않는다. 주변국도 못살게 군다. 가령, 2017년 경북 성주에 고고도미사일방어시스템(THAAD)이 설치되었을 때는 우리를 상대로 무역보복을 했다. 동북아 안전을 위협하는 북한에 대해서도 자신의 이해관계만 앞세운다. 그러나 김성해와 정연주가 2016년 발표한 논문에는 좀 다른 얘기가 나온다.[106] 그들은 크게 3가지 문제의식을 제기했다. 그중 첫 번째는 "한국과 중국의 국가이익 지형이 냉전 이후 '보완' 관계인지 '충돌'인지 살폈다. '만약, 양국이 상생(相生)할 수 있는 관계라면 왜 한국 언론에서는 중국을 악마로 만들려는 보도가 끊이지 않는지?'가 두 번째 질문이다. 마지막으로, '중국 때리기'로 요약되는 언론의 보도는 중국의 어떤 부정적인 측면에 집중되고 있으며, 이 과정에서 동원되는 프레임은 무엇인지"를 파헤쳤다.

국가안보라는 관점에서 봤을 때 중국은 위협일까? 덩치로 보나, 국방비로 보나, 군사무기 수준을 볼 때 위협은 분명하다. 그러나 과거 적대적인 관계일 때와 지금은 다른 상황이다. 게다가 중국은 일찍부터 미국과 소련 어디에도 개입하지 않겠다는 '제3세계'의 길을 선호했다. 그때는 약했지만 지금은 달라졌다고 볼 수

---

106) 김성해·정연주. 2016. 누구를 위해 좋은 올리나? '중국 때리기' 담론을 통해서 본 한국의 미국 사대주의 <커뮤니케이션이론> 12(3). 49-97.

있지만 분명한 외교지침이 있다는 것은 부정할 수 없다. 중국의 현대화를 이끈 장본인으로 알려진 덩샤오핑의 유훈이 그 증거다. "첫째 냉정하게 관찰할 것(冷靜觀察), 둘째 서두르지 말 것(穩住刻步), 셋째 침착하게 대응할 것(沈着應付), 넷째 어둠 속에서 조용히 실력을 기를 것(韜光養晦), 다섯째 꼭 해야 할 일이 있는 경우에만 나서서 할 것(有所作爲)"으로 요약된다. 국제사회 분쟁에서도 개별국가의 '주권'을 보장해야 한다는 것과 '평화적 방식'으로 해결해야 한다는 입장을 유지한다. 북한이라는 위협을 제대로 견제하지 못하고 있다거나 혹은 북한을 통해 한국을 위협한다는 주장도 설득력이 약하다. 중국이 북한을 뒤에서 도와주기 때문에 한반도 위기가 지속한다는 것은 소설에 가깝다. 미국 관료가 한 말이 있다. "우리도 정말 중국이 북한에 결정적인 압력을 가하거나 중국이 북한을 포기할 것이라고 믿지 않는다. 그럼에도 우리가 이렇게 말하는 것은 다른 더 좋은 대안이 없기 때문이다. 우리가 몰라서 그러는 것이 아니다. 동시에 이것은 나름대로 유용했다. 특히 미국이 북핵 문제를 두고 공개적으로 중국에 압력을 가하는 지렛대를 유지하는 것은 미국에 전략적 도움이 된다"라는 말에 잘 나와 있다.[107]

중국이 국제무역질서를 어지럽힌다는 주장도 절반 정도만 맞다. 종이에 불과한 달러로 전 세계를 상대로 과도한 빚을 지고 있는 국가는 미국이다. 1945년 전쟁 직후 만들어진 국제통화기금

---

107) 이성헌. 2014. 북핵의 중국 책임론과 미국의 외교 전략. <성균차이나브리프>. 118~123쪽.

(International Monetary Fund, IMF)을 중심으로 한 국제금융질서도 만신창이다. 1980년대 남미 외채위기를 시작으로 국제사회에서는 외환위기가 그칠 날이 없다. 한국도 1997년 호되게 당한 경험이 있다. 물론 일부에서는 지금도 '한국의 경제 체력이 문제였다.'라고 믿지만 급속한 자본자유화와 국제적 핫머니가 원인이라는 것도 많이 드러난 상태다. 중국, 러시아, 브라질, 인도, 남아공 등이 공동으로 설립한 신개발은행(New Development Bank, NDB)이라든가 아시아인프라투자은행(Asia Infrastructur Invesment Bank, AIIB)은 이런 문제의식에 동의한 국가가 많다는 증거다. 중국이 힘을 보태는 상황이 한국에 불리할 것도 없다. 만약 1997년 중국이 일본이 제안했던 아시아통화기금(Asia Monetary Fund) 설립에 동의했다면 한국은 그 참혹한 외환위기를 겪지 않아도 됐다. 미국이 독점하고 있는 인공위성이나 인터넷 관리를 '투명하고, 공정하게, 함께' 관리하자고 주장하는 중국과 한국이 충돌할 일도 없다. 끝으로, 유교라는 문화를 공유하고 지리적으로 인접해 있다는 점도 역시 긍정적으로 작용한다. 같은 한자 문화권으로 공유하는 부분이 많다. 중국으로 유학을 가는 한국 학생도 많고 반대로 한국에 와 있는 중국 학생도 상당한 규모다. 문화적으로 가깝지 않으면 쉽지 않은 일이다. 그렇다면 왜 한국의 일부 언론은 자꾸 중국에 대해 안 좋은 기사를 쏟아낼까? 위의 연구자들은 그 원인을 미국의 중국에 대한 '전략적 경쟁자' 선언에서 찾는다.

　'중국 때리기'의 원형은 '일본 때리기'다. 1980년대, 일본은 경제력에서 빠른 속도로 미국을 따라잡았다. 자동차, 전자, 컴퓨터 등에서 미국 기업은 일본의 상대가 되지 못했다. 2019년 트럼프 대통령이 중국을 '환율조작국'이라고 비난하면서 외환시장에 개입한 것과 같은 일이 벌어졌다. 1985년 뉴욕의 플라자호텔에서 일본은 미국 1달러 대비 엔화의 교환비율을 300엔대에서 100엔대로 낮추는 데 합의했다. 일본 사회는 원자폭탄에 이어 제2의 금융폭탄을 맞았다고 아우성을 쳤다. 미국을 대상으로 벌어들인 무역흑자가 1/3 수준으로 줄어든 상황이었다. 미국은 여기에 그치지 않았다. 톰 클랜시의 『적과 동지(Debt of Honor)』와 마이클 크라이튼의 『떠오르는 태양(Rising Sun)』 등의 소설이 베스트셀러가 됐다. 영화에서도 일본은 악당으로 등장했다. 〈다이하드〉, 〈블레이드러너〉, 〈로보캅3〉 등에서 일본은 미국을 위협하는 악마가 되어 있었다. 중국에 대한 비판의 목소리는 트럼프 행정부에서 더욱 높아졌다. 2017년 12월 18일. 트럼프 대통령은 "중국과 러시아는 미국의 가치와 이익에 어긋나는 세계를 만들려고 한다. 중국은 인도·태평양 지역에서 미국을 밀어내려고 한다"고 말했다. 중국은 "미국의 지위를 대체하고, 자신들의 이익에 맞게 지역 질서를 재편"하려는 음모를 꾸미고 있다는 말도 덧붙였다. 〈중앙일보〉의 김영희 대기자가 지적한 것처럼 "힘을 통한 미국의 이익 방어"를 선언한 '신냉전' 포고문에 가깝다. 미국을 해바라기처럼 바라보고 모방하는 한국의 언론은 이런 분위기에 당연히 영향을 받는다. 게다가 한미동맹이란 수호천사를 지키기 위해서는 '중국'을 그냥 놔둘 수 없다. 어떻게 했을까? 앞에 나온 담론전략과 본질적으로 같다. "나쁜 점은 적극적으로 부각하고 이를 정당화 시키기 위한 일련의 논리 줄거리를 활용한다"로 요약된다.

중국이 악마인 이유는 크게 4가지로 묶이는 것으로 밝혀졌다. 그중 하나는 '인권유린'이다. 천안문사태, 달라이라마 체포, 비인간적인 강제노동, 파룬궁 탄압, 티베트 신장지구 유혈 진압과 양심수 천광천 사건이 근거다. '패권추구'라는 점도 집중 조명을 받는다. 군비를 확장하고, 군사훈련을 한다는 점, 동북공정을 통해 역사를 왜곡한다는 점, 중국발 해킹이 많다는 점, 남중국해에서 영토분쟁을 일으킨다는 점 등이 거론된다. 국제사회의 보편적 가치를 훼손하는 '자격미달'이라는 얘기도 많다. 탈북자를 강제로 북송시키고, 무역 불균형을 고치기 위해 노력하지 않으며, 환율시장에 과도하게 개입하고, 한국 외교관과 기자를 폭행했다는 얘기가 여기에 포함된다. 덩치가 큰 강대국이면서 '책임회피' 한다는 이유도 자주 나온다. 북한탈북자를 제대로 돌보지 않고, 북한에 대해 충분한 압력을 가하지 않고, 일방적으로 북한을 감싼다는 내용이다. 한 예로, 〈문화일보〉 2010년 1월 6일자 기사에는 "중국은 탈북자 강제북송으로 국제사회의 지탄을 받아왔다. 굶주리다 못해, 또 박해를 견디다 못해 북한 치하를 벗어난 주민을 위해 국제규범을 좇아 난민으로 보호하기는커녕 다시 사지로 되돌려 보내면서 인도주의를 말할 자격이 있을 리 없다."라는 내용이 있다. 2012년 2월 9일 〈세계일보〉 사설에 실린 "중국은 분노의 함성이 안 들리는가. 북한 군의 총격을 무릅쓰고 압록강 · 두만강을 건너는 탈북자는 중국이 주장하는 '불법 월경자'일 수 없다. 생지옥을 넘나든 난민이다. 난민을 강제북송해 죽음으로 모는 것은 반인도적 만행이다. 지구촌이 왜 한 목소리로 함성을 터뜨리는지 중국은 돌아봐야 한다."는 주장도 같은 관점이다. 다음에 나오는 것처럼 '정서'를 자극하기 위한 목적으로 사용된 표현도 두드러진다.

아시아의 병자; 올림픽 정신오염; 비인도적 & 비인륜적; 옹졸한 행동; 인권 후진국; 비민주적 폭압적인 행태; 간접살인; 후안무치한 태도; 중국의 인권탄압 = 금메달감; 올림픽정신은 중국에서 죽는다. 극히 무도(無道)한 행위; 중국의 이중잣대; 중국의 국력이 약해도 문제이지만 강해도 골칫거리; 군사적 패권주의; 패권주의 냄새; 역사 패권주의; 오만하고 비이성적; 치졸하다; 중화패권주의; 역사제국주의; 카오스 시니카; 가히 조폭수준; 덩치 큰 불량배. 외교관례 무시; 일방주의와 오만함; 문화주권 간섭; 폭력민족주의; 국제법 준수 원칙 저버리는 동시에 반(反) 인도주의; 시대정신에 어긋난다; 중국의 막무가내 외교; 반인도적 만행; 오만방자한 행태; 속좁은 국수주의적 성향; 난폭하고 옹졸한 짓; 파렴치한 일; 배타적인 중화민족주의. 무책임한 방관; 문제의식 갖는 대신 북 껴안기; 인권 도외시 및 치외법권 무시; 국가적 양심마저 의심케; 유치하고 졸렬한 행위; 국제여론도 묵살한 중국; 역행하는 중국[108].

위의 논문이 작성되었던 2016년과 비교했을 때 2019년 지금은 얼마나 달라졌을까? 국내 언론이 재현하고 있는 중국의 모습

---

108) 김성해·정연주. 2016. 논문에서 재인용.

은 별로 달라지지 않았다. 〈뉴데일리〉〈미래한국〉〈주간동아〉〈동아일보〉〈조선일보〉〈VOA〉〈자유일보〉 등 복합체 후보군의 경우 정도는 더 심하다. 먼저 〈조선일보〉의 사설과 칼럼에서는 '패권추구' 프레임이 반복된다. 잠깐만 검색을 해 봐도 "중국패권의 시대는 오지 않을 것이다"(2010/12/28), "화웨이 직원 상당수, 중국군, 국가안전부 이중소속"(2019/7/9), "로마서 '황제예우' 받은 시진핑, 비판받는 이탈리아 정부"(2019/3/24), "중국만 배불리는 '일대일로'의 민낯"(2018/9/6) 등이 발견된다. 핵심 주장도 거의 비슷하다. 중국의 경제 패권과 관련해서는 "중국의 투자를 받은 '일대일로' 관련 국가가가 '빚더미' 위에 올라앉게 된 것도 심각하다.", "개발원조 전문 싱크탱크인 글로벌개발센터(CGD)는 일대일로 협력국 68국 가운데 23국이 대(對)중국 부채로 취약해졌고, 이 가운데 파키스탄·라오스·키르기스스탄·몽골 등 8국은 심각한 상황이라고 진단했다", "중국은 수표책을 흔들며 막대한 자금을 저금리로 대출한 뒤 천연자원 독점 사용권과 현지 시장개방을 얻어낸다"며 중국의 식민주의라고 비판했다", "일대일로 프로젝트는 중국의 '신식민지 정책'인 것이 드러났다. 일대일로 참여 국가들 중 빚을 감당하지 못하고 사업 규모를 축소 혹은 중단하거나 운영권을 넘기는 국가들이 속출하는 가운데 국제통화기금(IMF)에 구제금융을 요청하고 있는 국가들까지 줄을 잇고 있다." 등이다. 그러나 미국 정부와 서방 언론에서 중국의 경제식민지로 전락하고 있다는 라오스 등은 전혀 다른 생각을 갖고 있다. 현지 사정을 잘 아는 전문가인 백두주 교수의 글에 이와 관련한 얘기가 나온다. 그는 현재 라오스수파노봉대학교에 재직 중이다. 중국과 라오스의 관계를 그는 다음과 같이 설명한다.

중국자본 및 ODA의 대규모 유입은 국내 투자자본이 매우 취약한 라오스 내 상황을 감안할 때 경제발전을 위한 중요한 토대가 될 수밖에 없다. 특히 국가적 전략 측면에서 양국의 이해관계가 상당 부분 일치하면서 '협력관계'는 더욱 강화되고 있다 … 중국의 이해관계가 일방적으로 관철되는 것이 아니라 라오스 정부가 '중국 위협론에 대한 제어능력'을 일정 수준 보유하고 있음을 의미하는 것이다. 따라서 라오스에 대한 중국의 영향력 확대에 대한 평가는 중국위협론과 중국기회론의 이분법적 시각을 넘어 '절충주의적 관점'이 필요하다.

'자격미달' 프레임도 꾸준히 나온다. 몇 가지 논리로 연결되어 있다. 미국과 달리 중국은 국제사회의 모범이 될 만한 게 없다. 중국은 여전히 인권을 유린하고 언론을 통제하는 야만적인 국가다. 중국은 패권국이 되기 원하지만 지도자 자격이 없다. 제2차 세계대전 이후 형성된 질서는 미국의 리더십이 있어 가능했던 것으로 중국의 시대는 문명의 후퇴가 된다. 미국의 중국에 대한 사전 공세는 이를 고려할 때 불가피한 측면이 있다. 미중패권 시대에 한국의 선택은 따라서 미국이어야 한다. 대강 이 정도로 요약된다. 2018년 12월 3일 〈주간조선〉에 실린 "한국이 중국의 일대일로 프로젝트에 적극 참여한다는 것은 미국에 등을 돌리고 중화경제권에 편입되겠다는 것을 의미한다. 북한을 포용하겠다는 의지만을 실현시키기 위해 문재인 정부가 일대일로 프로젝트에 동참한다는 것은 자칫하면 위험한 도박이 될 수 있다."라는 주장이 그중의 하나다. 2019년 6월 10일 〈조선일보〉의 "1581년 율곡 선생이 2019년 한국에"란 글에도 같은 주장이 반복된다. "패권을 다투는 건곤일척의 승부이기에 우리에게도 절체절명의 순간이다. 하지만 정부는 우물쭈물하고 있다. 미국도 좋고 중국도 좋은 묘수는 없다. 우왕좌왕하다가는 동맹에 버림받고 이웃에게 뭇매 맞는 최악의 상황이 올 수 있다. 미·중 간 국력 차와 우리의 가치, 그리고 동맹의 무게를 간과해선 안 된다. 중국을 최대한 배려하는 모습을 보여야 하지만 한·미 동맹의 일원으로서 신중하게 풀어가야 한다."라는 내용이다. "용의 발톱을 뽑을 때까지, 트럼프는 멈추지 않는다"(조선일보, 2019/2/18) 칼럼도 이 프레임에 속한다.

이철민 선임기자는 먼저 중국이 '자격미달'인 이유를 미국 관료의 입을 통해 나열해 준다. "미 협상팀은 이번 기회에 미 기업에 대한 기술이전 강요나 기술 절도, 국영기업에 대한 중국 정부의 부당한 보조금·혜택 지원과 같은 행위를 없애고 합의 불이행 시 보복관세가 자동 부과되게 해 거짓 약속을 되풀이하는 중국의 '버르장머리'를 고치겠다고 벼른다. 미 고위 관리들은 각국을 상대로 안보 위협을 거론하며 노골적으로 중국의 5G 통신장비 업체 화웨이나 ZTE와 거래를 끊으라고 요구한다."는 부분이다. "중국을 손보겠다는 미국의 기조와 이로 인해 두 강대국이 갈등하며 주변국에 미치는 혼란은 계속"되는 상황에서 문재인 정부가 어떤 선택을 할지도 암시한다. 국제정보질서를 둘러싼 미국과 중국의 갈등에서도 일방적으로 미국을 편든다. 화웨이와 관련한 보도에서 두드러진다. 중국 악마화는 대부분 "中화웨이 설립자 런정페이가 인민해방군 정보기관 총참모부 3부 출신이라는 점은 뒤로 미루더라도 불공정 경쟁, 해킹, 산업스파이 등 이들이 보인 행태는 세계 곳곳에서 비난을 샀다."또는 "중국 기업들이 돈 때문에 이런 행동을 했다기보다는 특정한 사찰 어젠다를 목표로 한 것일 가능성이 크다. … 중국이 해외에 스파이를 수출하는 잠재적 수단으로 화웨이를 이용해왔다"혹은 "화웨이 직원 수천명의 이력 정보를 조사한 결과, 직원 중 상당수가 중국군이나 정보기관에 동시에 적을 두고 있거나 해킹 및 통신감청 분야에 종사했던 것으로 드러났다."와 같은 형태를 띤다. 중국이 실제 그런 일을 했는지 아니면 중국 정부의 발표대로 과장된 것인지는 알 수 없다. 그러나 국제 사회를 대상으로 한 대규모 불법 해킹에서 미국은 절대 자유롭지 않다. 2013년 에드워드 스노든이 폭로한 프리즘(PRISM) 사건이 대표적이다.

미국 CIA와 NSA 등을 중심으로 '다섯개의 눈(Five Eyes)'에 속하는 영국, 캐나다, 호주와 뉴질랜드가 함께 한 대규모 불법 도청 사건이다. 중국의 혐의를 주장한 정보원 역시 의심스러운 구석이 많다는 점도 문제가 된다. 화웨이 사건에서 권위자로 등장하는 인물은 스티븐 펠드스타인(Steven Feldstein)이다. 미국 국무부 차관보 출신으로 보수적인 싱크탱크 '국제평화카네기연구소' 객원 연구위원을 지낸 인물이다. 군산복합체와 아주 가깝다고 볼 수 있다. '프라하 시큐러티 연구소'도 자주 등장하는데 이곳은 아예 NSA가 1998년 설립한 회사다. 창립 행사 때는 전 CIA 국장이었던 제임스 울시(James Woolsey), 국가안보자문위원 리차드 알렌(Richard Allen), 군산복합체와 밀접한 인물로 2001년 이라크 전쟁을 주도했던 리차드 펄(Richard Perle) 등이 참석했다. 화웨이 직원에 중국 군대와 정보원 출신이 다수 포함되어 있다고 폭로했던 '헨리잭슨소사이어티(Henry Jacson Society)'도 비슷한 곳이다. 위에서 나온 리차드 펄을 비롯해 네오콘으로 분류되는 윌리엄 크리스톨과 전직 CIA 국장 제임스 울시가 회원이다. 미국 상원의원 핸리 잭슨의 이름을 딴 곳으로 영국판 네오콘에 해당하는 곳이다. 전직 군인이었던 팀 콜린(Time Collins)를 비롯해 정보기관 M5의 책임자를 지낸 리차드 디어로브 경(Sir Richard Dearlove) 등이 설립자다. 위에서 중국의 일대일로 프로젝트에 대해 '제국주의'라고 비판한 글로벌개발센터(Center for Global Development, CGD)도 미국 재무부와 아주 가까운 단체다. 핵심 인물 중 한 명이 프레드 버그스타인(Fred Bergstein)이다. 1990년대 한국의 자본시장 자유화를 끌어낸 인물이다. 2019년에 나온 김성해의 『지식패권』에는 당시 상황을 아래와 같이 설명한다.

1996년 2월 워싱턴에서 열린 '한미 21세기 위원회' 제3차 회의에서 사공일은 "과연 우리 정부와 관료들은 각종 규제철폐와 대외개방을 남이 강요해서가 아니라 우리 스스로의 이익을 위해 필요한 것이라고 믿고 있는가. 우리나라가 세계에서 가장 기업하기 좋은 곳으로 변모하고 있는가. 우리나라에서 기업활동을 하고 있는 외국기업들을 「그들」이 아닌 「우리」로 보고 한국기업들과 동등한 대우를 하고 있는가"라고 말할 정도였다.[109] 미국으로서는 '불감청 고소원(不敢請 固所願)' 즉 감히 바랄 수는 없지만 오히려 바라던 바였다. 특히 재무부에서 아시아 시장 개방을 전담하고 있던 피터슨국제경제연구소의 프레드 버그스타인과 호흡이 잘 맞았다. 장차 외환위기를 맞게 되는 과도한 자본시장 개방은 이런 상황에서 진행됐다.

위에 나오는 '한미 21세기 위원회'는 1994년 1월 출범한 조직이다. 미국의 버그스타인과 한국의 사공일 전 재무장관이 주도했다. 클린턴 행정부가 한국을 비롯해 동아시아 시장개방에 각별한 공을 들일 때였다. 미국의 압력이 있었지만, 김기환, 박영철, 사공일 등 미국 유학파 경제학자들의 협조가 있어 가능했다. 그중에서 김기환은 대학교수로 재직 중 당시 총리였던 신현확의 추천으로 국내에 들어왔다. 나중에 세종연구소로 바뀌는 일해재단 초대 이사장을 지냈다. 그가 KDI(한국개발원) 부원장으로 추천한 인물이 사공일이다. 박영철은 같은 서울대 경제학과 출신으로 사공일과 함께 전두환 정부에서 나란히 경제수석을 맡는다. 지주형 교수의 책에 관련 내용이 나온다. "한국의 금융자유화를 최초로 구상한 것은 김재익과 강경식을 배출한 경제기획원이라고 할 수 있지만 1990년대 들어 이를 실제로 실행한 것은 아이러니하게도 본래

---

109) 사공일. 2001. 『세계는 기다리지 않는다』. 매일경제신문사. 141쪽.

신자유주의보다는 관치주의에 가깝던 재무부 관료들이었다. 얼치기 시장주의자였던 그들은 OECD의 단기차입 자유화에 대한 경고를 무시했으며, 종금사의 난립을 수수방관하고 감독 또한 게을리했다"는 대목이다.[110] 역사는 돌고 돈다는 말이 있는 것처럼 신현확 총리의 아들 신철식은 '이승만기념사업회' 회장을 맡아 이승만 신격화에 앞장서고 있다.

악마의 선발대, 베네수엘라

한때 명성을 얻었던 책 중에 김우중 대우그룹 회장이 쓴 『세계는 넓고 할 일은 많다』가 있다. 국내 언론에 이 말을 적용해도 된다. "세상은 넓고 주목할 곳은 많다." 과연 국내 언론(특히 복합체 후보들)은 국제사회의 누구에게 주목할까? 항상 미국을 해바라기처럼 바라보기 때문에 주인공은 당연히 '미국'이다. 국제면에는 그래서 가끔 웃지 못할 기사가 등장한다. 한 예로, CBS는 워싱턴 특파원발 기사로 "오바마 가족의 첫 애관견 이름은 '보(Bo)'"를 내보냈다(2009/4/13). 〈한국경제〉도 날짜는 다르지만 "오바마는 '강아지파'… 정상들의 반려동물은?"이란 기사를 국제면에서 다뤘다. "오바마 대통령은 대표적인 '개파' 대통령으로 백악관에서 '보'와 '서니'라는 이름의 포르투갈 워터도그 두 마리를 키우고 있다."는 내용이 소개되어 있다. 미국과 달리 중국은 악역으로 주목을 받는다. 정상적인 경우라면 '국가이익'과 관련된 국가와 지

---

110) 지주형. 2013. 『한국 신자유주의의 기원과 형성』 중에서 재인용.

역에 주목해야 한다. 국내에 미칠 영향을 분석하고, 관련 대외정책이 올바른 방향으로 설정되어 제대로 진행되는지 살핀다. 한국은 좀 다르다. 미국이라는 거인의 어깨너머로 세상을 보는 데 너무 익숙해졌다. 거인이 보는 방향만 보고, 거인이 설명해 주는 대로 받아들인다. 당연히 공짜가 아닌데 그걸 모른다. 알아도 모른 척한다. 김성해와 심영섭이 2010년 발간한 『국제뉴스의 빈곤과 국가의 위기』란 책에 관련 내용이 자세히 나온다. 일반 국민은 잘 모르지만, 국내 언론에서 특파원으로 나가는 분들은 국제부 출신이 아니라 정치와 경제부 등 소위 잘나가는 부서 출신이 많다.

특파원으로 선발되었다는 것은, 곧 회사 내에서 인정을 받았고 귀국 후 중요한 보직을 맡게 된다는 뜻이다. 그래서 언론인 출신으로 정계에 진출한 인물 중에는 특파원 출신이 많다. 청와대 대변인을 지낸 이동관은 동아일보 재직 중 도쿄에서 근무했고, 신재민 차관은 뉴욕에 근무할 때 이명박 대통령과 친분을 쌓은 것으로 알려진다. 특파원 파견과 국제사회에 대한 양질의 저널리즘이 큰 관련이 없다는 말이다. 언론사 간 경쟁이 치열해지면서 그나마 특파원을 파견하는 숫자도 줄어들었다. 좀 오래되긴 했지만 2010년 현황이 정리되어 있다. 국내에서 제일 규모가 큰 〈조선일보〉는 도쿄, 북경, 워싱턴, 뉴욕, 파리, 홍콩에 특파원을 내보낸다. 〈중앙일보〉와 〈동아일보〉도 비슷하다. 미국은 워싱턴과 뉴욕 두 곳, 북경과 도쿄, 파리 정도다. 〈한겨레〉〈경향신문〉〈세계일보〉〈한국일보〉 등에서는 워싱턴, 북경, 도쿄 특파원만 있다. 미국의 〈뉴욕타임스〉와 비교해 보면 차이가 많다는 것을 알 수 있다. "바그다드,

베이징, 베이루트, 베를린, 카이로, 카라카스, 다카, 홍콩, 이슬라마바드, 자카르타, 예루살렘, 카불, 요하네스버그, 런던, 멕시코시티, 뭄바이, 모스크바, 나이로비, 뉴델리, 파리, 로마, 상파울루, 상하이, 도쿄"가 포함되어 있다. 2001년 9·11 테러가 일어나기 전에는 미국 언론사도 경제논리에 따라 특파원을 많이 줄였다. 최근에는 다시 늘렸다. 국제뉴스를 보는 사람도 적고 (그래서 광고 효과가 없고), 품이 많이 들고, 전문적인 식견을 가진 기자를 양성하는 것도 쉽지 않다. 국가이익 관점에서 필요하기 때문에 투자를 한다. 국가에서 언론에 특혜를 주고, 일반인은 못 만나는 관료를 만날 수 있게 해 주고, 다양한 지원을 하는 것은 이런 공익서비스를 하라는 의미다. 안 하면 직무유기다. 특파원이 적다는 것도 문제지만 더 심각한 것은 전문성이다. 미국이나 중국 전문가 중에서 뽑히는 게 아니다. 대화가 되는 수준 정도의 어학 실력만 갖춘 채 파견이 된다. 미국이나 일본 언론처럼 몇 년씩 준비를 시키고, 해당 지역에 대한 전문성과 인맥을 축적할 기회는 없다. 불가피하게 현장 취재보다는 현지 언론을 통한 간접취재가 중심이 된다. 인터넷이 발달하면서 굳이 해외로 안 가도 이 정도는 할 수 있다. 그래서 자꾸 줄어든다. 정부에서 지원해 주는 〈연합뉴스〉가 이 빈 자리를 매운다. 뉴스 도매상이라는 점에서 깊이 있는 분석이나 맥락 전달은 많이 부족하다. 현지 통신원 등을 활용하면 될 것 같지만 그것도 쉽지 않다.

"물론 현지 사정은 통신원이 잘 알지 모르겠지만, 뉴스 가치가 없으면 본국에서는 기사를 게재할 수 없어요. 가령, 통신원이 거주하는 국가에서 홍수가 나서 많은 사람이 피해를 입었고, 공공분야 파업으로 거리마다 쓰레기가 넘쳐나고 시위가 위험 수준에 올라왔다고 하더라도, 그 사건이 최소한 국제적인 의미를 갖거나 우리나라와 어느 정도 관련이 있을 때만 기사로서 관심을 갖게 됩니다. … 오랫동안 통신원을 운영하며 참아왔던 국제부가 더 이상 견디지 못하고 통신원을 일종의 현지 안내자 정도로 보는 것이 요즈음 추세입니다."(중앙지 출신, 언론사 중견간부 인터뷰)

위의 김성해 등이 쓴 책에 실린 내용이다. 특파원을 둘 형편도 아니고 그렇다고 통신원에게 맡기지도 못하면 매일 엄청난 양으로 쏟아지는 국제뉴스는 어떻게 가능할까? 공짜로 뉴스를 제공해 주는 미국과 영국의 영어권 매체에 답이 있다. 영어만 좀 알면 뉴스거리는 지천으로 깔려 있다. 단, 서방 언론이 관심을 쏟는 주제와 그들의 프레임이 관통된다는 고민이 생긴다. 국내 공론장이 극소수 언론에 의해 장악되어 있고 그들의 관심사와 프레임만 일방적으로 전달되는 상황과 꼭 같을 때 발생할 수 있는 부작용이 뭘까를 생각하면 된다. 더욱이, 공짜로 갖다 쓰기 때문에 잘못된 뉴스에 대해서 책임을 물을 수 없다. 특정한 목적을 가진 '프로파간다'일 경우에는 "알아서 확성기 역할을 해 주는" 훌륭한 아바타가 된다. '악마의 선발대'와 관련한 뉴스가 국내언론을 종횡무진 관통하는 것은 이런 까닭에서다. 복합체는 이 상황을 슬쩍 이용하면 된다.

지금 현재 시각이 2019년 11월 4일 오후 2시 55분이다. 구글에 들어가서 '북한 & 시리아'를 치면 630만 건 정도의 검색결과가 뜬다. "미 군사전문가 북한, 시리아 내전을 실전 훈련장으로 이용"(VOA 코리아, 2018/3/2)이란 기사가 맨 위에 자리를 잡고 있다. "북한과 시리아, 기묘한 일들이 벌어지고 있다"(프레시안, 2018/7/8), "유엔, '북한, 시리아 화학무기 제조 관여' … 북미 대화에 악재 될까…"(BBC코리아, 2018/2/28), "이스라엘, 시리아 공습했는데 북한 기술자 사망"(중앙일보, 2019/4/18) 등이 잇따라 나온다. 〈조갑제TV〉와 〈TV조선〉 유투트 방송은 다음 페이지에 이어진다. 제목은 각각 "북한이 시리아에 짓던 원자로 시설을 한방에 날린 이스라엘" "통쾌! 이스라엘, 북한이 시리아에 짓던 핵시설 폭격장면 11년만…" "북한-시리아 화학무기 커넥션" 등이다. 얼핏 보면, 〈뉴욕타임스〉라는 권위지가 유엔 안보리의 '대북제제위원회' 보고서를 참고해 작성한 뉴스를 국내 독자를 위해 알려준 것처럼 보인다. 실체는 좀 복잡하다. NYT 원문이 있는 그대로 번역되는 게 아니라 그중 일부가 '선택적'으로 '편집'되며, 번역하는 기자의 '의견'이 반영된다. 번역도 창작이라는 말을 기억하면 좋다. 그래서 원문에는 나와 있는 "확실한 증거는 없다"는 점과 "의혹이 있는 정도"라는 점은 언급되지 않는다. 미국이 시리아에 참전 중에 있다는 점에서 이해관계자라는 것과 미국 언론은 대외정책에 있어 정부의 비판자라기보다는 지원부대에 더 가깝다는 것도 알려주지 않는다. 결정적으로, 윌리암 뉴컴(William Newcomb)과 니콜라스 에버스타트(Nicholas Eberstadt) 등 북한

제재 위원회 소속 전문가들이 각각 미국 재무부와 국무부 출신으로, 군산복합체와 무관하지 않고, 북한인권위 등에 참가하고 있다는 것도 드러나지 않는다. 국내라면 팩트체크를 통해 검증을 받는다. 국제뉴스에서 이런 일은 거의 일어나지 않는다. 일단 알려지면 기정사실로 굳어진다. 나중에 정정 보도가 나와도 이때는 아무도 주목하지 않는다. 그래서 국내에서 '북한과 시리아'연계설은 국제사회가 검증한 진실이 되고 만다. '북한 & 이란'이라는 검색어를 넣어도 거의 비슷한 결과를 만난다.

맨 위에 나오는 기사는 VOA 코리아가 2019년 8월 21일 내보낸 기사다. 제목은 "북한-이란, '간헐적' 협력 관계… 핵·미사일 협력 의혹 지속"이다. 다음에 나오는 것도 VOA 뉴스다. "볼튼 보좌관 '북한-이란', 핵 협력했을 가능성… 대북제재 약화." 기사에 담긴 사실관계는 거의 같고 날짜만 2018년 8월 7일로 다르다. 명확한 출처도 없다. 확인할 수 없는 주장이 일방적으로 전달된다. "지난 3월 미 의회조사국은 보고서를 통해 북한과 이란이 핵과 탄도미사일에 대한 협력을 계속하는 것으로 의심된다면서도, 공개된 자료만으로는 양국 간 협력 범위를 파악할 수 없다고 지적했습니다."와 "볼튼 보좌관은 북한과 이란이 핵무기 운반체계인 탄도미사일 부문에서 협력했다는 것을 역사적으로 알고 있다며 핵무기 부문에서도 협력했을 가능성이 높다고 밝혔습니다."와 같은 내용이다. 유튜브 방송도 중간에 나오는데 "북한 리용호 이란 방문… 미국, '북한-이란 협력' 경고"(TV조선), "북한, 이란 등 군사협력 지속"(VOA), "길들이겠다더니, 오히려 북한 이란 베네수엘라가 트럼프에 도전장"(조갑제TV) 등이다. 동일한 의회 조사국(Congressional Research Service, CRS)의 보고서를 근거로 하는 "북한-이란, 핵·미사일 관련 협력 계속하고 있어"(뉴스1, 2019/3/19)와 "美 의회조사국, '북한, 이란과 잠수함 핵·미사일 협력 의심'"(중앙일보, 2019/10/10)이라는 보도가 그 다음에 나온다. 공화당과 민주당 어느 한쪽에도 치우치지 않는 의회 산하의 연구소가 CSR이다. 그러나 미국 정부의 관점이 철저히 반영된다는 것과 전쟁을 위한 논리를 제공해 왔다는 점은 부정할 수 없다. 1999년의 코소보전쟁, 2003년의 이라크 전쟁, 2011년의 리비아전쟁 등이 모두 이곳의 논리적 검증을 거쳤다. 로렌스 윌커슨(Lawrence Wilkerson)이 〈뉴욕타임스〉에 기고한 칼럼에 관련 내용이 담겨 있다. 2003년 이라크 전쟁 당시 대량살상무기가 없다는 것을 알면서도 의회 설득에 앞장섰던 콜린 파월 국무부장관 비서실장 출신이다. 미국의 대외정책이 어떻게 작동하고 CRS를 비롯해 미국의 싱크탱크들이 어떤 역할을 하고 있는지 짐작할 수 있는 대목이 나온다.

한 달 전에 니키 해일리 주UN 미국 대사는 미국 정부가 "이란이 탄도미사일과 예멘에 관한 UN 안전보장이사회 결의안을 지키지 않고 있다는 명백한 증거를 확보했다."라고 말했습니다. 해일리 대사는 파월 장관이 그랬던 것처럼 위성사진을 비롯해 몇 가지 증거를 내밀었는데, 이런 증거를 모을 수 있는 건 미국 정보당국밖에 없습니다. 하지만 그렇게 내놓은 증거조차 이란이 안보리 결의안을 거스르고 있다고 단정하기에는 턱없이 부족했습니다. 해일리 대사의 주장은 이라크가 대량살상무기를 숨기고 있다고 주장한 2003년 파월 장관의 연설과 소름 돋을 만큼 비슷합니다… 현재 알카에다와 이란의 연계설을 주장하는 전문가란 사람들은 대개 '민주주의 수호재단'이라는 곳에 소속된 이들입니다. 이란과의 핵 협상을 처음부터 거품 물고 반대했던 이 사람들은 이제는 대책 없이 이란의 정권교체를 주장하고 있습니다.

그래도 이 정도면 양반이다. 국가안보가 갖는 중요성을 고려할 때 북한과 관련설이 나도는 시리아와 이란 뉴스에 주목하는 것은 당연하다. 정보원의 신뢰성, 독립성, 공정성을 파악할 수 없는 나름의 사정이 있다. 국제정치에 대해 제대로 배우지 않은 채, 영어를 잘하는 국제부 기자의 한계다. 영미권 언론으로 하여금 '묻지마' 신뢰가 형성되어 있다는 점도 문제다. 일종의 관행이다. 복합체 후보군만이 아니라 국내언론 대부분이 비슷한 상황이다. 그런데 '베네수엘라' 보도는 상당히 다르다. 특정한 의도가 반영되어 있을뿐더러 자신들이 원하는 프레임이 명확하다. 미국식 자본주의 모델이 아닌 다른 어떤 것도 용납할 수 없으며, 그래서, '사회주의' 모델로 의심받을 수 있는 모든 정책은 '악마'가 되어야 한다는 게 하나다. 다른 하나는 미국이 울타리를 벗어나려는 모든 시도는 실패할 수밖에 없으며 값비싼 대가를 치러야 한다는 '동맹이탈'에 대한 경고다. '베네수엘라 & 포퓰리즘 & 북한'이라는 검색어를 치면 '누가' '어떻게' 개입하고 있는지 보인다.

검색결과 최상위에는 '베네수엘라와 북한'이라는 〈중앙시평〉이 나온다. 2019년 3월 7일에 나온 이 칼럼의 필자는 고려대 이종화 교수다. 최악의 사태에 대한 책임을 "14년간 집권한 차베스는 입만 열면 평등한 세상을 이야기하고 부유층과 엘리트를 공격하여 대중의 환심을 샀던 중남미 포퓰리즘"에서 찾는다. '악마'가 반드시 갖추어야 할 본성 중의 하나인 '독재자'도 어김없이 등장한다. "쿠바·러시아·중국의 지지와 부패한 군부를 등에 업고 독재 권력을 유지"하고 있다는 말에 잘 드러나 있다. "(베네수엘라와) 북한의 지배층이 핵무기를 과감히 포기하고 진정한 평화의 길로 나와서 경제개혁과 개방을 과감히 추진할 수 있기를 기대한다."라는 말로 정답도 알려준다. 미국 주류의 관점이 정확하게 대변되고 있는데, 한국에 있는 대부분의 유학파 출신 교수들이 이런 사고방식에서 안 벗어난다. 참고로 이종화 교수는 고려대 출신으로 하버드대에서 경제학으로 박사를 했다. 학벌자본은 대단해 보이지만 국제정치에서 봤을 때는 달리 생각해 볼 부분이 있다. 김성해의 『지식패권』에 관련 내용이 잘 소개되어 있다. 그의 책에 따르면 국내에서 경제정책을 좌우한 인물은 대부분 버클리대 출신이다. 특히 서울대에서도 '경제학과'가 압도적이다. 인도네시아와 필리핀도 사정이 비슷하다. 그쪽도 국립 인도네시아대와 국립 필리핀대 '경제학과' 출신이 대세다. 미국 버클리에서 비슷한 시기에 유학을 하고, 귀국 후에는 쿠데타로 권력을 장악한 군부독재의 '경제정책'을 맡는다. 인도네시아에서 여기에 속하는 경제관료는 "경제기획원 장관 위조요 니티사스트로(Widjojo Nitisastro), 외자유치위원장 모하밋 사들리(Mohammad Sadli), 경제안정위원장 에밀 살림(Emil Salim) 또 재무장관 알리 와르다니(Ali Wardhana)" 등이 있다. 국내에서 버클리 출신의 경제관료는 "조순 전 부총리, 나웅배 전 부총리, 고 이한빈 전 부총리, 황병태 전주중대사, 김기환 골드만삭스 고문(전 대외경제협력대사), 안승철 전 KDI 원장" 등이다. 전두환 정부에서 경제수석을 지낸 사공일은 UCLA에서, 또 박영철은 미네소타주립대 박사 출신이다. 남미에서는 하버드대, 예일대, 시카고대 출신이 이 역할을 한다. 대표적인 인물로 먼저 하버드대학 출신으로는 카르토스 살리나스(멕시코 전 대통령), 조세 마리아 피거레스(코스타리카 대통령)와 에르네스토 페레(파나마 대통령)가 포함된다. MIT에서 졸업한 관료는 에두아르도 아니나트(칠레 재무장관), 퀼레르모 페리(콜롬비아 재무장관), 페르시아 아리다(브라질 중앙은행 전 총재), 모리세스 나임(베네수엘라 전 공업장관)이 있다. 도밍고 카빌라(아르헨티나 재무장관), 마틴 레드라도(아르헨 안보위 전 의장) 등은 예일대 경제학 박사 출신이다. 칠레의 경우 아예 '시카고보이즈'만 말이 있을 정도로 상당수의 경제관료가 이 대학에서 경제학을 배운 후 피노체크 정권을 도왔다. 남미나 동아시아와 달리 한국의 경제관료가 천재라서 한국 경제가 잘 나간다는 주장은 이런 점을 고려할 때 상당한 과장이라는 것을 알 수 있다. 베네수엘라의 위기에 대해 "모든 게 차베스 탓"이라고 하는 것 역시 공정하지 않다고 주장하는 것은 이런 까닭에서다. 뒤따라 등장하는 기사도 판박이다.

"좌파 포퓰리즘의 비극… 北 능가하는 베네수엘라 경제난"(뉴

데일리, 2018/10/19), "南美 최고 부국 망가뜨린 '좌파 포퓰리
즘'"(뉴데일리, 2018/8/29), "포퓰리즘에 경제파탄·사법부 장
악… 文 정부, 차베스와 비슷"(매일경제, 2019/9/20), "포퓰리즘
으로 무너진 베네수엘라"(한국경제, 2019/2/18). 끝이 없다. 굳이
'포퓰리즘'과 '좌파'라는 단어를 쓰는 이유가 무엇인지는 위에 나
온 〈뉴데일리〉 기사에 나와 있다. 문제의 원인은 '차베스 대통령'
이다. 그의 정책이 '좌파'로 낙인 찍힌 이유는 "남아메리카의 독
립운동을 이끈 '시몬 볼리바르'에 큰 관심"을 가졌고 국가 이름
도 "베네수엘라 볼리바리인 공화국"으로 바꿨기 때문이다. 본질
이 사회주의 정책이라는 것은 "대기업과 국내에 들어와 있는 외
국 기업들의 자산을 국유화"했다는 부분과 "판사를 제명하는 권
리를 국회가 갖도록 했다"는 점, "석유에 이어, 전력, 금융 등 산
업 전반을 국유화" 하려고 했다는 점 및 "서민 물가를 안정시키겠
다며 만든 정부조직 '가격통제감독국(SUNDEE)'이 생필품의 가
격 상한제를 실시"했다는 점에서 드러난다. '포퓰리즘'이라는 낙
인을 찍는 이유도 적혀 있다. "반면 한국은 수출과 수입, 그 사이
에서 기술과 제품을 개발·생산하지 않으면 굶어 죽는 나라다. 자
원도 없는 나라에서 지금 벌어들이는 돈이 '석유를 판 돈'처럼 저
절로 생기는 돈이라고 착각하고 포퓰리즘에 빠진다면"이라는 내
용이다.

2016년 2월 22일에 나온 〈조선일보〉의 "차베스 포퓰리즘 몰락
우파 도미노의 시작?"이란 칼럼도 이와 관련한 얘기를 전해준다.
겉으로는 '포퓰리즘'을 비난하지만, 속내는 사회주의 모델에 대한

경계심이 드러난다. "특히 차베스는 쿠바식 사회주의 모델을 추종해왔다. 실제로 그는 석유와 천연가스를 비롯해 천연자원을 국유화하는 등 국가 자본주의 정책을 적극 추진해왔으며, 대규모 예산을 빈민 구제 프로그램에 투입하는가 하면, 분배를 강화하는 내용의 각종 법률을 제정하는 등 베네수엘라를 남미의 대표적인 사회주의 국가로 만들었다."는 내용이다. 미국의 눈 밖에 난 것이 문제라는 관점은 "그는 또 이란 핵 문제를 비롯해 각종 국제 현안에서 미국과 사사건건 대립했으며 석유 수출로 벌어들인 자금으로 쿠바, 니카라과 등 중남미 좌파 국가들을 적극 지원해왔다."라는 말에 반영되어 있다. 탈북자 출신의 〈동아일보〉 주성하 기자가 〈RFA〉에 기고한 "북한을 빼닮은 베네수엘라의 망국"에서도 같은 프레임이 반복된다. 먼저 '反 사회주의 모델' 프레임이 나온다. "베네수엘라는 1998년 우고 차베스 대통령에 당선되면서 불행이 시작됐습니다. 그는 무상교육 · 무상의료 · 무상주택 정책을 내걸고 당선됐는데, 이건 북한과 같은 사회주의 정책이죠."란 평가다. '동맹이탈'과 관련한 프레임은 〈중앙일보〉 전영기 논설위원이 쓴 "베네수엘라 비극이 한국에 준 교훈"(2018/8/27)에 녹여져 있다. "두 대통령(차베스와 마두로)이 조국에 지은 죄는 반미 · 자주 · 민족주의 열정에 취해 민생과 국민경제의 어려움을 보지 않은 것이다. 시장을 우습게 알고 미신 비슷한 이념에 사로잡힌 민중사회주의 정권의 거친 정책은 '드렁큰 이코노미(음주 경제)'라고 조롱받았다."는 부분이다. 그러나 앞에 나온 다른 악마들과 마찬가지로 베네수엘라와 차베스 대통령은 전혀 다른 그림을 갖고 있다.

그중 첫 번째는 미국의 개입 부분이다.

2018년 기준으로 전 세계에서 가장 많은 석유매장량을 가진 국가는 베네수엘라다. 차베스가 국유화를 추진하기 전까지 이 석유는 대부분 외국계 회사의 소유였다. 미국계 엑손모빌(Exxon Mobil), 세브론(Chevron)과 코노코필립스(ConocoPhillips)를 비롯해 영국의 BP, 프랑스의 토탈(Total), 노르웨이의 스타토일(Statoil) 등이다. 국영석유업체(PDVSA)가 있었지만 수혜자는 극소수에 불과했다. 주주와 임직원은 좋지만, 대다수 국민은 석유의 혜택을 못 봤다. 전후 식민지에서 독립한 대부분의 국가처럼 베네수엘라도 경제적 안정과 빈부격차 해소를 위해서는 재원이 필요했고 외국인이 소유하고 있는 독과점 업체에 손을 안 댈 수 없었다. 국민이 좋아할 만큼 성과도 탁월했다. 150만 명 이상이 문맹에서 벗어났다. 집권 초였던 1998년 600만 명에 불과했던 초등학교 등록자 수는 2011년 1,300만으로 늘어났다. 빈곤율 또한 42.8%에서 26.5%로 낮아졌으며 불평등 정도를 나타내는 지니계수도 2011년 0.39로 좋아졌다. 그가 59살의 나이로 죽은 후 경제위기가 덮친 책임도 국내 정치의 실패로 모는 것은 절반의 진실이다. 베네수엘라는 1980년 이래 주기적으로 위기를 겪어 왔다. 국제사회에 내다 팔 것이라곤 석유밖에 없는 상황에서 국제유가의 등락에 따라 웃고 울었다. 미국의 경제제재가 있다는 것도 부정할 수 없다. 2001년 이후 전쟁이나 경제제재 등의 소용돌이에 휘말려 있는 국가 대부분은 산유국이라는 사실에 주목할 필요가 있다. 매장량 기준으로 봤을 때 이란은 1,580억, 이라크는 1,530억, 리비아는 480억 배럴이다. 차베스가 추구했던 볼리바르주의도 그렇게 나쁜 게 아니다. 중동의 시리아와 이집트, 아프리카의 리비아 등이 추구했던 '지역연합'의 '개방된 민족주의' 중 하나다. "남아메리카의 경제 및 정치적 주권 회복, 대중적 투표와 국민적 투표를 통한 풀뿌리 민주주의 실현, 자급자족, 국민들에게 애국주의와 도덕교육 실시, 광대한 천연자원의 공정한 분배"라는 목표에 잘 나와 있다. 끝으로 '포퓰리즘' 또한 다르게 볼 지점이 있다.

애초 이 낙인을 받은 곳은 아르헨티나다. 후안 페론(Juan Peron)이 추진했던 일련의 정책을 '페로니즘(Peronism)'이라고 공격하면서 나온 말이다. 정치적 이익을 위해 국가재정을 엉망으로 관리하고 외채위기를 초래했다는 비판이다. 그러나 알려진 것과 달리 다른 그림이 있다. 그가 재임했던 1949년부터 1976년까지 아르헨티나 상황은 그렇게 나쁘지 않았다. 경제는 126% 성장했고, 개인소득은 232% 늘었다. 극빈층은 큰 폭으로 줄었고 경제구조도 농업 중심에서 공업으로 바꿨다. 국제사회를 돌아보면 그렇게 특별한 게 아니다. 차베스가 추진했던 정책과 상당 부분 겹친다. '좌파' 성향의 민족주의 정책으로 보면 된다. 경제정책이 잘못된 게 아니라 이를 지켜낼 힘이 없었던 게 문제였다. 과거 자신을 식민지로 삼았던 외국 기업이 통제하던 국가의 희소자원을 국유화시켰다. 프레비시-싱거 가설(Prebisch – Singer hypothesis)에서 밝혀진 것처럼 공업화를 하지 않으면 빈곤의 악순환에서 벗어날 길은 없다. 웬만하면 수입하지 말고 자체적으로 개발해서 쓰고, 빈부격차를 줄여서 내부통합을 끌어내고, 더 많은 사람이 정치에 참여하는 '인민 민주주의'는 나쁜 게 아니었다. 전략산업을 골라 정부가 집중적으로 투자하는 '계획경제' 방식은 이미 소련에서 성공한 경험이 있다. 인도가 그 뒤를 따랐고 한국도 이 길을 걸었다. 그러나 여기서도 석연치 않은 이유로 군부 쿠데타가 발생한다. 국유화를 추진했던 칠레와 마찬가지로 이곳에서도 1976년 군부 쿠데타가 일어난다. 1973년에 칠레에서 일어난 것과 매우 흡사하다. 미국이 배후에 있었다는 것은 나중에 드러났다. '작전명 콘돌(Operation Condor)' 얘기다.

1973년 열린 '아메라카군사회의(Conference of American Armies)'가 출발점이다. '반정부 세력을 효과적으로 진압하기 위해 정보교류를 확대'하는 방안이 제안된다. 1974년 3월, 칠레, 우루과이, 볼리비아, 아르헨티나 간 연합작전이 시작된다. 그해 8월 아르헨티나의 부에노스아이레스 쓰레기장에서 볼리비아 피난민 시신이 무더기로 발견된다. 좌파 성향 운동가, 노동운동가, 학생, 가톨릭 신부, 언론인, 무장게릴라와 그들의 가족들까지 포함된 '블랙리스트'가 공유된다. 대략 5만 명이 죽임을 당했고 실종자만 3만 명이 넘는다. 일반인만 당한 게 아니다. 칠레 부통령 출신의 카르로스 프랫(Carlos Prats), 기독교 지도자 베르나르도 라이톤(Bernardo Lighton), 전직 볼리비아 대통령 호세 토레스(Jose Torres) 등도 의문의 죽임을 당했다.[111]

반공주의를 내세운 군사정부를 도운 게 위에 나온 미국에서 유

---

111) 김성해. 2019. 『지식패권』 2권. 제4장 '작동방식'에 관련 내용이 자세하게 설명되어 있다.

학한 경제학자들이다. 1990년대 한국 정부가 추진했던 시장 자유화와 자본시장 개방 등이 이때 도입된다. 그 직후 남미는 외채위기를 겪는다. 누군가 책임을 져야 했고 모든 비난은 대통령 페론과 그의 부인 에바 페론으로 향하게 된다. 한국 사회에서는 이런 속사정은 제대로 알려지지 않았다. 미국의 눈으로 세상을 본 때문이다. 전혀 뜬금없이 '포퓰리즘'이 다시 호출된 것은 국내 정치와 관련이 깊다. 페론은 과거사였지만 차베스는 현실이었다. 게다가 미국의 관심은 온통 베네수엘라에 쏠려 있는 상태였다. 2008년에 나온 서병훈의 책 『포퓰리즘: 현대민주주의의 위기와 선택』에는 이런 상황이 잘 설명되어 있다.

> 포퓰리즘 용어의 급격한 확산은 "김대중-노무현 정권으로 이어지는 이른바 '좌파 정부'의 여러 부정적 양상을 설명하기 위해 포퓰리즘이라는 말을 빌려 쓴 것이 그 원인이다. … 복지포퓰리즘 담론에서 아르헨티나, 베네수엘라, 그리스와 같은 소위 포퓰리즘 국가들이 자주 언급되는 것도 이와 궤를 같이 한다. 보수 언론은 이 국가들의 경제적 몰락이 복지포퓰리즘에서 비롯된 것임을 암시하면서 복지 확대에 대한 우려를 불러일으킨다. 예컨대, 복지포퓰리즘은 "나라와 백성을 절벽서 떨어뜨린 그리스"(조선일보, 2015/7/2)의 본질적 병폐이자 "석유 부국 베네수엘라의 경제가 끝도 없이 추락"(매일경제, 2018/10/8)하는 원인이며, 한국이 "한때 세계 5위 경제대국에서 구제불능의 골칫덩어리로 추락한 아르헨티나의 전철"(중앙일보, 2015/4./22)을 밟게 만들 수 있는 위험 요소

다.[112]

2. 멍석 깔아주기: 언론의 동맹전략

멍석은 가을걷이를 마치면 빈 몸이 되는 볏짚으로 만든 카펫이다. 농촌에서는 매우 익숙한 존재다. 거의 모든 집에 멍석을 걸어 보관하는 장소가 있다. 쓰임새도 다양하다. 멍석말이처럼 안 좋은 단어도 있지만, 대체로 좋은 데 쓰인다. 동네에서 잔치를 열거나 장례가 있거나, 함께 지붕을 고치거나 할 때 늘 등장한다. 멍석이 깔리면 마당은 어느덧 안방이 된다. 애들은 그 위에서 뒹굴면서 장난을 친다. 낮술 한잔을 걸치신 어른들은 단잠을 청한다. 마당이 고르지 않아도 멍석이 있으면 적당한 평형을 이룬다. 비만 오지 않으면 땅의 습기도 막아주고 비닐처럼 밑바닥에 물이 고이는 법도 없다. 그래도 모든 곳에 멍석을 깔지는 못하기 때문에 부득이 멀리서 오셨거나, 귀한 분이거나, 그날의 주인공이 앉을 수 있도록 배려한다. 멍석을 깔아준다는 말이 생긴 건 이런 전통과 관련이 깊다. 그런데 언론이 어떻게 멍석을 깔아줄까? 제2차 세계대전을 겪으면서 미국의 커뮤니케이션 학자들이 정리한 S-M-C-R-E 모델에 그 답이 있다. 먼저 S는 송신자(Sender) 또는 정보원(Source)을 뜻한다. 맞은 편에 있는 존재가 수신자(Receiver)다.

---

112) 서병훈. 2008. 『포퓰리즘: 현대민주주의의 위기와 선택.』 책세상.

중간에 있는 M은 메시지(Message)의 약자다.

문자, 영상, 사진, 음성 등 다양한 형식에 담기는 내용물이다. 문학작품, 영화, 연극, 교향곡 등도 모두 여기에 포함된다. 작가, 기자, 영화감독, 음악가와 같은 송신자(S)들은 자신이 원하는 생각이나, 관점, 주장, 논리, 감정 등을 이 메시지에 담는다. 영국의 미디어 학자인 스튜어트 홀(Stuart Hall)은 이 과정을 "의도를 심는다"를 뜻하는 인코딩(Encoding)이라고 말한다. 작가의 의도는 어떤 식으로든 독자에게 전달된다. 독자는 여기서 수신자(R)가 되는데 작가의 의도대로 해석하기도 하고 전혀 엉뚱한 방향으로 읽어내기도 한다. 홀은 이를 '의도를 뽑아낸다'라는 뜻에서 디코딩(Decoding)이란 이름을 붙인다. 독자의 해석은 이때 작가의 의도에 전적으로 따르거나, 온전히 거부하거나, 적당한 타협 중 하나가 된다. 특별한 경우가 아니라면 독자들은 작가가 읽어 주기를 원하는 방식으로 소설이나 시를 읽게 되는데 이를 '선호되는 독해(Preferred Decoding)'라고 한다. 일반 국민이 언론이라는 송신자가 전달해 주는 뉴스라는 메시지를 대부분 사실로 믿고 언론을 좇는 경향이 생기는 것은 이런 까닭에서다. 그럼 그 뒤에 나오는 C는 뭘까? 통로, 수단, 관문 등을 뜻하는 채널(Channel)의 첫 글자다. 일상생활에서 우리가 어떤 방식으로 소통하고 있는지 생각해 보면 쉽게 이해되는 개념이다.

집안에서 우리는 대부분 얼굴을 보면서 대화를 나눈다. 채널은 이때 '입'이 된다. 물론 엄격하게 보면 '입'만이 아니라 몸짓, 분위기, 눈빛이 함께한다. 그래서 옛날부터 가장 강력한 채널은 직접 보고, 듣고, 만나서, 얘기를 나누는 것이란 얘기가 있다. 백 번 듣는 것보다 한번 보는 게 낫다는 말을 생각하면 된다. 자신이 본 '내용(Message)'을 '말'이라는 채널을 통해 전달하는 과정에서 과장되거나 축소되는 것이 불가피하게 생긴다. 교통사고 상황을 생각해도 도움이 된다. 경찰이 와서 조사할 때 '말'로 설명하는 것은 생각보다 어렵다. 그래서 사진을 찍는다. 요즘은 이것도 충분하지 않아서 아예 '영상'을 촬영한다. 당연히 사진과 영상을 전달할 수 있는 '매체'가 필요하다. 2000년대 이후 디지털혁명이 급속하게 확산되기 전까지 국내에서 다수의 대중에게 전달할 수 있는 채널은 TV와 신문밖에 없었다. 2019년 지금은 많이 달라졌다. 페이스북, 트위터와 카톡 등이 모두 채널 역할을 한다. 메시지만 있으면 이제 '언제 어디서나' 수용자를 찾아갈 수 있다. 굳이 채널(C)을 중요한 요소로 포함할 이유가 있을까 싶지만 그렇지 않다. 모두가 같은 채널을 이용하지 않기 때문에 '목표'로 하는 수용자에게 다가서기 위해서는 전략이 필요하다. 예컨대, 광화문 집회에 나오는 70대 노인분이 좋아하는 매체는 유튜브다. '정규재TV, 이승만TV, 공병호TV' 등이 잇따라 등장하는 것은 이 때문이다. 끝에 나오는 E는 효과를 뜻하는 Effect라는 단어에서 따 왔다. 송신자가 메시지를 전달하는 목표와 관련이 있다.

우리는 왜 대화를 할까? 작가는 왜 책을 쓸까? 언론사는 왜 뉴스를 전달할까? 정부는 왜 막대한 돈과 인력을 들여 홍보할까? 미국은 왜 힘들게 제작한 뉴스를 전 세계에 공짜로 전해줄까? 목표에서 가장 본질적인 요소는 '공감과 동의(Hearts and Minds)'다.

앞에 나온 권력의 속성과 맞닿아 있다. 대화의 목적은 그 말을 듣는 상대의 '이해'를 얻는 데 있다. 다른 말로 하면, 상대의 '머리와 가슴'을 얻는 일이다. 정부가 국민에게 바라는 것도 같다. 국민이 정부를 좋아해 주고, 정책에 머리를 끄덕여 주고, 자발적으로 동참해 주면 성공한 홍보가 된다. 반대로, 국민의 머리와 가슴이 정부를 받아들이지 않으면 박근혜 대통령이 당한 것처럼 탄핵을 당하고 감옥에 간다.

미국은 막대한 혈세를 들여서 VOA와 RFA를 운영한다. 영국의 BBC, 일본의 NHK, 한국의 KBS도 국민 세금으로 운영되는 공영방송이다. 2000년대 이후 국제사회를 대상으로 24시간 영어방송을 하는 러시아투데이, 알자지라, 텔레수르, 도이치벨레 등도 모두 정부가 뒤에 있다. 왜 정부가 직접 하지 않고 굳이 언론사를 내세울까? SMCRE 모델에 그 답이 있다. 메시지를 전달받는 국민이 보기에 정부는 마냥 믿기에는 부담스러운 존재다. 정치 권력은 항상 국민을 속여왔다는 경험도 있다. 중간에서 누군가 정부의 발언을 검증해주고 숨은 맥락을 전달해 주기를 원한다. 민주주의에서 언론은 정확하게 이 일을 한다. 그래서 많은 특혜를 준다. 게다가 이 모델에서 아주 유리한 위치에 있다. 칼럼이나 사설을 통해 자신들이 직접 송신자(S)가 될 수도 있고, 앞에 나온 복화술 저널리즘처럼 자신의 목소리를 대변해 줄 누군가를 정보원으로 이용할 수 있다. 일종의 관문에 해당하는 채널의 관리자로서 원하는 메시지는 '통과'시키고 그렇지 않은 것은 '제지'할 수도 있다. 막을 수 없다면 '축소'할 수도 있고 다른 메시지로 '은폐'하는 것도 가능하다.

언론이 복합체의 다른 구성원을 위해 '멍석을 깔아주는' 것은 이런 맥락 안에서 이루어진다.

동의와 공감을 얻는다는 목적을 고려할 때 아주 이상적인 상황이다. 멍석에 앉을 사람은 청중 모을 걱정은 하지 않아도 된다. 멍석을 제공해주는 언론사를 믿고 따르는 수용자가 이미 있다. 메시지에만 신경을 쓰면 된다. 그렇게 뛰어날 필요도 없다. 언론이 부족한 면을 모두 채워준다. 복잡하거나 모호한 메시지는 관문 역할을 하는 언론을 거치면서 정교한 형태의 잘 요리된 음식이 된다. 메시지(즉 식단)이 마음에 들지 않을까에 대해서도 걱정을 하지 않아도 된다. 독자 혹은 시청자들은 누가 나올지 안다. 그들의 요구를 반영해서 맞춤형으로 멍석을 깔아놓은 상황이다. 신뢰를 유지하기 위해 늘 객관성, 균형성, 공정성을 고민해야 할 언론 입장에서는 "꿩 먹고 알 먹는" 일이다. 언론의 후광효과를 입은 '송신자'는 자신들보다 훨씬 권위가 있다. 별 것 아닌 경력도 대단한 것처럼 보이게 하고, 괜찮은 경력은 더 대단하게 보이게 만들어 준다. 멍석까지 깔렸으니 수용자 눈에는 더 우러러 보인다. 자신이 하고 싶은 말을 남이 해 준다는 점에서 책임에서도 자유롭다. 평판에 금이 갈 일도 없다. "본 칼럼은 본지의 편집 방향과 일치하지 않을 수도 있습니다."란 문구가 왜 붙는지 생각해 보면 된다. 만약 문제가 생기면 '멍석에 앉은 사람'에게 떠넘기면 된다. 게다가 이 자리에 앉을 사람은 언론이 왜 그런 자리를 마련했는지, 자신의 역할이 무엇인지, 또 어떤 처신을 해야 계속 멍석을 받을 수 있는지 잘 안다. 복합체의 실체를 파악하기 위해 '멍석 깔아주기'

의 대상이 누구인가를 분석하는 것은 이런 까닭에서다. 멍석 전략은 크게 두 가지로 나뉜다. 그중 하나는 '인터뷰'를 통해 원하는 프레임을 관철하는 방식이다.

인터뷰라는 멍석

인터넷에서 "이승만 대통령 & 대담"을 치면 앞 순위에 유부트 방송 〈고성국TV〉 기사가 하나 뜬다. "건국대통령, 이승만 양아들, 이인수 박사 대담"이다. 앞에 나온 '백년전쟁'과 김용옥 교수 강연에 대해 사자명예훼손으로 고발을 한 장본인이다. 뒤따라 "이승만, 독재자의 오명을 벗겨야, [김용삼 대기자와 특별대담]" 기사가 나온다. 김용삼은 〈월간조선〉 편집장 출신이다. 탈북난민보호운동본부장을 비롯해 '반북반공'을 내세웠던 극우논객 김상철 변호사가 세운 매체 〈미래한국〉에서도 일했다. 박정희기념사업재단에도 깊숙이 개입해 왔다. 이 방송을 운영하는 사람은 정치평론가로 잘 알려진 고성국이다. 박근혜 대통령과 친하다는 평가를 받았고 그 이후 공중파 방송에서는 모습을 감췄다. 2018년 첫 방송을 시작했는데 자유한국당 소속 의원들이 축사를 보낸 것으로 알려진다. 최근 방송되고 잇는 〈고성국의 정론일침〉 코너에는 황교안 당 대표가 자주 출연한다. 〈뉴데일리〉가 2016년 12월 24일 보도한 "이승만이 대한민국에 남긴 7가지 선물은?"이란 기사도 첫 페이지에 있다. 자유경제원에서 열린 이승만의 자서전 『시간을 달리는 남자』 출판기념회 세미나를 다루고 있다. 전경련의 지원을 받는 연구소로 보수단체를 지원했다는 의혹을 받은 곳이 이 단체다. 인터뷰가 실린 인물에는 "남정욱(대한민국문화예술인 공동대표), 윤서인(만화가), 권혁철(자유경제원 자유기업센터 소장), 김광동(나라정책연구원 원장), 김용삼(펜앤드마이크 대기자), 류석춘(연세대 교수), 배진영(월간조선 기자), 조우석(문화평론가 겸 미디어펜주필)" 등이 있다. "북한이 수차례에 걸친 도발을 자행하고, 핵무기와 미사일 개발을 계속하고 있는 상황에서 대한민국 국민이 편안한 일상을 할 수 있는 것은 한미동맹이라는 굳건한 동맹이 있기 때문이다. 이승만은 안보가 튼튼하지 않으면 모든 것이 허사가 된다는 것을 알고 있었던 것 같다."라고 말한 권혁철의 말이 소개되어 있다. "[기획] 이영훈 교수와 역사대담"이라는 기사도 보인다. 2011년 5월 16일 〈한국경제〉에 나온다. 같은 장소(여의도 자유기업원)에서 열린 이영훈 교수와 대학생들 간 대담 내용을 소개한다. '반공투사' 프레임이 대담 전반을 관통한다. "이승만 같은 명망가가 강력한 반공노선을 들고 신탁통치를 반대하자 많은 사람들이 거기에 동참합니다. 특히 북한에서 공산주의 체제를 피해 남하해 온 100만 명에 가까운 월남 동포들이 강력한 지지 세력을 형성합니다. 분단은 결국 "'공산주의로 나라를 세울 것이냐, 자유민주주의로 나라를 세울 것이냐' 하는 건국 이념의 문제였습니다"와 같은 내용이 담겨 있다. 〈월간조선〉도 관련 인물을 인터뷰하는 일에는 절대 뒤지지 않는다.

"이승만 대통령의 건국 정신 회복해야 대한민국이 산다." 2017년 7월에 나온 기사다. "이승만 탄신 142주년 · 서거 52주기 특집"으로 멍석을 깔아준 인물은 이인수 박사 부부다. "집권 말년에 당신이 얼마나 속았는지를 뒤늦게 알았던 것이죠. 분명한 것은 세상의 독재자치고 '국민이 원하면 물러나겠다'며 제 발로 물러난 독재자는 없었습니다."와 같은 좋은 얘기를 전해준다. 잘한 게 90%나 되지만 과오는 10%에 불과하다는 얘기도 덧붙인다. "민주공화국의 초석을 놓은 그분의 공적은, 길고 고달팠던 독립운동 생활은 물론 산업화의 길을 트고 자유민주주의 노선을 선택했고 60만 국군을 양성했고 한·미방위조약을 체결하는 등 다 열거하기엔 지면이 모자란다."라는 평가다. 2019년 10월에는 "이승만 전기 펴낸 유영익 교수" 인터뷰가 실린다. 멍석에 앉을 자격이 충분하다는 것을 보여주기 위해 "고려대·한림대 사학과 교수, 연세대 현대한국학연구소(현 이승만연구원) 초대 소장을 역임했으며, 박근혜 정부 시절 국사편찬위원장을 지냈다"는 소개도 잊지 않는다. "젊은 시절에는 이승만 대통령에 대해 부정적인 인식을 가졌지만, 1964년 하버드대학 도서관에서 우연히 이승만의《독립선언》을 접한 후 그에 대해 다시 평가하게 됐다."는 고백을 담고 있다. 〈미래한국〉에서도 유영익 교수의 인터뷰 기사가 보인다. "이승만 연구는 이렇게 태동했다"는 제목으로 2011년 8월 15일에 나왔다. "역사학자 유영익 교수(한동대 T.H. Elema 석좌교수)는 한국 현대사 연구에서 지도를 찢어 붙여 대륙이동설을 최초로 제창한 뵈게너(Alfred L. Wegener)와 같은 존재다. 사회적 무관심 속에 잊혀진 이승만 건국대통령의 사저인 이화장 내에 보관돼 있던 10여 만 장에 달하는 이승만의 일기와 편지, 메모 등에 편린(片鱗)

된 대한민국 건국의 맵을 그가 정리하고 분석해 내지 않았다면 대한민국은 아직도 분단의 원죄를 뒤집어 쓰고 있을지도 모른다."는 소개에서 명석 전략을 엿볼 수 있다. 이승만에 대해 "동서양 학문에 두루 통달한 출중한 학자였고 역사와 국제정치를 파악하는 안목이 뛰어난 세계적 정치가였습니다. 아울러 그는 독실한 크리스천으로 확고한 소명의식을 가진 카리스마적 인물"로 평가한다. 전략적으로 명석전략이 활용되고 있다는 것을 보여주는 사례도 많다. 그중의 하나는 〈조선일보〉의 '최보식이 만난 사람' 코너다. 다음의 〈표 1〉에 나오는 사람들이 인터뷰 대상자들이다

<표 1> 최보식이 만난 사람

이름	직위 및 활동
이민복	우남애국상 (3회), 대북풍선단장
이광백	국민통일방송, 데일리NK 대표
김영환	강철서신, 전향자
이동복	언론인, 서울대정치학과, 국정원 제1차장
김영자	북한인권시민연합,
이성주	탈북자, 트럼프 만찬장 초대
최성룡	전후납북자피해가족연합회 이사장
좌승희	박정희기념재단이사장
김평강	여성 탈북작가
케네스 배	재미선교사, 국가전복죄 기소 후 복역, 북한인권단체 '서빙 라이프' 공동대표
김창준	미국 연방하원의원 (공화당)
이재경	최순실 변호인
함재봉	아산정책연구원장, 랜드연구소 선임연구원

복합체의 구성원이 누구인지를 짐작할 수 있는 명단이다. 인터넷 검색을 하면 곧바로 나오는 인물들이다. 먼저 이민복은 〈펜앤드마이크〉〈VOA〉〈RFA〉 등에도 자주 등장한다. 한 예로, 2013년 1월 30일 〈VOA〉는 "[인터뷰] 대북 풍선 단장 탈북자 이민복씨, 미국 순회 강연" 기사가 나온다. "한국에서 처음으로 대북 전단 보내기 운동을 시작한 탈북자 이민복 씨가 워싱턴을 방문했습니다. 북한 농업과학원 출신 탈북자 이민복 씨는 지난 두 달간 미국을 순회하며 한인들에게 북한 실상에 대한 강연을 하고 있는데요"로 소개된다. 2018년 5월 29일에는 RFA에서 그의 인터뷰 기사를 다룬다. "이민복, 29일 경찰 제지로 대북 풍선 못 날려"란 제목이다. "이번 판문점 선언이 핵무기 포기 문제가 80~90% 돼야 되는데, 거꾸로 80~90%가 대북 지원과 유화정책에 대한 걸 냈고, 핵 폐기는 말로만 하나 넣고, 그것도 한반도 핵폐기라고 어찌 보면 남한에 있는 미군 핵우산까지도 포기해야 된다는 선언이거든요. 그렇게 사기당하고도 또 반복되는 것이 병적인 현상이라고 이해됩니다."는 얘기가 들어 있다. 북한과 한미동맹에 대해 100% 동일한 프레임을 갖고 있는 인물이 이광백이다. 대학 시절에는 북한에 호의적이었다가 나중에 반공투사가 된 전형적인 사례다. 북한민주화 운동에 앞장서면서 〈시대정신〉 편집장을 맡은 적도 있다. 대북방송에는 2005년부터 뛰어들었는데 그가 대표로 있는 〈NK데일리〉는 원래 CIA에서 지원하다 지금은 의회에서 예산을 통제하는 '국립민주화기금(National Endowment for Democracy)'의 재정 지원을 받고 있다. 또 다른 인터뷰 대상자인 김영환 역시 주사파 출신에서 전향한 경우다. 〈강철서신〉의 저자로 잘 알려져 있는데 위에 나온 이광백과 함께 뉴라이트의 기관지였던 〈시대정신〉 편집위원을 지냈다.

1992년 9월 16일. 평양에서는 제8차 남북고위급회담이 열렸다. 남북 이산가족 상봉의 조건으로 북한은 비전향 장기수 이인모의 석방을 요구했다. 김영삼 대통령은 "이산가족 상봉 문제를 반드시 합의해 발표하고 오라"는 훈령까지 보낸 상황이었다. 그러나 평양에 있는 한국 측 대표에게 전달된 훈령은 이와 달랐다. 결국, 협상은 결렬된다. 귀국 후 대표단은 훈령이 조작되었다는 것을 알게 되었고 당시 안기부장 특별보좌관으로 훈령을 조작했던 이동복은 해임된다. 대북 강경파였던 그의 입장은 그 이후에도 변하지 않는다. 고영주(변호사), 서정갑(국민행동본부), 조갑제(월간조선) 등과 함께 '반국가교육척결국민연합'의 상임위원이며, '자유민주연구원'의 명예회원, 북한민주화포럼 대표 등을 맡고 있다. 독실한 기독교 신자로 황교안(자유한국당 대표), 이만복(대북풍선단장), 류근일(조선일보 前 주필)등과 함께 앞에 나온 '구국기도(http://korea318.com)'에도 참가한다. 이승만기념사업회 자문위원으로 있는 추부길이 대표로 있는 〈와이타임스〉에 [이동복칼럼]을 정기적으로 기고한다. 2019년 6월 11일에 나온 칼럼에 그의 생각이 잘 반영된 대목이 나온다. "대한민국의 자랑스러운 성취를 무너뜨리면서 오히려 잔인무도한 전쟁범죄자이고 민족반역자이자 평화파괴범인 북한에게 대한민국 국민들의 운명을 예속(隷屬)시키기 위해 광분(狂奔)하고 있는 문재인(文在寅) 씨의 '종북·주사파' 정권이 '해방'과 '독립' 및 '광복' 등 민족역사의 이정표(里程標)들을 훼손, 변질시키는 역사 왜곡의 현장이 전개되고 있다"는 내용이다. 그가 어깃장을 놓은 대표적인 인물이 『피스메이커』란 책을 쓴 임동원이다. 육군 소장으로 전역한 후 김대중 정부에서 통일부장관과 국정원장을 지냈고 DJ와 함께 남북관계 개선을 주도했다.

북한 '악마화'를 목적으로 한 전략적 인터뷰라는 것은 그 뒤에 나오는 김영자, 이성주, 최성룡, 김평강, 케네스 배 등에서도 드러난다. 미국의 발자취도 곳곳에 남아 있다. 미국 CIA가 배후에 있는 NED에서만 2018년 한해 북한 관련 예산으로 230만 달러를 집행했다. 〈NK데일리〉를 비롯해 〈열린북한방송〉〈자유북한방송〉〈탈북인권여성연대〉 등이 그 수혜자다.[113] 북한을 '악의 축'으로 규정한 후 UN에서 북한인권법이 통과되고 탈북자 중 일부가 백악관과 미국 의회에 초대받는 것 또한 흥미로운 부분이다. 앞서 송지영 교수와 박한식 교수 등이 지적한 것처럼, 북한에 전달하는 정치적 메시지다. 인터뷰 대상에 포함된 이성주와 관련한 기사를 보면 작동방식을 짐작하기 어렵지 않다. "트럼프 국빈만찬 참석한 탈북자 '북한 인권 언급 감사'"(VOA, 2017/11/10), "꽃제비 출신 탈북청년, 트럼프 환영 만찬 참석 눈길"(연합뉴스, 2017/11/7), "꽃제비 출신 탈북청년 이성주씨, 트럼프 환영만찬 참석"(서울경제, 2017/11/8), "트럼프 환경 만찬에 초대된 '꽃제비' 출신 탈북

---

113) 정락인. 2012/11/13. 탈북단체 큰 돈줄은 '미국 국무부' 〈시사저널〉 & 김영권. 2018/5/22. NED. 2018 북한 관련 지원예산 230만 달러.

청년 이성주씨"(서울신문, 2017/11/7) 등이다. VOA 인터뷰 기사에 자세한 내용이 나온다. 이성주 씨는 "북한인권시민연합에서 탈북 난민 구호 활동을 하는 30살의 청년"이다. 만찬장 분위기에 대해 "전반적으로 아주 강력한 한미동맹을 보는 자리였습니다. 그리고 단순히 한미동맹이 역사적 시간의 누적 때문에 강력한 게 아니라 그 이상의 것. 정말 피를 나눈 동지애, 그리고 같이 세계 발전을 위해서 노력하는 그런 친구와 우정애 그런 것들이 복합적으로 있더라고요."라고 말한다. VOA가 하고 싶은 메시지를 멍석을 깔아줌으로써 전달한다는 의혹이 드는 부분도 있다. 먼저 인터뷰를 진행한 기자는 "만약 두 대통령이 북한을 위해 우리가 뭘 했으면 좋겠냐고 물었다면 어떤 건의를 하고 싶었습니까?"라고 묻는다. 미국 정부가 VOA와 같은 매체를 운영하는 목적을 잘 대변해주는 답변이 등장한다. "저는 단연코 북한에 정보를 들여보내 달라고 얘기했을 것 같습니다. 기존의 풍선이나 USB 같은 것보다 인공위성이든 아니면 다른 기구들을 통해서 인터넷을 사용할 수 있도록 전파를 보내 달라고 얘기하고 싶었어요"라는 내용이다. VOA가 하고 있는 프로파간다 활동을 강화하자는 얘기다. 맨 밑에 나오는 함재봉 역시 한미동맹 신봉자 중 한 명이다.

그는 연세대 교수로 있으면서 현재 아산정책연구원 원장을 맡고 있다. 할아버지는 이승만 정권 때 부통령을 지낸 함태영이다. 반공정신이 철저했고 미국에 대해서는 거의 숭배 수준이었다. 부친은 1983년 아웅산 사건 당시 희생된 함병춘 비서실장이다. 미국 노스웨스턴에서 유학을 하고 박정희 정권에서는 주미대사를 맡았다. 함재봉 원장도 당연히 미국 유학파다. 존스홉킨스대학에서 석사와 박사를 모두 마쳤다. 미국 공군이 설립했고 군산복합체의 이익을 대변하는 랜드연구소에 초빙 연구원을 다녀왔다. 미국은 수호천사지만 북한과 중국은 악마라는 세계관이 뚜렷하다. 2011년 9월 1일 〈동아일보〉에 실린 "중국의 부상과 한국의 안보위기"라는 칼럼에 관련 내용이 나온다. "우리는 수많은 역경 속에서도 자유시장경제와 자유민주주의를 건설해 왔다. 미국과의 동맹 관계도 우여곡절 끝에 튼튼한 기반 위에 올려놨다. 그러나 중국의 부상은 우리에게 숨 돌릴 틈도 주지 않는다. 우리가 역사의 종착역이라고 생각한 체제와 그것을 지켜줄 수 있는 최선의 안보전략이라고 생각한 동맹체제가 중대한 도전에 직면해 있다."라고 말한다. 복합체 후보군 언론이 즐겨 찾는 전문가 중 한 명인 최강도 이곳 출신이다. 국방연구원과 국립외교원 등을 거쳐 아산쟁책연구원 부원장으로 재직 중이다. RFA가 2013년 7월 1일 그의 인터뷰를 실은 적이 있다. 전형적인 멍석 깔기 전략은 "최강 부원장은 한국 국방연구원과 국립외교원에서 오랫동안 연구원과 책임자로 활약한 외교안보 전문가로 최근까지 외교안보연구소 소장을 지냈습니다. 최 부원장은 김대중정부의 국가안전보장회의 정책기획부장으로 2000년 6·15 정상회담 때 평양을 다녀 왔습니다."라는 소개에 나온다. '위장전술'과 '불량국가' 프레임을 일관되게 주장한다. 북미협상의 책임을 북한에만 묻는다. "1994년 제네바 합의를 했고 2005년 9·19 공동성명도 나왔지만 그런 합의가 실현되지 않은 것은 근본적으로 북한 정책이 바뀌지 않았기 때문입니다."란 발언이 이를 뒷받침한다. 연구원의 초청을 받아 한국에 온 미국 인사들을 보면 복합체의 배후를 짐작할 수 있는 장면이 많다.

한 예로, 2018년 10월 12일 이 연구소에서 배포한 보도자료가 있다. 한미동맹 65주년을 맞아 美 우드로윌슨센터와 '한반도 평화 전망과 한미동맹 진단'이라는 좌담회를 개최한다는 소식이다. 기사에 실린 참석자로는 "토마스 허바드(Thomas Hubbard) 전 주한미국대사, 웨인 에어(Wayne Eyre) 유엔사령부 부사령관, 조세프 윤(Joseph Yun) 前 미국무부 대북정책 특별대표, 진 리(Jean Lee) 윌슨센터 공공정책 국장, 제인 펄레즈(Jane Perlez) 뉴욕타임즈 베이징지국장, 조너선 쳉(Jonathan Cheng) 월스트리트저널 한국지국장"등이 있다. 좌담회와 달리 아산정책포럼 초청자들은 복합체 성격이 더 짙다. 2019년 10월 15일의 주인공은 브루스 베넷(Brcue Bennett)이다. 랜드연구소 소속으로 국방문제 선임 분석관으로 있다. RFA(2011/4/5)가 전해주는 그의 인터뷰 기사에는 '불량국가' 프레임이 잘 반영되어 있다.""베넷 박사는 북한을 기본적으로 정치와 경제, 사회, 대외 관계 등에서 어느 것 하나 제대로 정상적으로 돌아가는 게 없는 '실패한 나라'로 정의합니다. 또 나라 꼴이 이 지경으로 만든 장본인으로 실패한 북한 지도부를 꼽습니다."라는 인용 부분에 잘 드러난다. 지난 8월 23일에는 제임스 스타인버그(James Steinberg)가 특강 강사로 왔다. 지금은 시라큐스대학 교수로 재직 중이지만 랜드연구소 연구위원을 거쳐 미국 국부무 차관을 지낸 인물이다. 북한 비핵화와 관련한 그의 발언은 RFA, 중앙일보, 연합뉴스, VOA, 뉴시스, 한국경제 등을 통해 자연스럽게 국내를 관통한다. "북한이 대북제재 완화를 이끌어내 숨통을 틔우려 하고 있지만 일단 제재를 풀어주면 긴장이 다시 고조돼도 또 다시 제재하는 것"이라고 하는 '위장전술'과 "북한이 핵이라는 수단을 고집하는 배경에 대해서는 한미동맹을 약화시켜서 자신들의 입지를 강화하려는 의도가 깔려 있다"는 '동맹 훼손'과 같은 프레임이 그의 입을 빌려 전달되는 상황이다.(RFA, 2019/4/23). 인터뷰 전략을 적극 활용하는 곳으로는 미국 정부가 프로파간다 목적으로 운용하는 VOA와 RFA도 뒤지지 않는다. 다음 〈표 2〉는 그중의 일부 명단을 정리한 내용이다.

〈표 2〉 RFA (VOA) 인터뷰 대상자

이름	직위 및 활동
이민복	우남애국상 (3회), 대북풍선단장, 탈북자
박상학	자유북한운동연합 대표, 탈북자
손인식	목사 (베델교회, 캘리포니아), 통곡기도회 주도
강철호	목사 (탈북자 출신)
조요셉	목사, 북한선교연구원
임창호	장대현학교 (탈북청소년 대안학교)
이애란	탈북여성 1호박사, 자유통일문화원장
박상학	대한민국 국가정보원 자유인권과학책략위원, 풍선날리기
이광백	자유조선방송대표, 북한민주화네트워크 연구위원,〈시대정신〉 편집장
유호열	자유민주연구원장
문국한	북한인권국제연대 대표

미국의 대외정책이 잘 드러난다. 한미동맹을 강화하는 한편으로, 북한을 때린다는 전략이 엿보인다. 강철호, 이애란, 박상학, 이광백 등 탈북자 출신들이 자주 등장한다. 미국에 있는 한인 목사도 많이 눈에 띈다. 한 예로, 〈기독일보〉 2013년 12월 26일에 인터뷰 기사가 실린 손인식 목사가 있다. 북한선교 사업을 왜 하느냐는 기자의 질문에 그는 "저는 2004년 9월 27일에 시작해서 10년 동안 선두에 서서 입히고 섬기며 북한 해방과 자유를 위한 통곡 기도운동을 펼쳐 왔습니다."라고 답한다. 궁극적인 목표를 북한정권의 붕괴에 두고 있다는 것도 "북한에 이뤄지고 있는 홀로코스트, 지난 68년 동안 650만 명이 죽었다고 하는데 자기 백성을 먹이지 않고 무기나 만드는 것을 보면 말이 안 나오는 것이죠. 그동안 홀로코스트보다 더 많이 죽었습니다. 이것은 정치의 문제가 아니라 생명의 문제입니다."라는 말에 잘 반영되어 있다. 2017년 7월 25일, LA에서 열린 '통일포럼 토크쇼와 통곡기도회'에 초청된 인물 중 한 명이 바로 밑에 나오는 강철호 목사다. 국내에서 탈북자를 대상으로 '새터교회'를 개척했는데 "공산주의 박해를 피해 월남한 27명의 신도가 한경직 목사를 중심으로 지난 1945년 창립해 남한의 대표적인 교회로 성장한 영락교회"를 모델로 삼는다고 밝혔다. 북한인권전략센터의 강철환 소장도 당일 포럼에 초청된 인물이다. "북한은 국가가 아닌, 김일성 일가를 신으로 섬기는 사이비 종교 집단으로 봐야 제대로 된 해석이 가능하다. … 사이비 종교적 신념이 무너지면 북한도 무너지기 때문에 북한 지도부가 가장 두려워하는 것은 외부 정보의 유입"이라고 주장했다. 트루만 대통령의 지시로 1950년 4월부터 진행된 '진실 캠페인(Campaign for Truth)'의 연장선으로 보면 된다. 국내에 들어와 있는 VOA와 RFA를 비롯해 〈라디오자유유럽(Radio Free Europe, FRE)〉과 〈라디오리베라시옹(Radio Liberation, RL)〉 등이 이 정책에 따라 설립되었다. 앞서 조국사태 때 큰 활약을 했던 서울대학교 '트루스포럼'의 명칭이 '트루스'가 된 것도 이 정책과 관련된 의혹이 짙다. 전혀 별개의 언론사인데 멍석에 등장하는 인물이 겹친다는 것도 흥미로운 부분이다. 〈조선일보〉와 겹치는 인물로는 이광백, 이민복, 박상학 등이 있다. 그중에 복합체 구성원을 밝혀줄 네트워크와 관련해 주목해 볼 만한 사람은 박상학이다.

2019년 5월 1일. 워싱턴에 있는 보수적인 싱크탱크 해리티지재단(Heritage Foundation)에서 "김정은의 전략분석"이란 제목의 토론회가 열렸다. '북한자유'주간을 맞아 미국을 방문한 허광일 북한민주화위원회 대표, 김흥광 NK지식연대 대표, 김성민 자유북한방송 대표와 수잔 솔티 등이 참가했다. 북한 악마화에 동원되는 지배적인 분위기는 '위장전술'과 '불량국가' 프레임이었다. 북한이 북미회담에 나서는 것은 핵무장을 완성하기 위한 시간 벌기로, 북한은 절대 비핵화를 하지 않을 것이며, 유일한 해결책은 북한주민을 대상으로 한 심리전의 강화와 더 강력한 경제제재뿐이라는 논리다. 보수적인 해리티지에서 이들을 초대한 이유와 그들이 무슨 말을 할 것인지는 별로 새로울 게 없다. 주목할 만한 부분은 참가자를 통해 파악할 수 있는 복합체의 구성원들이다. 그중에서 두드러진 인물이 수잔 솔티다. 대북 풍선날리기 행사 때 늘 모습을 드러내는 인물로 군산복합체와 아주 가깝다. 그가 의장으로 있는 디펜스포럼(Defense Forum Foundation)에는 예비역 장성, 군산업체 대표, 전직 CIA 국장 등이 이사로 참가한다. 북한인권위원회의 부의장도 맡고 있다. 이곳도 CIA와 군산복합체의 그림자가 짙은 곳이다. 공동의장으로 있는 캐트리나 스웨트(Katrina Swett)는 웨슬리 클라크 장군이 이라크 전쟁을 비판했을 때 '매국노'라고 공개적으로 비난한 인물이다. 관련 인물로는 이란 공격을 공공연하게 주장하는 민주주의수호재단의 데이비드 멕스웰(예비역 대령)과 NED 회장을 맡고 있는 칼 거쉬만 등이 있다. 박상학과 함께 북한자유연합의 공동대표도 맡고 있다. "김정일 선군 독재 끝장내고, 북한 인민 해방하자"를 내세우면서 2003년 설립된 단체다. 같은 탈북자 출신으로 〈조선일보〉 기자로 있는 강철환과 북한인권시민연합 대표로 있는 안혁이 함께 참여한다.

칼럼리스트라는 초대석

동맹세력이 언론을 통해 직접 발언하는 기회를 주는 게 또 다른 전략이다. 정기적으로 독자를 만날 수 있는 외부 칼럼리스트로 초빙하거나 특별기고 형식으로 발언할 기회를 만들어준다. 다음에 나오는 각 언론사 별 외부 필진 명단은 특히 '전시작전권'과 '한미동맹'과 관련해 발언권을 부여받은 인물이다. 미국 필진도 상당수 있지만 그중 일부만 명단에 넣었다.

<표 3> 조선일보 외부 필진

매체명	성함	직위 및 경력
조선일보	남주홍	경기대 명예교수, 전직 국정원 1차장
	남성욱	고려대 북한학 교수, 국정원
	윤덕민	전 국립외교원장
	천영우	전 청와대 외교안보수석
	박세환	재향군인회장, 한나라당, (문화일보, 조갑제닷컴)
	박용옥	한림대교수, 국방부차관, 평안남도지사 (문화일보 칼럼)
	양욱	한국국방포럼 (전작권)
	신범철	아산정책연구원, 전 국립외교원교수 & 국방장관 정책보좌관
	천용택	전 국방장관, 국정원장
	민병돈	전 육군사관학교장, 예비역 중장

필자로 참가한 분의 성향이나 경력을 보면 분단체제를 통해 기득권을 확보한 집단 출신이 많다. 국가정보원과 관련한 인물로는 남주홍과 남성욱이 있다. 2008년 이명박 정부에서 초대 통일원 장관 후보로 올랐다가 공직자 윤리 문제로 낙마한 사람이 남주홍이다. 국방대학원 교수와 안기부 안보통일보좌관 등을 역임한 후 2012년에 국정원 1차장에 올랐다. 2019년 3월에는 자유한국당 황교안 대표의 안보 분야 특별보좌관이 됐다. "남과 북, 누가 지금 '급변'하고 있나"는 2019년 8월 31일 〈조선일보〉에 실린 그의 글이다. 북한 문제를 해결하는 방법은 '정권교체'밖에 없다고 주장한다. '동맹훼손'을 우려하는 "북핵 협상에서 우리가 완전히 배제됨은 물론, 한·일 군사정보보호협정(GSOMIA)을 이 정부가 일방

적으로 파기한 것은 한·미·일 남방 3각을 해체하고 북·중·러 북방 3각을 강화시킨 치명적 결과를 초래해 한·미 동맹 중심의 우리 안보 시스템을 뿌리째 흔들어 놓았다."라고 말한다. 그의 저서『통일은 없다』란 책을 관통하는 프레임은 '불량국가'다. "현재의 북한은 국제사회의 책임 있는 일원이 될 능력도 의지도 없다. 북한은 그저 국제사회의 안보 위협을 일삼는 '불량국가(Rogue State)'인 동시에 지구촌에 마지막 남은 스탈린주의적 독재체제"라고 평가한다.[114] RFA가 즐겨 찾는 인터뷰 대상자 중의 한 명이다. 2002년 11월 29일 "반미감정문제 차기 남한정권의 우선과제"란 기사에 관련 내용이 나온다. 당시 여중생 사건으로 불거진 촛불시위의 원인을 그는 "김대중정부 지난 5년간 반미감정을 방치 내지 방조했다는 오해를 받을 만한 행동을 했다."는 데서 찾는다. 한미동맹을 수호천사로 보는 관점은 "한국의 안보 경제 외교에서 현재로서는 한미 안보동맹 이외의 대안은 없다는 것이 국민의 중론이다. 이 양국 안보동맹의 정신적인 지주인 양 국민 간의 결속과 공감대 형성이 반미감정으로 깨지고 그와 정비례한 반한 감정으로 갈등이 생긴다면 대단히 불행한 일이다."라는 발언에 압축되어 있다.

고려대학교 북한학과 교수로 있는 남성욱도 국정원 인연이 각별하다. 안기부 직원에서 시작해 국가정보원 산하 국가안보전략 연구소 소장과 통일부 정책자문위원 등을 거쳤다. 북한의 견해를 대변하는 〈우리민족끼리〉에서 남북 간 불신과 대결을 고취하는

---

114) 권순철. 2008/3/4. 남주홍 '한국의 네오콘' … '김정일 천적. <주간경향>.

'괴뢰보수언론의 나팔수와 매문가' 중 한 명으로 지목되기도 했다. 당시 언급된 인물로는 "《세계일보》기자 김상협, 논설위원 조정진, 고려대학교의 김성한과 남성욱,《조선일보》국제부장 강인선, 기자 황대진, 세종연구소 연구위원 문순보,《연합뉴스》기자 홍제성 등"이 포함되어 있다.[115] 한때는 〈조선일보〉의 주요 필진이었다가 최근에는 〈전문가 분석〉 인터뷰에 자주 등장한다. 2018년 8월 27일에 그의 견해가 드러나는 인터뷰 기사가 있다. 북한의 핵 협상 논의를 '위장전술' 프레임으로 보는데 "미국의 착각 중 하나는 북한의 입장이 변할 수 있다고 믿는 것, … 하지만 현실은 그렇지 않았고, 협상이 벽에 부딪히면서 트럼프 대통령이 점점 북한의 실체를 깨닫고 있다"는 말에 나온다. 국립외교원 출신도 드물지 않다. 윤덕민은 국립외교원 원장으로 임명되기 전 외교안보연구원에서 일한 경력이 있다. 국방연구원 출신의 신범철도 이곳에서 교수 생활을 하다 현재 아산정책연구원에 근무 중이다. 북한이 '매문가'라고 비난한 고려대의 김성한도 이곳 출신이다. 〈조선일보〉가 2019년 7월 29일에 실은 윤덕민의 칼럼 "우리 스스로 긋는 '제2의 애치슨라인'"에 '한미동맹'과 관련한 얘기가 실려 있다. "일본 내의 기지들을 적극 활용한 미국의 개입으로 대한민국은 가까스로 살아남는다. 이후 반세기 이상 한·미 동맹으로 인해 우리는 냉엄한 한반도의 지정학적 리스크를 잊고 살아왔다. … 역사가 말해주듯이 한·미 동맹이 우리의 사활적 이익임을 잊어서는 안 된다. 우리 스스로가 애치슨라인을 긋는 우는 절대 범하지

---

115) 공성윤. 2013/12. 북한 담당 기자, 방송진행자, 관련 학자에 험담. 〈월간조선〉.

말자."는 부분이다. 군부 출신도 빠지지 않는데 신범철도 여기 속한다. "대화만능주의는 자칫 한·미 동맹과 북핵 공조를 해칠 수 있고 북한의 핵 보유를 기정사실화하는 데 이용당할 수 있다는 점에서 위험하다."(조선일보, 2018/3/19)와 "한·미 동맹을 강화해야 한다. 북한 비핵화에 따른 체제 보장은 결국 한·미 동맹을 얼마만큼 약화시킬 것인가의 문제로 귀결된다. 연합 군사훈련 중단, 전략 자산 비배치, 핵우산 철폐 등이 결국 그것이다."라고 주장한다. 보수언론, 군부, 국정원, 국립외교원과 아산정책연구소 등을 잇는 연결고리는 다른 인물을 통해서도 확인된다.

2014년 11월 1일 〈향군보〉에는 "전작권 전환 재연기 환영"이라는 기사가 등장한다. 대한민국재향군인회와 대한민국성우회가 공동으로 후원한 "전작권전환 재연기, 연합사 서울 잔류 합의를 적극 환영한다"는 성명서가 실려 있다. "전작권은 자존심이 아니라 생존의 문제이며, 한반도 안보에 선택이 아니라 필수사항이기 때문이다.""전작권 환수 시기는 북한이 핵을 포기하거나, 우리가 북핵에 대해 완벽한 대응책을 갖춘 후에 논의하는 것이 바람직하다"라는 내용이다. 박세환은 태극기집회에 적극적으로 참여해 왔던 재향군인회 회장 출신이다. 자유한국당 전신인 신한국당과 한나라당에서 각각 전국구 국회의원을 지냈다. 지난 2015년에 출범한 종북세력청산범국민협의회에서는 공동의장을 맡았다. 이 협회의 집행부에는 낯익은 보수 인사들이 많다. 공동상임의장에는 "이상훈 애국단체총협의회 상임의장, 이영훈 한국기독교총연합 대표회장, 문창극 전 중앙일보 주필"이 이름을 올렸다. "허준영 자유총연맹회장, 구재태 재향경우회장, 박희도 대한민국지키기불교도 총연합회장, 김길자 대한민국여성연합회장, 한상대 전 검찰총장" 등은 공동의장을 맡았다. 그가 믿는 수호천사는 미국이다. 〈조선일보〉에 실린 "北 도발 억지, 최상책은 한미연합사"(2013/4/26)와 "전시작통권, 그것은 생존의 문제다"(2009/10/23)," 등에 잘 드러난다. 한국국방안보포럼 연구위원으로 있는 양욱은 아예 군사컨설팅기업 AWIC㈜ 대표이사다. "'기부' 대신 '좌절'을 北에 줘야 진짜 평화 온다"는 칼럼(조선일보, 2018/12/29)에 그의 견해가 잘 드러나 있다. 문재인 정부 이후의 변화에 대해 그는 "국방부가 다음 달 발간할 '2018 국방백서'에서 북한 정권과 군에 대한 '주적(主敵)' 표현을 삭제하고, 독재자 김정은 미화(美化) 분위기까지 생기면서 일선 장병들조차 혼란스러워하고 있다."라고 진단한다. 국방장관과 국정원장을 지낸 천용택의 칼럼도 〈조선일보〉에 나온다. 2017년 11월 1일 "한반도 안보 흔들려고 전작권 조기환수 주장하는가"란 글이다. "전작권을 한국군 단독 체제로 전환하면" 미국이 한국 방어에 적극적으로 나서지 않게 되며, 결과적으로 "한미연합사 해체가 불가피하며 전쟁 억제 기능 약화로 북한의 도발 야욕을 자극할 수 있다"는 내용이다. 육군사관학교 교장 출신으로 육군 중장으로 제대한 민병돈의 글도 북한을 악마로 보고 전시작전권을 천사로 본다. "지금 우리나라가 처해 있는 상황은 안전하지 못하다. 북의 위협 때문이다. 이는 뉴스를 통해서 온 국민이 알고 있지 않은가. 우리가 이해할 수 없고 받아들일 수 없는 일부 사람들의 전작권 전환(환수) 주장이나 주한미군 철수

주장은 오래전부터 북한 당국이 주장하는 바와 놀랍도록 일치한
다."(조선일보, 2017/10/25)라고 주장한다. 〈문화일보〉〈동아일
보〉〈뉴데일리〉 등이 멍석을 깔아주는 필진도 유사한 경력과 관
점을 갖고 있다.

〈표 4〉 전시작전권 관련 외부 필진 (인터뷰 포함)

언론사	성함	직위 및 경력
문화일보	이성출	전직 한미연합사 부사령관
	신인균	자주국방네트워크
	정인영	서울대 명예교수, 평양 고향(백선엽 동향)
	유병헌	한미연합사 부사령관, 합참의장 등 역임
	김성만	전직, 한미연합사 인사부장
동아일보	박찬주	예비역 대장
	김기호	예비역 대령, 국방대 교수
	최강	아산연구재단 부원장 (전작권)
	박진	한나라당, 한미협회장, 한미동맹재단고문
	김종환	전 합참의장
	박용옥	전 국방부차관
뉴데일리	남재준	국정원장, 한미연합사 부사령관
	김성만	예비역 중장, 한미연합사 인사부장, 재향군인회 자문위원
	정일화	한미안보연구회 이사
	서옥식	경남대 극동문제연구소 초빙위원 (칼럼)
	유동열	자유민주연구원장

위의 〈표 4〉에 보듯 전시작전권과 관련해 발언권을 얻은 인물
은 주로 예비역 장성이다. 특정한 이해관계나 편견이 있을 수밖에

없는 한미연합사 출신이 많다. 이성출, 유병헌, 김성만, 남재준 등이 여기에 해당한다. 지난 2009년에 이어 2019년에도 '전작권 이양 반대' 의견을 냈다. 북한에 대해서는 '위장전술'과 '불량국가'를, 미국에 대해서는 '동맹훼손'과 '혈맹'을, 전작권에 대해서는 '시기상조' 프레임을 내세운다는 점이 닮았다. 가령, 김성만은 〈문화일보〉 2019년 6월 14일 논단을 통해 "한국은 1960~1970년대 전쟁과 같은 북한의 무력 도발에 시달렸다. 한미연합사 창설 이후 북한의 무력 도발은 대부분 억제됐다. … 한미연합사는 세계가 부러워하는 조직이다. 따라서 정부는 현실을 인식하고 즉각 전작권 전환을 중단해야 한다."고 밝혔다. 이성출 또한 "전작권 전환 더 냉철한 접근 요구된다"(문화일보, 2019/9/5)라는 글을 통해 꼭 같은 주장을 편다. '동맹훼손' 프레임은 "무엇보다 북핵(北核)과 미사일이 현실적 위협으로 대두되고, 미·중의 갈등과 대립이 커지는 안보 상황에서 한국 방위의 일익을 담당하는 미군의 역할과 책임이 약해질 가능성을 우려하지 않을 수 없다."에 나온다. "전작권 전환은 우리가 주도적 역량을 갖추고, 동북아 질서의 혼돈과 북핵 문제가 정리돼 안보 상황이 안정된 상태에서 추진해도 늦지 않다."는 주장은 '시기상조'에 해당한다. 그 밖에, '혈맹' 프레임은 "주한미군은 한·미 동맹의 실체이며 상징이다. 그들의 책임과 역할이 줄어들면 주한미군 감축과 철수도 있을 수 있으며, 한·미 동맹도 그만큼 거리가 생길 것이다."로 드러난다. VOA와 RFA 인터뷰 대상자로 자주 등장하는 인물도 다수 포함되어 있다. 대표적으로 자주국방네트워크의 신인균과 자유민주연구원의 유동열 등이 있다.

경기대 한반도전략문제연구소 부소장으로 있는 신인균은 지난 2016년에는 새누리당 국회의원 예비후보로 나섰다. 지금은 〈신인균 국방TV〉를 운영한다. 인터넷으로 검색할 수 있는 제목만 봐도 보수 우익의 관점을 대변한다는 게 잘 나타난다. "文 극렬반미 + 천안함 부정 者 국방차관 임명? 한미동맹 숨통 끊나…"(2019/5/21), "위기의 한미동맹, 주한미군 올여름 철수하나"(2019/1/8), "중·러 핵폭격기, 한미동맹 균열 파고들다"(2019/7/24), "트럼프! 文에게 분노! '文 정부'의 한미동맹 파탄으로!"(2019/8/27) 등이다. 그가 2019년 7월 18일에 쓴 〈문화일보〉의 "도미노처럼 전방위로 무너지는 국방"이라는 칼럼에도 드러난다. '동맹훼손'을 우려하는 견해는 "문재인 정부 들어 국방(國防)안보 분야는 전방위에서 도미노처럼 무너지고 있다. … 그중 가장 위험한 것은 한·미 동맹을 파탄으로 몰고 가고 있는 행태다. 남북관계 개선이라는 명분을 앞세워 대한민국 생존의 절대상수인 한·미 동맹을 크게 훼손하고 있다."라는 대목에 충실하게 녹아 있다. 경찰대학 치안정책연구소 안보대책실 출신의 유동열도 같은 입장이다. 2019년 3월 2일 로스앤젤레스에서 열린 3·1운동 100주년 기념행사에서는 "문재인은 공산주의자"라고 했던 전 방송문화진흥회 이사장 고영주와 단짝으로 애국 강연회를 열었다. 그의 인터뷰나 특강은 〈뉴데일리〉〈펜앤드마이크〉〈조선일보〉〈블루투데이〉〈조갑제닷컴〉〈코나스〉〈리버티해럴드〉 등에서 흔하게 찾을 수 있다. 미주판 〈중앙일보〉에서 싣고 있는 [유동열칼럼] "카다피 몰락의 교훈과 북한"(2011/11/1)에 그의 생각을 알 수 있는 대목이 보인다. '불량국가' 프레임은 "중동지역에서 불길처럼 급속히 확산되고 있는 재스민 혁명을 바라보면서, 우리는 전세계적으로 유래를 찾아 볼 수 없는 부자세습의 수령절대주의 폭압정권이 하루빨리 종식되어 북한동포에게 자유와 인권을 되찾아주는 계기가 되길 기대하고 있다."에 나온다. 북한을 겨냥한 프로파간다 활동을 통해 정권교체를 끌어내야 한다는 주장은 "북한주민들에게 서방세계와 대한민국의 자유와 풍요로움을 알게 하는 정보유입이 필요하다. 정보 유입이 가능해지면, 체제비교를 하게 되고 결국 북한주민의 눈과 마음을 열어 폭압정권에 대한 저항의식이 생겨나는 것이다."에 반영되어 있다. 국내언론이 상당한 공을 들이고 있는 미국 필자도 군산복합체의 이익을 대변하는 경우가 대부분이다. 다음의 〈표 5〉에 나와 있는 인물의 경력과 주장을 살펴보면 쉽게 드러난다.

〈표 5〉 국내언론, 미국인 필진 (인터뷰 포함)

언론사	성함	직위 및 경력
조선일보	브루스 벡톨	국방정보국 (DIA) 분석가, 해병대참모대교수
	빅터 차	NSC 아시아담당국장, CSIS 선임연구원
월간조선	월트 샤프	전 주한미군사령관 (한미연합사령관)
	빈센트 브룩스	전 주한미군사령관 (한미연합사령관)
동아일보	마이클 오핸런	브루킹스 연구소 선임연구원, CIA 자문위원
	브루스 벡톨	방정보국 (DIA) 분석가, 해병대참모대학교수
문화일보	존 울프스털	백악관 국가안보회의 보좌관, CSIS 연구위원
	데이비드 스트라우브	국무부 국장, 월트소렌스타인아시아센터 연구위원

중앙일보	데이비드 맥스웰	민주주의수호재단 연구원
	버월 벨	전직 한미연합사령관
	빈센트 브룩스	전직 한미연합사령관

경력만 봤을 때도 미국 정부, 펜타곤, 정보기관과 무관한 인물은 아무도 없다. VOA와 RFA에도 단골로 등장한다. 먼저, 브루스 벡톨과 마이클 오핸런은 모두 정보기관과 친밀한 관계를 맺고 있다. 빅터 차와 존 울프스털도 보수적인 싱크탱크로 군산복합체의 이익을 대변한다는 평가를 받는 CSIS 연구원 출신이다. 국제안보와 관련해 전문성은 있을지 모르지만, 북한과 한미동맹에 대해서는 강한 편견이 불가피한 군인도 많다. 당연한 말이지만, 복합체가 관철하고자 하는 프레임을 옹호한다. 한 예로, RFA와 VOA에 단골로 등장하는 벡톨이 2010년 4월 14일에 〈동아일보〉에 쓴 "전작권에 관한 7가지 치명적 오해"라는 글이 있다. "전작권 전환과 한미연합사 해체는 동맹관계의 성숙과는 거리가 멀다. 냉정히 이야기한다면 전작권 전환 결정은 좌파 성향의 전임 한국정부의 잘못된 판단에 따른 것이며 결과적으로 북한을 이롭게 한다."는 내용이 나온다. 전작권을 환수하기에는 한국의 준비가 충분하지 않다는 '시기상조' 프레임도 반복해서 전달된다. "북한이 핵을 보유하면서 전시작전통제권(전작권) 전환의 환경이 바뀌었다. 한·미 정상들은 새 환경을 재평가해야 한다"(브룩스, 중앙일보, 2019/10/31)와 "북한이 역내 핵무기를 동원할 역량을 갖춘 만큼

이에 대응할 수 있는 미군만이 한반도 전시작전통제권(전작권)을 행사할 수 있다"(벨, 중앙일보, 2019/10/11) 등이 이를 잘 보여준다. 빅터 차 또한 북한 '악마화'에 앞장섰던 인물로 이라크 전쟁을 주도한 네오콘 중 한 명인 콘돌리자 라이스 국무장관과 친하다. 김대중 정부가 햇볕정책을 추진할 때도 북한에 대한 지속적인 경제제재가 필요하다는 입장이었고, 한국에 사드를 배치해야 한다고 주장했다. 최근 북미회담에 대해서도 "북한이 미국과의 비핵화는 진행하지 않으면서 남북 협력을 통해 동맹 간 균열을 시도하려는 점을 우려한다."라고 밝혔다.(문화일보, 2018/8/14). 그 밖에, 한국에서 근무한 경험이 있는 예비역 대령 맥스웰도 군산복합체 인맥이다. 미국에서도 전쟁을 부추기는 인물로 비판받는다. 그에게 있어 북한 정권은 "이탈리아 범죄조직 마피아"와 같은 '불량국가'다. "올해 초부터 벌인 북한의 '매력 공세'와 여러 차례(남북·미북 간) 정상회담에도 불구하고 김정은이 바뀔 거란 생각은 하지 않는다."라는 주장에서는 '위장전술' 프레임이 드러난다.(월간조선, 2018/12/15)

제5장

리더십과 네트워크

국내에서 언론복합체가 제대로 된 실체를 갖추기 시작한 것은 언제일까? 2000년대 초반일 가능성이 크다. 복합체 구성원들이 공통된 위기의식을 느끼면서 집단으로서 대응책을 찾기 시작했으며, 막후 후원세력이었던 미국이 동의했다는 점에서 그렇다. 몇 가지 상승작용을 할 만한 상황이 겹쳤다. 첫 번째는 김대중 정부의 등장 이후 급물살을 탄 남북화해 분위기다. 분단체제가 위협을 받으면서 그동안 특혜를 누려왔던 집단으로서는 절박함이 생겼다. 앞에 잠깐 나왔던 것처럼 국정원의 '훈령 조작' 사건 등이 발생했던 것도 그런 맥락에서 이해할 수 있다. 김대중 대통령이 평양을 방문해 역사적인 '6·15 공동선언'을 발표한 해는 2000년이다. 둘째, 2002년 6월 13일 두 명의 여중생이 미군 장갑차에 죽임을 당하면서 분단 현실에 대한 문제의식이 폭발적으로 강화됐다. 특히 그동안 수면 아래 가라앉아 있었던 주한미군의 부정적 측면이 이 사고를 계기로 전면으로 떠 올랐다. 물론 그동안에도 주한미군 범죄와 관련한 뉴스는 간간이 현안으로 대두된 적이 있다.

대표적으로, 1992년 경기도 동두천 기지촌에 살던 윤금이 씨가 잔혹하게 살해된 사건은 민족 자존심을 일깨우는 각성제 역할을 하기도 했다. 한국에 주둔하는 미군의 시설과 군인에 대한 지위를 정한 SOFA(Status of Forces Agreement)에 대한 문제의식은 일부에서만 공유되었고 다수는 외면했다. 북한이라는 위협이 있는 상황에서 불가피한 선택이라는 측면도 있다. 등교하던 효선이와 미선이가 미군에게 교통사고로 죽게 되고 더욱이 사고의 책임도 묻지 못하게 되면서 이 문제는 다시 주목을 받았다.

때마침 등장한 노무현 정부와 그 이후 진행된 일련의 국내 정치가 세 번째 계기였다. 보수 진영이 봤을 때 노무현 대통령의 당선은 충격 그 자체였다. 한미동맹을 약화시킬 수 있는 '동북아 균형자'론을 제시하고 개성공단이 착공되면서 보수세력의 불안감은 더욱 높아졌다. 반미감정이 지속적으로 높아진 것도 영향을 미쳤다. 2003년 3월 1일부터 시작된 '구국기도회'는 이런 분위기에서 시작되었다. 〈월간조선〉에 소개된 새문안교회 이수영 목사의 설교에 관련 내용이 담겨 있다. "의정부에서 여중생 두 명이 미군의 장갑차에 치여 목숨을 잃은 사건으로 촉발된 항의시위는 韓美관계의 냉각뿐 아니라 우리 국민 사이에서의 이념적 갈등을 부채질하고 있습니다. 미국 측의 보다 성의 있는 사과와 재발방지대책을 요구하던 정당한 촛불시위는 성조기를 찢으며 반미(反美)와 '미군 철수'를 외치는 일부 불순세력들에 의해 그 성격이 변질된 것으로 인식되게 되었고, 이에 위기감을 느낀 많은 기독교인들로 하여금 구국기도회를 갖게 만들었습니다."란 내용이다.[116] 대형 교회를 중심으로 시작된 구국기도회는 자연스럽게 재향군인회, 고엽제전우회와 국민행동본부 등과 연대했고, 급기야 2004년 3월 12일 노무현 대통령 탄핵으로 이어졌다.

마지막 변수는 중국의 급성장이다. 미국과 한국의 복합체가 연합전선을 펼 수밖에 없는 배경이 됐다. 『지식패권』(김성해, 2019)에 관련 내용이 나온다. 미국과 중국이 패권경쟁을 하는 분야는 안보, 경제, 정보와 지식 질서 등 전방위에 걸쳐 있다는 주장이다. 가령, 미국을 견제하기 위한 목적으로 2001년 발족한 상하이협력기구(SCO)에는 러시아, 카자흐스탄, 키르기스스탄, 타지키스탄, 우즈베키스탄 등 옛 소련권뿐 아니라 인도와 파키스탄도 참여한다. 유독 미국만 거부권을 가진 국제통화기금(IMF)과 세계은행을 대신하고자 하는 신개발은행(NDB)도 있다. 브라질, 인도, 러시아와 중국과 남아프리카공화국 등 이른바 '브릭스'가 공동으로 설립했는데 본부는 상하이에 있고 초대 총재는 인도인이다. 중국이 더 강력한 지도력을 발휘하는 아시아인프라투자은행(AIIB)도 2015년 12월 출범했다. 전 세계에서 87개국이 참여하고 회원국 중에는 독일, 영국, 프랑스, 스페인, 포르투갈 등 유럽 국가도 많다. 국제정보질서에서도 중국은 강력한 경쟁자다. 국영 신화통신은 규모에서 이미 로이터와 AP통신을 앞질렀다. 위치정보시스템 분야에서도 중국은 2018년부터 베이더우(北斗)라는 독자 시스템을 구

---

116) 편집자. 2003/3/4. "철없는 사람이 대통령 자리에 앉아 있을 5년간이 너무나 불안하다". <월간조선>.

축했다. 미국이 제공하는 GPS보다 해상도가 더 좋다는 평가를 받는다.

물론 노무현 정부에 뒤이은 이명박 · 박근혜 정부에서 복합체는 크게 주목을 받지 못했다. 적극적으로 나설 필요가 없었던 것과 무관하지 않았다. 2016년 말부터 촛불 정국이 시작되면서 갑작스럽게 등장한 문재인 정부는 이들이 다시 표면으로 등장하는 계기가 됐다. 2003년 이후 꾸준히 실력을 키우고, 조직을 다지고, 담론전략을 다듬어 왔다. 진보 또는 민주화 진영이 선점한 인터넷 언론사와 팟캐스트 대신 유튜브를 활용하게 된 것도 영향력 확대에 긍정적인 영향을 미쳤다. 2019년의 언론복합체가 꽃을 피우게 된 것은 이런 상황에서다. 평범한 생명체처럼 복합체 역시 두뇌 역할을 하는 집단과 중요 기능을 하는 핵심부, 그리고 신체 주요 부위를 연결해 주는 네트워크가 있다. 그렇다면 과연 누가 지도자 역할을 하고 있을까? 큰 그림을 그려볼 수는 있다. 먼저 언론계, 종교계, 관료사회, 군부, 공안세력 등 각자의 영역에서 누가 인정을 받고 있는지를 파악하는 방법이다. 가령, 언론인 중에서는 최소 논설위원, 주필, 편집국장이나 발행인 정도의 직위를 거친 사람이 해당한다. 복합체의 구성원에 속하는 단체, 협회, 조직에서 주도적인 역할을 하는지 살펴보는 것이 두 번째 방법이다. 한 예로, 2018년 〈펜앤드마이크〉 후원회 행사가 열렸을 때 축사를 하거나, 고문이나 자문위원 명단에 속해 있거나, 직접 행사를 주도한 인물이라면 포함할 수 있다. 끝으로, '천사와 악마' 담론을 적극적으로 생산하는 사람이 있다. 교회나 강연회 등에서 특강을 하거나, 직접 칼럼을 쓰거나, 대담프로그램이나 전문가 초대석에 나가 인터뷰를 한다면 여기에 포함될 자격이 된다. 다음의 〈표〉들은 이런 3가지 조건을 모두 충족한 인물을 분야별로 정리한 자료다.

1. 리더십 (leadership)
1) 언론계

"친북 세력에 대항할 세력은 반공 기독교뿐" 2001년 9월호에 등장한 〈월간조선〉 특집기사다. 당시 발행인이 조갑제다. 그는 "김대중 정부의 통일 정책은 보수 기독교에 대한 탄압"이라면서 "보수 기독교 교단이 왜 친북세력에 대해 침묵하고 있느냐"라고 목소리를 높였다. 〈월간조선〉은 또한 2000년부터 2002년 동안 "조용기-김장환 목사, 순복음인천교회 최성규 목사, 소망교회 곽선희 목사, 지구촌교회 이동원 목사, 사랑의교회 옥한흠 목사, 한국기독교총연합회 길자연 회장" 등과 연속 인터뷰를 실었다. 앞서 나왔던 '멍석 깔아주기' 전략이다. 특히 조갑제는 순복음교회 등을 직접 방문해 김대중 정부가 교회와 〈조선일보〉를 탄압한다는 취지의 강연을 이어 나갔다.[117] 예비역 대령 출신 서정갑이 주도했던 국민행동본부의 동선도 유사하다. '반핵반김 자유통일 국민대회'(2003년 2월 1일), 국가보안법 사수 국민대회(2004년 10월

---

117) 백찬홍. 2009/6/8. 노무현 전 대통령의 최대 정적은 한국교회였다. 〈오마이뉴스〉.

4일), 전시작전권 전환 반대 국민대회(2006년 8월 11일) 등에서 이들은 동행자였다. 모두 〈조선일보〉라는 공통점이 있다. 연세대학교를 졸업한 서정갑은 '2010년 자랑스러운 연세인'상을 받았고 당시 연세대 재단 이사장은 방우영 〈조선일보〉 명예회장이었다. 다음 〈표 1〉에서 조갑제가 맨 먼저 등장하는 것은 그런 까닭이다.

〈표 1〉 언론계 지도자

이름(출생연도)	활동 및 경력
조갑제(1945)	월간조선, 이승만연구소(고문), 한국자유회의, 구국기도 필진
김용삼(1958)	펜앤드마이크 대기자, 이승만학당 교수, 박정희기념재단, 월간조선 편집장
류근일(1938)	펜앤드마이크 필진, 조선일보(주필), 구국기도, 뉴데일리
인보길(1940)	디지털조선일보(사장), 뉴데일리(대표), 이승만포럼(대표)
이도형(1933)	한국논단, 조선일보(논설위원)

조갑제는 1945년에 태어났다. 해방과 전쟁을 겪었고 초등학생을 위한 〈반공독본〉과 같은 체계적인 반공교육을 받은 세대다. 그래도 〈국제신문〉에 근무하던 젊은 시절에는 박정희 정부를 곧잘 비판했고 해직을 두 번이나 당한 반골 기자로 유명했다. 인생의 전환점은 공안검사 출신으로 안기부 1차장을 지냈던 정형근 전 의원을 만난 이후라고 한다. 그 이후 철저한 반공주의자로 거듭났다. 독실한 개신교인으로 "김일성과 김정일은 사탄이다. 원수와 사탄은 다르다. 김일성 부자를 용서하라고 말하는 목사는 착각한 거다. 반성경적 생각이다. 김일성과 김정일을 돌려놓을 방법이

없다. 사탄처럼 제거해야 한다"라고 말할 정도였다.[118] 〈월간조선〉에는 1983년 입사했고 1991년부터 편집장을 맡았다. 박정희 재평가에 적극적으로 앞장섰고 박정희 전기인 〈내 무덤에 침을 뱉어라〉를 〈조선일보〉에 연재했다. 2001년부터 〈월간조선〉의 발행인이 되었고 지금은 〈조갑제닷컴〉 대표다. 복합체로 분류할 수 있는 각종 단체의 주동자다. 그중 하나가 2008년 출범한 〈반국가교육 척결 국민연합〉이다. 전교조에 의해 학생들이 좌파 교육을 받고 있으며 맹목적인 친북반미를 외친다고 주장하는 단체다. "전교조를 합법화 해준 자는 정권을 잡은 DJ이다. 그는 과거 남로당 목포시 지구당에서 활약한 전력이 있다"라고 주장한다. 극우로 분류되는 인사 중 상당수가 상임지도위원으로 이름을 올렸다. 조갑제를 포함해 "고영주(국가정상화추진위원회 위원장), 김상철(미래한국신문 회장), 김진홍(뉴라이트 전국연합 상임회장), 김홍도(금란교회 목사), 류근일(조선일보 논설위원), 박홍(전 서강대 총장), 박세직(재향군인회 회장), 서정갑(국민행동본부장), 이동복(북한민주화포럼 대표)" 등이다. 〈이승만연구소〉 고문이면서 〈구국기도〉에서도 초대칼럼을 쓴다. 함께 칼럼을 쓰는 인물로는 황교안, 류근일, 이동복 등이 있다. 2017년 설립된 〈한국자유회의〉에도 발기인으로 참가했다. 담론정치에서도 군계일학이다.

'조갑제 칼럼'은 〈뉴데일리〉에 등장한다. "문재인만 모르는, 한반도 핵게임판이 바뀌었다"(2019/3/19), "빨갱이들이 가장 두려워하는 말이 '빨갱이', 즉 새빨간 거짓말쟁이!"(2019/3/3), "공산

---

118) 김세진. 2009/5/22. "김일성과 김정일은 사탄이다". 〈뉴스앤조이〉.

당을 뚜드려 잡아 죽이는 것이 기독교 정신이다"(2018/12/17), "이승만의 이 연설이 공산당을 이길 수 있는 논리를 만들었다!"(2019/1/18) 등이 그의 글이다. '조갑제 인사이트'는 〈월간조선〉에 기고하는 글이다. "레닌주의자가 법무부 장관이 된 대한민국"(2019년 10월호)과 "쿠바가 베네수엘라를 먹듯이 북한이 한국을 먹을 수 있나?"(2019년 2월호), "문재인은 공산주의자인가?"(2016년 10월호) 등이 눈에 띈다. 각종 매체를 통해 전달되는 그의 인터뷰도 방대한 규모다. 인터넷에서 "조갑제 특강 교회"를 검색하면 가장 먼저 나오는 내용은 2010년 2월 11일 금란교회(담임목사 김홍도)에서 "즐거운 마음으로 북한 정권을 무너뜨리자"라고 강연했던 동영상이다. 2006년 5월 8일 〈뉴스앤조이〉에는 "한기총 원로 기도회에 조갑제 씨가 특강"이라는 기사가 나온다. 강의 주제는 "대한민국 위기의 본질과 전망"이다. "일류국가의 건설을 위해 건전한 우파 곧 자유민주주의 세력이 대한민국의 주류로 다시 자리매김해야 한다"라는 내용이 들어 있다. 2018년 2월 24일에 쓴 "한국의 기독교가 일어나야 할 이유"라는 칼럼에서는 "李承晩이 미국 정책입안자들보다도 더 일찍 스탈린과 공산당의 본질 및 전략을 간파한 다음 대한민국을 반공(反共) 자유민주주의 토대 위에 세우기로 결심한 것은 그의 기독교적 세계관이 공산주의의 내면을 투시할 수 있었기 때문일 것"이라는 독특한 주장이 포함되어 있다.[119]

두 번째로 나오는 인물은 김용삼(1958년생)이다. 〈조선일보

119) 조갑제 닷컴 인용. "http://www.chogabje.com/board/view.asp?c_idx=77069&c_cc=BB

〉에서 기자 생활을 시작해 〈월간조선〉과 〈미래한국〉 등에서 일했다. 2018년부터 〈펜앤드마이크 정규재TV〉에서 대기자로 근무 중이다. 이승만과 박정희 대통령과 관련한 저술이 많다. 『이승만과 기업가 시대』, 『이승만의 네이션 빌딩』, 『시간을 달리는 남자』, 『박정희의 옆얼굴』 등을 냈다. 『황교안 2017』도 그가 쓴 책인데 부제가 "헌정을 수호하고 대한민국 정체성을 지킬 지도자"다. 조갑제 기자와 동선이 여러모로 겹친다. 한 예로, 2010년 10월 10일에 열린 '황장엽의 북한 민주화 전략' 세미나에 함께 등장한다. "이동복 북한민주화 포럼 대표, 조갑제 조갑제닷컴 대표, 유동열 자유민주연구원 원장"이 발제를 맡았고, 김용삼 기자는 황장엽 망명을 둘러싼 알려지지 않은 얘기를 전했다. 당시 행사에는 박관용 전 국회의장, 류근일 조선일보 주필, 김동길 연세대 명예교수 등이 자리를 채웠다. 조갑제와 공통으로 참여하는 단체로는 〈이승만학당〉 〈한국자유회의〉 등이 있다. 〈조갑제TV〉에도 자주 출연해 "민주화 사기극 세력이 걸림돌 박정희를 지우려 하고 있다"(2019/5/16), "문재인의 나라는 '자유'가 사라진 인민민주주의 나라"(2019/2/25), "선거 잘못하면 공산화되거나 내전 벌어질 수도"(2018/4/5) 등의 인터뷰를 했다. 그의 관점을 잘 보여주는 칼럼으로는 "박근혜 대통령이 탄핵당한 진짜 이유는?"이 있다(펜앤드마이크, 2019/1/21). 칼럼에 따르면 탄핵을 끌어낸 촛불시위대는 "한미동맹 해체 및 남북 연방제 통일 추진세력" 또는 "계급투쟁론으로 무장한 좌익 운동권 세력이 배출한 체제 변혁 세력이요, 급진적 투사 집단"이다. 그 연장선에서 2019년 현재는

"친중 · 종북 · 반미 · 반일 정책에 의한 전통적 우방관계 파괴 및 한미동맹 파산, 공산화 직전의 전체주의적 문화대혁명 사태, 소위 적폐청산이란 이름의 사법 난동, 사회주의적 정책 시행으로 인한 경제 대붕괴의 쓰나미가 전 국민을 덮치고 있는"위기 상황이 된다. 문재인 하야를 요구하는 것은 어쩌면 당연한 귀결이다. 류근일, 인보길, 이도형 등 나머지 3명도 〈조선일보〉를 중심으로 뜻과 행동을 함께한다.

류근일은 올해 81세다. 〈중앙일보〉에서 기자 생활을 시작했고 〈조선일보〉에서 주필을 지냈다. 삼성언론재단의 이사를 지내기도 했다. 2001년 출범한 뉴라이트 핵심 중의 한 명으로 이 단체의 기관지였던 〈시대정신〉에도 발을 담갔다. 2019년 현재 〈펜엔마이크〉 〈조선일보〉 〈뉴데일리〉 등에 칼럼을 기고한다. '오직예수제일교회'에서 운영하는 〈구국기도〉에 인권투사 필진이기도 하다. 2019년 8월에는 청와대 앞에서 열린 조국 규탄 집회에 김문수, 정규제 등과 함께 참석하기도 했다. 담론 생산자로서 위상도 남다르다. "북한 막장 시나리오"(조선일보, 2019/8/15), "진보의 탈을 쓴 위선과 싸워야"(뉴스플러스, 2018/8/16), "'자유 레지스탕스 투사들' 중심으로 '대한민국 때려부수기 세력'과 싸워야"(펜앤드마이크, 2019/10/21), "2019년은 결판의 한 해, 자유 아니면 죽음을!"(와이타임스, 2019/1/4) 등 왕성하게 칼럼을 기고한다. 앞에서 살펴본 '천사와 악마화' 담론에서 거의 벗어나지 않는다. 그가 보기에 문재인 정권은 "혁명 정부의 공안 · 정보 · 사찰 · 숙청 · 형벌 · 문화 · 교육 · 미디어 · 기업의 생살여탈(生殺與奪)권을 거머쿤 저승사자"다. "북한이 '자유조선'이 될 때까지 또는 그 이후로도 일정 기간 남과 북은 분리돼 있어야"하며, 그래야 "한국이 강력한 한·미 동맹과 핵 억지력을 유지하고 '우리 민족끼리' 선전·선동을 차단하며 북한 인권 참상에 맞설 수 있다"고 본다. 또한 그는 북미회담과 남북정상회담이 열린 2018년을 "남과 북이 한반도의 범(汎) 좌파가 주도하는 합작과 통일전선에 휘둘려 대한민국의 자유민주주의 헌정질서가 하나하나 훼손되고 그 대신 전체주의 한반도가 출현하기 시작한 '혁명적' 사태를 속수무책으로 바라봐야만 했습니다. 통분하고 피눈물 나는 한 해"로 기억한다.

〈뉴데일리〉인보길 대표도 〈조선일보〉와 인연이 깊다. 자신이 편집국장으로 모셨던 안병훈(전 조선일보 부사장)과 공동으로 이 회사를 차렸다. 올해 79살이다. 이승만 대통령에 대한 애정이 각별하다. 2010년에는 회사 내부에 이승만연구소(지금은 건국이념보급회)를 세웠다. 〈월간조선〉이 멍석을 깔아준 관련 기사가 2011년 4월호에 나온다. "현대사 바로잡기에 나선 이승만연구소"란 기사다. 설립 목적은 "이승만을 되살려 대한민국의 이념적 토대를 굳건히 하는 것"이다. 행사에 참가한 인물로는 "백선엽 전 육군참모총장, 김동길 연세대 명예교수, 이인호 서울대 명예교수, 안응모 전 내무부 장관, 남시욱 전 문화일보 사장" 등이다. 연구소 회장은 안병훈이고 공동대표는 인보길이다. 뉴라이트 계열로 분류되면서 박근혜 정부 때 국사편찬위원회에 참가했던 건국대 이주영 명예교수도 공동대표다. 〈미래한국〉에 실린 대담 기사를 통해 "우리는 미국이라는 동맹국을 찾은 것이고 이 한미동맹을 유지하는 것이 중요합니다. 그 다음 남한의 좌파들이 바뀌어야 합니다. 우선 북한이 진보라는 인식을 바꿔야 합니다. 북한이 어떻게 진보입니까. 세습적 군주제가 아닙니까. 대한민국 좌파는 있을 수 있어요. 문제는 좌파가 아니라 북한의 추종자들이 되니까 심각한 겁니다"라고 말한 적이 있다.[120] 칼럼도 많이 쓰지만 〈조선일보〉 〈뉴데일리〉 〈미래한국〉 등과 가진 인터뷰 기사가 많다. 2018년 8월 20일 〈주간조선〉이 특집으로 실은 "인보길 뉴데일리 회장의 '이승만을 위한 변명'"에 그의 생각이 잘 반영되어 있다. 다큐멘터리 〈백년전쟁〉에서는 거짓이라고 반박된 "미국 하버드대와 프린스턴대를 오가며 2년 만에 석·박사 학위를 딴 학자"라는 신화를 반복한다. '외교천재'라는 프레임도 그의 발언을 관통한다. "미국을 잘 활용한다면 한반도에 민주주의 독립국가를 세울 수 있다고 확신했다. 워싱턴과 뉴욕에서 가까운 조지워싱턴대학에 진학한 것도 그 때문이다. 미국 지도층과 네트워크를 쌓기 위해서였다. 박사논문 주제 자체가 '미국의 힘을 이용한 중립'이다. 스승이었던 우드로 윌슨의 '민족자결주의'에도 영향을 미쳤다"는 부분이다.

1933년생으로 올해 86살인 이도형도 이 범주에 속할 자격이 충분한 인물이다. 이도형은 〈조선일보〉에서 특파원과 논설위원까지 지냈다. 1989년에는 극우 성향의 〈한국논단〉을 창간했다. 육군 장교 시절 미국 정부가 운영하는 미국 노스캐롤라이나 주 포트브

---

120) 편집자. 2010/8/21. 미완의 길, 대한민국 '네이션 빌딩'. 〈미래한국〉.

랙(Fort Bragg)에 있는 심리전과 특수전 학교에서 해외군사교육훈련(IMET)을 받았다. 이들 학교는 미국이 전략적으로 관리하는 국가 출신의 엘리트 군인들을 대상으로 반란 진압과 게릴라전 등을 가르치는 곳이다. 볼리비아 반군을 토벌한 정부군 장교들, 남베트남 정부군 장교들, 니카라과 독재자 소모사, 파나마의 노리에가, 전두환과 노태우가 모두 동문들이다.[121] 육군 대위로 예편한 후 기자가 됐다. 한국전쟁 당시 북한을 상대로 심리전을 주도했고 예비역 대령으로 전역 후 〈조선일보〉에 입사한 선우휘와 삶의 궤적이 비슷하다. 군인, 미국 유학, 조선일보, 반공주의자라는 공통점이 있다. 그가 창간한 〈한국논단〉이 극우 성향을 띄게 된 것은 이런 배경과 무관하지 않다. 조갑제도 한때 이곳에서 일했다. 언론복합체가 제대로 된 모양새를 갖추기 전에 일종의 선발대 역할을 한 매체다. 2009년 8월 28일 그의 인터뷰 기사가 〈미래한국〉에 실렸다. 그가 잡지를 만든 것은 "사회 각계각층에 스며든 좌경사상으로부터 자유민주주의의 국가체제를 지키자는 취지"였다고 한다. 누구를 '악마'로 설정하고 있는지 설명도 나온다. "지난 20년간 그토록 전력을 다해 싸워온 대상이 누구입니까?"란 질문에 "김대중, 노무현, 김정일 등으로부터 지령이나 영향을 받는 세력이었습니다. 1946년 9월 '민주주의민족전선'이라는 단체가 발표한 '남한의 20개 좌익정당단체 구성원'이라는 자료를 보면 모두 797만 명이 그 구성원으로 등재돼 있어요. 당시 2,000만 명 인구로 볼 때 상당한 세력이었어요. 말하자면 그들이 모두 '빨갱이'라

---

121) 김성해. 2019. 『지식패권』 2권. 288쪽에서 재인용.

는 얘깁니다"라고 답할 정도다. '이승만연구소'에 참여하고 있는 다른 인물과 마찬가지로 북한을 규정하는 지배적인 프레임은 '불량국가'다. 평화를 위한 전제조건이 북한 정권교체이며, 이를 위해 '심리전'과 '경제제재'를 강화해야 한다는 논리로 이어진다. 아래 〈표 2〉에 나오는 공안세력의 프레임과 정확하게 일치한다.

〈표 2〉 공안세력 지도자

이름(출생연도)	활동 및 경력
고영주(1949)	검찰 공안부장, 이승만애국상, 서북청년단재건총회, 자유연합
유동열(1958)	자유민주연구원장, 한미자유연맹(발제자), 이승만애국상
이동복(1937)	국정원, CSIS 초빙연구원, 북한민주화포럼
송봉선(1946)	국정원 북한단장, 양지회장, 고려대(북한학과)
홍관희(1953)	자유연합(대표), 〈미래한국〉, 안보전략연구소장, 리버티해럴드

2) 공안세력

앞서 이도형은 김대중 대통령에 대한 명예훼손 혐의로 실형을 선고받았다. 문재인 대통령과 관련된 인물로는 고영주가 있다. "문재인은 공산주의자"라는 말로 1,000만 원의 위자료를 물었다. 박근혜 정부 때 MBC 방송문화진흥회 이사장을 지낸 인물이다. 공안검사 출신으로 영화 〈변호인〉에 나오는 부림사건 담당 검사의 실제 모델이다. 노무현 정부 때 남부지검장을 끝으로 검찰을 떠났다. 올해 70세다. 전교조로부터 학생을 지켜야 한다는 목표를 내세운 '반국가교육 척결 국민연합' 상임지도위원을 시작으로 각종 보수단체에 이름을 올렸다. 2010년에는 '국가정상화추진위원회' 위원장으로, 2014년에는 '자유민주연구원' 고문으로, 2015년에는 '헌법수호국민운동본부' 상임위원장을 각각 맡았다. 이승만 대통령과 관련한 단체에 참가하는 것도 자연스럽다. 우선 〈뉴데일리〉에 단골로 등장해 인터뷰한다. 이승만연구소 고문으로 제7회 이승만애국상 수상자다. 제주 4 · 3사건 때 민간인 학살로 악명을 떨친 '서북청년단' 재건총회의 발기인이다. 그 밖에 2010년 설립해 "한국 모델로 북한을 재건(再建)하여 일류국가(一流國家)로 바꾸는 것"을 목표로 하는 '자유연합' 회원이다. 국정원 출신 이동복, 예비역 중장 김성만, 연세대 교수 류석춘, 전 국가보훈처장 박승춘 등이 이 단체에 함께 한다. 2019년에는 '문재인 퇴진을 바라는 국민모임' 대표를 맡고 있다. 2019년 10월 광화문 집회에서 "좌익들은 남이 잘되는 걸 못 본다. 아주 위선적이다. 잔인하고 무자비하다. 공수처법 통과되면 최소한 500만 명은 죽게 될 것이다. 베트남이나 캄보디아에서만 있을 수 있는 일이라 생각하는가. 절대 그렇지 않다. 목숨 걸고 막아야 한다. 공산주의는 사기다. 속지 말자. 한 번 속으면 피해자지만, 두 번 속으면 공범이다"라고 주장했다.[122]

자칭 '종북' 감별사라고 하는 유동열의 뿌리는 국정원을 큰집

---

122) 이용필. 2019/10/25. "문재인은 간첩 총지휘자, 공수처법 통과되면 500만 이상 죽을 것" 막막 쏟아진 반정부 집회. 〈뉴스앤조이〉.

으로 부르는 경찰 대공(對共)분과, 이른바 보안경찰이다. 최근에 나온 영화 〈1987〉에서 박종철을 물고문해 숨지게 한 치안본부 대공분실이 최고 사령부다. 당시 책임자가 박처원 치안감인데 일본 강점기 친일경찰로 악명이 높았던 노덕술이 그의 상관이었다. 전두환 시절 언론에 크게 보도되었던 학림사건, 부림사건, 금강회사건, 아람회사건 등이 모두 이곳과 관련이 있다.[123] 공식 직함은 자유민주연구원 원장이다. 경찰청 공안문제연구소 연구관과 경찰대학 치안정책연구소 안보대책실 선임연구관을 두루 지냈다. 그는 2005년 9월 최규식 당시 열린우리당 의원이 주최한 보안수사대 관련 토론회에선 "대한민국이 존재하지 않는데 무슨 놈의 인권이 있고 자유가 있느냐. 지금 대남 방송에서는 보안분실 해체를 주장한다. 이유는 간단하다. 적화통일을 추진하는 북한은 남한 내 반혁명역량으로 국군, 대공수사기관, 국가보안법을 지목하며 이를 무력화하려고 그러는 것이다. 북한 전략을 알면서 보안기능 없앨 수는 없다"는 주장을 펴기도 했다. 대검찰청과 국정원 등에서는 공안 관련 자문위원을 맡고 있다. 공안검사 출신 고영주와 함께 미국 교포사회를 다니면서 반공 특강을 자주 한다. 〈주간조선〉과 〈뉴데일리〉〈블루투데이〉〈조갑제닷컴〉 등이 마련해 주는 명석도 잘 활용한다. 2014년 4월 28일 〈주간조선〉에 실린 좌담회 주제는 "긴급진단, 위기의 국정원 어디로 가야 하나?"다. 참석자는 고영주, 유동열, 그리고 역시 안기부 출신의 고덕진 덕우회 회

123) 김희윤. 2018/1/4. 영화 '1987' 실존인물 박처원 "빨갱이 수천 명 잡아넣고 골로 가게 만들었다". 〈아시아경제〉.

장이었다. 공통으로 한국 사회에 간첩이 많으며, 국정원 덕분에 안보가 지켜진다고 말한다. 국정원이 서울시 공무원으로 있던 탈북자 유우성 씨에 대한 간첩조작 사건으로 논란에 휘말려 있을 때였다. "간첩 사건이 불거질 때마다 민변(민주사회를위한변호사모임)의 일부 변호사들이 간첩 혐의자에게 수사에 협조하지 말고 묵비권을 행사하라고 종용해 애를 먹는다. 변호사는 누구든 변론할 수 있지만 간첩을 감싸고 돌며 수사를 방해하는 것에 대해 제도적 보완책이 필요하다"는 말로 국정원을 변호한 인물이 유동열이다. 2019년 3월 미국 LA 강연에서도 그는 북한에 대해 '불량국가'와 '위장전술' 프레임을 내세운다. "북한은 아직도 대한민국 헌법에 범죄집단으로 규정되어 있다" "2018년 싱가포르 회담에 나선 것은 국제적 경제제재로 경제의 숨통을 틀기 위한 것"이며, 또 "북한이 비핵화하는 경우는 김정은 정권이 제거되어 새로운 정권이 북한에 등장하는 경우"에만 가능하다는 말에 잘 드러난다. 참가하고 있는 단체로는 '한미자유연맹' '한국자유회의' '자유와 통일을 향한 변호사연대' '헌법수호국민운동본부' 등이 있다. 이승만과는 무관할까? 전혀 안 그렇다. 2019년 제12회 이승만애국상 수상자다. "국가보안법의 본질은 자유민주체제를 수호하는 '체제수호법'"이며 이승만 대통령이 이런 훌륭한 법을 제정했다는 견해다. "대한민국에서 국가보안법의 공헌은 소련 및 북한의 적화공세를 저지해 신생 대한민국을 수호해 대한민국의 경제발전을 이루는 초석의 역할을 했으며, 특히 대한민국 자유민주주의의 발

전에 기여했다"라는 발언에 잘 드러나 있다.[124]

그 다음에 나오는 이동복은 앞서 4장에서도 자세히 설명한바 있다. 노태우 대통령의 지시를 무시하고 남북관계에 어깃장을 놨던 인물이다. 북한의 실체를 일반인보다 잘 알아서 그런지, 반공 이데올로기 탓인지, 또는 개인적 이해관계 때문인지는 모르지만, 그 이후에도 일관된 모습을 보인다. 올해 83세인데도 열심히 칼럼을 쓰고 보수단체 행사에 나가 강연도 하고 복합체가 깔아놓은 멍석을 거부하지 않는다. 〈와이타임즈〉에 그의 칼럼이 정기적으로 실린다. 이명박 정권 때 대통령홍보비서관을 지냈던 추부길 목사가 설립한 이 매체는 "사이비 좌파들의 독주를 막아야 한다. 청소해야 한다"를 목표로 2009년 출범했다. 북한 악마화의 선봉에 서 있다는 것은 쉽게 찾아볼 수 있다. "최근 '조국 문제'에 관하여 문재인 정권의 앞잡이 역을 자임한 유시민(柳時敏)의 입에서 나오는 궤변(詭辯)도 전형적인 '빨갱이'의 '용어 혼란 전술'의 하나다"(2019/10/10), "한국 사회에서의 이념갈등은, 실제로 내용 면에서는, 한국 사회 안에 둥지를 틀고 있는 '좌'와 '우'의 두 적대적(敵對的) 이념 사이에서 전개되는 남북 간 체제경쟁의 대리전쟁(代理戰爭)이다."(2019/3/6), "2018년 9월의 시점에서 문재인 씨가 유엔총회 연설은 물론이고 폭스 뉴스와의 TV 대담에서 김정은을 가지고 한 말을 곰곰이 씹어 본다면 그를 가리켜 '김정은의 수석 대변인'이라고 비아냥댔던 블룸버그 통신의 보도를 과연 어떻

---

124) 강치구. 2015/4/23. "이승만 대통령의 업적 중 '건국' 다음으로 중요한 업적은 '국가보안법 제정'". <코나스넷>.

게 시비할 수 있는 것인지 알 수 없을 지경"(2019/3/12) 등의 발언이 그 증거다.

국정원을 퇴직한 직원의 모임으로 알려진 양지회장이라는 직함에서 송봉선의 인생 궤적을 짐작할 수 있다. 올해 73세인 그는 북한이 싫어할 만한 책을 많이 냈다.『사생활로 본 김정일』『김정일 철저 연구(일어판)』『북한은 왜 멸망하지 않는가』『중국을 통해 북한을 본다』등이 있다. 경력에 보면 대사관 파견이 많은데 국정원 업무의 연장선으로 보면 된다. 안기부 시절에 북한연구 조사실 단장을 맡았다. 남성욱 교수를 비롯해 국정원 출신이 머무는 고려대 북한학과에서 겸임교수로 재직하면서 북한연구소 소장을 지냈다. 2019년 10월 〈월간조선〉에 그의 인터뷰가 자세히 실려 있다. '국정원 댓글사건'에 휘말린 양지회와 국정원을 변호하려는 목적이 뚜렷하다. 인물 소개에 양지회가 '융탄폭격'을 맞았음에도 송 회장은 정권의 눈치를 보지 않았다. 오히려 일간지에 "北 '해킹 외화벌이' 대응 강화해야" "文 · 金 공조가 한 · 미 동맹보다 우선인가" "국정원 對共수사권은 유지돼야 한다"는 제하의 칼럼을 꾸준히 게재하며 문재인 정부의 안보정책과 대북정책을 매섭게 비판했다"라고 안내할 정도다. 문재인 정부에 대한 "북한에 맹목적이에요. 대화에 굶주려 있어서 그런지 문재인 대통령은 북한을 유리잔같이 조심스럽게 다루려고만 해요. 반면 북한은 아랑곳하지 않고 우리를 비난하는 데에만 열을 올리고 있어요. 문재인 정부를 이용해 어떻게든 제재 국면에서 벗어나려고 애를 쓰는데, 우리 정부는 그런 북한에 기대나 하고… 걱정이 커요"라고 말한다. 칼럼도 많이 쓴다. "전 세계와 거꾸로 가는 정보기관 개편"(조선일보, 2017/5/3), "북 '해킹 외화벌이' 대응 강화해야"(문화일보, 2019/8/14), "국정원의 대공수사권 폐지, 국제적 추세 역행한다"(중앙일보, 2018/1/17) 등이 있다. "북한의 간첩 활동은 날로 첨단화하고 고도화하여 사이버·이메일·해킹 등 전문 대공(對共) 수사 요원도 북한의 지능적인 간첩 활동에 혀를 내두른다. … 국정원 대공수사권 폐지나 다른 기관 이관, 새 기구 설치 등은 전문성이나 효율성에 비춰 국가 안보에 도움이 되지 않는다"라는 주장이 많다.(블루투데이, 2017/7/28)

고려대 북한학과 인연으로 묶이는 인물로 홍관희도 주목할 만한 인물이다. 올해 66세다. 1977년 중앙정보부 산하로 설립된 국제문제조사연구소에서 명칭을 바꾼 곳인 국가안보전략연구원 소장을 지냈다. 재향군인회에서 안보연구소장을 맡기도 했고 한국자유회의와 자유연합에 참가하고 있다. 통일연구원 선임연구위원으로 있을 때 노무현 정부를 비판한 다음 사직서를 냈다. 퇴임 후 보수 진영에서 큰 역할을 한다. 자유선진당 국회의원으로 출마하기도 했고 〈미래한국〉 주필로 필명을 날렸다. 〈구국기도〉에서는 '초대칼럼'을 맡고 있는데, 필자에는 이동복, 조갑제, 김성만, 수잔 솔티 등이 같이 참여한다. 분단체제에 대한 관점은 지금까지 나온 이들과 판박이다. "지금 이 시간에도 친북 세력들은 나라 곳곳에 준동-출몰해 대한민국을 무너뜨리고 있다. 국체, 국기, 국가관이 파괴되고, 역사관이 바뀌고 있다. 이들과의 투쟁에서 승리해야, 우리의 삶의 터전인 대한민국을 살릴 수 있다. 국체 수호 세력인 보수·우파는 단결해야 한다. 그리고 방법을 모색해야 한다. 뭉치기 위해 만날 수 있으면 만나야 한다. 그리고 연락망을 만들어야 한다. 결코 좌절하지 말라!"라고 말한다.(뉴데일리, 2012/4/13) 2018년에는 『한반도 전쟁-美·中 패권의 한복판에 선 한반도의 미래』란 책을 냈다. 〈미래한국〉에서 이 책을 소개했는데 "한반도 전쟁 위기를 촉발하는 태풍의 눈 한복판에 선 김정은의 속셈과 이에 대한 우리의 안보, 방위체제의 핵심인 한미동맹을 점검한다. 일촉즉발의 국제정세의 흐름을 냉철히 파악하고 전쟁 억제책을 강구하는 데 길잡이가 되어줄 것으로 보인다."란 평가를 담았다.(2018/3/15)

3) 군부

복합체의 리더 대부분이 연배가 상당히 높고 열정적인 활동을 한다는 건 상당히 흥미롭다. 미국의 파워엘리트와 아주 흡사하다. 한 예로, 전직 국방부 장관 도널드 럼스펠드는 1932년생, 부통령 딕 체니는 1941년생, 국무장관 헨리 키신저는 1923년생이다. 아래 〈표 3〉은 군부 출신 중에서 복합체 주역으로 꼽을 만한 인물들을 정리했다.

<표 3> 군부 지도자

이름(출생연도)	활동 및 경력
이춘근(1952)	해양전략연구소, 세종연구소, 자유기업원, 제3사관학교 교관
박용옥(1942)	국방부차관, 평안남도지사, 재향군인회
신원식(1958)	합참차장, 자유민주연구원, 자유한국당
김성만(1949)	예비역 해군중장, 재향군인회, <구국기도>
이상훈(1933)	재향군인회장, 전직 국방부장관, 이승만애국상

전 국방장관 이상훈은 그중에서도 연장자에 속한다. 올해 86세다. 평생을 살면서 노른자위에 해당하는 지위는 거의 다 누렸다. 한미연합사 부사령관 출신으로 재향군인회장을 지냈다. 노무현 대통령을 찾아가 전시작전권 환수에 항의한 성우회 일원이기도 하다. 복합체로 분류할 수 있는 각종 단체에도 아주 열심이다. 반핵반김정일국민협의회(2005년) 공동대표를 비롯해 애국단체총협의회(2015년)와 나라사랑기독인연합(2016년)에서는 각각 상임고문과 상임의장을 맡았다. 광복 70주년을 맞은 2015년에는 '건국절' 제정을 촉구하고 북한의 군사 도발을 규탄하는 국민대회를 주도하기도 했다. 연단에 올라 "이승만 대통령이 대한민국을 건설하고 평화를 유지하지 않았다면 지금의 대한민국도 없었을 것"이기 때문에 "건국 대통령을 기념하고, 대한민국의 정통성 회복을 위해 건국절이 필요하다"라고 말한 것으로 전해진다.[125] 그 밖에도, 자유민주국민연합(2017년)과 자유연대에서도 중요한 역할을

---

125) 임경업. 2015/8/17. "건국절 없는 유일한 나라… 지금이라도 제정해야". <조선일보>.

한다. 2013년에는 이승만애국상을 받았다. 〈조선일보〉〈동아일보〉〈한국경제〉〈뉴데일리〉〈월간조선〉 등에서 가장 자주 등장하는 인터뷰 대상자 중 한 명이기도 하다. 노무현 정부 때는 '한미연합사 해체 저지 투쟁'을 벌였고 문재인 정부가 들어선 이후에는 '전시작전권 전환 연기' 운동을 한다. 지난 2019년 9월 16일 그를 중심으로 한 한미연합사 부사령관 20여 명은 청와대를 방문해 "북한의 비핵화가 지연돼 핵 위협이 상존하고 있는 상황에서 한·미의 군사 대비 체제상의 중대한 변화를 추진하는 것은 심각한 위기를 불러올 수 있다고 판단된다"는 의견을 전달했다.[126] 국방부 차관을 지낸 박용옥과 예비역 해군 중장 출신의 김성만도 연배가 높다. 모두 일흔 살이 넘었다.

박용옥은 전직 '이북5도위원회 평안남도지사'라는 독특한 직책의 소유자다. 대통령한테 임명장을 받는 차관급 공직자이고, 연봉도 차관급에 준해서 대략 1억 5천만 원 정도다. 1945년 8월 15일 당시의 행정구역을 기준으로 하므로 '황해도, 평안북도, 함경남도, 함경북도' 도지사도 있다. 1949년 이승만 대통령이 이북5도 지사를 임명하면서 시작되었고, 현재까지 '이북5도에 관한 특별조치법'에 의해 지원을 받는다. 북한이라는 악마를 경계하는 목적이 뚜렷하다. 1962년 제정 당시의 제4조 관장사무에 보면 "반공사상의 고취, 이북에 대한 국시선전과 선무공장의 계획

---

126) 박정엽. 2019/9/16. 靑 "역대 연합사 부사령관 '전작권 전환 연기' 건의, 여러 의견 중 하나". 〈조선일보〉.

실시, 남하피난민에 대한 사상선도" 등이 나와 있다.[127) 박용옥은 육군사관학교 교수를 거쳐 예비역 중장으로 전역했다. 전형적인 분단수혜자에 속한다. 당연히 이승만연구소에서도 고문을 맡고 있다. 한미동맹과 전시작전권과 관련해 칼럼도 많이 쓴다. 언론복합체가 멍석을 깔아줬는데 "자주국방과 한미동맹"(동아일보, 2018/3/8), "한국군이 '한국 몫' 한 뒤 전작권 논의를"(조선일보, 2010/6/28), "우리 스스로 방위 의지 있어야 전작권 재협상"(미래한국, 2010/2/19) 등이 있다. 미국에서 발행하는 〈크리스천투데이〉 2006년 10월 3일에 그의 행적을 짐작할 수 있는 기사가 나왔다. "전작권 단독행사 반대 기도, 미국까지 번져"란 기사다. "통곡기도회를 위해 한국서 건너온 박용옥 장로(전 국방부 차관, 한림국제대학원대학교 부총장)는 한국의 현실에 대해 "위기 속에서 '안보'라는 말은 사라지고 '평화'라는 말이 이를 대체하고 있다"며 "하지만 남북관계는 똑바로 보아야 한다. 사상과 체제와 이념이 다른데 어떻게 남북이 연합될 수 있는가? 남북의 평화적 공존은 가능하지만 연합은 있을 수 없다"라고 지적했다는 내용이 나온다.

몇 년 차이를 두고 그를 뒤좇는 인물이 김성만 전 예비역 중장(해군 제독)이다. 〈뉴데일리〉〈블루투데이〉〈코나스〉〈올인코리아〉 등에 자주 등장한다. 한미연합사 부사령관 출신이다. 유동열이 원장으로 있는 자유민주연구원에서는 고문으로, 자유연합에

---

127) 강국진. 2014/2/18. 왜 대한민국 대통령이 북한 도지사를 임명할까. 〈슬로우뉴스〉.

서는 공동대표로, 〈구국기도〉에서는 초대칼럼 필자다. 인터넷에서 '조갑제 고영주 김성만'을 치면 세 사람의 관계를 알 수 있는 기사가 쏟아진다. 〈조갑제닷컴〉을 통해 "北 응징 말만 말고 김정은 목 따와라"(2013/3/19), "브레이크 없는 北 도발, 국민들 수없이 죽어나갈 것"(2010/12/6), "평양 불바다 만들겠다고 받아쳐야"(2009/4/20) 등의 발언을 쏟아냈다. 태극기부대에도 열심히 참가한다. 한 예로, 2013년 7월 25일 국민행동본부(본부장 서정갑)가 주관한 "NLL포기 반역 잔당 수사촉구 국민대회"에 참석한 기록이 있다. 대회 공동회장으로는 "김동길 연세대 명예교수, 김홍도 금란교회 목사, 민병돈 前 육군사관학교장, 박세환 국가정체성회복국민협의회 의장, 조갑제 〈조갑제닷컴〉 대표, 고영주 前 서울남부지검장" 등이 참석했다. 연사로 등장한 인물 가운데 한 명이 김성만이다. "양영태 자유언론인협회장, 최인식 한국시민단체협의회 집행위원장, 조영환 〈올인코리아〉 대표, 변희재 〈미디어워치〉 대표, 신혜식 〈독립신문〉 대표" 등도 함께 자리를 메웠다.[128]

군인이면서 학계와 정치권을 두루 섭렵한 인물로는 신원식이 손꼽힌다. 경력이 화려하다. 육군 중장으로 전역했고 국방부 차관 직무대리까지 역임했다. 전역 후에는 자유민주연구원 자문위원, 서울대학교 초빙교수, 고려대학교 아세아연구소 연구위원 등을 지냈다. 20대 총선에서는 새누리당(지금의 자유한국당) 국회의원 비례대표 후보였고 지금은 자유한국당 북핵외교안보특별위

---

128) 편집부. 2013/7/23. 국민행동본부 등 4개 단체 'NLL사수 국민대회' 개최한다! 〈미디어워치〉.

원회 자문위원을 맡고 있다. 2019년 10월에는 광화문 집회에서 전광훈 목사, 조갑제 대표, 황교안 대표, 김문수 전 경기도지사 등과 함께 문재인 하야를 외쳤다. "조국 구속시키고 공수처법 폐기해야 1차전이 완결된다. … 2차전은 멸문(滅文), 3차점은 멸김(滅金)이다. … 3차전에서 모두 승리하지 않고서는 우리의 본질적인 위기가 사라지지 않는다. 촛불은 언제든지 다시 불탈 수 있다"라고 했다.[129] 극우 언론으로 분류되는 〈미래한국〉과 사무실을 공유하면서 2019년 출범한 '대한민국 수호 예비역장성단'에서도 주도적 역할을 한다. 전두환 신군부 세력이 다수 포함되어 있는데 대표적인 인물로는 하나회 출신의 공수특전여단장 출신의 박희도, 특전사령관 정호용, 보안사령관 이종구, 국정원장 권영해 등이 있다.[130] 한미동맹과 관련해서는 '동맹훼손' 프레임을 내세우는 대표적인 인물로 분류된다. 2018년 8월 14일 〈펜앤드마이크〉에 실린 "신원식 前 합참차장, '文정부 안보정책, 모험 넘어 도박에 가깝다'"는 기사에 관련 내용이 나온다. 문재인 정부의 대북정책은 "역사상 국가안보를 이렇게 불확실한 실험대에 올려서 재앙을 맞지 않은 적이 없다"라고 평가한다. 또 "현재 한미공조가 가장 잘되는 분야는 한미동맹에 대한 저(低)평가인 것 같다. 한미동맹이 출범한 이래 가장 심각한 위기"라는 말로 한미관계를 진단한다. 〈조선일보〉의 [격동의 한반도-전문가 진단]에도 등장한다. "현 정

---

129) 양연희. 2019/11/2. "문재인 하야" "황교안, 강력 대응하라… 그런 안일한 자세로 나라 구할 수 없다" 광화문 광장의 함성. <펜앤드마이크>.

130) 최성진. 2019/1/31. '대한민국 수호 장성단'을 이끄는 사람들에 대해 알아보자. <허핑턴포스트>.

부는 폐암 때문에 나는 열을 낮추기 위해 옛날식 감기약 처방을 내리고 있다. 섣부른 대화는 오히려 상황을 악화시킬 수 있다. … 지금은 오히려 강력한 한미동맹을 바탕으로 더 강력한 대북제재를 해야 할 때"라고 주장한다.[131]

직업 군인 출신은 아니지만, 군부와 인연이 깊은 인물로는 이춘근이 있다. 제3사관학교에서 교관으로 근무 후 육군대위로 전역했다. 곧바로 유학길에 올랐고 미국 텍사스주립대에서 "중국적 국제질서하에서의 전쟁에 관한 연구"로 박사학위를 마쳤다. 귀국 후에는 세종연구소, 자유기업원과 해양전략연구소 등을 거쳐 현재 과학기술정책연구원 연구위원으로 근무 중이다. 활동 영역이 방대하다. 국제정치경제를 다루는 〈이춘근TV〉를 운영하고 있으며 〈미래한국〉에도 편집위원으로 참가한바 있다. 대표적인 저서로 『미중패권 경쟁과 한국의 전략』을 냈고, 『강대국 국제정치의 비극: 미중 패권경쟁의 시대』라는 책을 번역하기도 했다. 〈펜앤드마이크〉에 [이춘근칼럼]을 정기적으로 기고한다. 중국을 '악마의 후견인'으로 보는 프레임을 일관되게 내세운다. 〈펜앤드마이크〉 2018년 2월 7일에 나온 "미국이냐 중국이냐"는 칼럼에 이와 관련한 얘기가 나와 있다. "미국과 중국 사이에서 균형자 역할을 담당하는 것은 물리적으로 불가능할 뿐 아니라 법적 도덕적으로 망발(妄發)이다. 한국은 미국과 전쟁이 나면 함께 싸우기로 약속한 동맹 관계에 있는 나라다. 즉 한국은 미국과 중국의 갈등 사이에서

---

131) 양승식. 2018/3/5. "신원식, '북과의 어슬픈 대화.. 폐암에 감기약 처방하고 있어". 〈조선일보〉.

틈에 끼인 나라가 아니다. 한국은 미국 편에 있는 나라다. 미국과의 동맹관계를 폐기하기 이전에는 우리는 중간에 끼어 있다는 말을 하면 안 된다. 동맹을 유지한 채 이런 말을 해 대고 있으니 미국의 신뢰를 점차 잃어가고 있는 것이다"란 내용이다. 미국의 관점을 잘 대변해 준다는 점에서 VOA가 단골로 인터뷰하는 전문가 중 한 명이다. 보수 개신교가 배후에 있는 서울대 트루스포럼의 초청 연사 중 한 명인데 같이 특강을 한 인물로는 이동복, 신원식, 유동열 등이 있다. 특강 강사를 아무나 섭외하지 않는다는 점을 고려했을 때 그의 관점과 핵심 주장이 무엇인지 짐작하기 어렵지 않다. 다음의 〈표 4〉에 나오는 인물은 넓게는 정치권, 좁게는 관료사회에서 활약한다.

<표 4> 정치권 (관료사회) 지도자

이름(출생연도)	활동 및 경력
김석우(1951)	통일원차관, CSIS 초빙연구원, 21세기국가발전연구원장
김문수(1951)	경기도지사, <구국기도>, 이승만기념사업회
천영우(1952)	외교통상부차관, 펜앤드마이크, 한반도미래포럼 (이사장)
신철식(1954)	국무조정실 정책차장, 이승만기념회장, 광운대이사장
신각수(1955)	국립외교원, 외교통상차관, 법무법인 세종

4) 정치계

2019년 광화문 집회에서 대학생 시위를 이끌었던 단체 중 하나는 트루스얼라이언스다. 서울대 트루스포럼에서 시작해 전국 대학으로 확대된 보수적 개신교 성향의 학생 조직이다. 보수 진영으로 분류되는 명사를 초청해 특강을 연다. 전 통일원 차관 김석우는 관료 중에서는 거의 유일하게 이곳에서 강의를 했다. 위에 나온 이춘근과 동선이 많이 겹친다. '생명의 강'도 그중의 하나다. 북한이 개방되었을 때, 그곳 주민들을 교육시켜 세계인의 일원이 되게 하자는 비전을 갖고 기독교계 지식인들을 중심으로 만든 단체다. 펜앤드마이크 김용삼 대기자, 이승만학당 이영훈 교장, 고영주 전 방문진 이사장 등이 함께했다. 〈펜앤드마이크〉에서는 객원 필진으로, 북한인권연합과 자유민주연구원에서는 고문으로, 또 자유연합에서는 공동대표를 지냈다. 초빙 연구원 자격으로 미국 군산복합체의 이해관계를 대변하는 CSIS에 머문 적도 있다. 독실한 개신교 신자다. 〈크리스천투데이〉 2013년 7월 17일에는 그가 워싱턴D.C.에서 열린 '크리스천 북한포럼 및 통곡기도회'에 참석해 전달한 "북한 정권을 유지케 하는 세력으로는 크게 중국과 한국의 종북세력을 들 수 있다"와 같은 강연 내용이 전해진다. 2017년 11월 6일 열린 트럼프 대통령 방한 환영 기자회견장에도 모습을 드러냈다. 자유애국모임, 나라지킴이교사연합, 북한인권탈북자연합 등으로 구성된 단체가 행사를 주도했다. 김차관과 함께 트루스포럼 특강 강사였던 김철홍 목사가 성명서를 낭독했다. "우리를 노예로 삼으려는 한국과 중국의 공산주의자들의 시도로부터 우리를 구출하기 위해 수많은 미국의 젊은 병사들이 피를 흘렸던 이 땅에 트럼프 대통령이 오시는 것을 매우 영광스럽고 기쁘게 생각한다"는 내용이 담겨 있다. 북한과 한미동맹에 대한 김 차관의 관점을 잘 보여 주는 발언도 있다. "북한 정권은 '한반도 공산화'라는 최종목적을 달성하기 위해 국제사회를 줄곧 기만해왔으며, 남한 정부는 막대한 경제적 지원을 통한 북한 핵무기 보유에 일조했다. … 강력한 한미동맹을 바탕으로 북핵문제를 해결하고 북한주민들을 3대 세습 독재 체제로부터 구원하자"는 얘기다.

전 경기도지사와 3선 국회의원을 지낸 김문수는 정치인 중에서 이 그룹에 속하는 인물이다. 보수가 종북이라고 비판하는 진영에서 넘어온 이른바 '전향자'다. 복합체의 관점에서 봤을 때는 쓰임이 많다. 무엇보다 먼저 진보, 민주화, 또는 친북에 속하는 인물의 속사정을 안다. 그들의 약점과 장점을 잘 알기 때문에 담론 전쟁에서 아주 유리하다. 경험과 지식을 이용해 반대 논리를 만드는 데도 좋다. 한때 이명박 대통령이 "내가 해 봐서 아는데"라고 해서 논란이 된 상황으로 보면 된다. 북한과 노동자, 운동권의 논리를 잘 알기 때문에 논리적 허점도 쉽게 파악할 수 있다. 그러나 무엇보다 중요한 것은 원래 자기편에 있었던 사람보다 훨씬 높은 충성도를 보인다는 점이다. 본인이 더는 '적'이 아니라는 것을 '계속' 증명해야 한다는 부담감이 있다. 정반대에 탈북자 출신들이 있다. 국정원의 감시를 받는다는 것도 있지만 본인의 존재가치를 찾아야 하기에 북한을 더 혹독하게 비판한다. 북쪽 상황을 잘 모르는 사람은 감히 할 수 없는 용감한 주장도 한다. 복합체가 황장엽, 태영호, 강철환, 박성학 등에게 인터뷰와 좌담회와 같은 명석을 기꺼이 제공하는 것은 이런 까닭에서다.[132] 한 예로, 1980년대 학생운동권에서 주사파 대부로 불렸던 김영환, 한기홍, 홍진표 등 '민혁당' 그룹은 〈시대정신〉을 창간하는 주역이 됐다. 뉴라이트 운동의 기관지가 된 바로 그 잡지다. 정치권에 진입한 인물 중에는 바른미래당의 하태경 국회의원과 김문수가 돋보인다. 2000년대 중반 이후 하태경은 북한 인권 운동에 앞장서 왔으며 북한인권조사위원회를 설립했다. 미국 NED의 지원을 받는 〈열린북한방송〉의 대표를 맡기도 했다. 김문수도 크게 다르지 않다. 박정희 정권이 조작한 것으로 밝혀진 민청학련 사건으로 서울대에서 제적되었고 그 이후에는 노동현장에 투신했다. 정치권에는 1990년 창당한 민중당을 통해 입문했다. 1994년 김영삼 대통령의 권유로 민주자유당으로 옮겼고 그 이후 보수 색채를 꾸준히 강화해왔다. 황교안 대표, 이동복, 조갑제, 홍관희, 김성만 등과 함께 〈구국기도〉에 참여한다. 인권칼럼 필진이다. 웬만한 보수단체에는 모두 참가한다. 그중에 언론을 통해 확인된 곳만 이승만기념사업회, 대한민국수호예비역장성단, 펜앤드마이크 후원대회, 자유민주연구원 정도다. 〈김문수TV〉를 운영하고 있고, 〈와이타임즈〉에서는 [김문수 Live]를 게재한다. 〈월간조선〉〈뉴데일리〉〈미래한국〉〈VOA〉 등이 깔아놓은 멍석에도 자주 앉는다. '효자동 이발사' 김문수 "조국 구속까지 계속 깎는다"(뉴데일리, 2019/10/9), "김문수 전 경기도지사 '만악의 근원 문재인, 끌어내…'"(미래한국,

---

132) 2012년 6월 11일, 이세영 기자가 〈한겨레21〉에 쓴 "극좌에서 극우로 널뛰는 전향의 심리학"도 이 주제를 다뤘다. 김영환, 최홍재, 한기홍, 김문수, 이재오, 신지호 등이 여기에 속하는 대표적인 인물이다.

2019/11/1), "주사파 文정권서 망가지는 나라 위해 옳은 길 가겠다"(펜앤드마이크, 2019/1/16) 등이 모두 그를 인터뷰한 글이다. 앞서 나온 관점들과 거의 판박이다. 다음의 발언들에 잘 나와 있다.

문재인은 완전 좌익이다. 노무현도 좌익이지만 더 심하다. 고영주 변호사가 '문재인은 공산주의자'라고 했을 때 좀 과하다고 생각했는데 보니까 이건 완전히 '새빨간' 사람이다. 심지어 전세계 주요 인사가 모여있는 평창 올림픽 리셉션장에서 완전 간첩인 신영복 사상을 찬송하는 연설을 보고 깜짝 놀랐다.(펜앤드마이크, 2019/1/16)

북한은 이미 아웅산테러, KAL기 폭파, 천안함 폭침 등을 자행함으로써 세계 최악의 테러집단임을 전 세계가 다 알고 있습니다. 그럼에도 우리 야당은 테러방지법을 통과시키지 않고 있습니다.(데일리안, 2015/12/18)

국민 안보 교육을 강화해야 합니다. 북한의 현실적 위협을 직시해야 합니다. 테러방지법 통과 시켜 우리의 가족을 위협에서 보호해야 합니다.(조선일보, 2015/12/10)

한미동맹은 우리나라의 안보, 외교, 경제, 문화의 기본 축이다. '우리 민족끼리'보다 더 중요한 것이 '한미동맹'이다. 한미동맹은

'자유민주주의 시장경제'라는 가치동맹이기 때문이다… 한미동맹은 공산침략을 막아냈던 혈맹으로 미국의 원자폭탄 두발로 일본천황이 무조건 항복하였고, 우리가 일본 식민지에서 해방되었다. … 운동권 민족주의자였던 제가 한미동맹의 중요성을 깨닫는 데는 40년 이상이 걸렸다.(블루투데이, 2018/1/4)

다음으로 살펴볼 인물은 이명박 정부에서 대통령 외교안보수석비서관을 지낸 천영우다. 1977년 외무고시에 합격해 외교통상부 차관까지 올랐다. 노무현 정부 때는 외통부 산하 한반도평화교섭본부 본부장도 역임했다. 보수 정권이 등장한 이후 복합체의 일원으로 합류한 경우로 볼 수 있다. 함재봉 원장과 최강 부원장 중심의 아산정책연구원의 고문이 되는 것도 그 연장선이다. 최근에는 〈펜앤드마이크〉에 객원 필진으로 참가할 만큼 색채가 뚜렷하다. 〈동아일보〉에 기고하는 [천영우칼럼]을 통해 담론정치에도 적극적으로 나서고 있다. "대북 식량지원 꼭 해야 하나"(2019/6/6), "관제 민족주의 광풍의 끝은 어디인가?"(2019/5/9), "한미간 신뢰의 위기를 해소하려면"(2019/4/11), "남북군사합의서가 평화에 해악이 되는 이유"(2018/10/11) 등의 칼럼이 있다. 미국 정부에서 주장하는 '중국책임론'이나 북한에 대한 '불량국가' 프레임에서 거의 벗어나지 않는다. 2013년 2월 21일 VOA가 내보낸 인터뷰 기사에 관련 내용이 나온다.

북한 같은 체제에서는 결국 이 핵에, 이 사람들 생각이, 핵 속에 구원이 있다, 하는 이 생각을 바꿔야 합니다. 핵 속에 구원이 있는 게 아니고, 멸망으로 가는, 자기들을 멸망으로 끌고 갈, 파멸로 끌고 갈, 귀신이 있다고 생각을 해야 핵을 포기할 수 있는데. 그런 생각을 가지게 할 수 있는 방법은, 핵 집착에 대한 대가를 북한이 버틸 수 없는 수준으로 높이는 거 이외에 현재로서는 뾰족한 대안이 없습니다. … 북한 체제가 유지되는 것은 거짓에 의해서 유지가 되는 것이기 때문에, 북한에 가장 위험한, 북한이 핵무기로도 막을 수 없는 바이러스는 외부세계에 대한 진실입니다. VOA를 포함한 많은 기관들이 북한 내에 외부의 진실을, 북한 주민들에게 외부의 진실을 알리는 데에 중요한 역할을 해 왔습니다. 우리 국내 여러 NGO들, 국제 NGO들, 그리고 우리 정부도 북한 주민들한테 외부 정보를 북한에다 넣고, 그리고 북한 주민에 더 많은 진실을 알게 하는 데에 나름대로 노력을 기울였고… .

미국의 관점을 충실하게 재현한다는 점에서 신각수도 크게 다르지 않다. 역시 외교부 출신 공무원이다. 특히 신각수는 부서 내에서도 가장 친미적이라는 평가를 받는 국립외교원에서 근무했다. 미국 NED에서 재정 지원을 받는 북한인권시민연합의 고문도 맡았다. 〈중앙일보〉에서는 [신각수의 한반도평화워치]를, 〈매일경제〉에서는 [인사이드칼럼]의 객원 필자다. 〈펜앤드마이크〉와 〈트루스포럼〉 등에 자주 초청받는 특강 강사이기도 하다. 2019년 4월 12일 〈중앙일보〉에 쓴 "동아시아 평화, 한미동맹 중심의 다층

외교에 달렸다"에 그의 생각이 잘 드러나 있다. 미국 중심의 질서를 옹호하는 관점은 "자유주의 국제 질서는 한국을 전쟁의 폐허에서 선진국으로 발돋움하도록 외교·안보·경제적으로 뒷받침했다. 자유롭고 열린, 규범에 기초한 동아시아 질서가 한국 생존의 안전판이다"라는 말에 녹아 있다. '동맹훼손'을 우려한다는 것은 "북핵·무역·방위비 분담을 둘러싼 갈등이 한·미 동맹을 흔들지 않도록 관리하고, 가치 동맹으로서 한·미 동맹의 중요성을 꾸준히 인식시켜야 한다"는 당부에 들어 있다.

그 밖에, 차관급 공무원을 지낸 신철식이 있다. 국무총리를 지낸 부친 신현확의 영향을 많이 받은 것으로 알려진다. 미국 교포 사회와 국내 이승만 관련 행사에는 빠지지 않고 참석해 이승만 신격화에 앞장선다. '외교천재' '반공지도자' '국부'라는 프레임을 반복한다. 2018년 4월 19일 〈뉴데일리〉에 나온 "40년간 무국적 고집한 이승만, '독재자' 오명 뒤 가려진 진실"이라는 기사에 잘 소개되어 있다. 1904년이라는 상황을 감안할 때 '일본'으로부터 독립을 주장했다는 것은 현실성이 없지만 "이승만은 서른 살에 세계를 꿰뚫는 지혜를 지녔고, 일본의 야욕을 곧바로 내다 봤다"고 말한다. 1920년대부터 "이승만 박사는 결코 공산주의는 안 된다는 확고한 신념을 갖고 있었다"라는 부분도 1917년 러시아 볼셰비키 혁명 이후 불기 시작한 적색공포(Red scare)가 미국에 살고 있던 이민자에게 자연스럽게 영향을 미쳤을 가능성을 무시한다. 임시정부 대통령과 관련한 사실관계도 곡해하고 있으며 외교 노선을 정당화 시킨다. "독립운동가가 일본 간부 한 명을 죽인다고 우리가 독립을 얻을 수 없을 것으로 봤던 것이 이승만 박사의 생각이었을 것"이라는 말에 잘 나와 있다. 일본의 만주 침략 이후 만주, 연해주 등을 배경으로 활발한 항일무장 투쟁이 진행된 것과 전혀 다른 견해다. 끝으로, 이승만의 탁월한 외교력 덕분에 단독 정부를 비롯해 한미동맹 등이 가능했다는 견해에 대해서도 전혀 다른 그림이 존재한다. 김성해의 『지식패권』 2권 188쪽에 나오는 다음 부분을 참고하면 도움이 된다.

> 점령군 미국은 입장이 달랐다. '미국과 우호적 관계를 맺으면서 장기적으로 한반도 전체를 통제할 수 있는 효과적인 정부'의 수립이 목적이었다.[133] 신복룡 교수가 발굴한 의회 청문회 보고서에서도 "미국의 일차적 목표는 한국에서 소련의 지배권을 저지하는 것이고 한국의 독립은 부차적이기 때문에 향후 몇 년 안에 한국 정부에 완전한 독립을 부여하는 것이 미국의 국익이라고 믿어지지는 않는다. … 그러므로 한국의 임시 정부의 구성은 적어도 향후 몇 년 동안 미국이 고도의 위장된 지배권을 지속적으로 행사해야 한다는 조건 위에 기초해야 한다"는 내용이 나온다.[134]

프리스톤 굿페로우와 로버트 올리버가 미국 정부의 감시자 역

---

133) Tea-Gyun Park (2000) U.S. Policy Change toward South Korea in the 1940s and the 1950s, <Journal of International and Area Studies> 7(2), 89-104

134) 신복룡. 2009. 군정기 미국의 대(對) 한반도 점령정책: 1945-1948. <한국정치외교사논총> 30(2). 5-43.

할을 했다는 것은 앞에서도 얘기했다. 제주 4·3사건과 여수·순천 사건을 배후에서 지휘한 것도 미국이었다. 미국의 영향권에 있었던 남한, 필리핀, 대만, 일본이 중심이 된 아시아반공연맹과 달리 인도네시아, 인도, 유고, 이집트, 알제리 등 많은 신생독립국은 '제3세력(즉 비동맹그룹)'을 형성하기 위해 노력했다는 것도 부정할 수 없다. 최소한 이들 국가에서 500만 명 이상이 죽거나 다치는 참혹한 내전은 없었다. 물론 인도네시아에서도 많은 사람이 학살을 당했다. 죠수아 오헨하이머(Joshua Oppenheimer)와 크리스틴 신(Christine Cynn)이 2012년 발표한 〈살인행위(The Killing of Act)〉라는 다큐멘터리에 잘 나와 있다. 1965년부터 1966년까지 공산주의자로 분류되거나 의심되는 대략 200만 명이 죽임을 당했다.[135] 미국이 배후에 있었다는 점에서 한국 상황과 별로 다르지 않았다.

5) 지식사회

그래도 특별한 이해관계에서 자유로운 지식사회는 이런 편견에서 벗어나 있지 않을까? 현실은 그렇지 않다. 원인은 다양하다. 학계로 오기 전에 국정원과 군대에 오랫동안 머물렀다는 점이 작용했거나 특정한 학문분파에 소속되어 집단사고에 젖었을 가능성

---

135) 김성해의 『지식패권』 2권. 38쪽에서 재인용.

도 배제하기 어렵다. 국제정치라는 큰 그림을 모른 채 한반도라는 '우물' 안 개구리로 살고 있기 때문일지도 모른다. 김종영 교수가 쓴 『지배받는 지배자』라는 책에 나오는 미국에 대한 맹목적 사대주의가 낳은 병폐다.

<표 5> 지식사회 지도자

이름(출생연도)	활동 및 경력
남성욱(1954)	고려대 북한학과 교수, 안보전략연구소장
송대성(1945)	공군사관학교수, 세종연구소장, 국방안보포럼, 한미안보연구회
박휘락(1956)	국민대교수, 예비역대령,
김태우(1950)	통일연구원장, 국방연구원, 해양전략연구소, 국방안보포럼
이영훈(1951)	이승만학당 (교장), 펜앤드마이크, 뉴라이트 (고문)

2018년 고려대 동문회에서 발간한 책이 하나 있다. 제목은 『안암골 호랑이-대한민국과 고려대학교』다. 1905년 보성전문학교가 문을 연 이래 1950년 6 · 25 전쟁 이전까지 고려대를 관통하는 민족주의 정신을 보여준다. 1934년 〈동아일보〉 사장 김성수가 이 학교를 인수한 다음, 그 색채가 상당 부분 퇴색했다는 얘기는 별로 언급하지 않는다. 그러나 정작 더 큰 문제는 해방 이후 고려대의 변화다. 1960년대 반공연구를 주도했던 아세아연구소는 미국 CIA가 뒷돈을 댔던 아시아재단(Asian Foundation)의 지원을 받아 설립되었다. 연세대 총장이었던 백낙준이 자유아시아위원회에 있으면서 후원자 역할을 맡았다. 연구소를 이끌었던 김준엽 총장도 대만과 인연이 깊다. 해방 전 상해 임시정부 시절 도움을 줬던 미

국 OSS(CIA 전신)의 존 페어뱅크(John Fairbank)와 가까웠다. 덕분에 이 연구소를 통해 많은 교수들이 미국을 다녀왔다. 북한학과에 국정원 출신이 많은 것도 이와 무관하지 않다. 남성욱 교수도 이런 배경을 갖고 있다. 원래 전공은 응용통계학이다. 국정원 산하에 있는 국가정보대학원에서 교수로 오랫동안 머물렀다. 이명박 정부가 들어선 직후에 국정원 산하 연구기관인 국가안보전략연구소 소장이 됐다. 대통령 인수위에 참가한 인연이 도움을 준 것으로 알려진다. 〈조선일보〉, VOA와 RFA 등에 국가안보 전문가로 자주 등장한다. 칼럼과 인터뷰도 많다. 그의 성향과 관련한 기사가 하나 있다. 2009년 3월 6일 〈통일뉴스〉에 나온다. "평통 '강사명부' 작성해 '코드 맞추기'"기사다. 민주통화통일사무처가 진행하는 특강이 보수 성향의 학자와 전문가로만 구성됐다는 비판이다. "총 50명의 통일, 외교, 국방 전문가들로 짜여진 이 명부에는 현인택 신임 통일부 장관을 비롯해 뉴라이트전국연합의 공동대표를 맡고 있는 제성호 중앙대 교수, 전성훈 통일연구원 선임연구위원, 남성욱 고려대 교수, 백승주 한국국방연구원 대북정책연구실장(현 안보전략연구센터장), 서재진 통일연구원 북한인권연구센터소장(현 통일연구원 원장), 유호열 고려대 북한학연구소 소장 등 보수성향으로 분류돼 온 학자, 전문가들이 대부분이다"라는 내용이다. 그 뒤에 나오는 송대성, 박휘락과 김태우는 모두 군부와 관련이 깊은 인물이다.

국군기무사령부 참모장을 거쳐 세종연구소 연구소장을 맡았던 인물이 송대성이다. 당연히 국정원의 기능 축소와 개혁에 반대한다. "국정원 대공수사 폐지 북의 간첩활동에 고속도로 내주는 것?"(미래한국, 2018/1/31)과 "문대통령은 국정원이 국민을 지키는 권한과 능력을 빼앗지 말라"(블루투데이, 2017/7/28) 등의 제목으로 소개되는 좌담회에 참석한 것은 이런 까닭에서다. 주의깊게 봐야 할 부분은 〈미래한국〉과 〈블루투데이〉가 극우 매체로 알려져 있다는 점이다. 함께 대화를 나눈 인물도 앞서 계속 등장하는 국정원 북한단장 출신의 송봉선과 자유민주연구원의 유동열 원장 등이다. 다양한 의견을 수렴하는 토론회가 아니라 복합체가 명석을 깔아주는 자리라는 점에서 참석자 간 의견차이가 있을 가능성은 거의 없다.

국민대 교수로 더 자주 소개되는 박휘락도 예비역 대령 출신이다. 재향군인회와 〈펜앤드마이크〉의 단골 강사다. 전작권 전환 요구는 잘못된 것이며, 북한의 위협으로 인해 시기상조며, 군사주권과 무관하다는 논리를 편다. 공안세력의 리더 중 한 명으로 소개된 홍관희가 소장을 맡고 있는 재향군인회 안보문제연구소 주최 포럼에서 전달한 발언이 하나 전해진다. "전시작전통제권 문제는 이에 대한 국민들의 오해 또는 오인식에 근거해 문제가 잘못 제기됐다. … 군사주권과 상관이 없을 뿐만 아니라 국가안보와 관련된 중요한 군사적 사안임에도 참여정부는 국방부, 합동참모본부 등 군 당국을 철저히 배제했다. … 북한이 핵실험을 하지도 않은 상태였으나, 이제 핵무기를 소형화하는 데 성공했을 가능성이 높은 북한이 핵무기로 한국을 공격하겠다고 위협할 경우 한국이 효과적으로 대응할 수단을 갖고 있지 못하기 때문에 한미연합사 해체

시기를 특정한 날짜로 정할 것이 아니라 '북한 핵 문제가 해결될 때까지'라는 상황으로 조건을 변경해야 한다"는 얘기다(최경선, 코나스, 2014/9/22). 국책연구소에 있으면 노무현 정부의 대북정책에 노골적으로 저항한 대표적인 인물 중 하나다. 국방연구원(KIDA)에 있으면서 노무현 당선자의 안보개념을 공개적으로 비판한 게 문제가 됐다. 〈펜앤드마이크〉에 [김태우칼럼]을 기고하고 있으며 〈조선일보〉〈뉴데일리〉〈동아일보〉 등에 칼럼을 쓰거나 인터뷰를 한다. 2010년 천안함 사건이 터진 직후에 쓴 칼럼에서는 "우리에게도 다양한 군사대응 방법이 있다는 사실을 잊어서는 안 된다… 내륙이나 해상에서 미사일로 북한의 잠수함 기지를 파괴하기는 어렵지 않다. 북한이 적대행위로 대응한다면 공군기를 동원하여 북한의 해군기지와 해안의 미사일 기지나 포대를 초토화하는 일도 물리적으로 불가능하지 않다"고 주장했다.(동아일보, 2010/5/22) 전작권에 대해서도 "연합사 체제가 유지되는 한 우리 군의 고질병인 '대미(對美) 의존증'을 고치기 어려운 것도 사실이다. 하지만 섣불리 전작권 전환을 추진했다가 나라의 존립이 위태로워지는 것보단 낫다. 지금은 전작권 전환보다는 우리 군의 실력을 기르는 게 급선무"라고 믿는다.(조선일보, 2017/9/30)

6) 재계

안보와 외교와 직접 관련이 없는 재계의 경우, 북한과 중국은
사회주의 모델을 연상시킨다는 점에서 악마가 된다.

<표 6> 재계 지도자

이름(출생연도)	활동 및 경력
좌승희(1947)	자유기업원장, 박정희기념관장, <미디어펜>회장,
정규재(1957)	정규재TV, 한국경제 (주필)
권혁철(1961)	자유경제원 (원장), 한국자유회의
추광호	한국경제연구원 (일자리전략실장)
김정호(1956)	자유기업원 (원장), 포퓰리즘입법감시단, 연세대특임교수,

위의 다섯 명 모두 '자유기업원'과 각별한 인연이 있다. SK 최
종현 회장이 전국경제인연합회 회장을 맡고 있던 1997년 "자유시
장경제의 창달을 위한 경제교육사업, 정책홍보사업, 그리고 기업
및 기업이미지 개선사업을 지속적으로 전개해 나감으로써 한국인
들이 번영을 누릴 수 있는 대안을 제시"할 목적으로 세운 '자유기
업센터'가 모태다. 2001년 자유경제원으로 명칭을 바꾸면서 시장
경제의 전도사 역할을 떠맡았다. 박근혜 정부 때는 노골적으로 태
극기 부대를 지원했고, 당시 원장이었던 전원책은 "좌파의 '프로
파간다'에 맞서는 자유, 우파, 민주주의, 시장경제의 홍보 전진기
지로 만들겠다"고 밝혔다. 역사교과서 논란이 한창이던 2015년
"자유경제만이 살길" "역사교과서들, 민중사관의 독점적 지배로

실패작"등의 발언을 했던 전희경(현 자유한국당 국회의원)도 이곳 사무총장 출신이다. 문재인 정부가 들어선 이후 지금의 이름을 사용한다. 원래 정치적 색깔은 진하지 않고 '시장근본주의'에 가까운 주장을 하는 단체였지만 점차 포퓰리즘과 북한 비판으로 영역을 넓혔다. 맨 먼저 나오는 좌승희는 한국은행을 시작으로 미국 UCLA에서 경제학 박사를 받았다. 박사학위 동문이면서 KDI 인연이 겹치는 사람이 사공일이다. 전두환 대통령 때 경제수석비서관을 지냈고 한국의 외환시장 개방 일등공신이다. 자유경제원 원장 출신으로 포퓰리즘에 유독 비판적이다.

"역동적인 경제주체를 역차별하고 취약한 계층만 우대하는 정책들은 경제 활동의 동기부여를 차단하고 하향 평준화를 조장한다. 한국의 민주주의가 포퓰리즘 민주주의로 가고 있다"는 발언에 그의 견해가 잘 드러난다.(동아일보, 2012/2/22) 〈한국경제〉 논설위원으로 널리 알려져 있는 정규제 또한 자유경제원에 근무한 적이 있다. 2017년에는 〈펜앤드마이크〉를 설립한 인물이다. 〈정규제TV〉를 통해 이승만학당 강의를 내보낸다. 정규재 논편을 통해서는 "한일 지소미아 파기는 북한의 지시다" "북한 시장 파괴하는 대북 쌀 지원" "트럼프는 더 늦기 전에 북한 석탄 밀반입을 제재하라" "金(정은)이 서울서 암살되면 북한 2인자들 싫어할까?"와 같은 내용을 방송한다. 같이 어울리는 분들도 계속 나왔던 사람들이다. 2019년 10월 5일, 광화문 집회 직후에 열린 '한미보수연합' 국민대회에 모였다. 등장한 구호 중에는 "굳건한 한미동맹으로 공산주의를 물리치자" "연방제=공산화 의미, 文 끌어내자"등이 있다. 정규제는 이날 열린 토론회 진행을 맡았다. "고든 창 변호사, 매튜 휘태커 전 미 법무장관, 전희경 자유한국당 의원"이 토론자로 나왔다. 연단에 오른 인물로는 김진태 자유한국당의원, 고영주 변호사, 황교안 대표 등이다. 권혁철 전 원장도 경제를 넘어 정치 영역으로 발언권을 넓힌 경우다. 자유연합과 한국자유회의 등에 참여한다. 그가 쓴 이승만 대통령의 전기 〈시간을 달리는 남자〉 출판기념회는 자유경제원 리버티홀에서 열렸다. 당시 원장은 현진권이다. 지금은 〈펜앤드마이크〉에서 객원 필진으로 참가하면서 자유한국당에서 문재인 정권 경제실정백서 특별위원회 위원을 맡고 있다. 네 번째, 김정호도 이곳 원장 출신으로 현재 〈김정호의 경제TV〉를 통해 포퓰리즘 담론을 적극적으로 생산하고 있다. "촛불경제가 망한 이유, 군중의 오만, 시장의 복수"(2019/6/1), "중국경제 왜 아직 안 망했나"(2019/9/14), "베네수엘라 희망 없다! 국민 성향 때문에…"(2019/5/15) 등의 방송에 나온다. 남미의 딜레마를 의도적으로 외면하면서 이를 문재인 정부의 경제정책 비판 수단으로 동원한다는 점에서 추광호도 빠지지 않는다. 그는 전경련 산하 한국경제연구원 일자리전략팀장으로 재직 중이다. 〈한국경제〉〈매일경제〉〈중앙일보〉등 친기업 성향이 강한 언론사에 자주 등장한다. 그가 주도로 펴낸 보고서가 〈베네수엘라 경제 위기에서 배우는 4가지 교훈〉이다. 복합체 후보들을 통해 이 보고서는 꾸준히 확산된다. 보고서가 발표된 직후 "베네수엘라 망가질 만한 이유 있었네: 한경연이 뽑은 4대 실패교훈"(매일경제, 2018/12/21), "베네수엘라 위기의 교훈… 단일요소 의존, 복지·관치 신중해야"(뉴시스, 2018/12/21) 등의 보도가 나왔다. 잊힐 만하면 다시 등장한다. "[심층진단] 베네수엘라 경제 파탄, 이렇게 시작됐다"(미래한국, 2019/10/16)는 1년 전에 나온 보고서를 그대로 재현한다. 베네수엘라와 북한의 관련성도 반복해서 등장한다. 〈뉴데일리〉가 선두주자다. "南美 최고 부국 망가뜨린 '좌파 포퓰리즘'"(2018/8/31), "좌파 포퓰리즘의 비극 … 北 능가하는 베네수엘라 경제난"(2018/10/19), "북한, 베네수엘라 마두로 정권 지지 밝혀"(2019/1/29), "'퍼주기' 롤모델 베네수엘라… 국민 42% '쿠데타 소망'"(2019/1/11) 등이다. 복합체 내부에서 종교계 지도자들이 이바지하는 부분 역시 결코 무시할 수 없다.

대한민국 헌법 제20조는 정치와 종교가 분리되었다는 것을 분명히 밝히고 있다. "모든 국민은 종교의 자유를 가진다. 국교는 인정되지 아니하며, 종교와 정치는 분리된다." 전광훈 목사 등 보수 개신교가 '문재인 하야'를 외치는 것에 대한 불편함은 단순한 정서나 이념의 차이가 아니라 '헌법'에 대한 부정과 관련되어 있기 때문이다. 그러나 1948년 설립된 대한민국에서 교회는 권력의 핵심부를 차지해 왔다. 앞서 관계, 법조계, 언론계 등에 퍼져 있는 교인들을 기억하면 된다. 당장 황교안, 나경원, 김문수, 조갑제, 이언주 등이 모두 독실한 개신교 신자다. 다음의 〈표 7〉에 나오는 인물은 현직 목사인 동시에 담론전쟁에 직접 뛰어든 참가자들이다.

<표 7> 개신교 지도자

이름(출생연도)	활동 및 경력
전광훈(1956)	사랑제일교회, 한기총 (대표),
이종윤(1940)	서울교회, 기독교학술원장, 세이브NK
서경석(1948)	나눔과기쁨 (목사), 이승만애국상 (10회)
김진홍(1941)	뉴라이트목사, 두레교회
김장환(1934)	목사, 수원침례교회, 숭실대학교, 극동포럼 (반공강연회)

7) 종교계

"하나님의 기름 부음이 내게 임했기에 대한민국이 망할 것을 미리 본 것이다. 그래서 국민에게 (문재인 퇴진을) 선포한 것이다. …성령과 기름 부음을 사모하라. 100% 임하면 문재인 저거 나오게 돼 있다. 우리가 끌고 나올 필요도 없다. 하나님이 아마 심장마비로 데려갈 것이다." 한국기독교총연합회(한기총) 대표회장 전광훈이 2019년 11월 10일 청와대 앞 주일예배에서 한 말이다.(뉴스앤조이, 2019/11/14) 교회 내부에서도 지나치게 정치적이라고 비판을 받지만, 사실을 따져보면 꼭 그렇지만도 않다. 2016년 4월 26일 〈천지일보〉에 나오는 "한기총이 감추고픈 이야기… 역대 대표회장 흑역사"에 관련 내용이 자세히 소개되어 있다. 역대 한기총 회장은 모두 정치권과 밀접한 관계였다. 창립준비위원장이 한경직 목사다. 북한에서 기독교사회민주당 창당을 주도했다 월남한 인물이다. 제주 4·3사건의 배후로 알려진 서북청년회와 관련이 깊다. "서북청년회라고 우리 영락교회 청년들이 중심되어 조직을 했어요. 그 청년들이 제주도 반란사건을 평정하기도 하고 그랬어요. 그러니까 우리 영락교회 청년들이 미움도 많이 사게 됐지요"라고 직접 말한바 있다. 1980년 8월 6일 '전두환 국가보위비상대책위원회 상임위원장을 위한 조찬기도회'를 주도한 인물도 한기총 출신이다. 당시 한경직(초대), 정진경(2대), 문만필, 조향록, 강신명 목사 등이 참가했다. 친하게 지내는 길자연(합동), 지덕(기침), 이용규(기성) 목사도 모두 한기총 회장을 지냈다. 2019년 1월에 열린 제30회 정기총회에서도 55.5%의 표를 얻어 당당하게 선출된 인물이다. 당시 선거관리위원장이 여의도순복음교회의 이영훈 목사다. 지난 10월 3일 광화문 집회와 관련해 "(이영훈 목사가) 그러면서 '반드시 (문재인 하야) 끝장내기 위해 10월 3일날 여의도(순복음교회)에서 30만 명을 동원해 주겠다고 했다"라고 밝혀 논란이 되기도 했다. 정확한 진실은 파악할 도리가 없지만 '10·3 국민투쟁대회'에 이름을 올린 인물 중에는 "장경동 목사(대전중문교회), 권태진 목사(한교연 대표회장), 지덕 목사, 길자연 목사, 이용규 목사, 이광선 목사" 등 한기총 대표회장들이 다수 포함되어 있다. 이승만 대통령과는 관련이 없을까? 활동이나 신념을 고려하면 무관한 게 이상하다. 그가 담임을 맡고 있는 사랑제일교회는 이승만 영화제작의 일등공신이다. 다음의 발언에 그의 속내가 잘 담겨 있다.

이승만은 1945년 8월 15일 광복 이후, 두 달이 지난 10월 16일 미국에서 한국으로 왔다. 그분은 교회 장로였고, 밤새 빨갱이 없는 세상을 위해 눈물로 기도했다. 이후 세 가지 원칙으로 나라를 세웠다. 첫째, 자유주의와 공산주의 이념이 첨예할 때 눈물로 국민을 설득했다. 그 진가는 6·25를 통해 발휘됐다. (6·25는) 민족의 재앙이지만 큰 틀에서 보면 잘 일어났다. 국민은 6·25를 통해서 공산주의에 대한 내성이 생겼다. 둘째, 사상의 자유를 허용했다. 북한이 좋다고 한 사람은 보내 줬다. 셋째, 나라를 위해 좌파를 처단했다. 자유주의의 틀을 깨려는 사람은 용납하지 않았다. 그 당시 가짜 전향서를 쓰고 살아남은 좌파는 살아남았다. 그 후예들은 오늘날 법조인, 교수 등으로 지내고 있다. 정치인들 상당수도 공산당의 DNA를 가지고 있다. 개인적으로 알아본 결과, 기초단체 정치인들까지 합하면 1,000명에 가깝다.(뉴스앤조이, 2014/7/3).

한국기독교학술원이란 곳이 있다. 한국이 왜 기독교 공화국인지, 이승만 대통령이 왜 국부인지 등을 적극 전파하는 곳이다. 제2대 원장이 이종윤 목사다. 1940년에 태어났으니까 올해 여든이다. 1999년 탈북난민보호를 위해 설립한 북한인권단체 세이브NK 이사장도 맡고 있다. 2017년 설립된 자유민주국민연합에도 이름을 올렸다. 한기총 신학위원장을 지냈고 강남교회 담임 목사다. "5·18 당시 실시한 현장 중계를 북한에서 했고, 5·18 묘지에는 아직도 신원미상의 무덤들이 있는데 김일성, 김정일은 북한 특수부대원 62명을 국가영웅으로 추대하고 있다"고 믿는 분이다. 북한인권법을 발의한 김문수 의원과 친하다. 북한인권법한국교회연합 상임대표로 있던 2016년 "2005년 8월 김문수 전 의원이 발의한 이후 11년간이나 방치되었던 북한인권법이 이제야 통과되었다"며 "만시지탄이지만 크게 환영한다"는 성명을 발표하기도 했다. 2014년 10월 13일 〈기독타임즈〉에 나온 "주여, 북한동족을 구원하소서"란 기사에 그의 이름이 나온다. 대전 새로남교회에서 열린 "북한동족과 탈북민을 위한 대전통곡기도대회" 관련 소식이다. 참석자로는 "북한인권한국교회연합 상임회장 이종윤 목사(한국기독교학술위원장, 서울교회원로)를 비롯하여 공동대표 임창호 목사, 자유북한방송 김성민 대표, 강철호 목사(새터교회, 탈북민), 박용옥 장로(대통령안보자문위원, 국방차관), 정베드로 목사(북한정의연대 대표), 주승현 박사(前 백두한라청년연합회장, 탈북민), 마요한 목사(새희망나루교회, 탈북민)" 등이 있다. "△하나님 왜 우십니까? △지금 탈북민들이 통일을 준비하고 있습니다. △한국교회 통일교육이 시급하다. △한국교회에 달려 있습니다. △북한의 전략과 한국적 대응. △북한인권을 향한 세계국가들의 흐름. △탈북청년들을 통일인재로 키워야 합니다. △중국 내 탈북자 복음화가 활발합니다" 등의 설교와 증언이 이어졌다. 그 다음에 나오는 인물은 뉴라이트의 대부로 알려진 서경석 목사다. 올해 71살이다.

2019년 5월 28일 〈평화나무〉란 매체에 그의 최근 활동에 관한 내용이 소개된다. "서경석 목사, '문재인은 역대 최악의 대통령'"이란 제목이다. '새로운한국을위한국민행동'을 조직해 매주 토요

일마다 청계천과 광화문 일대에서 태극기 집회를 개최하고 있다는 소식이다. "소득주도성장 때문에 경제가 위기다. 일자리가 망하니까 정부가 세금으로 가짜 일자리를 만들고 있다. … 문재인 정권이 끝나기 전에 국가부도 상태에 돌입하고 말 것이다. … 문재인이 바라는 통일은 공산 통일로 남한에 땅굴이 얼마나 있는지, 간첩이 얼마나 있는지 알지 못한다. 북한 특수부대가 침투해 졸지에 적화가 될지 모른다. 우리 손주들을 위해서라도 죽기 살기로 싸워야 한다"는 내용이다. 〈기독일보〉에도 칼럼을 기고한다. 2019년 5월 24일에는 "지금은 북한에 인도적 지원을 할 때가 아니다"는 글을 썼다. "한국교회가 북한을 생각할 때, 제일 먼저 출애굽 신앙으로 돌아가야 한다. 바로왕의 압제에서 이스라엘 백성들을 해방시킨 야웨 하나님의 놀라운 이적(異蹟)에 우리의 관심을 집중시켜야 한다. 그래서 북한을 자유의 나라로 바꾸는 일이 교회의 일차적인 관심사여야 한다"는 주장이 실려 있다.

김진홍 목사도 비슷한 연배다. 뉴라이트를 설립한 인물로 알려져 있다. 2005년 상임의장으로 취임하면서 "한국기독교개혁운동을 해보니까 뉴라이트운동과 중복이 되더라. 그래서 두 조직을 다 하는 것은 이상하니까 아예 기독교 뉴라이트운동을 하게 된 것이다. 한기운을 하던 분들 중에 한기운을 지키고 싶어하는 좋은 젊은이들이 한기운을 지켜나가겠다고 하고 있다. 나는 아무래도 중심에 있으니까 기독교 뉴라이트운동을 하기로 하고, 일종의 업무 분담처럼 됐다"고 밝혔다.(뉴스앤조이, 2005/6/30) 〈신동아〉〈월간조선〉〈뉴데일리〉〈팬 앤드마이크〉〈미래한국〉 등 복합체 후보군을 통해 그의 인터뷰를 쉽게 접할 수 있다. 그에게 북한은 '불량 국가'다. 본인 스스로 "북한 정부 발행 인터넷 홈페이지를 열면 5명의 제거 대상자 명단에 제가 우선입니다"라고 말한다. "북한은 실제 나라의 기틀을 잃어버린 나라입니다. 그래서 궁여지책으로 매달리는 것이 핵입니다. 그러나 핵은 삶아도 영양가가 없어요. 쓰지도 못하고 핵으로 망하지요. 그러니 너무 위기 의식에 시달릴 필요 없어요. 미국, 일본, 중국, 러시아와 같은 강대국 틈바구니 속에 남북한이 있는데 북한은 스스로 만든 위기로 자멸의 길로 가고 있습니다."라고 말한다.(미래한국, 2018/4/3) 지금도 〈크리스천투데이〉에 [김진홍의 아침묵상]이라는 칼럼을 쓴다. 2019년 9월 9일 제목은 "한국이 일본을 넘어설 수 있는 길"이다. "그러나 천우신조(天佑神助), 하늘이 도우시고 온 국민이 목숨 걸고 싸워 자유민주주의를 지켜낼 수 있었습니다. 그 전쟁에서 유엔군 깃발을 중심으로 우리를 도운 미국을 위시한 자유우방국들의 도움에 대하여 우리는 감사한 마음을 자손대대로 기려 나가야 할 것입니다. 6·25 전쟁이 끝나는 시기에 미국과 맺어진 한미동맹(韓美同盟)은 안보와 번영의 기초가 되었습니다"란 글이 실려 있다. 맨 밑에 나오는 김장환 목사는 누가 보더라도 복합체의 핵심 인물이다. 올해 85세다.

"교회 안 물려준 김장환 목사, 방송사 요직에는 자녀들 포진" 2019년 1월 30일 〈뉴스앤조이〉의 이용필 기자가 쓴 글이다. 현직 목사로 일하는 김요셉과 김요한은 각각 극동방송 이사와 대전지사장을 맡고 있다. 딸 김 아무개 교수도 미주지사장으로 선임되어 있다는 얘기를 전한다. 그와 관련한 기사는 〈미디어오늘〉 2019년 3월 12일에도 나온다. "김용민, 극우 개신교 가짜뉴스 뿌리 뽑겠다"란 제목이다. "개신교를 중심으로 퍼지는 가짜뉴스를 뿌리 뽑겠다며 출범한 시민단체 '평화나무(이사장 김용민)'가 창립기념예배를 연 뒤 이명박 전 대통령을 두둔했다며 김장환 목사(극동방송 이사장)를 비판하는 논평을 냈다"란 내용을 담았다. 김용민은 지난 2006년 11월 2일에도 "김장환 목사의 극동방송을 아십니까"란 글을 발표했다. "극동방송의 사장 김장환 목사의 위상은 특별하다. 그는 국내 최장수 방송사 사장이라는 이력의 소유자이다. 1977년부터 당시 직제상 방송사 최고위직인 국장 자리에 오른 것으로부터 치면 내년으로 사장 재임 30년이 된다"고 말한다. 김장환 목사는 한국전쟁 당시 주한미군 막사에서 일하다, 1951년 미국으로 건너가 안수를 받은 인물이다. 광화문 등에서 태극기시위가 열릴 때마다 극우 인사들을 위한 멍석을 깔아준다. 황장엽, 조갑제, 재향군인회 회장을 지낸 박세직, 반공주의자 이철승 등이 다녀갔다. 반공 강연으로 유명한 빌리 그레이엄 목사의 통역을 맡았고, 역대 대통령과도 아주 친하다. 보수적인 대형교회와 목사들을 꾸준히 취재해 온 〈뉴스앤조이〉의 이용필 기자는 다음과 같은 일화를 전한다.

노태우 대통령은 '극동방송'으로 사이가 가까워졌다. 노 대통령
은 극동방송이 북한·중국 등에 방송을 내보내는 걸 높게 여겼다.
중국에 방송 수신이 잘되도록 출력을 50kW에서 100kW로 증강해

췄다. 대전극동방송 설립을 허가해 주기도 했다. 김 목사의 자서전에서, 노 대통령은 "김장환 목사를 볼 때면 항상 하나님과 함께 있는구나 하고 생각한다. 내가 어려움을 겪거나 마음에 고통을 안고 있을 때 항상 김장환 목사가 생각난다. 김장환 목사를 떠올리면 고통스러운 게 없어지고 위로가 된다"고 했다.(2019/1/30 "대통령들도 BK 찾아" 김장환 목사의 '친보수 행보')

2. 주도세력(Core Group)

복합체는 우리 신체와 비슷한 구조로 이해할 수 있다. 위에서 살펴본 지도자 그룹은 두뇌에 해당한다. 그들이 내부적으로 어떻게 소통하고, 협력하거나 경쟁하는지, 작전회의를 하는지 등은 알 길이 없다. 연배가 비슷하고, 종교적 공동체에 참여하며, 북한과 미국, 이승만 등에 대한 견해가 일치한다는 점에서 굳이 말하지 않아도 눈빛으로 교감하는 수준에 가깝다. 인간의 육체와 마찬가지로 그들은 복합체의 주요 부위에 영향력을 행사하면서 필요할 경우 전략적 연대를 한다. 그렇다면, 심장, 폐, 간, 위, 최장, 대장, 신장 등과 같은 우리의 주요 장기와 비슷한 곳은 어디일까? 지금까지 살펴본바에 따르면, 복합체의 주요 부위는 크게 언론계, 종교계, 관료사회, 공안집단, 군부 및 지식사회 등으로 구분된다. 언론계로 묶일 수 있는 '후보군'을 정리한 게 다음 〈표 8〉이다.

<표 8> 언론계

구분	언론사 명칭
종이신문	조선일보, 동아일보, 문화일보, 중앙일보
	세계일보, 국민일보,
	매일경제, 머니투데이, 한국경제
잡지	월간조선, 신동아, 한국논단, 시대정신, 미래한국, 뉴스플러스
방송/통신	극동방송, 뉴시스, 순복음방송
인터넷	뉴데일리, 뉴스타운, 펜앤드마이크, 미디어펜, 미디어와치, 데일리안, 자유일보, 프론티어타임스, 뉴스앤피틀, 독립신문, 푸른한국닷컴, 블루투데이, 와이타임스, 올인코리아
교회매체	아멘뉴스, 복음기도신문, 크리스천투데이, 크리스천타임스, 기독교TV, 크리스찬데일리, 아이굿뉴스, 미션투데이, 한국기독공보, 가스펠투데이
탈북매체	열린북한방송, 자유북한방송, , 북한개혁방송, 자유조선방송, 자유북한신문 (FNK), 데일리NK
해외언론	VOA, RFA, Epoch Times, 아시아프레스, 사우스차이나모닝포스트, BBC코리아, 기독일보(시애틀), 도쿄신문, NK재팬, 미주조선일보, 미주중앙일보, 크리스찬데일리, 시카고코리아타임스, 미주한국일보

1) 언론매체

총사령부가 있는지는 모른다. 그렇지만 나름 역할 분담이 잘 되어 있다. 종합지의 경우, 독자의 신뢰를 유지해야 한다는 숙제를 무시할 수 없다. 그래서 가능한 '멍석 깔아주기' 전략을 더 선호한다. 직접 좌담회나 인터뷰를 하는 일도 있지만, 〈칼럼〉이나 〈전문가 초대〉가 많다. 집중 조명하는 주제도 조금 다르다. 〈조선일보〉

와 〈문화일보〉는 북한, 중국, 한미동맹 등에 집중한다. 〈동아일보〉는 중국 문제를 자주 다룬다. 〈중앙일보〉는 삼성과 특수관계라는 점 때문인지 모르지만 '포퓰리즘'에 특히 비판적이다. 2018년 이후 북한 문제도 좀 더 적극적으로 다룬다. 종교계에서 발간하는 〈세계일보〉와 〈국민일보〉에서도 북한과 한미동맹은 단골 메뉴다. 경제지도 담론생산에 활발하게 참여한다. 전시작전권과 한미동맹은 〈매일경제〉에서 많이 다룬다. 〈연합뉴스〉에 비해 이승만과 한미동맹에 더 각별한 애정을 갖고 있는 〈뉴시스〉는 〈머니투데이〉 계열사다. 당연히 〈머투〉에서도 유사한 프레임이 관철된다. 최근에 나온 기사 몇 개만 봐도 짐작하기 어렵지 않다. 속보, 에스퍼 '한일관계 경색으로 이득 보는건 북한과 중국"(2019/11/15), "변협 북한 어부 '강제북송'은 인권침해"(2019/11/14), "북한 미사일 도발, 러시아 영공침범… 흔들리는 한반도 안보"(2019/7/24) 등이 모두 이 매체에서 나온 기사다. 멍석을 깔아준 인물과 단체로는 황교안 대표, 나경원 대표, 한반도 인권과 통일을 위한 변호사모임 등이 있다. 〈한국경제〉에서는 베네수엘라로 대표되는 포퓰리즘을 통한 북한 악마화 혹은 좌파정권 비판이 많다. 논설위원 이학영이 쓴 "베네수엘라 논쟁 제대로 해보자"에 잘 드러난다. 자유한국당에서 발표한 '베네수엘라 리포트'에 정당성을 부여하는 글이다. "그 원인이 시장경제와 정반대 정책을 편 데 있다는 게 한국당 '베네수엘라 리포트'의 핵심 내용이다. 석유 생산과 판매로 얻은 수입을 새로운 산업을 일으키는 데 쓰지 않고 온갖 무상복지에 투입해 국민의 자립 의지를 꺾었고, 자국 민간기업은 물론 외국 기업까지 국영화해 시장 생태계를 망쳤다.”라는 내용이다. 인터넷 매체 중에서도 후보군이 급증하고 있다. 앞서 인용되었던 〈뉴데일리〉〈펜앤드마이크〉를 제외하고도 아주 많다.

광화문 일대에 나가면 유독 눈에 띄는 게 '구국동지회' 깃발이다. 퇴역한 군장교들이 중심이 되어 만든 단체다. 육군, 공군, 해군 사관학교 몇 기라는 글씨가 커다랗게 적혀 있다. 그들이 만든 단체가 '일파만파애국자총연합 구국동지회'다. 광주 5·18 시위대에 북한군이 개입했다고 주장하는 지만원과 함께 공동대표를 맡은 이가 〈뉴스타운〉 대표를 지낸 손상대다.[136] 2001년 창간된 대표적인 친박 매체로 알려진다. 박근혜 대통령이 탄핵을 당한 후 열린 태극기 집회에서 정광용 박사모 회장과 함께 폭력 혐의로 구속된 적도 있다. 2017년 3월 2일, 〈허핑턴포스트〉를 통해 그는 "우리가 왜 이렇게 주말마다 나와서 태극기를 흔듭니까. 저 촛불든 망나니 같은 어린아이들이 20년 후 대한민국이 공산화되는 이런 꼬라지를 어떻게 두고 보겠습니까. 6·25에서 나라 구하신 아버지, 월남에서 나라 지켜주신 형님, 시시때때 나라 어려울 때 돌멩이 들고 나오신 대한민국의 어머니. 앞으로 10년 후 대한민국 지켜 갈 여기 10대, 20대 청년들이여. 대한민국 공산화 직전에 여기 있는 애국 국민이 보여줬습니다! 탄핵무효! 탄핵각하! 국회해산! 특검구속! 탄핵무효를 하면 목이 안 쉬는데 안내방송하면 목이 쉽니다."라고 말했다.

---

136) 지만원은 육군사관학교 출신이다. 장교로 근무하던 중 미국 해군대학원(Naval Postgraduate School)에서 석사와 박사를 마쳤다. 안기부 정책보좌관을 거쳐 국방연구원에서 일했다. 예비역 대령이다.

또 다른 주목 대상으로는 〈미디어펜〉이 있다. 주필은 조우석이다. 박근혜 정권이었던 2015년 KBS 이사로 임명됐다. 워낙 논란이 많은 인물이다. 관련 기사 몇 개만 봐도 드러난다. "조우석 KBS 이사, 도 넘은 '어버이연합 감싸기'"(한국일보, 2016/4/26), "KBS 이사 조우석, '노무현은 동성애와 좌파 연대의 증거'"(허핑턴포스트, 2015/10/9), "조우석 KBS 이사 '문재인 공산주의자라고 확신'"(채널A, 2019/10/20) 등이다. 같이 어울리는 인물에 대한 정보는 '이승만·박정희·헤리 트루먼 前 대통령 동상건립 추진모임'에서 찾을 수 있다. 동상을 설립하는 목적은 "대한민국의 建國과 富國을 기리고 한미동맹을 상징하기 위한 것"으로 알려진다. 조우석을 비롯해 참여한 위원으로는 "박근 전 UN대사가 대표를 맡았고 고영주 전 검사장, 이정린 전 국방부 차관, 이동복 전 국회의원, 류석춘 연세대 사회학과 교수, 김영원 홍익대 미대 교수, 송대성 전 세종연구소 소장, 유동열 자유민주연구원장, 조갑제 조갑제닷컴 대표, 조우석 미디어펜 주필, 이계성 전 양천고 교장, 김박 (주)앨트웰택 회장" 등이 있다.[137]

2017년 창간된 〈자유일보〉도 눈여겨 볼 매체다. 2017년 10월 13일 〈일요서울〉에는 "보수 정통지 '더 자유일보' 창간, 보수층 기대 한몸에"란 기사가 나온다. 편집국장은 〈아시아투데이〉 정치부장을 지낸 최영재다. 트루스포럼 초청 강사로 "김일성 바로 알기" 특강을 했고, 우리공화당(조원진 대표)이 마련한 "反인류범

---

137) 대한민국사랑회. 2017/11/12. "국부 동상 만들었는데 세울 자리가 없다니…"
http://www.loverokorea.org/cafebbs/view.html?gid=main&bid=statue_1&pid=6508&page=10

죄집단 김정은 독재정권의 인권유린 어디까지인가"란 토론자로 나갔다. 당시 축사를 한 인물 중에는 〈조선일보〉 기자로 재직 중인 강철환 북한전략센터 대표도 있다. 탈북자가 중심이 되어 운영하는 매체도 다수 복합체에 포함된다. 그중에서 흥미로운 사례는 〈데일리NK〉다. "김정은 국토관리 총동원 지시에 도로소대 인력 대폭 늘려"(2019/10/27), "평양 시민들 남북 평양 축구 무관중은 김정은의 결정"(2019/11/1), "태영호 금강산 南시설 철거 일방 지시… '법 위에 김정은' 자인"(2019/10/29), "집 있고 행색 말끔한 노인들이 구걸… 평양 원정 꽃제비도 많아"(2019/10/21), "보위부, 도강자 5명에 총 난사… 탈북 엄두 못내게 극단 조치"(2019/11/3), "12세 여아까지… 경제난 속 북한 성매매 문제 심각해져"(2019/10/29). 지난 한 달 사이에 이 매체가 쏟아낸 북한 관련 기사다. 당사자 얘기를 직접 들어볼 방법이 없어 사실확인은 불가능하다. 북한 악마화라는 목적이 뚜렷하다는 것 정도는 짐작할 수 있다. 미국 국무부(구체적으로는 CIA)가 관리하는 국립민주화기금(NED)의 재정 지원을 받을 자격이 있다. 핵심 인물도 반북 성향이 뚜렷하다. 발기인 중 한 명인 한기홍은 과거 주사파로 분류되었다가 전향한 인물이다. 뉴라이트의 기관지 역할을 하게 되는 〈시대정신〉에 참여했다. 또 다른 주역은 이광백이다. 〈북한개혁방송〉〈열린북한방송〉〈자유북한방송〉〈자유조선방송〉으로 구성된 한국대북방송협회 회장을 맡고 있다. [RFA 초대석](2013/1/14)에 나와 관련 얘기를 전한다. 그가 대표로 있는 〈자유조선방송〉에는 "대략 북한 출신 직원이 3분의 1이고, 3분의 2

는 남한에서 방송 아나운서를 하신 분이나 북한인권운동가 등"이 참여한다. 한기홍과 비슷하게 그 자신이 전향자라는 얘기도 한다. "근데 1990년대 초중반을 거치면서 냉전시대가 끝나고 전 세계 절반이나 됐던 사회주의 나라가 다 무너졌구요. 북한도 1990년대 중반에 수백만 명이 굶어 죽으면서 북한식 사회주의가 남한사회의 대안이 아니라는 것, 우리 사회의 모델이 될 수 없다는 게 증명됐죠. 그때 많은 사람들이 그만뒀습니다"란 부분에 나온다. 지원을 누가 해 주는가라는 질문에 대해서도 "현재는 미국의 국립민주주의재단의 NED와 국무부의 도움을 받아 어렵게 명맥을 유지하고 있는 상황"이라고 말한다. 국정원이 관련되어 있을 개연성은 편집인으로 참여한 손광주를 통해 짐작할 수 있다. 그가 참여한 단체로는 본인이 이사장으로 있는 남북하나재단과 북한민주화네트워크(대표 한기홍), 북한인권전략센터(대표 강철환) 등이 있다. 국가정보원 산하 통일정책연구소 연구위원으로 재직했다. 1997년 망명한 황장엽 전 북한 노동당 비서의 대외활동 및 연구 담당 비서였다. 국정원 직원이 비서였는지 감시자였는지는 아무도 모를 일이다. 그 밖에 미국에 본거지를 둔 언론사도 결코 무시할 수 없는 부분이다. 그중의 하나가 〈에포크타임스〉다.

광화문 〈동아일보〉 사옥 앞에서 한동안 시위를 했던 중국 파룬궁에서 발행하는 매체다. 중국 정부에 의해 불법 종교단체로 지정되어 박해를 받았다. 원래 큰 주목을 못 받았지만 미국 트럼프 대통령이 자주 본다는 소식이 전해지면서 주목을 받았다. 미국 뉴욕에 본사를 둔 New Tang Dynasty Television(NTDTV)의 계열사로 중국을 겨냥하는 대표적인 프로파간다 언론사다. VOA와 RFA 처럼 국내에서는 아무런 제약도 받지 않는다. 관련 뉴스를 보면 성격을 짐작하기 어렵지 않다. "중국인 3억 4,000만 명 탈당… 공산당 해체 진행 중"(2019/10/28), "홍콩 경찰, 학교·성당까지 진입해 무차별 체포… 수십 명 부상"(2019/11/13), "홍콩시위 지지로 촉발된 NBA 파문서 드러난 중국 진출의 명암"(2019/10/24), "화웨이 5G 장비 '통합 엑세스 백홀' 기술… 안보 위협 우려 확산"(2019/10/24), "홍콩 의료계, 경찰 잔혹성 비난 우리 의사들까지 일어나 싸우게…"(2019/10/29) 등이다.

그 밖에, 국내 언론사와 기사는 공유하면서 운영은 독립적으로 하는 〈미주한국일보〉〈미주조선일보〉〈미주중앙일보〉도 있다. 미국에 대해서는 '혈맹'을, 북한에 대해서는 '불량국가' 프레임을 일관되게 전달한다. 대략 이런 식이다. 2019년 11월 11일 〈한국일보〉는 "[옥세철의 인사이드] 광화문에서 봅시다"란 칼럼을 올렸다. 필진 옥세철은 〈미주한국일보〉 교회 장로면서 논설실장이다. 2019년 10월 3일 현장에서 본 광화문 광장 모습을 담고 있다. "주목되는 것은 그러나 전철 안에서, 또 광화문에 모인 군중 속에서 들려온 얘기들이다. 김정은에 '올인'한 위험한 북한정책, 언론 탄압, 도대체 지향점이 어디에 있는지 알 수 없는 문재인 정권의 정체성, 그에 따른 한미동맹 파열, 그리고 말이 아닌 경제현실 등에 대한 우려의 소리들이 들려온 것이다"란 내용이 포함되어 있다. 〈미주중앙일보〉에서는 탈북자 인터뷰를 많이 소개한다. 2019년 8월 27일에 실린 "워싱턴 정착 탈북자 그레이스 조"는 그중의 하나다. '불량국가' 프레임을 강화하기 위한 '멍석 제공'에 해당한다. "중국에서 숨어 살 때 주변의 아이들과 내가 다르다는 생각을 안 했었는데 들켜서 북송되면서 공안이나 당의 취조를 받을 때 너무 충격을 받았다. 북한에서는 당시 나이가 어렸기 때문에 구호소(고아원)로 보내졌다. 그곳에서 탈출을 시도했다가 두들겨 맞고 불구가 되거나 심한 학대에 시달리는 아이들을 봤다. 그 모습이 가슴에 남아 있다"라는 인터뷰 내용에 잘 반영되어 있다. "목숨 걸고 탈북… 간첩이라뇨 재미탈북민연대 조진혜씨"(2019/1/15), "필라에 '마영애 평양순대' 3호점 오픈"(2018/12/18), "트럼프 대북 신문기 '탈북자'… 8명 초청해 백악관 면담"(2018/2/2), "세이브 코리아 파운데이션, 탈북자 이애란 강연회"(2017/7/20) 등의 기사도 흔하다.

2) 종교단체

복합체를 구성하는 요소 중 언론계는 우리의 '입'과 '귀'에 해당한다. 담론의 본질에 속하는 정서(pathos)를 담당하는 종교계는 심장과 비슷하다. 보수 개신교가 주류를 형성하고 있지만, 불교와 천주교에도 후보자가 있다. 대한민국지키기 불교도총연합회는 2006년 10월 30일 설립된다. "헌법수호가 호국호법이다"를 구호로 내세우는 웹사이트(www.nabuco.org)도 운영한다. 〈조선일보〉〈뉴데일리〉〈조갑제닷컴〉에 나오는 칼럼과 기사를 실어 준다. 한국 호국불교를 상징하는 사명대사, 서산대사, 영규대사를 본받아 북한 공산주의로부터 대한민국을 지키기 위해 시작했다. 다음에 나오는 성명서에 관련 내용이 잘 나와 있다.

김대중 정권으로부터 본격적으로 정부와 사회 각 계층에 침투하기 시작한 반 대한민국 세력은 드디어 노무현 정권에 와서는 대한민국 정부를 실제로 장악하고, 한미동맹의 실체이며 대한민국 안보의 핵심보루인 한미연합사령부를 해체함으로써 한반도의 공산화 통일에 발판을 마련하려 하고 있다. … 우리 불교도들은 그동안의 부끄러운 침묵을 깨고 다시 구국의 선봉에 서서 반미친북세력과 북한의 핵으로부터 자유민주주의 대한민국을 수호하며, 북한의 핵무기를 철폐시키고, 그때까지 한미연합사의 해체를 저지할 것을 다짐하며 이를 위한 불교도 사부대중들의 결사체로서 '대한민국 지키기 불교도총연합'을 결성하여 구국을 통한 호법을 하고자 한다.(2006/10/30)

한동안 잠잠하던 이들은 2017년 다시 활동을 시작했다. 2017년 4월 2일 평창동에 있는 정토사에서 열린 '호국승군단'을 통해서다. 대표는 정토사 주지 응천이다. 박근혜 대통령이 탄핵된 후 하루도 빠지지 않고 태극기 집회에 참석했다. 대불총 회장은 육군 참모총장을 지낸 박희도 예비역 대장이다. 제1공수특전여단장으로 있던 1979년 전두환을 도와 12·12 쿠데타를 주도한 인물이다. 군대 엘리트의 필수코스로 알려진 IMET 출신이다. 미국 보병 학교와 특수전학교를 모두 졸업했다. 2018년 4월 14일에도 시국 성명서를 발표한다. "작금 북한의 핵무장으로 국가의 존망이 심히 위태롭고, 경제는 계속적인 불황으로 기업과 가계가 불안한 가운데, 국론은 분열되어 대한민국의 정체성마저 흔들리고 있습니다. … 북한과 이를 지원하는 중국을 신뢰할 수 없습니다. 한국의 전쟁을 방지하여 경제 발전에 토대를 제공한 한미동맹의 강화를 정부에게 강력히 촉구합니다. 우리는 한국의 영토에 야욕이 없는 미국과의 동맹을 지지합니다."라는 내용을 담았다. 2019년 10월에는 전광훈 목사가 주도하는 '문재인 하야' 집회에도 힘을 보탰다. "현 대통령은 북한이 공산화 통일을 위해 추진하는 연방제 통일을 지지하고 추진하고 있는바 이것은 엄연히 헌법의 위반이며, 반역이다."는 내용의 성명서도 별도로 냈다. 불교가 왜 복합체에 포함될까 하는 의문이 있겠지만 참여자를 보면 이해가 된다. 군인 출신이 많다. 박희도 장군은 물론 "전 해군참모총장 안병태 장군, 정진태 전 연합사부사령관, 전 공군참모총장 김홍래 장군, 전 육군헌병감 신윤희 장군, 전 5사단장 이석복 장군" 등이 함께했다. 그중에서 박희도, 안병태, 김홍래, 정진태 등은 전시작전권 단독행사 추진 반대 성명서에도 이름을 올렸다.

약칭 '대수천'으로 불리는 '대한민국수호 천주교인모임'도 있다. 천주교정의구현전국사제단 척결을 목표로 2014년 닻을 올렸다. 2014년 9월 23일, 〈올인코리아〉에 나온 "정의구현사제단 감싼 천주교단에 신자들 분노"라는 기사에 자세한 얘기가 나온다.

"종북좌파들은 북한으로 가라"는 현수막을 내걸었다. "북한의 연평도 도발을 한미훈련 탓이라고 북한의 도발을 비호하는 박창신 신부의 이적망언을 비호하는 천주교정의구현전국사제단과 주교회의 정의평화위원회, 북한이 선동하는 국가보안법 폐지, 미군철수, 한미FTA와 제주해군기지의 폐지, 북한의 KAL기 폭파범 가짜 만들기, 미국 쇠고기 광우병 날조, 국정원해체, 이명박 대통령 구속, 박근혜 대통령 사퇴 등 반미반정부투쟁을 하느님의 뜻인 것처럼 호도하여 교회헌금까지 전용하여 교회와 나라를 위태롭게 하는 정의구현사제단의 회개를 위해 기도합니다"란 내용의 성명서도 발표됐다. 대표를 맡은 인물은 서석구 변호사다. 영화 〈변호사〉에 나오는 부림사건의 담당 판사다. 한때는 경실련 등에 참가하기도 했던 전향자 중 한 명이다. 민병주 전 국정원 심리전단장으로부터 뒷돈을 받고 대중집회를 열었던 어버이연합에서 법률 고문도 맡았다. 박근혜 대통령이 탄핵 심판을 받을 때도 변호인으로 참가했다. 그때 공동으로 변론을 맡았던 인물은 김평우다. 반공 문인으로 유명한 소설가 김동리의 둘째 아들이다. 그러나 종교계의 주류는 역시 보수 개신교다. 다음에 나오는 〈표 9〉에 잘 정리되어 있다.

<표 9> 종교계

		인물 및 활동
단일 교회	사랑제일교회	전광훈 (담임목사)
	광림교회	김선도 (총감독, 이승만기념사업회)
	정동제일교회	송기성 (목사, 이승만애국상, 10회 수상자)
	여의도순복음교회	이영훈 (목사, 한기총 대표 역임, 한미우호기도회)
		이태근 (목사, 한미우호기도회)
	수원침례교회	고명진 (목사, 한미우호기도회) 김장환 (목사, 극동방송사장) 김요셉 (아들, 목사)
	중앙성결교회	한기채 (목사, 한미우호기도회)
	순복음강남교회	최명우 (목사, 한미우호기도회)
	금란교회	김홍도 (목사, 반국가교육척결국민연합)
	두레교회	김진홍 (목사, 뉴라이트)
	서울조선족교회	서경석 (목사, 선진화시민행동대표)
	여의도침례교회	국명호 (목사, 북한사역)
	강남교회	김성광 (목사, 북한민주화위원회 상임고문)
	오직예수제일교회	구국기도 (http://korea318.com, 재정 담당) 김만주
	서울교회	이종윤 (목사, 기독교학술원장, 이승만)
	사랑의교회	옥한흠 목사
	명성교회	김삼환 목사
	은혜와진리교회	조용목 목사
	연세중앙교회	윤석전 목사
	왕성교회	길자연 (원로목사, 전 한기총 대표)
	대전중문교회	장경동 (목사, 전광훈과 기독자유당 창당 주도)
한국교회연합		권태진 (회장)
국가조찬기도회		1966년, 김준곤 (목사, 초대회장)
한국기독교총연합회		전광훈 (목사, 대표)
세계복음화전도협회 (다락방)		류광수 (목사, 회장)
글로벌피스포럼		문현진 (문선명 아들, 2008)
극동포럼		김장환 목사 (반공강연회)

이승만기념회 또는 이승만애국상과 관련이 깊은 목사가 많다는 점이 우선 눈에 띈다. 먼저 〈월간조선〉 2004년 12월에 보면 광림교회 김선도 목사와 관련한 얘기가 나온다. 금란교회 김홍도 목사, 임마누엘교회 김국도 목사, 또 미국 LA 뉴조이교회 김건도 목사 등까지 모두 4형제가 잘 나가는 목사 집안이다. 매주 예배에 나오는 출석교인은 금란교회가 5만 명, 광림교회가 3만 명, 임마누엘 교회가 1만 2천 명 정도다. 평안도가 고향이고 북한에서 내려온 월남 가족이다. 어머니 이숙녀 전도사의 인터뷰에 따르면 "평남 선천에서 살다가 광복을 맞았고, 공산 치하에서 기독교인이라는 이유로 많은 박해를 받았다. 1948년 월남할 길을 찾기 위해 황해도 해주로 이주했으나 여의치 않아 6·25 전쟁을 북한에서 맞은" 것으로 전해진다. 그중에서는 김홍도 목사가 가장 적극적으로 구국기도회에 참가한다. "공산화되면 어차피 교회는 망가지는데 죽을 각오로 막아내야죠. 조용히 제 몸만 생각하고 있을 때가 아닙니다"라고 믿는다. 2005년 동남아시아에 지진과 해일이 일어났을 때는 '하나님의 심판'을 받았다는 발언으로 논란이 되기도 했다. "8만 5천 명이 사망한 인도네시아의 아체라는 곳은 2/3가 모슬렘 교도들이고, 반란군에 의해 많은 그리스도인들이 죽임을 당한 곳"이고 "태국의 푸켓이라는 곳은 많은 구라파(유럽) 사람들이 와서 향락하고 마약하고 음란하고 죄 짓는 장소다. … 제대로 예수 믿는 사람이 교회 안 나가고 그런데 가서 음란하고 방탕하고 죄 짓겠느냐. 예수 제대로 믿는 사람은 주일날 안 놀러가"라고 말했던 것으로 전해진다.[138] 제10회 이승만애국상을 받은 송기성 목사는 미국 LA에서 오랫동안 목사로 있다 정동교회로 초빙된 경우다. 2007년에 부임했다. 이승만 대통령에 대한 애정이 각별하다. 2017년 7월 20일에 열린 건국 대통령 서거 52주기에 그의 흔적이 있다.(뉴데일리, 2017/7/20)

"3대 세습 독재 인류평화를 위협하는 북한을 동조하고 추종하는 세대에 살아가는 오늘, 멸사봉공 자유민주주의 개척자 · 민족중흥 초석을 놓은 국부(國父) 우남 이승만 박사를 추모한다."라는 내용의 기도를 했다는 얘기다. 함께 자리를 채운 인물로는 이승만학당의 이영훈 교수, 양자로 알려진 이인수 박사, 이준 전 국방부 장관이 있다. 교회 장로이기도 한 이준 장군은 "900여 차례 외침을 이겨내고 6 · 25 한국전쟁 후 경제대국을 이룰 수 있었던 것은 대한민국이 복음을 전하기 위해 하나님의 택함을 받았기 때문"이라고 믿는 분이다. 이날도 "만약 이승만 대통령이 안 계셨다면 우리가 6 · 25 당시 안보리의 한국전 참전 결정을 이끌어 낼 수 있었을까, 또 한미상호방위조약을 끌어낼 수 있었을까 생각하게 된다."라고 말했다. 미국이 문화냉전을 통해 교육을 시킨 내용과 정확하게 일치한다. 김성해의 『지식패권』 2권 209쪽에는 이와 관련한 내용이 나온다. 당시 UN 안전보장이사회는 미국의 독무대였다. 중화인민공화국(현 중국)을 대신해 미국이 건국을 도와준 대만이 이사회에서 거부권을 행사하는 중이었다. 미국과 영국이 중

---

138) 이승규. 2005/1/11. 김홍도 목사, 쓰나미 사건 '하나님 안 믿은 결과'. <뉴스앤조이>.

심이 되어 민족해방전선과 싸웠던 그리스 내전에는 일부러 개입하지 않았다. 한국전쟁에 참여한 16개국 역시 미국의 영향권에서 벗어나 있지 않은 국가들이다. 북미에서 파병한 국가는 캐나다한 곳이다. 남미에서는 콜롬비아, 아프리카에서는 남아공과 에디오피아가 있다. 유럽에서는 영국, 벨기에, 프랑스, 그리스, 룩셈부르크, 네덜란드와 터키가 참전했다. 그 밖에, 호주, 뉴질랜드, 필리핀과 태국이다. 미국과 군사동맹 관계에 있거나 영국 연방에 속한 국가라는 공통점이 있다. 말은 연합국이지만 참전 군인의 90%, 해군력의 86%, 또 공군력의 93%는 미국이 혼자 맡았다. 제2차 세계대전을 거친 직후라 이 정도의 군사력을 동원할 수 있는 곳은 미국밖에 없었다. 다음의 〈표 10〉에 나오는 것처럼 한미우호기도회에 참석하는 목사도 다수다.

〈표 10〉 한미우호기도

	이름	직위 및 활동
참석자	황준석	북미주친선협회, 목사
	황의춘	목사, 세계한국인기독교총연합회 대표회장
	이영훈	목사, 여의도순복음교회
	홍문종	국회조찬기도회장, 국회의원
	조배숙	국회의원, 국민의당 기독신우회장
	김영천	워싱턴한인연합회
	유관재	목사, 기침 총회장
	고명진	목사, 수원침례교회
	한기채	목사, 중앙성결교회
	이태근	여의도순복음교회 목사
	최명우	목사, 순복음강남교회
주제발표	김일석	전 유엔군사문제자문위원, 박사
	강필원	한미자유연맹총재, 박사

앞서도 설명한 것처럼 이 기도회는 여의도순복음교회에서 비용을 댄다. 2017년 7월 1일 〈뉴데일리〉에 관련 기사가 소개되어 있다. "韓美동맹 강화 기원, 한미 지도자 오찬 기도회 열려"란 뉴스다. "공산주의에 맞선 숭고한 희생에 감사"하기 위해 미국 워싱턴DC 힐튼 호텔에서 열렸다. "이영훈 목사(여의도순복음교회 담임)와 안호영 주미 대사를 비롯해 미국 국가조찬기도회 하원의원 회장인 로버트 애딜홀트(Robert Adelholt), 토니 홀(Tony Hall, 前 미연방하원의원), 샘 로러(Sam Rohrer, American Pastor's Network 총재) 등 미국 측 인사와 황의춘 회장(세계한국인기독교총연합회), 정근모 장로(前 과기부 장관), 김영진 장로(前 농림부 장관), 홍문종 의원(국회조찬기도회장), 조배숙 의원(국민의당), 정유섭 의원(자유한국당), 고명진 목사(수원침례교회 담임), 한기채 목사(중앙성결교회 담임), 유관재 목사(기독교한국침례회 총회장), 이태근 목사(여의도순복음분당교회 담임) 등"이 자리를 메웠다. 이영훈 목사는 기도를 통해 "미국의 선교사들이 조선 땅을 찾아와 그들의 희생과 헌신으로 한국은 아시아에서 가장 큰 기독교 국가이자 경제 부국이 됐다. … 6 · 25전쟁 때에 공산주의에 맞서 미국이 치른 숭고한 희생에 대한 감사를 잊지 않을 것이며 한미정상회담을 통해 양국의 동맹관계가 굳건해지도록 기도한다"라고 밝혔다. 전광훈 목사와 함께 지난 10월 광화문 집회에 나온 장경동 목사도 빼놓을 수 없다. TV에서 "북한이 침략해오면 남한 사람 2,000만 명이 북한 사람 2,000만 명이랑 같이 죽고, 남은 사람들이 열심히 아기 낳아 복원하자"라는 말을 해 구설에 올

랐다. 광화문에서도 "근데 원수는 사랑해야 되지만 적은 죽여야
되는 거여. 원수와 적은 달라. 북한은 사랑해야 되지만 쳐들어오
면 가만 있으면 안 되지. 그러면 내가 그 말 한 사람한테 묻고 싶
은 게 있어요. 너는 쳐들어오면 그냥 죽냐? '어, 원수여. 오셨군요.
죽여주시옵소서' 너는 그럴 거냐?"라고 주장했다. 북한 민주화 및
선교에 나서는 교회가 또 다른 주류다. 그중에서도 강남교회의 김
성광 목사가 두드러진다.

"기독교인들이 신앙과 자유를 위해 싸우는 것은 당연한 일"
2009년 11월 〈월간조선〉 기사다. '화제의 인물'로 김성광 목사 인
터뷰가 나온다. 교회 홈페이지에 송대성(세종연구소), 김동길(연
세대), 조갑제 등의 강연 동영상을 제공한다. 신해식이 대표로 있
는 〈독립신문〉 사무실도 교회 3층에 있다. 교회가 복합체의 일부
가 된 게 이상하지만 가족사를 보면 이해가 된다. 모친은 순복음
교회를 시작한 고 최자실 목사다. 조용기 목사는 매부다. 그는 '애
국목사'로 통하는데 인터뷰를 통해 "김정일(金正日)이 쳐들어와
서 대한민국이 공산국가가 되면 기독교가 말살될 텐데, 그런 일
을 당하기 전에 미리미리 싸워야죠. 김대중(金大中) 정권 시절, 연
평해전 보세요. 대통령이 우리 군인들 손을 묶어놓아 어어 하다
가 당했잖아요. 햇볕정책 하는 것을 보니, 북한하고 불가침조약이
나 평화조약이라도 맺었다가 100만 명이 넘는 북한군이 쳐들어올
경우를 생각하니 아찔하더군요. 월남이 그랬잖아요. 설마가 아니
죠. 그 설마가 현실이 되어가는 것이 눈에 보이는데 어떻게 침묵
을 지키겠습니까."라는 말을 남겼다. 〈크리스천투데이〉에는 [김성

광칼럼]도 기고한다. 2011년 8월 22일 "군대 귀신을 쫓아내야 산다"라는 칼럼에는 "우리나라가 자랑스러운 나라와 선진국이 되려면 귀신과 점쟁이들이 없어져야 하고 또한 나라를 어지럽히는 촛불세력과 불법 좌파세력이 없어져야 한다. 이로써 나라가 바로 세워질 것이며, 노동자들은 시위를 멈추고 맡은 일에 열심히 최선을 다해서 일할 때 경제가 살아나고 복지국가 선진국이 될 것이다." 라는 내용이 나온다.

3) 관료와 정치인

정부에서 고위 공무원을 지냈거나 정치인이 된 사람 중에도 핵심으로 분류될 수 있는 인물이 많다. 다음의 〈표 11〉은 이들의 명단을 정리한 자료다.

<표 11> 정치권 핵심세력

참여단체	인물 및 활동
관료사회	이철승 (대한민국헌정회, 자유총연맹총재)
	이홍구 (전총리, 극동포럼 출연, 대한민국헌정회, 한미협회)
	이재춘 (전 러시아대사)
	노재봉 (국무총리)
	목요상 (대한민국헌정회)
	김석우 (통일원차관)
	정원식 (이승만기념사업회, 나라사랑기독인연합)
	박관용 (21세기 국가발전연구원 이사장, 이승만기념)
	이영조 (경희대교수, 진실화해를 위한 과거사 정리위원장)
	유명환 (외교통상부장관, 미주국)
	천영우 (외교안보수석, 이명박) 외교부차관, 아산연구원, 펜앤드마이크
	남주홍 (국정원1차장, 경기대교수, 통일부장관 낙마)
이승만/ 건국절	박진 (의원, 한미협회장, 한미동맹재단고문)
	박창달 (의원, 전직 자유총연맹총재)
	정종섭 (의원, 전 행안부장관)
	강효상 (자한당, 조선일보 편집국장, 이승만기념사업회)
	나경원 (뉴라이트, 원내대표)
	신지호 (자유주의연대대표, 뉴라이트)
	조전혁 (자유주의교육운동연합대표, 자한당, 뉴라이트)
	차명진 (자한당, 김문수 보좌관)
	진성호 (자한당, 조선일보, 이명박캠프 거쳐 정치권)
	심재철 (자한당, 건국절 인정)
	전희경 (자유기업원, 자한당)

맨 먼저 나오는 이철승은 반공주의자로 워낙 유명하다. 1922년에 태어나 2016년에 작고했다. 향년 94세다. 보수적 성향의 자유민주민족회의, 반핵반김정일국민협의회, 자유연맹홍재, 대한민국

헌정회 등에 이름을 올렸다. 〈조갑제닷컴〉에 보면 그의 관점을 엿볼 수 있는 일화가 등장한다. 2006년 12월 28일 열린 '반탁-반공 승리 기념 및 구국궐기대회'에서 "아무리 출생이 '장돌뱅이'라도 언어구사는 참아야 하는데, 노(무현) 대통령은 날이 갈수록 막가는 것 같다. … 그의 난타를 빗겨간 것은 오직 김정일 뿐"이라고 말한 것으로 전해진다. "우리는 불행하게도 김대중·노무현 정권 10년을 경험했다. … 3기 김대중 정권이 또 나오면 대한민국은 망할 것이다. 그렇기에 애국세력은 내년에는 기사회생해 대한민국의 국권을 바로잡아야 한다."라는 말도 덧붙였다. 지난 2004년에는 '국가보안법 사수 국민대회'에도 참가했다. 당시 행사를 이끈 운영위원장은 서정갑이다. 김정일 국방위원장의 사진이 불에 탔고 "북한은 적화통일 노리는 데 무장해제 웬 말이냐" "국보법은 국가안보의 마지막 보루, 반드시 지켜내자" 등의 구호가 나부꼈다. 공동 대회장 명단에 포함된 인물 중에는 이철승 자유민주민족회의총재를 비롯해 강영훈(전 국무총리), 길자연(한기총 대표목사), 김동길(연세대 교수), 김장환(극동방송사장), 김홍도(금란교회 목사), 남덕우(전 국무총리), 백선엽(전 육군참모총장), 오자복(성우회장), 이상훈(재향군인회장), 조용기(여의도순복음교회 당회장) 등이 포함되어 있다. 국무총리를 역임한 정원식도 이승만기념사업회와 관련이 깊다.

고향이 황해도다. 1928년에 태어났다. 가족 모두가 일찍부터 개신교를 받아들였다. 이승만과 연결되는 고리는 종교다. 2016년에 설립된 '나라사랑기독인연합'에 상임고문으로 참가한 것도 이런 까닭에서다. 전 안기부장 권영해가 공동상임의장을 맡은 단체다. "지금 우리나라는 정치, 경제, 문화, 교육, 언론 등 사회 모든 분야에서 중병을 앓고 있으며, '친북좌파'라는 바이러스가 퍼져서 구성원 간에 분열과 갈등으로 사회시스템이 제대로 작동하지 못하고 있기 때문"이라는 문제의식이었다. 공동의장을 맡은 이는 류광수 세계복음화전도협회 이사장이다. "1950년 6·25전쟁 발발 이후 세계에서 가장 못 사는 나라, 삶 자체가 재앙이었던 나라 대한민국이 현재의 나라가 된 이면에는 참된 그리스도인의 기도와 헌신이 있었다."라고 밝혔다. 성명서에 나온 주요 주장 중에는 "△한민족의 역사와 전통을 계승하는 대한민국의 정통성과 자유민주주의 시장경제체제를 근간으로 한 대한민국 헌법 수호 △하나님을 부정하는 북한 김정은 집단 규탄과 북한 주민의 인권신장을 위한 적극적 조치, 그리고 북핵 억제를 위한 강력한 국방태세 △기독교 신앙에 반하는 동성애, 이슬람정책에 대한 반대운동 및 도덕성 회복과 기독교적 가정윤리 실천운동 전개" 등이 포함되어 있다(코나스, 2016/7/1). 서울대 교수로 재직하던 중 문교부 장관에 발탁되었고 전교조 출신 교수를 대량으로 해임했다. 한미협회와 관련된 인물로는 이홍구 전 총리와 박진 전 의원이 있다.

인터넷에서 '한미협회'를 검색하면 관련 기사가 상당히 많이 나온다. "한미협회 빈센트 브룩스 한미연합사령관 초청 오찬 연설회"(중앙일보, 2017/9/17), "제17회 韓美친선의 밤… 브룩스 前 사령관 '한미우호상'"(조선일보, 2019/10/17), "한미협회, 브룩스 사령관 초청 연설회"(매일경제, 2017/9/18), "한미우호협회,

그 찬란한 시절"(미래한국, 2017/5/18) 등이다. 1963년 순수 민
간단체로 출발한 이 단체에는 유독 전직 관료와 장군들이 다수 참
가한다. 2019년 현재 제6대 회장은 한나라당 국회의원 출신의 박
진이다. 조찬 강연회를 여는데 주로 보수성향의 관료들이 참가한
다. 2010년에는 현인택(전 통일부장관), 2011년에는 박태호(통
상교섭본부장)와 한승주(외무부 장관), 2013년에는 김성한(외교
부 차관) 등이 강사로 초대받았다. 아시아재단과 깊은 관련이 있
다. 원래 명칭은 '자유아시아위원회'인데 당시 CIA 책임자였던 알
렌 댈러스의 지시를 받아 '자유유럽위원회'를 모방해 만들었다.
1954년 로버트 브룸(Robert Blum)이 회장이 되면서 지금의 명칭
으로 바꿨다. 설립 목적은 "학술적 연구에 대한 지원, 반공 문학의
확산, 반공인사들의 학회 경비 지원, '자유세계' 뉴스 전파를 위한
언론 지원"이다. 동아시아에 반공블럭을 구축하기 위한 문화냉전
의 주역이다. 정릉에 들어선 영화촬영소를 비롯해 월간 잡지 〈사
상계〉와 〈희망〉 등을 배후에서 지원했다. 고려대에 반공연구를 목
적으로 한 아세아연구소 설립에도 힘을 보탰다. 특강을 한 한승
주가 한동안 이곳 이사장을 지냈다. 2019년에는 함재봉이 원장으
로 있는 아산정책연구소 이사장으로 선임됐다. 지난 2008년부터
2017년까지는 한미협회 제5대 회장을 맡았다. 이홍구 전 총리와
더불어 이 단체에 오랫동안 관여해 왔다. 정치권에서는 건국절과
관련한 인물이 많다.

2018년 8월 9일. 국회에서는 건국절 행사가 잇따라 열렸다. 그
중의 하나는 '건국의 아버지 이승만의 재조명'이라는 세미나다.

자유한국당이 주관한 행사다. 〈조선일보〉 편집국장 출신으로 이승만기념사업회 고문으로 있는 강효상 의원은 "대한민국은 바야흐로 사상의 전쟁 가운데 서 있습니다. 이 땅에 자유의 가치를 처음 뿌리내린 이승만 대통령의 업적을 세계사적 관점에서 제대로 재평가하고 기리는 일이야말로 대한민국의 성공의 역사를 지켜내는 첫걸음이라 감히 말씀드립니다."라고 운을 뗐다. 정종섭 의원도 "이승만 대통령의 그야말로 어릴 때부터, 젊었을 때부터 고민과 국가를 만들고 건국을 하고 나라를 반석 위에 올려놓기 위해서 한 일들이 제대로 조명이 되어야 한다(JTBC, 2018/8/10)"라고 보탰다. 2014년 발의된 광복절인 8월 15일을 건국절로 개정하는 것을 포함한 '국경일에 관한 법률 개정안'에 앞장서는 것도 자유한국당 의원들이다. 함께 서명한 의원으로는 나경원, 심재철, 유승민, 홍문종, 조원진 등이 있다. 대한민국 건국절 제정을 위한 범국민 1천만 명 서명운동 추진연합회도 이때 결성되었다. 위의 〈표 11〉에 나오는 이철승, 목요상을 비롯해 앞에 나왔던 이상훈과 권영해 등 전직 장군들이 고문으로 이름을 올렸다. 공안세력이 정치권과 분리된 것 같지만 현실은 전혀 다르다. 매우 특별한 유착관계에 있다. 노무현 탄핵이나 각종 국가보안법 사건에 자유한국당 소속 의원들이 적극적으로 나서는 것은 이런 까닭에서다. 다음의 〈표 12〉는 공안검사 출신이면서 성공적으로 정치인으로 변신한 인물의 명단이다. 단연 눈에 띄는 인물은 김기춘이다.

<표 12> 공안검사 출신 정치인

인물	직위 및 활동
김기춘	박근혜 비서실장, 법무부장관, 대공수사국(안기부), 공안부장, 3선의원(거제)
황교안	당대표, 통진당해산, 공안부장, 국무총리, 법무부장관
강재섭	안기부 특보(박철언계), 6선의원, 민자당, 한나라당, 자한당(상임고문), 대구
정형근	안기부(대공수사국, 김기춘계), 송두율사건, 이근안지휘, 3선의원(부산)
김용갑	육사출신, 안기부(기획조정실장), 총무처장관, 3선의원(밀양), 헌정회
권영세	사무총장(한나라당), 안기부(특별보좌관), 공안검사(수원지검)
김진태	공안검사 중앙지검 공안1부 검사와 부부장), 2선의원 (춘천)
홍준표	당대표(한나라당), 특수부, 안기부(특보실 정책연구관), 4선의원, 경남도지사
최연희	안기부(대공수사국, 정형근보좌), 청와대민정수석, 4선의원
이철우	경북도지사(현재), 국정원국장, 3선의원(김천)
박종근	친박연대 최고위원, 안기부(정책연구관, 파견), 4선의원(대구 달서구)
장윤석	법무부검찰국장, 공안부장, 국제인권옹호(한국이사), 3선의원(경북 영주)
정점식	통진당해산, 송두율 구속, 공안부장(검사장급), 경남 통영 (초선)
곽상도	공안부장, 민정수석(박근혜), 대구 중구(초선), 강기훈유서대필 조사

〈한겨레〉 2018년 9월 29일자에는 재미있는 기사가 하나 실렸다. "공안검사들은 왜 '공익'을 싫어하나"다. 공안부에 대한 설명이 자세하게 나온다. "공안부는 검찰 안에서 대공, 선거, 집회·시위, 노동 관련 사건을 다루는 부서다. 대검 공안부를 비롯해 일선 검찰청 12개 공안부(서울중앙지검 3개부, 서울 남부·수원·인천·부산·대구·창원·울산·광주·대전지검 각각 1개부) 등에 100명이 훨씬 넘는 검사들이 포진해 있다"는 내용이다. 공안검사를 거치면 출세가 보장되었다는 얘기도 전한다. 경로는 서울

지검 공안부 검사를 시작으로 법무부 감찰3과장(현재의 공안기획과장), 대검 공안과장, 서울지검 공안부장을 거쳐, 검찰총장과 법무장관으로 이어지는 코스다. 대통령 비서실장이나 국무총리도 가능하다. 박근혜 대통령을 도왔던 김기춘이 대표적인 인물이다. 대학 3학년에 고시에 합격해 곧바로 권력 핵심부로 들어갔다. 후견인이 신직수다. 박정희 정권 때 중앙정보부장과 법무부 장관을 두루 거친 인물이다. 대통령 직선제를 폐지하고 간선제로 바꾼 1972년의 10월 유신헌법을 만든 것으로 전해진다. 김기춘의 전성기는 전두환과 노태우를 거치면서도 꾸준히 이어졌다. 위에서 말한 공안검사의 엘리트 코스를 착실하게 밟은 후에 마침내 1991년 법무부 장관에 올랐다. 잠깐 시련기를 맞게 된 계기는 1992년에 터진 '초원복집' 사건이다. 김영삼을 대통령으로 만들기 위한 기관장 회의를 그가 주도했고 그 내용이 경쟁자였던 통일국민당 정주영 후보 측의 도청으로 들통났다. 법무부 장관에서 불명예 퇴직을 했고 대통령 선거법 위반 혐의로 기소되었지만 무죄를 받았다. 정치인으로 변신한 건 그 직후다. 1996년에 치러진 국회의원 선거에서 신한국당(현 자유한국당) 공천을 받아 거제에서 당선된다. 16대, 17대, 18대 국회의원으로 지냈고 한나라당 법제사법위원장을 할 때 노무현 탄핵을 끌어냈다. 74세였던 2013년 대통령 비서실장으로 다시 한번 권력의 중심에 섰다. 공안을 담당하면서 간첩 사건도 많이 만들어낸 것으로 알려진다. 대표적인 사건이 최근 대법원에서 무죄 확정 판결을 받은 강기훈 씨 유서 대필 사건이다. 민정수석비서관으로 함께 호흡을 맞춘 곽상도 의원(대구 중구)도 이 사건 담당 검사 중 한 명이다. 역시 안기부 출신으로 간첩 조작과 고문에 깊숙이 개입한 것으로 알려진 정형근 의원도 김기춘계로 분류된다.

1999년 3월 25일 〈시사저널〉에 "'고문 물귀신'에 발목 잡힌 정형근"이란 기사가 나온다. 일반인은 잘 모르는 그의 흑역사가 자세히 소개되어 있다. 영화 〈1987〉의 소재가 된 박종철 학생이 물고문을 받고 죽었을 때 그는 안기부 수사단장이었다. 사건을 축소, 은폐하고, 조작하는 데 깊숙이 개입한 것으로 알려진다. 밀입북 사건으로 감옥에 갔던 서경원 전 의원도 정의원이 자신을 직접 고문했다고 폭로했다. 2019년 9월 24일 최종 판결이 난 '김제 가족간첩단 조작사건'에도 그는 주인공이었다. 법원은 이 사건이 조작되었다는 사실을 인정했으며 사형을 당한 최을호 씨에게 23억 원을 배상하라는 판결을 내렸다. 당시 책임 검사가 정형근이다. 1985년 민청학련 사건으로 구속된 뒤 고문을 받았던 김근태 전 민주당 국회의원 사건에도 관련되어 있다. 당시 그는 안기부에서 대공 수사를 전담하는 책임자였다. 박종철 사건에도 개입한 것으로 드러난 박처원 전 치안감의 진술을 통해 밝혀졌다.[139] 안기부에서 정 의원의 보좌관으로 일했던 인물이 청와대 민정수석을 지낸 최연희 전 의원이다. 2006년 〈동아일보〉 여기자 성추행 사건을 일으켜 유명세를 탔다. 같은 궤적을 거쳐 법무장관, 국무총리, 대통령 대행, 자유한국당 대표를 맡은 이가 황교안이다. 통합진보당 해산과 관련한 논란의 주인공이다.

---

139) 김승련. 1999/12/3. "김근태 고문때 정형근씨와 협의". 〈동아일보〉

박근혜 대통령은 2013년 취임한다. 그해 8월 29일 국정원은 통합진보당 소속 이석기 의원 등을 '내란음모·선동 및 국가보안법 위반' 혐의로 구속영장을 신청했다. 2014년 12월 19일 헌법재판소는 통합진보당 해산심판을 결정했다. 2015년 1월 19일 대법원은 이석기 의원에 대해 '내란죄'에 대해서는 무죄를, '내란선동죄'에 대해서는 유죄를 선고하는 확정판결을 내렸다. 황교안은 2019년 1월 19일 대구를 방문한 자리에서 "통합진보당 해산한 사람이 누구냐"고 말하면서 당대표 선거에 나섰다. 불과 열흘 뒤 국회의원 자격을 상실한 통합진보당 소속 의원들은 그를 직권남용 등에 대한 혐의로 고소장을 냈다. "법무부 장관으로서 직권을 남용해 헌법재판소로 하여금 독립적이지 않고 불공정하게 정당해산심판 사건을 처리하게 함으로써 고소인들의 공무담임권, 공정한 재판을 받을 권리 등의 행사를 방해했다"는 주장이다. 낯익은 인물이 당시 통진당 해산을 주도했다. 정당해산심판 청원서를 직접 쓴 장본인은 고영주다. 공안검사 출신으로 남부지검장까지 역임했다. 장관의 지시로 실무를 담당했던 TF 팀장은 경남 통영에서 출마해 자유한국당 의원이 된 정점식 검사장이다. 공안이라는 것과 더불어 황교안을 말할 때 빠질 수 없는 요소가 개신교다. 극동방송에서 진행하는 '극동포럼'의 단골손님이면서 '오직예수제일교회'가 재정을 지원하는 '구국기도'에도 참가한다. 종교공동체에 속하는 인물에 이동복, 조갑제, 홍관희, 김성만, 김문수, 이언주, 전희경, 류근일 등이 있다. 지난 10월의 광화문 집회를 함께 이끌었던 전광훈 목사 등 한기총과 아주 친하다. 2019년 5월 24일 〈오마이뉴스〉에 실린 "하나님께서 준비하신 황교안, 전광훈 목사의 '빅픽처'"에 관련 얘기가 나온다. 당대표 자격으로 방문한 자리에서 전 목사는 "위기적 상황에서 우리 하나님께서 일찍이 준비하셨던 황교안 대표님을 자유한국당의 대표님으로 세워주셨다. 제 개인적 욕심으로는 이승만 대통령, 박정희 대통령을 이어가는 세 번째 지도자가 되어줬으면 좋겠다."라는 덕담을 건넸다. 그 밖에, 담론전쟁에 앞장서는 인물로는 김진태와 이철우 등이 있다. 정치적 이해관계와 경험에서 배인 신념이 결합한 경우다.

이철우는 현재 경상북도 도지사다. 1985년 안기부에 입사해 국정원 국장까지 지냈다. 자유한국당 출신 의원으로 지역구는 경북 김천이다. 국회에서는 전문성을 살려 국회 정보위원장을 지냈다. "대공 수사는 반드시 전문기관에서 할 수 있도록 해야 한다. … 국정원 대공수사권 폐지는 (북한의) 50년 동안의 공작 사안이다. 북한에서 요구하는 사안을 들어줄 수 없다"라고 주장한 인물이다. 김진태는 공안검사 출신이다. 2012년 자한당 공천을 받아 강원도 춘천에서 당선됐다. 자칭 '종북저격수'다. 박근혜 대통령 탄핵무효 국민저항 총궐기 운동본부(국민저항본부)에 열심히 나간다. 김문수 의원과 우리공화당 조원진 등이 함께한다. 2019년 1월 11일 〈뉴데일리〉에 실린 "나라가 공산화 … 야당이 싸워야 나라가 산다"에 공안검사의 생각이 잘 담겨 있다. 그의 사무실에는 이승만과 박정희 대통령의 사진이 걸려 있다고 한다. "의원총회에서 몇몇 분들이 '이봐라. 국민들이 이렇게 이념에 신물을 내니까 이제 그런 소리 그만하고 민생에 집중하자'고 하더라. 정말 어이가 없었다. 그런 식의 나약한 태도가 여태까지 우파를 이 모양으로 만든 거다. 오히려 더 치열하게 이념 무장하고 이념 투쟁을 해야 한다. 민생을 가지고 우리가 챙긴다고 아무도 알아주는 사람이 없다. 그거는 집권 여당일 때 했어야, 사회주의 주사파 정권하고 무슨 민생을 협조한다는 소릴 하나. 다시 말하지만 낙동강 전투다." 라고 말했다.

4) 공안검사와 국정원

정치권, 종교계와 언론계와 비교했을 때 다음에 나오는 공안세력과 군부는 대중의 감시에서 한발 비켜서 있다. 논란이 되지 않으면 있는지조차 모른다. 복합체 내부에서도 비슷하다. 분명 그들은 실체다. 그렇지만 겉으로는 크게 부각되지 않고 일종의 특공대나 비밀부대에 해당한다. 정치권에 언제든지 충원될 수 있는 대표적인 집단이 대검찰청 공안부 검사들이다. 노른자위를 차지한 인원은 많지 않지만 중요한 자리에는 빠짐없이 참여한다. 외부에서는 잘 안 보이는 MBC를 통제하는 방송문화진흥회나 KBS 이사회, 또는 방송통신위원회 등이 그런 요직에 해당한다.

\<표 13\> 대검찰청 공안부

직위	인물	경력 및 활동
공안부장	홍경식	대검 공안부장, 민정수석, 장세동 안기부장 특별보좌관
	김영수	공안부장, 민정수석, 문광부 장관, 이승만연구소 (고문)
	정점식	통진당해산, 송두율 구속, 공안부장 (검사장급)
	권재진	민정수석, 법무부장관 (이명박)
	이귀남	2006-2007, 법무부장관 (이명박)
	박한철	헌법재판소장, 김앤장
	노환균	태평양, 법무연수원장
	이건개	한나라당의원, 서경원 방북사건으로 국보법 85명 구속
	안강민	서울지방검사장, 김현희 사건 처리, 한나라당비례의원
	최병국	부림사건 실제 검사, 한나라당의원, 자한당고문
	주선회	헌법재판소 재판관 (노무현 탄핵담당), 노무현 구속 경험
공안기획관	고영주	부림사건, 헌법수호국민운동본부
	김학의	법무부차관 임명, 윤중천 성매매
	이진한	성추행
공안검사	안강민	서울지방검사장, 김현희 사건 처리, 한나라당비례의원
	이상형	김기춘, 이건개, 안강민과 함께 '공안4인방'
	박만	송두율 구속 담당, KBS이사, 방송통신심의위원장
	함귀용	송두율 구속 담당, KBS이사, 방송통신심의위원

공안부장은 출세 코스다. 민정수석 법무부장관, 헌법재판소장 등으로 이어진다. 맨 먼저 나오는 홍경식은 박근혜 정부 때 민정수석에 오른 인물이다. 법무법인 광장 대표 변호사로 있다 청와대로 들어 왔다. 황교안 대표(13기)와 채동욱 전 검찰총장(14기)보다 훨씬 기수가 높은 8기다. 권력서열에서 봤을 때 민정수석은 공직기강, 법무, 민원 등 다른 비서관에 비해 훨씬 더 힘이 있는 자

리다. 최근 논란이 된 조국도 민정수석으로 있다가 바로 법무부 장관에 임명됐다. 민정수석실이 막강한 것은 검찰, 경찰, 국세청과 국가정보원에서 올라오는 각종 정보에 접근할 수 있다는 것과 이를 바탕으로 인사권에 영향을 미치는 것과 관련이 있다. 법무부 장관까지 오른 인물로는 권재진과 이귀남이 꼽힌다. 권재진은 이명박 정권에서 민정수석으로 있다가 곧바로 승진했다. 현재 구속 상태에 있는 이 대통령의 변호인단에 합류해 있다. 재직 당시 검찰총장 한상대와 함께 '종북몰이'에 앞장선 것으로 알려진다. 한상대는 2011년 8월 12일 취임사를 통해 "북한을 추종하며 찬양하고 이롭게 하는 집단을 방치하는 것은 검찰의 직무유기다. … 공안역량을 재정비하고 일사불란한 수사체제를 구축해 적극적인 수사 활동을 전개해야 한다. … 종북주의자들과의 싸움에서 결코 외면하거나 물러서는 일이 있어서는 안 된다."라고 밝혔다. 공안부장 출신의 권재진 장관 또한 "세계에서 가장 호전적인 북한은 천안함 폭침, 연평도 포격 도발에 이어 국내 전산망을 순식간에 교란시킬 수 있는 치명적 사이버 공격도 시도하고 있다. … "자유민주적 기본 질서를 위태롭게 하는 어떤 시도에도 비장하고 단호하게 대처해야 겠다."라고 말하면서 힘을 보탰다.[140] 헌법재판소장을 지낸 박한철도 공안검사 출신이다. 통진당 해산을 결정한 당사자다.

박근혜 정부에서 민정수석을 지낸 인물 중 김영한이 있다. 2016년 심장마비로 갑작스럽게 세상을 떠났다. 그가 재직할 당시

---

140) 김혜영. 2011/8/12. "한상대 검찰총장 취임 일성, '종북좌익과 전쟁'". <뷰앤뉴스>.

김기춘은 청와대 비서실장, 황교안은 법무부 장관과 국무총리, 헌법재판소장은 박한철이었다. 특히 황 총리와 박 소장은 서울지검에서 2차장과 3차장 검사로 함께 근무한 적도 있다. 모두 공안에서 잔뼈가 굵은 사람들이다. 퇴직 후 대구대학교에서 석좌교수로 있던 중 김영한은 죽음을 맞았고 그의 비망록이 언론을 통해 공개된다. 〈한겨레〉은 2016년 12월 2일 "김기춘, 헌재 '통진당 해산' 결정에 개입한 정황"이라는 단독 보도를 냈다. 당시 청와대와 헌법재판소가 이 과정에서 긴밀하게 협력을 했다는 정황 증거가 있다는 내용이다. 국가보안법 등의 혐의로 기소되었던 이석기 의원에 대한 대법원의 최종 판결이 나오기도 전에 헌재 판결을 10월 17일까지 하겠다는 발언과 관련이 있다. 그해 12월 헌재는 8:1의 의견으로 해산 결정을 내렸다. 통진당은 이 비망록이 보도된 직후 김기춘과 박한철을 검찰에 고소했다. 박 소장은 서울동부지검장을 끝으로 검찰을 떠났다. 김앤장 법률사무소에서 활동하면서 4개월 만에 2억 4,500만 원을 벌었다고 알려진다. 공안부장으로 있을 때 미국산 쇠고기 광우병으로 촉발된 촛불시위가 벌어졌다. 법원에서 무죄로 판결난 MBC 〈PD수첩〉 기소에도 개입한 것으로 알려진다.[141] 당시 무리한 수사를 지휘한 인물에 노환균 서울지검장이 꼽힌다. 2009년에 임명되었고 미네르바사건, PD수첩 명예훼손 사건 등에 관련되어 있다. 법무부 차관에 임명되었다가 별장 성접대 사건으로 낙마한 김학의도 공안기획관 출신이다. 대검찰청 공안부장을 보좌하면서 각종 대공사건, 국가보안법, 노동 관련 사

---

141) 남소연. 2011/1/27. 박한철 "PD수첩, 미네르바 사건 관여 안해". 〈오마이뉴스〉.

건을 지휘하는 자리다. 고영주 검사도 이 자리를 거쳐 갔다. 갔다. 지난 2011년 이명박 대통령이 공안검사 출신의 박만을 방송통신 심의위원장에 임명한 것은 이런 까닭에서다. 동일한 맥락에서 박근혜 대통령은 KBS 이사장으로는 이인호를, 방송문화진흥회 이사장으로는 고영주를 각각 앉혔다. 국정원에서 비슷한 역할을 하는 곳은 국가안보전략연구원이다. 앞에서 다뤘던 남성욱과 홍관희의 친정이다.

<표 14> 국가안보전략연구원

이름	직위 및 활동
남성욱	고려대 교수, 안보전략연구소장 (이명박 때)
홍관희	안보전략연구소장 (2005년), 재향군인회 안보연구소장
곽길섭	북한체제연구실장, 원코리안센터대표, VOA 주요 정보원
김정봉	전직 소장, 한중대 석좌교수, 한국자유회의 발기인
유성옥	국정원 지부장, 연구소장
김광진	연구위원, 탈북자 출신, 북한인권전략센터
고영환	전략실장, 탈북자 출신, 부원장
태영호	국가안보전략연구원 자문연구위원
손광주	통일정책연구소, 현재 데일리NK 편집인

탈북자 중에서 고위급에 해당하는 인물이 주로 활동하는 곳이다. RFA나 VOA이 단골손님으로 출연한다. 김광진 선임연구원에 대한 얘기는 2012년 2월 13일 [RFA 초대석]에 나온다. 2004년 탈북해 이 연구소에 근무하는 중이라고 밝힌다. 미국 워싱턴에 있는 북한인권위원회 방문연구원을 다녀왔다는 얘기도 있다.

국정원의 허락이 없으면 못 가는 곳이다. "북한은 김씨 왕조"라고 말하면서 "개혁개방 하는 경우 김씨 체제는 붕괴하고 도태될 것이지만 그걸 거부한다 해도 역시 현재 상태로는 더 나아갈 수 없는 그런 최악의 상황이 되는 딜레마"라는 말을 전한다. 멍석을 깔아주는 것으로 볼 수 있는 인터뷰는 VOA에도 나온다. 2011년 2월 28일의 "북한 엘리트층, '미국과 관계 개선 최우선' 인식"이라는 기사다. 미국에서 방문연구원을 한 이후의 경험담을 나눠 주는 자리다. 미국에 대한 관점이 달라졌다는 것은 "제가 미국에 와서 느낀 것은 미국이 역시 세계의 지도 국가이고, 세계 정치의 중심에 있다는 것입니다. 여기서는 시야를 더 넓게, 좀 더 멀리 보는 마음을 가지게 된 것 같습니다."라는 발언에 드러난다. 북한의 민주화를 위해 노력하겠다는 다짐도 밝혔다. 역시 탈북자 출신으로 이 연구소의 부원장에 오른 인물이 고영환이다. 2016년 1월 8일, RFA에 그의 인터뷰 기사가 실려 있다.

"연구원 내 북한 출신 연구자들은 물론 남한 연구자들과 함께 대한민국의 안보를 지키고 북한 인민들의 자유를 촉진하며 통일을 앞당기기 위해 노력할 것"이라는 포부를 밝혔다. 그와 함께하는 인물에 대한 정보는 〈뉴데일리〉가 2016년 5월 1일 올린 "자유통일? 탈북자 있어야 '화학적 통일' 가능"이라는 기사에서 찾을 수 있다. 제13회 '북한자유주간'을 맞아 프레스센터에서 열린 "북한정권 붕괴 후 탈북민들의 역할" 토론회 자리다. 최주활 탈북자동지회 회장, 탈북 여성박사 1호로 알려진 이애란 자유통일문화원 원장, 허광일 북한민주화위원회 운영위원장, 강철환 북한전략센터 대표 등이다. 〈조선일보〉 기자로 일하고 있는 강 대표는 이 자리에서 김정은 정권의 붕괴를 위해서는 "△북중 국경을 흔들어서 탈북자들을 대량 유출하게 할 것 △모든 수단을 이용해서 북한 주민들에게 정보를 확산시킬 것 △개성공단식의 북한쪽의 편의를 봐주는 쪽이 아닌, 대한민국 자유민주주의 경제 원칙에 따라, 남북경협을 해야 한다"는 등의 주장을 내놨다. 영국 주재 공사로 있다 2016년 망명한 태영호도 이곳에서 자문연구위원으로 일한다. 그의 인터뷰는 〈월간조선〉과 〈뉴데일리〉는 물론 RFA와 VOA 등에서 쉽게 발견된다. 2019년 10월 30일 VOA에 그의 인터뷰 기사가 나온다. 민간단체인 '남북함께시민연대'를 설립했다는 소식을 전하면서 북한을 대상으로 한 심리전을 할 수 있도록 후원해 달라는 내용이 담겨 있다. 북한에 대한 '위장전술' 프레임도 전달한다. "미국 대통령이 우리 수령을 만나기 위해 더 먼 곳에서 판문점과 싱가포르, 베트남으로 올 정도로 김 위원장의 영도력이 대단하다며 체제 선전에 적극 활용했다"는 인터뷰에 잘 드러나 있다. 복합체에서 군부가 맡는 역할도 공안세력과 크게 다르지 않다. 다만 "소금 먹은 사람이 물을 찾는다"라는 말처럼 정치적 신념이나 전문성보다는 자신의 이해관계가 더 크게 작용하는 듯한 우려가 있다는 점은 좀 다르다.

5) 고급장교: 장군들

　분단 70년을 돌아봤을 때 최고의 수혜 집단은 군부다. 전시작전권도 없는 한국 군대에 장군은 몇 명이나 될까? 2018년 기준으로 대략 430여 명이다. 압도적으로 육군이 많다. 무려 313명이다. 공군과 해군이 각각 54명과 44명이다. 연봉도 매우 높다. '2017년 국방통계연보'에 따르면 대장은 1억 4,118만 원을 받는다. 중장 (별 3개)은 1억 3,427만 원, 소장은 1억 1,771만 원, 준장은 1억 890만 원 수준이다. 전역 후에도 연금을 받는데 이 또한 결코 무시할 수 없는 수준이다. 대략, 대장은 452만 원, 중장은 430만 원, 소장은 386만 원, 준장도 353만 원을 받는다.[142] 2019년 광화문을 가득 매우는 태극기 행렬에 이들이 포함되어 있다. 대한민국수호예비역장성단(대수장) 얘기다. 〈펜앤드마이크〉에 지난 9월 28일 광화문에서 열린 '서울수복 행사' 뉴스가 나온다. 개회사는 이상훈 (전 국방장관)이 했다. 주요 연사로는 "박관용(前 국회의장), 전희경(자유한국당 대변인), 신원식(예비역 중장·대수장 전략위원), 이애란(탈북민 대표), 이유진(자유연대 청년대표), 권영찬(서울대 법대 촛불대표), 장순휘(인천소상공자영업자연합회 회장), 이강호(교수)" 등이 나왔다. 불교신도회장이면서 예비역 소장인 이석복 장군은 이 행사의 목적을 "노구를 이끌고 참여할 예비역 장성단들의 소망은 오직 하나다. 호국영령들이 저 북한공산도배로부터 죽음으로 지킨 대한민국이 절대로 공산화되는 것은 좌시

---

142) 김성해 『지식패권』 2권. 282쪽 재인용.

할 수 없다는 우국충정을 보여주기 위함이다. … 과거 6·25 전쟁에서 공산치하의 9·28 서울수복을 해낸 것처럼 자유대한민국을 좌파로부터 수복해야 한다는 메시지를 국민들께 드리고자 기획했다"라고 밝혔다. 다음의 〈표 15〉는 이 모임에 참가하고 있는 전직 장군들의 명단이다.

〈표 15〉 대한민국수호예비역장성단

구분	주요 인물
공동대표	권영해·김동신·김태영(전 국방부 장관) 김재창(전 한미연합사령부 부사령관) 이필섭(전 합참의장), 이수용(전 해군참모총장), 이억수(전 공군참모총장), 이상무(전 해병대사령관), 박환인(전 해병대 부사령관)
참석자	자한당 의원(주호영, 이종명), 김문수, 신원식(전 육참차장), 노재봉(전총리)
고문	백선엽(예비역 대장), 이기백·정호용·이종구(전 국방부 장관)

앞에서 전시작전권 전환을 반대하고 한미동맹 훼손을 우려했던 인물 대부분이 속해 있다. 한미연합사 부사령관 출신으로 군부 요직에 있었던 분 중에도 상당수가 같은 입장을 취한다. 다음의 〈표 16〉은 그들 중 전작권과 관련한 각종 행사와 특강에 나오는 이들의 명단이다.

〈표 16〉 한미연합사 부사령관

직위	인물 및 활동
이상훈	예비역 대장, 재향군인회, 국방부장관(애국단체총협의회 대표), 이승만애국상

김진영	예비역 대장
김동진	예비역 대장
김재창	한국국방안보포럼
김동신	전 국방장관
남재준	전 국정원장
김병관	전 국방부장관 후보자
김병주	예비역 대장
김성만	예비역 중장, 문화일보 필진
박정수	예비역 준장, 이승만 리더십
유병헌	합참의장, 한미연합사 창설 주역
이석복	연합사 부참모장, 한국문화연구원
한철수	한미우호협회장

인터넷에서 검색을 하면 이들의 실체를 보여주는 뉴스가 넘쳐 난다. 한 예로, 김병관은 2013년 국방부 장관에 내정되었다가 자 진사퇴 했다. 무기중개업체인 유비엠텍에서 고문으로 일한 경력 과 부대 근처 부동산 구입 후 30억 정도의 시세 차익을 남긴 점 등이 지적됐다. 2012년 11월에는 여의도 새누리당 당사 앞에서 "현재 우리가 겪는 악성 후유증은 종북 좌파세력에 대한 국가 정 체성의 혼돈, 계층간 편가르기, 법 준수 거부, 국가경쟁력 손상, 북 한 독재정권이 중시한 대북 정책 등"이라고 발언한 것으로 전해 진다. 재향군인회 회장도 맡았다. 〈미래한국〉 편집위원으로 참가 하는 박정수는 예비역 준장 출신이다. 전형적인 군산복합체 인물 이다. 본인이 대표이사를 맡고 있는 '사이버텍'이라는 회사는 육 군, 해군, 공군 예비역 장교들이 2003년 설립했다. 한국형 전투 모

형을 개발하기 위한 워게임(War Game)을 지원한다. 2010년 천안함 사건이 터진 직후 발표한 칼럼에 그의 생각이 잘 드러나 있다. 2010년 5월 12일 〈미래한국〉에 실린 "북한의 테러를 어떻게 응징할 것인가"라는 글이다. "국가는 전쟁을 각오할 수 있어야 한다. 역사는 전쟁을 각오할 때 오히려 전쟁을 억지할 수 있다는 것을 보여주고 있다. 전쟁이 무서워서 피한다면, 제2, 제3의 천안함 사건이 일어날 수 있고, 비굴한 나라로서 국제사회에서 다른 나라와 동등하게 자유를 누릴 자격이 없다."라는 내용이다. 2016년 3월 31일 〈디펜스뉴스〉에 기고한 글에서도 "김정은은 자기 세대에 적화통일을 꿈꾸고 있다. … 우선 한국의 생존을 위해서는 핵을 보유, 스스로 억지력을 보유해야 한다. 동시에 Kill chain, MD를 발전시켜 핵전력에서도 우위를 달성한다. 생존을 넘어 자유통일과 한반도 비핵화를 달성하기 위해서는 북한정권을 붕괴시켜야 한다. 김정은 정권이 살아있는 한 핵 폐기는 기대할 수 없다."라고 밝혔다.

6) 대학교수와 연구원

군부와 공안세력 중에는 국회로 진출하거나, 관료가 되거나, 또는 경제적 이익을 위해 복합체에 참가하는 경우가 적지 않다. 지식사회는 조금 다르다. 학자의 자존심, 명예와 신념이 작용한 것으로 보이는 인물이 많다. 국내 학계에서 핵심세력으로 볼만한 곳은 많지 않다. 군이 후보군을 꼽자면 연세대의 이승만연구원, 고려대의 북한학과, 국립외교원과 통일연구원 정도가 있다. 앞에서도 잠깐 나왔던 것처럼 이승만연구원의 핵심 인물은 유영익 교수다. 뜻을 같이하는 인물로 자유한국당 혁신위원장을 지낸 류석춘 교수가 있다. 최근 위안부는 매춘이고 전태일은 착취당하지 않았다는 주장으로 입방아에 오르기도 했다. 학문의 자유에 지나치게 간섭하는 것 아니냐는 비판도 있지만 약간 다르게 볼 부분도 있다. 이승만과 박정희를 긍정적으로 평가하는 것을 넘어 진보 진영에 대한 적개심을 감추지 않는다. 2019년 7월 18일 이승만 서거 54주년 세미나에서 했던 발언도 그 연장선이다. "2019년 한국은 국제사회의 조롱거리로 전락했다. … 대내적으로 종북좌파에 의해 자유민주주의 체제가 부정되는 상황"이라는 인식이다.(뉴데일리) 지난 10월 3일 광화문 집회 후 열린 '한미보수연합대회'에도 참석했다. 연구소에 참여하는 또 다른 인물이 오영섭 교수다. 2019년 6월 21일 "100년 전에 이런 생각을? 이승만 논문 '중립국론' 다시 보니"란 기사에 그와 관련이 있는 인물이 소개된다. 〈뉴데일리〉 산하 건국이념보급회와 연세대 이승만연구원의 공동 주최로 열린 '이승만 포럼 100회 기념- 이승만 초기 저작의 재조명' 세미나다. 연구원 원장을 맡고 있는 김명섭 교수가 사회를 맡았다. 함께 한 인물로는 "인보길 이승만포럼 공동대표, 신철식 이승만건국대통령기념사업회장, 김효선 이승만포럼 사무총장, 남종우 전 인하대 부총장, 이영일 전 국회의원, 이도형 전 〈한국논단〉 대표, 이상우 전 서강대·한림대 총장" 등이 있다. 고려대에는 북한학과와 북한연구센터가 중심 무대 역할을 한다.

국가안보전략연구원장을 지낸 국정원 출신의 남성욱 교수가 있는 곳이다. 한반도선진화재단에서 통일연구원장을 맡았던 조영기도 있다. 유동열이 원장으로 있는 자유민주연구원과 2017년 설립한 한국자유회의 등에도 이름을 올렸다. 국정원 심리전단 소속 직원의 부탁으로 "국정원 댓글사건과 개혁의 본질"이라는 칼럼을 올려 문제가 되기도 했다. 박근혜 정부 때 방송통신심의위원회 위원으로 임명됐다. 전직 국정원 직원이 결성한 양지회 회장으로 심리전을 이끌었던 송봉선도 이 대학에 재직 중이다. 겸임교수로 있으면서 〈문화일보〉 〈뉴데일리〉 등에서 칼럼을 기고해 왔다. 유우성 간첩사건 조작이 불거진 이후에도 "국정원이 인권을 무시하거나 고문을 하는 그런 행위는 이미 사라진 지 오래입니다. 그렇다면 국정원의 대공수사 문제점을 개선 보완하는 것이 필요하지 국정원 해체나 다름없는 대공수사권 이관은 국가 안보에 심각한 위기를 초래하는 정책"이라는 입장을 내세웠다.(미래한국, 2018/1/31) 북한학과에 있는 교수 중에는 유호열도 있다. 논란이 되었던 국정교과서 집필진 중 한 명이다. 북한인권포럼 위원과 바른사회시민회의 대표 등을 맡은바 있다. RFA와 VOA에는 그의 인터뷰가 자주 나온다. 〈펜앤드마이크〉가 마련한 '제1회 자유지성인 대회'에서는 진행을 맡았다. 패널로 참가한 인물로는 "이지수 명지대 정치외교학과 교수, 박휘락 국민대 정치대학원장, 박재적 한국외대 국제지역대학원 교수" 등이 있다. 인사말을 통해 "문재인 정부의 경제파트 평가하는 내용 중에서 한마디로 이 정부의 정책 이 정부하에서 움직이고 있는 게 자살이다, 이런 게 귀로 쏙 들어온다. 외교안보는 어떨까 동반자살이 아닐까 제가 갑자기 그런 생각이 든다."라고 얘기했다.[143] 홍관희, 유호열 교수 등이 공통으로 거쳐간 곳이 통일연구원이다. 연구원 출신이 모두 복합체에 속한 것은 아니지만 후보군으로 분류할 수 있는 인물이 다수 이 곳을 거쳐갔다. 앞에 나온 김태우가 대표적이다. 전성훈도 박근혜 정부에서 안보전략비서관으로 일한 경력이 있다. 통일연구원에서 연구위원으로 오랫동안 재직했고 제13대 원장을 지냈다. 지금은 아산정책연구원에서 객원 연구위원으로 있다. 문재인과 트럼프 대통령의 "북미회담은 실패작"이며 "북한이 완전한 한반도 비핵화를 하겠다는 것은 조선반도 비핵(非核) 지대화와 더불어 한미동맹 와해를 완전히 실현하겠다는 의미"라고 본다.(월간조선, 2018/6) 지식사회에 마지막으로 살펴볼 곳은 국립외교원이다. 아래 〈표 17〉에 이곳 출신 지식인이 잘 정리되어 있다. 보수적 싱크탱크로 분류되는 아산정책연구소와 밀접한 관련이 있다. 현재 부원장으로 있는 최강과 신범철은 이곳에 있다 연구소로 옮겼고, 김한권은 반대로 아산연구소에 있다가 외교원 교수로 갔다.

---

143) 한기호. 2018/3/23. "文 정부 1년 평가, 외교·안보". <펜앤드마이크>.

<표 17> 국립외교원

인물	직위 및 활동
신범철	아산정책연구소, 국립외교원 교수, 국방장관 정책보좌관 역임
최강	아산정책연구원 부원장, 국립외교원 미주연구부부장
정구연	강원대교수, 국립외교원 미주연구부
김성한	고려대교수, 전 외교부차관, 국립외교원 미주연구부
윤덕민	국립외교원장, 펜앤드마이크 출연
신각수	국립외교원, 외교통상부차관,
김현욱	국립외교원교수, 브라운대박사
김한권	국립외교원, 아산정책연구소

복합체 언론으로 분류되는 곳에서 신범철은 한반도 전문가로 늘 등장한다. 황교안 대표가 외교안보 자문위원으로 영입하려고 한다는 소문도 들린다. VOA에서 자주 찾는 인물이다. 2019년 8월 19일, 〈조선일보〉 시론 "모두 카산드라가 되어야 한다"에 그의 입장이 잘 드러나 있다. "북한의 핵 능력과 첨단 재래식 군사력은 나날이 고도화되고 있다. 그런데 한·미 동맹은 서로 다른 곳을 본다. 국내 정치만 생각하는 트럼프 행정부 탓도 있지만, 당사자인 한국 정부가 침묵으로 일관하니 미국은 마음의 빚도 없는 것 같다."는 내용이다. 북한에 대한 '위장전술' 프레임은 "김정은의 '전략적 결단'이란 말로 희망을 현실로 포장했다. 다른 견해를 무시하고 심지어 비난했다. 그 결과를 보라. 북한은 의미 있는 비핵화 조치 없이 고립에서 벗어났다. 새벽잠을 깨울 일 없게 한다던 말이 무색하게 펑펑 미사일을 쏘아댄다."로 표현된다. "강대국 간

경쟁은 한층 거칠어지며 줄 서기를 강요할 것이다. 북한은 그 사이에서 줄타기하며 핵 보유를 공고히 할 것이다. 중국과 러시아는 우리를 미국에서 떼어내기 위해 협박과 회유를 반복할 것이다."라는 주장에서는 '동맹훼손' 프레임이 보인다. 외교부 차관을 거쳐 고려대 교수로 있는 김성한도 이곳 출신이다.

2018년 4월 30일, 국회에서 열린 '4·27 남북 정상회담 평가 전문가 간담회'에 참석한 발언이 〈월간조선〉에 실려 있다. 당시 함께 초대된 전성훈과 윤덕민도 모두 국립외교원 출신이다. 김성한은 이 자리에서 "우리 정부가 진정한 남북협력시대를 열고 싶다면 이러한 파국이 오지 않도록 최선을 다해야 한다. … 핵문제가 미북 간의 양자 문제인 것으로 간주하고 '중재외교'를 할 게 아니라 북핵과 미사일이 대한민국의 존립을 위협하는 문제란 주인의식을 가지고 철저한 한미공조 관계를 이어나가야 한다"라고 말했다. '동맹훼손'을 우려하는 관점은 다른 곳에서도 쉽게 찾을 수 있다. 2015년 3월 9일 〈동아일보〉에 쓴 "역사 직시해야 한미관계 발전한다"라는 칼럼도 그중의 하나다. '한미동맹'이 선물이었다는 견해는 "미국은 한미동맹을 양자관계로 생각하지 않고 한미일 '삼각동맹'의 관점에서 평가한다. 미국은 한미관계에 문제가 없더라도 한일관계가 안 좋으면 한미일 삼각체제가 삐걱거려 한미동맹에 문제가 있는 것으로 느끼게 되는 것"이라는 말에 나온다. 그 연장선에서 한국의 선택은 "외교의 중심축은 어디까지나 한미동맹이고 안보외교의 핵심은 한미일 공조라는 점을 지속적으로 강조해 나가야 할 것"으로 정리된다.

3. 국내 네트워크

생명체에서 각 장기는 상호작용한다. 머리와 가슴과 손과 발이 따로 노는 상황은 상상하기 어렵다. 혈관과 신경망 등을 통해 연결되고 결국 두뇌를 통해 조화를 이룬다. 때로는 굳이 두뇌를 통하지 않고 각자 연결단위에서 필요한 협력이 이루어진다. 비유적이긴 하지만 복합체에도 적용할 수 있다. 한 예로, 공안검사 출신의 고영주가 영향력을 행사할 수 있는 방식을 들여다보면 그 작동방식이 대강 드러난다. 먼저 그의 주변에는 같이 근무하고, 세계관과 종교관을 교감하는 무리가 있다. 황교안 전 총리 겸 현 자한당 대표가 그중의 한 명일 가능성이 있다. 독실한 신앙인이면서 활동 범위가 겹치는 조갑제가 될 수도 있다. 그러나 한두 명이 모였다고 최장집 사상논쟁, 강정구 국보법 고발, 통합진보당 해산과 같은 작업을 시작할 수는 없다. 개인 단위가 아니라 단체 또는 조직의 지원이 필요하다. 뜻이 통하는 언론사를 통해 대중의 관심과 공감을 얻는 것이 출발이다. 굳이 곁에 있어서 다치고 싶지 않으면 침묵하라는 협박도 언론이 효과적이다. 독일의 사회학자 엘리자베스 노엘레-노이만(Elisabeth Noelle-Neumann)이 제시했던 '침묵의 나선효과'가 작용하는 단계로 보면 된다. 검찰을 움직여 필요한 법적 조치를 준비해 두는 것도 당연하다. 반공교육에 오랫동안 노출된 집단정서와 상식도 도움이 된다. 일단 악마로 만들기 좋고 그 이후에도 선뜻 누구도 편을 들지 못하게 만드는 효과가 있다. 국정원과 경찰 정보과에서는 필요한 정보를 얻는다. 증명할 길은 없지만 복합체의 네트워크는 이런 식으로 작용한다고 볼 수 있다. 우리가 일상에서 접할 수 있는 그냥 살아가는 모습과 크게 다르지 않다고 보면 될 것 같다.

네트워크는 크게 국내와 국제사회로 구분해 볼 수 있다. 물리적인 경계선이다. 국내의 경우에는 또 두 개 정도로 구분된다. 앞서 분류한 언론, 정치, 종교, 군부 등 각 영역 내부에서 서로 연결된 경우는 단일네트워크다. 특정한 단체나 조직을 통해 이들이 전문 분야와 상관없이 모이면 복합네트워크가 된다. 그러나 복합체의 성격을 갖고 있으면서도 탈북자집단, 교포사회와 미국의 군산복합체 등은 한국이라는 경계선을 넘어 존재한다. 예를 들어, 탈북자들이 운영하는 언론매체의 경우 재정적 지원을 받는 곳은 크게 국내 대형 교회, 미국 내 한인교회, 미국 정부와 보수적인 교회, 프리덤하우스와 같은 국제기구, 세계기독교협의회와 같은 단체 등이다. 미국 교포사회가 중심이 되어 만든 단체나 협의체에 참가하는 이들도 미국인, 한국인, 중국인, 조선족 등으로 다양하다. 미국 군산복합체는 또 왜라고 물을지 모르지만 타당한 이유가 있다. 무엇보다 먼저 그들이 담론을 생산하고, 행사를 개최하고, 또 인적교류를 하는 주요 대상이 한반도다. 특히 대한민국 지식사회, 재계, 정부, 언론계, 종교계 등이다. 아산정책연구소 같은 곳에서 초빙을 하기도 하고, 서울대와 연세대에서 이들과 교류를 하고 있는 사람을 통해 특강이나 세미나에 참석한다. 굳이 한국에 오지 않더라도 소통할 길은 많다. VOA와 RFA는 항상 이들을 위해 멍석을 깔아 놓은 상태다. 북한이 핵실험을 하거나, 중국과 북한이

대화를 하거나, 한미동맹과 관련한 변수가 생길 때 이들은 언제든
지 자신이 원하는 방식으로 그들이 관철하고자 하는 프레임을 이
들 매체를 통해 전달한다. 항상 이들 매체를 주목하는 국내 언론
은 굳이 신경을 쓰지 않아도 된다. 자발적으로 이들의 목소리를
국내 독자들에게 전달해 준다. 대외정책에 있어서는 정부의 '2중
대' 역할을 마다하지 않는 뉴욕타임스, 월스트리트저널, 워싱턴포
스트, CNN과 FOX 뉴스를 이용해도 된다.

1) 국내 네트워크

단일네트워크

1998년 11월 〈월간조선〉은 '대통령 자문 정책기획위원장' 최
장집 교수의 충격적 6·25전쟁관 연구라는 제목의 기사를 내보낸
다. 1998년 취임한 김대중 정부의 대북정책에 대해 어깃장을 놓
겠다는 의도가 없지 않았다. 학자가 쓴 글에 대해 사상검증을 하
겠다는 발상에 대해 갑론을박이 벌어졌다. 진보 진영과 동료 교수
들이 반박했지만 〈조선일보〉와 그 배후에 있는 분단 기득권을 상
대하기는 벅찼다. 당사자인 최교수를 위해 멍석을 깔아주는 매체
는 별로 없었고 그나마 힘이 없었다. 반면, 맞은편에는 많은 연합
세력이 있었다. 한나라당이 국회에서 지원사격을 해 주는 동안 보
수단체는 외부에서 압박을 했다. 대표적인 곳이 참전단체연합회

다. 회장은 류기남이다. 그가 회장으로 있는 참전연합회를 비롯해 "헌법을생각하는변호사모임, 전쟁방지국민협의회, 한국기독교교회청년연합회, 실향민중앙협의회, 월남참전전우회" 등이 2000년에 설립한 '자유시민연대'의 공동대표도 맡았다. 공동으로 대표직을 맡은 정기승(鄭起勝·前 대법관) 변호사는 그 배경을 "대한민국을 폭동으로 부수려던 자들이나 민주화라는 이름으로 대한민국 헌법에 적대하던 자들에게 돈과 명예를 주는 자해행위가 전체 국민의 가치관을 흔들어 놓음으로써 대한민국의 정통성과 정체성이 실종됐다."라고 말했다.[144] 류기남은 또 훈령조작 사건의 주인공 이동복이 2004년 설립한 "대한민국을 지키기 위한 만민공동회"에도 힘을 보탰다. 당시 이 공동회에 함께한 인물로는 안응모(전 내무부장관), 이종구(전 국방장관), 김동길(연세대 교수), 김성은(전 국방장관), 채명신(전 주월군사령관), 오자복(성우회 회장), 정기승(전 대법관) 등이 있다. 2011년에는 이승만애국상 수상자가 되는 영예도 얻는다. 공동수상자는 이승만 대통령이 총재로 있었던 대한청년단에서 출발한 대한민국건국회 손진 대표다.

1999년 4월 2일, 청와대는 결국 최장집 교수를 경질시켰다. 정권 초기에 〈조선일보〉와 같은 거대 신문사와 싸우는 것이 바람직하지 않다는 판단이 작용한 것으로 알려진다. 끝은 새로운 시작을 낳는다. 그래서 등장한 게 2000년 1월의 '안티조선운동'이다. 전북대의 강준만 교수는 〈인물과사상〉을 통해 "조선일보와의 싸움은 고의적 왜곡에 대한 싸움이며 고의적 왜곡이 드러난 경우에도

---

144) 신종철. 2000/11/28. 정기승 전 대법관 등 <자유시민연대> 출범. <오마이뉴스>.

시정할 의사가 없는 언론사에 대한 싸움입니다"라는 출사표를 냈다. 민주언론시민연합, 참여연대, 환경연합 등 41개 단체가 1차로 참가했다. 대학교수 중에서는 이장희(한국외국어대), 안병욱(가톨릭대), 이철기(동국대), 홍윤기(동국대), 안철택(고려대) 등이 힘을 보탰다. 그 밖에, 지금은 서울시장이 된 박원순(당시 참여연대 사무처장), 임헌영(문학평론가), 김교빈(학술단체협의회대표), 강만길(고려대 명예교수), 임수경(전 민주당의원), 임재경(언론인) 등의 인물이 동참해 줬다. '조선일보 거부의 날'을 정하고, '안티조선 시민강좌'를 개설하고, 시민을 상대로 조선일보 구독거부 서명을 받는 다양한 활동을 펼쳤다. 황석영 소설가는 〈조선일보〉에서 시상하는 동인문학상을 거부하기도 했다. 승패는 났을까? 일부 지식인이 중심이 되어 〈조선일보〉에 더는 칼럼을 싣지 않겠다고 했지만 '멍석'을 원하는 다른 지식인은 훨씬 더 많았다. 한때 르카프 등 일부 회사가 광고를 자제하기도 했지만, 다수는 이에 아랑곳하지 않았다. 2008년 시작된 언론소비자주권연대가 조중동에 광고를 싣는 광동제약에 대한 불매운동을 했지만 '업무방해죄'로 실형을 선고받았다. 앞에서 살펴본 것처럼 〈조선일보〉라는 빙산을 지탱하는 막대한 후원세력도 침묵을 지키지 않았다. 2011년 한윤형이 쓴 〈안티조선 운동사〉라는 책에 따르면 결론은 '실패'다. 복합체에서 〈조선일보〉가 차지하는 비중을 보면 그럴 수밖에 없었다는 게 보인다. 다음은 이 신문사에서 근무한 경험이 있거나, 현재 근무하고 있으면서 다른 외부 활동하거나, 퇴사 후 칼럼 등으로 계속 인연을 유지하는 주요 인물들 명단이다. 인터넷을 통해 확인할 수 있는 일부에 불과하다. 훨씬 더 많을 가능성이 매우 크다.

<표 18> 조선일보 네트워크

구분	이름	활동
조선일보 전/현직	안병훈	뉴데일리 발행인, 통일과나눔재단이사장, 전 대표이사/발행인
	강철환	북한전략센터(대표), 전 기자 (통한문제연구소 근무)
	조의환	북한인권시민연합(고문), 현직 아트디렉터
	박범진	북한인권시민연합(고문), 현직 기자
	유용원	군사전문기자, 성우회
	공종원	불교언론인회장, 전 논설위원
	김광현	아주경제사장, 전 AD 본부장
	김효재	전 청와대정무수석, 국회의원(자한당), 전 편집부국장
	이상우	전 한림대총장, 전 기자, 미 국무부 장학생
	강효상	국회의원(자한당), 전 편집국장
	진성호	국회의원(자한당), 전 인터넷부장
	신재민	문체부차관(이명박), 전 <주간조선> 편집장
통한문제 연구소	이교관	기자, 한선진정책기획실장, 박근혜 통일정책보좌관
	김광인	기자, 전 내외통신
	김미영	전 조선일보 <통한문제연구소> 기자, 세이지코리아대표
	김현호	소장, 조선일보논설실장, 언론재단이사, 뉴시스사장
월간조선	조갑제	국정원 정형근과 밀접
	김용삼	현 펜앤드마이크 대기자, 전 편집장, <미래한국>도 근무
	우종창	대표기자, 전 <조선일보> 편집위원
	조남준	전 이사 겸 편집부국장, <조선일보> 기자
	황성준	문화일보 논설위원 (현), 미래한국 편집위원
한국논단	이도형	설립자, 전 논설위원
뉴데일리	인보길	대표, 전 디지털조선일보사장
팬앤 마이크	김용삼	대기자, 전 <월간조선> 편집장
	류근일	객원필진, 전 주간

눈에 띄는 인물로는 〈뉴데일리〉와 〈이승만연구소〉를 이끌어 가는 안병훈과 인보길이다. 〈조선일보〉 대표이사 출신의 안병훈은 올해 82살이다. 안병훈의 부친은 〈조선일보〉에서 근무하던 중 납북된 안찬수다. 그의 부인 박정자도 이 회사 기자 출신이다. 중앙일보 논설위원으로 있으면서 자유한국당 나경원과 가까운 사이로 알려진 안혜리는 딸이다. 그는 현재 기파랑이라는 출판사를 운영한다. 복합체 후보들의 자서전이 상당수 이곳에서 출판된다. 최병렬의 『보수의 길, 소신의 삶』, 전 외교장관 공로명의 『나의 외교노트』, 전 한림대 총장 이상우의 『살며 지켜본 대한민국 70년사』 등이다. 본인도 2015년에 『건국대통령 이승만의 생애』란 책을 냈다. 2018년 출간 직후 베스트셀러에 오른 전 북한공사 태영호의 『3층 서기실의 암호』도 이 출판사 작품이다. 〈미래한국〉에 그의 인터뷰가 전해진다. "이승만 하면 몇 세기에 한 분 나타날까 말까 한 불세출의 영웅이라고 생각합니다. 그런 분을 저희 건국대통령으로 모시고 있다는 게 아주 자랑스럽습니다. 그렇긴 해도, 또 이승만 하면 내가 마치 불효자식이 된 것 같은, 또 잘사는 대한민국이라는 나라를 건국하고 기틀을 만들어 주신 그 은혜를 우리가 배은망덕하고 있지 않은가, 하는 아주 죄송하고 송구스러운 마음을 갖고 있습니다."라고 말한다(2019/9/19). 역시 〈미래한국〉이 명석을 깔아준 인물이 인보길이다. 담론전쟁이라는 의식이 분명하다는 것은 "2008년에 인터넷매체를 시작하면서 보니 인터넷미디어 세상이 완전히 친북좌파에게 장악돼 있었습니다. 이건 평양 선전요원이 만드는 것과 다를 바 없더라구요. 그런데 우파인터넷 매체는 없었어요. 포털에 들어가서 대한민국을 허위 날조한 역사, 중상 모략하는 역사를 바로잡아야겠다 생각했는데 그 첫 번째 방법이 이승만 명예 회복이라고 생각했습니다. 이에 '이승만 다시 보기'라는 책을 냈습니다"란 인터뷰에 잘 드러나 있다.(2011/6/23) '통한문제연구소'를 통해 탈북자들을 직접 기자로 활용했다는 점을 고려할 때, 〈조선일보〉가 북한 악마화 담론에도 개입했을 가능성이 크다. 북한 정치범 수용소를 경험한 강철환은 RFA와 VOA에 단골로 등장한다. 연구소 출신 김미영은 현재 세이지코리아 대표를 맡고 있다. "세상을 이기는 그리스도인의 지성"의 줄임말로 통일 지도자 양성을 목표로 한 기독교 단체다. 북한민주화네크워크 기관지 편집장을 거쳤다. 서울대 트루스포럼에서 특강도 한다. 남재준(전 국정원장), 김동식(전 남파공작원), 유동열(자유민주연구원) 등도 강사로 참여한다. 〈문화일보〉에서 담론전쟁에 앞장서는 인물은 황성준 논설위원이다. 〈월간조선〉 출신이다. 다음과 같은 글에 잘 반영되어 있다.

외교는 사교(社交)가 아니다. 국익과 국가 존망을 놓고 벌이는 '총성 없는 전쟁'이다. 특히, 북핵 위협 그리고 중국의 부상으로 인한 미 · 중 패권 싸움의 본격화 등 한반도를 둘러싼 외교 상황은 중차대하다. '무능 외교'는 국익을 해친다. 그런데 외교부가 '사고부(事故部)'로 전락해 버렸다. 1차 책임은 강 장관, 최종적 책임은 문 대통령에게 있다.(2019/10/7)

결국 서로 다른 체제가 같은 국가에 공존할 수 없음이 다시 한 번 입증된 것이다. 일국양제는 과도기적으로 존재할 수도 있으나 항구적일 수 없는 것이다. 그런데 북한에서 노동당 간부들을 대상으로 "북한이 중국 입장이 되고 한국이 홍콩이 되어 한 나라 두 체제의 통일이 될 것"이라는 '김정은식 연방제 통일전략'을 교육하고 있다는 소식이 들리고 있으니 기가 막힐 따름이다. 이번 홍콩 사태는 통일문제를 '우리민족끼리' 식의 종족적 민족주의 시각으로 바라봐선 안 된다는 사실을 새삼 일깨워 준다.(2019/8/21)

관악산에 자리를 잡은 서울대 출신의 언론인 중에서 선발되는 '관악언론인상'도 복합체의 후보군에 들어간다. 모든 수상자가 그렇지는 않지만 '담론전쟁' 수준의 칼럼을 쓰는 분들이 다수 포함되어 있다.

<표 19> 관악언론인상

이름	직위 및 활동
강천석	조선일보 주필
김대중	제1회 수상자, 고문, 주필
김창균	조선일보 논설주간 (2019년 신임회장)
이용식	문화일보 주필
이철호	중앙일보 논설위원
문창극	중앙일보 주필
배인준	동아일보 논설위원, 도쿄지국장, 신문방송편집인협회
이정식	CBS사장 (부친은 관훈클럽 창립멤버 이경성 씨), 워싱턴특파원
남시욱	문화일보 사장, 도쿄특파원, 이승만포럼

관악언론인회는 2003년 설립된 단체다. 초대회장은 당시 〈조선일보〉 부사장으로 있던 안병훈이다. 제1회 수상자는 김대중 주필이다. 당시 심사위원장은 이명박 정부 때 KBS 이사장을 했던 유재천 서강대 교수다. 나중에 대법원판결(2012/2/3)을 통해 "해임은 위법하기 때문에 취소하라"는 판결을 받은 정연주 KBS 사장 해임에 앞장섰던 인물이다. 김대중 고문, 강천석 주필, 김창균 논설주간 등은 현직에서 활동한다. 회사의 편집방침에서 한치도 어긋날 수 없는 간부들이다. 굳이 칼럼의 방향을 들여다보지 않아도 알 수 있다. 흥미로운 것은, 다른 언론사에 있으면서 닮은 꼴 관점을 제시하는 사람들이다. 칼럼을 보면 금방 드러난다. 먼저, 〈문화일보〉에서 주필로 있는 이용식이 쓴 칼럼 제목은 "문재인 하산 길, 박근혜보다 험난하다"(2019/10/17), "이런 정부에 세금 내기 싫다"(2019/11/7), "위장된 사회주의"(2019/5/21), "대한민국 70년 전진, 여기서 멈추나"(2018/7/31), "가짜뉴스 퍼지는 진짜 이유"(2018/10/21) 등이다. 그의 칼럼을 관통하는 프레임은 앞서 나온 것과 거의 판박이다. 이승만에 대한 '외교천재'는 "그런데도 (해방) 3년 만에 자유민주주의 국가를 만들어냈다. 2년도 못 돼 공산정권 침략을 받았지만 물리치고, 이승만 대통령은 한ㆍ미 동맹 체결이라는 백년대계로 허약한 나라를 반석 위에 올려놓았다."에 나온다(2018/8/1). '동맹훼손'을 우려하는 프레임이 드러난 글은 2013년 10월 23일에 쓴 "老兵 유병헌 장군의 회고록"에 있다. "유 장군이 가장 남기고 싶어하는 이야기는 한미연합사령부와 전시작전권 문제의 중요성이다. '한미연합사 창설의 주역'

이라는 회고록 부제(副題)가 말해주듯 유 장군은 6·25 전쟁 때부터 미군과 특별한 전우애를 쌓았고, 베트남전에서는 한·미 연합작전의 중요성을 체감했다. … 유 장군은 작전통제권을 군사 주권인 양 주장하는 것은 오해나 무지, 아니면 종북(從北) 선동이라고 지적한다."는 부분이다. 〈동아일보〉의 배인준도 못지 않다.

중국을 '악마의 후견인' 프레임에 담으려는 시도는 "중국은 한국이 밀착하면 진심으로 한국을 더 배려하고 존중할까. 한미동맹이 약해지는 만큼, 아마 그 이상으로 한국을 쥐고 흔들려 할 것이다. 중국은 미일 밀월이 한국의 운신 폭을 좁힌다는 점도 놓치지 않는다"에 드러난다.(2015/3/25) 북한에 대한 '위장전술' 프레임도 뿌리가 깊다. "북핵의 대화 해법은 20수년간 북한의 속임수에 놀아나고 핵개발 자금과 시간만 제공했다"(2014/2/18), "북한은 국내에서 활동하는 자신들의 '애국역량'이자 혁명세력, 즉 종북세력과 연계해 대한민국 내부를 분열시키고 대북 안보대응을 교란시키려는 정치전을 집요하게 펴고 있다"(2013/10/2), "김일성 김정일 부자는 차우셰스쿠 일가의 비참한 최후를 비롯해 동유럽 공산정권의 붕괴 도미노, 서독의 동독 흡수통일 등을 보면서 오금이 저렸을 것이다. 그래서 이들 부자는 한편으로는 '남북 화해 불가침 교류협력에 관한 합의'를 얻어내는 데 매달렸고, 그 막후에서는 핵개발에 모든 것을 걸다시피 했다."(2011/2/1) 등이 그 증거다. 〈문화일보〉 사장을 지낸 남시욱도 거물 중의 거물이다.

언론 활동은 〈동아일보〉에서 시작했다. 한국신문방송편집인회장, 관훈클럽 총무, 고려대 석좌교수 등을 거쳐 지금은 세종대 석좌교수로 있다. 2005년에는 『한국 보수세력 연구』라는 책도 냈다. 2011년 〈뉴데일리〉에서 이승만연구소를 설립할 때부터 적극적으로 후원에 동참했다. 발제자로 이승만포럼에도 나간다. 2014년 8월 24일에 열린 강연의 제목은 "'공짜'로 얻은 광복은 '가짜'였다"다. '외교천재' 프레임은 "1945년 8월 15일부터 3년간 미국과 러시아의 냉전을 극복하고 만들어낸 한반도 유일의 독립 국가 '대한민국'은 73살의 이승만의 노련한 외교의 결과였다"라는 말에 드러난다.(뉴데일리, 2014/8/24) 2018년 8월 20일 〈펜앤드마이크〉에도 그의 인터뷰가 실려 있다. KBS 이사를 지낸 조우석 주필이 대담을 진행했다. "대한민국이 어떻게 생겼느냐. 당시 이승만 같은 분이 아니었으면 절대로 대한민국이 건국되지 못했으며, 6·25 전쟁 때도 이승만 대통령이 아니었으면 안 된다. 아마 다른 사람이었으면 북한과 협상하자 해서, 넘어갔을 것"이라며 "오늘날 같은 이런 경제대국이 될 수도 없다. 그런 점에서 후손이 이러한 점을 지킬 의무가 있는 것"이라는 내용이 전해진다. 특정 언론사를 중심으로 '상징무대'를 통해 소통하는 경우는 다음 몇 개 사례에서 확인된다. 먼저 〈펜앤드마이크〉가 눈에 띈다. 〈한국경제〉 논설위원을 거쳐 자유기업원과 인연이 있는 정규재가 대표다.

<표 20> 펜앤드마이크 칼럼리스트

구분	이름	직위 및 활동
상임	김용삼	대기자 (조선일보출신), 박정희기념관 기획실장, 이승만학당강사
	권순활	논설주간 (전무), 전 동아일보 논설위원
	정규재	대표

객원	황승연	경희대 사회학과 교수
	최공재	영화감독, (주)작당들 대표
	박상후	MBC전국부장 (전직), <와이타임스> 기고
	김영호	성신여대 정외과 교수
	홍찬식	동아일보 (수석논설위원)
	현진권	자유경제포럼 (대표), 자유기업원 (원장), 이승만강연회, 한국자유회의
	김태우	통일연구원장, 국방연구원
	남정욱	대한민국문화예술인 (공동대표), 이승만학당 강의
	복거일	소설가
	오정근	한국금융ICT융합학회장, <매일신문>등에 기고, 주사파 (종북)비판 고려대교수, 한국경제연구원 (연구위원), 새누리당비상대책위원장
	류근일	조선일보 주필
	이인호	서울대, KBS이사장
	조동근	명지대 교수
	황성욱	변호사, "자유를 수호하는 변호사" (고영주 등이 주도) 발기인
	김행범	부산대 교수, 위안부 없었다 발언 (이영훈), <생명의강> 발기인
	김정호	자유기업원 (원장), 포퓰리즘입법감시단, 연세대특임교수
	강규형	명지대 교수
	김석우	21세기국가발전연구원장, 전 통일부차관

    2018년 1월 27일. 프레스센터에서는 '제1회 PenN 후원자대회'가 열렸다. 17층에 있는 국제회의장이 문을 연 이래 가장 많은 사람이 모였다고 전해진다. 참석자 중에는 낯익은 얼굴이 많다. 김문수, 권영해, 이영훈(서울대 교수), 고영주, 김석우, 김철홍, 이춘근, 김진(중앙일보 논설위원), 김용삼 등이 한자리에 모였다. 연단에 오른 인물도 언론에 자주 등장했다. "대한민국수호천주교

인모임 이계성 대표, 자유민주국민연합 박준식 사무총장, 바른사회시민회의 조동근 공동대표, 21세기국가발전연구원 김석우 원장, 이선본 박성현 대표, 엄마부대봉사단·MFN 엄마방송 주옥순 대표, 애국단체총협의회 이희범 사무총장, 미래를여는공정교육모임 신미선 대표, 박정희대통령기념재단 김용삼 기획시장, K파티 이용원 대표, 자유대한청년포럼 강승은 대표, 나라지키기고교연합 김일두 대표, 구국포럼 최병구 사무총장, 기도하는애국자단체 정성희 목사, 한변 고영준 변호사, 비전코리아 최장기 회장, 한미동맹강화국민운동본부 이상열 부총재" 등이다.[145] 논설주간은 권순활이다. 보수 논객으로 〈동아일보〉에서 오래 근무했다. 칼럼 제목에서 많은 것을 알 수 있다. 잠깐만 검색해 봐도 "박정희 김일성의 백년전쟁"(2014/2/22), "해외 北 식당, 김정은 돈줄 끊어야"(2016/2/10), "북한은 넥스트 '쿠바'가 될 수 있을까"(2015/9/10), "北 외화벌이 뜯어먹기"(2011/5/12) 등이 쏟아진다. "박정희와 김일성의 '백년전쟁'도 막바지에 가까워진 느낌이다. 우리 사회가 집단 자멸의 길만 택하지 않는다면 승부는 사실상 판가름 났다. '박정희의 나라'가 남긴 긍정적 유산을 이어받고 취약점을 보완한 뒤 '김일성의 나라'에서 지옥을 경험한 북한 동포와 힘을 합쳐 통일한국의 대장정을 시작하는 그날은 언제쯤 올까"라고 말한다(2014/2/22). 객원 필진의 직업군이 다양하다. 대학교수, 영화감독, 정당인, 종교인 등이 두루 모였다. 그렇지만

---

145) 한기호, 이세영. 2018/1/27. 이시대 바른언론, PenN 첫 후원자대회, 서울 프레스센터 국제회의장 개장 후 최대 인파. 〈영천투데이〉.

'진영 챙기기'라는 본질이 뚜렷하다. 한 예로, 명지대 강규형 교수는 2015년 박근혜 정부의 추천을 받은 인물이다. 뉴라이트 회원이고, 국정교과서 편찬심의위원으로도 참가했다. 부친이 유신 시절 보안사령관이었던 강창성 장군이다. 〈정규재TV〉〈월간조선〉〈뉴데일리〉의 단골손님이다. 멍석을 깔아줬다는 것을 잘 보여주는 인터뷰가 몇 개 있다. "강규형 교수 당신은 외롭지 않다"(뉴데일리, 2017/12/28), "고든 창 '언론자유의 敵 문재인, KBS 장악하려고 강규형을 몰아냈다'"(펜앤드마이크, 2019/10/6), "KBS 이사 강제 해임 강규형 명지대 교수"(주간조선, 2018/2/5) 등이다. 숭실대 겸임교수로 알려진 남정욱도 대표적인 담론 전사다.

전경련에서 개설한 '자유와창의교육원' 강사다. 복합체의 재계지도자들이 중심이 된 곳이다. 좌승희, 김광동, 유호열, 권혁철 등이 두루 참가한다. 2016년에 나온 『이승만 깨기: 이승만에 씌워진 7가지 누명』의 필자 중 한 명이다. 김광동(나라정책연구원장), 조우석(KBS이사), 권혁철(자유기업원소장), 김용삼(펜앤드마이크대기자), 배진영(월간조선차장), 류석춘(연세대 교수) 등이 함께 했다. 그는 이 책에서 "한반도 전체의 공산화를 막기 위해 뒤늦게 대한민국 정부가 수립된 것을 두고도 이승만을 분단의 원흉으로 모는 것은 악의적인 왜곡이다."는 주장을 폈다. "이승만 대통령이 주장한 자유주의 정신, 건국, 공산화와의 투쟁, 농지 개혁, 교육 개혁, 한미상호방위조약, 해양문명의 건설 등은 오늘의 대한민국을 만든 일등 공신들이다. … 특히 그중에서 최고를 꼽으라면 당연히 한미상호방위조약이다. 그것이 없었더라면 나머지는 의

미가 없거나 빛을 잃었을 것"이라는 발언도 전해진다.(뉴데일리, 2016/7/8) 최근 위안부 발언과 관련해 논란이 된 류석춘 교수를 변호해 준 부산대의 김행범 교수도 관점이 일치한다. 이영훈 교수가 쓴 『반일 종족주의』 북콘서트에도 참가해 "여러분 여기서 독도가 우리 영토라는 객관적 증거를 댈 수 있는 사람이 얼마나 되나. 우리 좀 정직해지자. … 객관적 증거를 토대로 주장의 진위를 따져보자고 하면 반민족적이고 반국가적이고 친일적이라고 매도당하는 시대다"라는 견해를 드러냈다. 2019년 1월 9일 〈펜앤드마이크〉에 그에 관한 인터뷰 기사가 나온다. "2016년 대한민국에서 일어났던 박근혜 대통령의 부당 탄핵 사안은 몇 십 년이 걸리더라도 우파가 인내력을 가지고 역사 교정을 요구해야 할 주제가 되었다. … 탄핵은 2년 전에도 잘못된 것이었고, 이제도 그걸 인정할 수 없으며, 앞으로도 부당한 것"이라는 입장이다. 끝으로, 조동근 명지대 교수는 '포퓰리즘' 악마화에 앞장서는 분이다. 〈펜앤드마이크〉에 2019년 3월 18일 쓴 "20년 사회주의 실험, 베네수엘라의 눈물"에 그의 입장이 잘 드러난다. "나라가 한번 '사회주의 길'로 들어서면 다시 빠져 나오기가 매우 힘들다. 정신 차라고 나오면 될 것 같지만 '사회주의의 진탕'은 생각보다 빠져나오기가 쉽지 않다. 사회주의에 물들면 '국가에의 의존'이 타성화되기 때문이다. 무상으로 얻을 수 있었던 것을 '노동을 통해야만 얻을 수 있다고 생각을 바꾸기'가 쉽지 않아서이다. 사회주의는 마약(drug)과 같다. 처음에는 황홀하고 행복하지만 종국에는 파멸과 가난에 이르게 된다. 역사가 이를 증명하고 있다. 베네수엘라도 그 사례

인 것이다."라고 말했다. 다음에 소개될 〈생명의강〉과 〈구국기도〉
는 개신교 신자라는 공통점이 있다.

<표 21> 생명의강(The River of Life)

직책	경력
고문	고영주
	김승규 (할렐루야교회 장로, 한국기독문화연구소장, 법무장관)
	김태훈 (한변 상임대표)
	이영훈 (서울대 명예교수, 이승만학당 교장)
전문위원	김석우 (전, 통일원차관)
	김수만 (경향교회 선교회국장)
	김승옥 (중앙대 경제학)
	김용삼 (펜앤드마이크 대기자)
	김은구 (서울대 트루스포럼대표)
	김철홍 (장로신학대교수, 트루스얼라이언스, LA빌라델비아교회 담임)
	도희윤 (피랍탈북인권연대 대표)
	박상봉 (독일통일정보연구소 대표)
	박선영 (동국대 교수, 물망초 이사장, 올해의인권상)
	이애란 (자유통일문화원장, 한미자유연맹, 서북청년당재건)
	이춘근 (해양전략연구소)
	조동근 (명지대 교수)
	조평세 (고려대 북한학, 트루스포럼)
	주익종 (이승만학당 교사)

'생명의 강'은 함축하는 바가 많다. 미국식 자본주의 모델로 성
공한 한국이 생명이라는 뜻을 우선 갖는다. 북한은 자연스럽게 생
명이 살 수 없는 불모지가 된다. 메마른 땅에 물이 스며드는 것처

럼 조금만 기다리면 북한이 붕괴될 것도 예상할 수 있다. 게다가 물을 전달하는 방법은 다양하다. 북한 내부에서 민주화 운동이 일어나도록 하는 심리전이 대표적이다. '구호품' 또는 '재정 지원'을 통해 우호 세력을 형성하는 것도 포함된다. 2019년 1월에 출범한 이 단체의 〈발기 취지문〉은 이런 속내를 숨기지 않는다. "현재 국제정세를 볼 때 김정은 정권의 붕괴는 불가피한 것으로 보인다. … 하노이 회담 결렬을 계기로 미국은 1단계 북한 제재를 마치고, 2단계 제재로 넘어갔다. 2단계 제제는 strategic strangulation(전략적 교살작전)이다. 북한 해상을 완전봉쇄하고, 중국과 러시아 국경으로 들어가는 원조도 봉쇄하고, 북한 주민을 대상으로 대규모 심리전을 벌이는 것이다. 대북 심리전의 핵심은 북한 정치범 수용소와 인권(人權)이다." 등의 내용이다. 운영위원에는 앞서 나왔던 이춘근 박사와 김철홍 교수가 포함되어 있다. 고문은 세 명인데 우선 고영주 변호사와 이영훈 교수가 포함되어 있다. 공안 검사 출신으로 노무현 정부에서 국정원장을 지낸 김승규가 제3의 인물이다. 전향자로 자유주의연대 대표를 맡고 있는 신지호가 "언제부턴가 우리의 국정원은 심하게 변질됐다. 간첩 잡기를 포기한 정보기관은 국민의 세금을 받을 자격이 없다. 그런데 그 죽었던 기능이 기적같이 되살아나고 있다. 자리 유지에 연연하지 않고 국가의 핵심기능을 부활시킨 김승규 원장, 역사는 그를 의인(義人)으로 기록할 것이다"라는 평가를 한 인물이다.[146] 전문위원 중에는 트루스포럼과 관련이 있는 김은구와 조평세가 눈에 띈다. 극우

---

146) 문한별. 2006/11/2. 김승규 국정원장의 파란만장한 인생역정. 〈미디어오늘〉.

로 분류되는 〈와이타임스〉 필진으로 참가하는 조평세는 국정원과 관련이 깊은 고려대 북한학과에서 박사과정을 밟고 있다. 군산복합체를 대변하는 CSIS에 연구원으로 다녀왔고, '월드비전(World Vision)'에서도 일한 적이 있다. "공산주의는 하나님을 믿지 않기 때문에 우리의 예배할 자유를 위협하며, 지옥에서 부활한 무신론적인 종교"라고 말한 밥 피어스(Bob Pierce)가 월드비전을 세웠다. 미국 CIA가 배후에 있다는 의심을 받는데, 국내 파트너가 영락교회의 한경직 목사다. 황교안, 김문수, 조갑제 등을 연결하는 네트워크로는 〈구국기도〉도 안 빠진다.

〈표 22〉 구국기도(http://korea318.com)

이름	직위 및 활동
주요주제	베네수엘라, 패권질서 (미국), 문정부비판, 김정은 비난, 한미동맹
초대칼럼	이동복, 조갑제, 홍관희, 김성만, 김필재, 남신우, 수잔 솔티
인권투사칼럼	황교안(자유한국당 대표), 박상도(SBS 선임 아나운서), 김문수(前 경기도 지사), 이민복(대북 풍선단장), 이언주(국회의원), 폴 라이언(전 미국 연방 하원의장), 이요섭 목사, Sin-U Nam 미국 목사 (Fighters for a Free N. Korea), 전희경(자유한국당 대변인), 이효주(탈북자), 재미 목사(Young Jin Ha), 류근일(조선일보 前 주필), 박태우(외국어대 초빙교수/대만국립정치대학 국제대학 방문학자), 김진태(국회의원), 양욱(한국국방포럼 센터장)
협력단체	조갑제닷컴, 코나스넷, 뉴데일리, 뉴포커스, 리버티해럴드, 푸른정치연구소(박태우), 안보전략연구소(홍관희), 자유북한방송, 탈북자동지회, 국민행동본부, 자유아시아방송, 올인코리아, 프론티어타임스, 자유아시아방송(RFA), 미국의소리(VOA)
관련매체	김패재TV, 이춘근TV, 전환기정의연구원, 신의한수, VOA, 꿀잠채널, 이승만TV, 김문수TV, 폭스뉴스채널, 예수나라TV
후원	오직예수제일교회

'코리아 318'이라는 ID는 의미가 있다. 구약성경 창세기 14장에 나오는 일화와 관련이 깊다. 주인공은 부족장이었던 아브라함이다. 사악한 왕들이 그의 조카와 재산을 약탈해 갔다. "아브라함은 자기 조카가 포로로 잡혀 갔다는 소식을 듣자 자기 집에서 낳아 훈련받은 사람 318명을 거느리고 단까지 쫓아갔습니다. 한밤중에 아브람은 그의 종들을 나눠 그들을 공격해 쳐부쉈습니다. 다매섹 북쪽에 있는 호바까지 그들을 추격해 모든 물건들을 되찾고 그의 조카 롯과 롯의 소유뿐 아니라 부녀자들과 다른 사람들까지 모두 찾아왔습니다"란 얘기다. 북쪽에 있는 사악한 집단이 북한이라는 것은 쉽게 알 수 있다. 318명은 기독교 공화국에서 전사로 길러진 인물들로 위에 나오는 자신들을 가리킨다. 전쟁이라는 의식이 뚜렷한 사이트다. 오늘이 2019년 11월 17일이다. 정확한 시간은 오전 11시 32분. 웹사이트에서 맨 먼저 만나는 뉴스는 "수잔 솔티, CVID가 아니라 CVIF, 완전하고 검증 가능하고 돌이킬 수 없는 자유가 되어야"다. "61개국 참여한 '北인권 공동 결의안' … 文 정부만 '쏙'"이라는 기사와 "미 상원 중진 의원들 '주한미군 철수 없어'"란 기사도 눈에 띈다. 낯익은 언론사와 협력하고 있다는 것도 알 수 있다. 눈에 띄는 곳만 해도 "미 농무부, 북 전세계 쌀작황 부진 11개국에 포함"(RFA, 김진국, 2019/11/15), "미 국방부, 북 '한미공중훈련' 반발에 '할말 없다'"(RFA, 이상민, 2019/11/14), "탈북자들 올해 7차례 이상 백악관 방문… '북한 인권 개선 위한 역할 중요'"(VOA, 김영권, 2019/11/17), "탈북민 지성호 '공산주의, 주민 현혹하는 나쁜 사상'"(VOA, 이연철, 2019/11/17), "미국 GPS, 스마트폰, SD카드 발견… '16명 살해' 北 어선, 혹시 간첩선?"(뉴데일리, 전경웅, 2019/11/13) 등이다. 〈김문수TV〉 〈이춘근TV〉 〈신의한수〉 등 유튜브 채널도 합류해 있다. 국내와 미국을 가리지 않고 많은 인물이 참가한다. 교회라는 공통점이 있다. 지난 10월 광화문에서 삭발한 인물 다수가 포함되어 있다는 것도 흥미롭다. 황교안, 이언주, 김문수 등이 모두 이곳에 참여한다.

복합네트워크

복합네트워크에서는 종교계, 언론계, 학계, 군부 등을 가리지 않고 한 덩어리가 되어 관계를 맺는다. 앞서 나왔던 단일은 종교 또는 언론이라는 공통점이 있지만. 이곳에서는 '진영' 논리가 관철된다. 직업, 연령, 종교, 지역은 아무 상관이 없다. 같은 편이면 된다. '천사'를 찬양하고 '악마'를 저주하는 모임이다. 다음에 나오는 '이승만 애국상'은 이를 잘 실천하는 곳이다. "칭찬은 고래도 춤추게 한다"라는 법칙을 적용한다. 잘하는 우리 편을 챙겨주고, 더 잘하도록 격려하고, 특히 젊은 층을 중심으로 세력을 넓히겠다는 목적의식이 분명하다.

<표 23> 이승만 애국상

연도	직위 및 활동	
제1회 (2008)	국민행동본부	불순세력 대항… 서정갑
	이도형	<한국논단> 대표, 조선일보 논설위원 출신
제2회 (2009)	미래한국	김상철 대표
	조갑제	월간조선 등
제3회 (2010)	교과서포럼	박효종 (서울대)
	이민복	대북풍선단장
제4회 (2011)	손진	건국기념사업회장 (서북청년단 조직)
	유기남	대한참전단체연합회장, 자유시민연대
제5회 (2012)	대한불교도총연합회	박희도 (상임대표)
	조전혁	자유교육연합 (전교조 논란)
제6회 (2013)	애국단체총협의회	이상훈 (국방부장관)
	김효선 (사무총장)	건국이념보급회 (뉴데일리 산하 이승만연구소)
제7회 (2014)	고영주	국가정상화추진위원회
	손세일	청계연구소장
제8회 (2015)	반국가교육척결국민연합 & 자유민주연구학회	
	서석구	대한민국수호천주교인모임 상임대표
제9회 (2016)	공교육살리기학부모연합 (대표 이경자)	
	조영환	올인코리아 대표
제10회 (특별상, 2017)	김동길	연세대, 교육계
	이승윤	한국선진화포럼, 전 경제부총리, 정·관계
	한철수	군부, 한미우호협회
	이인호	여성계, 서울대
	남시욱	이사장, 화정평화재단
	안병훈	도서출판 기파랑, 조선일보
	복거일	문화계, 문화미래포럼
	서경석	목사, 나눔과기쁨
	송기성	목사, 정동제일교회

제11회 (2018)	인보길 (1940년)	디지털조선일보사장, 이승만연구소 (2010)
	김용삼	박정희기념재단, 월간조선, 미래한국
	주옥순	엄마부대, 뉴라이트 (조직위원장) 자유한국당 (디지털정당위원회 부위원장)
	김동근	대한민국청년대학생연합대표
	김은구	서울대 트루스포럼 회장
	오종택	한국대학생포럼 회장
	이진영	한국대학생 포럼 의장
관련인물 (심사위원)	고영주	방문진이사장, <부림사건>
	류근일	조선일보, 뉴데일리
	안병훈	조선일보(부사장), 관악언론인회 (초대회장)
	정규재	한국경제, 펜앤드마이크
	조갑제	월간조선 등
	김문수	경기도지사
	한정석	미래한국 (편집위원)

복합체는 명칭에 신경을 많이 쓴다. '대한민국' '건국' '자유' '구국' '진실(Truth)' 등이 들어간 단어는 그래서 모두 복합체 후보군으로 볼 수 있다. 분단기득권을 대표하는 '자유한국당'의 명칭이 변해 온 과정에도 반영되어 있다. 1951년 이승만 대통령이 설립한 당은 자유당이다. 단독정부를 수립할 무렵에는 많이 쓰였던 '독립'과 '민주'라는 단어를 뺐다. 군인이었던 박정희와 전두한은 '공화'와 '정의'를 포함시켰다. 1961년 쿠데타 이후 박정희 정권을 지탱한 '민주공화당'이다. 1979년 쿠데타로 '민주정의당'으로 바뀐다. 노태우 대통령과 김영삼 대통령을 배출한 곳은 '민주자유당'이다. 그때부터 '민주'는 당시 야당(지금은 여당)이 주로

사용한다. '자유한국당'은 '신한국당'을 거쳐 지금에 이르고 있다. 명칭 자체로 보면 5공화국의 전통을 많이 반영하는 셈이다. 대한민국사랑회도 이와 비슷하다. 설립자는 경인여대 총장 김길자다. 2005년부터 이승만 대통령에 대해 본격적으로 공부한 것으로 전해진다. "탄신일, 돌아가신 날, 포럼 등 이승만 대통령과 관련된 행사에 2년간 참석하면서 공부하니 확신이 딱 서더군요. '왜 대한민국이 혼란스럽고 좌파가 득세하는가, 대한민국의 뿌리를 확실히 세우지 않았기 때문이다'라는 결론이 난 겁니다. 2007년 8월 15일 건국일에 대한민국사랑회를 설립했습니다."라는 말에 잘 드러난다(미래한국, 2012/5/9). 심사위원으로 참가하는 인물 중에는 위에서 반복해서 등장하는 인물이 다수 포함되어 있다. 〈이승만학당〉 대표를 맡은 안병훈은 〈조선일보〉 〈관악언론인상〉 등에서도 주역이었다. 고영주, 류근일, 조갑제도 상당한 비중이 있다는 것이 드러난다. 위의 명단에서 주목해서 봐야 할 인물은 청년들이다.

지난 10월 조국사태 당시 대학로 집회를 주도한 단체가 2014년 설립한 '대한민국청년대학생연합(대청련)'이다. 대표가 김동근이다. 2015년에는 박근혜 정부가 추진했던 '올바른 역사교과서'를 지원한다는 시위를 벌였다. 또 다른 수상자 김은구는 〈펜앤드마이크〉 〈미래한국〉 〈VOA〉 등에 자주 출연한다. 〈펜앤드마이크〉와 가진 인터뷰를 통해 트루스포럼을 시작한 동기를 "거짓 선동으로 국정을 마비시킨 광우병 사태와 박대성 씨에게 감옥까지 찾아가 분신자살을 종용했던 미네르바 사건을 지나오면서 나는 거짓을 이용해서라도 대한민국을 부정하려는 혁명가들이 존재함을 명확히 깨달았다. 그들이 다시 언론의 거짓된 기사들을 이용해 사람들을 분노하게 하고 광화문을 촛불로 뒤덮었을 때에는 더이상 침묵할 수만은 없었기" 때문이라고 밝혔다. 오종택과 이진영이 속한 '한국대학생포럼'도 보수 색채가 강하다. 2009년 설립된 단체로 위에 나온 '대청련'과 호흡을 같이한다. 재정 지원은 전경련에서 받았다. 후원 기관에는 국가보훈처, 국제외교안보포럼, 대전지방보훈청, 충남대학교 국방연구소 등이 포함되어 있다. 2015년에는 국정교과서 찬성에 앞장섰다. 2018년 평창올림픽을 반대하는 태극기시위도 열었다. 탈북자 출신의 이애란 자유문화원장 등이 함께했다. 최근에는 조국반대 시위를 이끌었다. 역대 회장 중에는 숙명여대를 졸업한 여명이 잘 알려져 있다. 자유기업원 출신으로 자유한국당 혁신위원을 거쳐 현재 서울시 의원으로 근무 중이다.

자유민주연구원은 각종 포럼, 세미나, 행사를 통해 '교류의 무대'를 제공하는 단체다. 이곳에도 〈조선일보〉의 그림자가 어른거린다. 2014년 창립 직후 열린 긴급좌담회를 〈주간조선〉과 공동으로 개최했다. 정체가 상당히 의심스러운 곳이다. 유동열 원장이 경찰 대공부서와 관련이 있다는 것만으로는 설명이 안 되는 부분이 많다. 2015년 5월에는 불과 1주일 만에 '오렌지카운티, LA, 시카고, 뉴욕, 워싱턴' 해외지부를 세웠다. 그해 12월에는 '유럽지부' 준비위원회가 결성된다. 언론매체도 직접 운영하는데 〈자유민주TV방송〉은 2014년에 〈자유민주사상전〉은 2017년에 출범했다. 흥미로운 부분은 또 있다. 우선 세미나 주제가 상당히 독특하다.

"종북세력의 발호와 대한민국의 체제위협 – 대한민국의 악성 암 세포 종북세력, 더 이상 방치할 수 없다""북한인권 어떻게 개선 할 것인가?""해외 종북세력의 반국가적 활동 실태""안보 위협 하는 '국정원 해킹' 선동 어떻게 대응할 것인가?" 등이다. 태영호 공사 초청 자유아카데미(2018/10/12)와 한미동맹 강화를 위한 안보탐방: 미해병 1사단 방문(2019/2/28)과 같은 국정원, 미국 CIA와 펜타곤의 도움이 없으면 불가능한 행사도 연다. 조직이 확 장되는 방식, 활동 내용, 참여 인사 등을 고려할 때 1950년대 CIA 가 주도했던 '아시아재단'과 아주 유사하다. 다음의 〈표 24〉에서 공안세력으로 분류되는 인물만 해도 '안응모, 이동복, 정기승, 고 영주, 김석우, 유호열, 김규석, 황윤덕, 성시웅, 이덕기, 송대성, 이 봉엽' 등이 있다.

<표 24> 자유민주연구원

구분	직위 및 활동
명예고문	김현욱 (국제외교안보포럼대표, 전 민주평통수석위원)
	안응모 (전 내무장관)
	이동복 (전 국회의원, 남북고위급회담대표, 국정원)
	이상연 (전 내무장관, 안기부장)
	정기승 (대법관, 변호사)
	최대권 (서울대 명예교수)
고문	고영주 (남부지검장, 방문진)
	김문수 (경기도지사)
	김규석 (국정원 차장)
	김석우 (통일원차관)
	김성만 (예비역중장, 해군작전사령관)
	김태훈 (한변 회장)
	박승춘 (국가보훈처장)
	양동안 (한국학중앙연구원)
	여영무 (동아일보 논설위원)
	이주영 (이승만연구원장, 건국대부총장)
	송대성 (세종연구소장)
	전정환 (북한연구소 이사장, 국방대교수)
	정순영 (세종대 석좌, 부산동명대 총장)
해외고문	강필원 (한미자유연맹이사장, 워싱턴대표, 트루스얼라이언스)
	민경원 (미국애국연대회장, 뉴욕대표)
	Moony Chang (한미동맹협의회장 미국)
	양재윤 (재미국회동우회장, LA대표)
	이경복 (국제구국연대대표, 캐나다대표)
	주성배 (뉴저지대표)

정책자문	임정혁 (대한민국바로알리기연구원장, 대검 공안부장)
	유호열 (고려대교수)
	신원식 (합참작전본부장, 고려대 연구교수)
	류석춘 (연세대 교수)
	이기덕 (국가안보전략연구실장, 국가정보학회장)
	조용연 (경찰청 보안국장)
	이봉엽 (예비역 육군소장, 기무사 참모장)
연구위원	김정봉 (국가안보전략연구소장)
	황윤덕 (국정원 단장)
	서정순 (합참정보본부과장, 예비역대령)
	성시웅 (대검 공안연구관)
	이덕기 (기무사 방첩단장)
	구대회 (국정원 단장)

2017년 출범한 한국자유회의(Korea Freedom Congress)도 주목할 필요가 있다. 반복해서 등장하는 인물이 이번에도 주역이다. 조갑제, 이영훈, 이동복, 현진권, 류석춘 등이다. 송복(연세대 명예교수), 노재봉(전 국무총리), 서옥식(경남대 초빙연구원), 조성환(경기대 교수), 김영호(성신여대 교수) 등도 동참자 명단에 이름을 올렸다. 방향과 목표는 "우리는, 한국 국민에 대한 책임 있는 지성인으로서, 북한 정권의 〈통일전선전략〉을 추종하며 허구를 앞세운 선전선동으로 국민의 정치의식을 오도하여 국가적 정통성을 파괴하려는 전체주의적 전복세력에 맞서, 자유민주주의 사상을 신장하고 강화하는 데 모든 열정과 노력을 다할 것을 선언한다."에 잘 압축되어 있다. 다른 단체와 다른 몇 가지 점이 눈

에 띈다. 첫째는 '지성인'이 중심이 된다는 부분이다. 다른 말로 하면, 문학인, 예술인, 언론인, 대학교수, 연구원 등이 주도하겠다는 의미다. 북한에 대한 프로파간다 목적을 분명히 밝히고 있다는 점도 놓치면 안 된다. 복합체의 위기의식이 반영되어 있고 본질이 '담론 전쟁'이라는 점을 명확히 인식하고 있다. "느닷없이 왜?"라는 의문이 들지만 지난 시간을 잠깐만 돌아보면 많은 부분이 설명된다. 명칭에서 드러나듯 1950년 6월 26일 발족한 '문화자유회의(Congress for Cultral Freedom, CCF)'의 한국판이다. 독일이 동독과 서독으로 분리된 직후 공산권과 이념전쟁이 시작될 때다. 당시 지식사회의 분위기가 소련에 더 우호적이었다는 게 문제였다. 김성해는 『지식패권』을 통해 당시 상황을 이렇게 설명했다.

대규모 전쟁을 통해 모두가 학살자가 될 수 있다는 게 확인됐다. 미국도, 독일도, 소련도, 일본도 예외가 아니었다. 경제만 보면 사회주의가 훨씬 매력적인 모델이었다. 무엇보다 누구나 새롭게 출발하기를 원했다. 미국이 주도하는 자본주의 사회는 과거의 연장으로 비쳤다. 평화를 요구하는 지식인 선언도 나왔다. 1949년 3월 뉴욕에서 미국의 대외정책을 비판하는 모임이 열렸다. 릴리안 헬만(Liian Hellman), 아롱 코플랜드(Aaron Coplan), 아서 밀러(Arthuer Miller) 등 저명한 작가와 예술가들 800명은 '스탈린과 화해할 것'과 더 이상의 전쟁 음모를 중지하라는 성명서를 냈다. 러시아 작곡가 드미트리 쇼스타코비치(Dmitri Shostakovich) 또한 한 줌도 안 되는 전쟁광들이 세계를 또 다른 대결 국면으로 몰아간다고 비판했다. 1948년 8월 28일 폴란드에서 열린 '평화를 위한 세계 지식인 회의(World Congress of Intellectuals in Defense of Peace)'의 연장선이었다.(제2권, 129쪽)

모두가 평화를 바랄 것 같았지만 현실은 달랐다. 특히 미국의 군산복합체는 살 길을 찾아야 하는 상황이었다. 제2차 세계대전 중 연합국 전체에 무기를 공급했기 때문에 과잉생산이 문제가 됐다. 뉴욕대에 있던 시드니 훅(Sidney Hook) 교수가 문화냉전(Cultural Cold War)이라는 개념을 꺼냈을 때 솔깃할 수밖에 없었다. 국내에서 북한에 대해 '위장전술'이라고 하는 프레임이 이때는 소련에 적용된다. 유럽의 좌파 지식인 배후에 소련이 있고, 결국은 시간을 벌어 미국을 적화통일 하려고 한다는 두려움을 자극했다. 전후 마땅한 역할을 찾지 못하고 있던 CIA가 적극적으로 나섰다. 김성해(2019, 지식패권 2권, 134쪽)는 이 상황을 "1948년 이탈리아 선거에서 프로파간다의 위력을 확인한 것도 보탬이 된다. 트루먼 대통령의 지시로 만들어진 CIA 내 정책조정국(Office of Policy Coordination, OPC)이 주도하기로 했다. 마침내 1950년 6월 26일 '자유문화회의(CCF)'가 출범한다. 서베를린 트타니아 궁전에서 열린 첫 모임은 대성공이었다. 미국에서는 극작가 테네시 윌리엄스(Tennesee Williams), 역사학자 아서 쉴레진저(Arthuer Sclesinger), 로버트 몽고메리(Robert Montgoery)와 원자력에너지 위원장 데이비드 릴리엔탈(David Liliethal) 등이 참석했다. 스탈린주의를 반대하는 미국과 유럽 지식인 사회의 '연대'

가 이를 계기로 시작된다. 은밀하게 '자금'을 지원하는 방식과 미국 정부가 뒤에 있다는 것을 눈치채지 못하도록 하는 숙제만 남았다. 재정적인 문제는 150개가 넘는 위장단체를 만드는 것과 마샬 플랜의 자금을 일부 유용하는 것으로 해결했다. 정해진 원칙에 따라 협력단체를 모집하고 조직 운영의 자율성을 부여하는 방식으로 외부 개입의 흔적도 지웠다. 겉으로 보면 양질의 문화와 지식 확산에 이만한 기여를 한 단체가 없을 정도다."라고 정리한다. 반공동맹에 편입된 한국은 당연히 이 공작의 목표물이 된다. 1960년대 한국 지식인의 필독서였던 잡지 〈사상계〉가 이런 배경에서 만들어졌다. 관련한 내용이 『지식패권』에 자세하게 실려 있다.

(사상계에 실린) 번역 원고의 출처는 대부분은 미국과 유럽이다. 아시아 지역 필자는 모두 합쳐 30회 정도만 실렸다. 2회 이상 등장한 인물은 대만의 후스(胡適), 이집트의 낫세르, 인도의 타고르와 레바논의 칼릴 지브란(Kahlil Gibran) 정도다. 다른 필자 대부분은 이 단체(CCF)의 핵심 구성원인 경우가 많았다. 그중에서 '인간 변질론'을 쓴 알렉산드로비치 소로킨(P.A. Sorokin)은 소련에서 태어났지만 볼세비치 혁명 이후 미국으로 추방됐다. 미네소타와 하버드대에서 사회학 교수로 활동한 확고한 반공주의자다. "자유의 내성"을 쓴 드니 드 루즈몽(Denis de Rougemont) 역시 스위스에서 망명한 문화이론가다. 독일 파시즘에 저항해 '미국의소리(Voice of America)' 프랑스어 방송을 담당했다. 파리에 본부를 둔 CCF의 회장직도 맡았다. 루이스 피셔(Louis Fischer)는 언론인 출신으로 특

히 조세프 스탈린을 혐오한 인물이다. "스탈린과 그의 측근자들"이라는 글은 이런 배경에서 나왔다. 말년까지 프린스턴대에서 소련과 관련한 강의를 맡은 인물이다. '문화냉전'이라는 개념을 도입하고 CCF 창립을 주도한 시드니 훅(Sidney Hook)의 글도 자주 실렸다. 자본주의와 공산주의 대결이 아닌 '자유세계'와 '전체주의'라는 대립구조를 만드는 데 결정적 기여를 했다는 공통점이 있다.(제2권, 275쪽)

국내에서 이 모임을 주도한 사람들이 이 상황을 모를 가능성은 전혀 없다. 그렇지 않으면 '한국자유회의'라는 명칭이 나올 수 없다. '회의'라는 뜻을 가진 'Congress'를 쓰는 단체가 거의 없다는 것도 증거가 된다. 조갑제, 유동열, 홍관희 등이 일찍부터 북한과 국내 종북세력에 대한 사상 투쟁을 강조해 왔다는 점도 고려해야 한다. 다음의 〈표 25〉에 나오듯 담론을 생산할 수 있는 사람들이 모두 모였다. 한 예로, 김영호 교수는 '중국패권'과 관련한 국제정치경제 전문가다. 2019년에는 『미중 패권전쟁과 위기의 대한민국』이라는 책을 냈다. 김태효 교수는 미국 시카고대 박사 출신으로 국립외교원 교수를 거쳐 성균관대에 재직 중이다. 이명박 정부 때는 대외전략기획관을 지냈다. 〈동아일보〉와 〈조선일보〉에 쓴 칼럼도 많다. 같은 시카고대에서 경제학으로 박사를 받고 서울시립대에 자리를 잡고 있는 인물이 윤창현 교수다. 한국금융연구원장도 지냈고 『자본주의 대토론: 번영이냐, 몰락이냐, 한국경제 재생을 위한 제언』(2009)과 『4천만의 이슈경제학』(2008)을 냈다.

2019년에는 공저자로『평등의 역습: 좌파의 역주행, 뒤로 가는 대한민국』이라는 책에도 참가했다. 칼럼도 꾸준히 쓴다.

\<표 25\> 한국자유회의

구분	직위 및 활동
정치엘리트	노재봉(국무총리), 김정봉(국가안보전략연구원), 이동복(국정원), 홍관희(국정원)
경제엘리트	권혁철(자유경제원), 김이석(시장경제제도연구소), 이헌기(윈택), 현진권(자유경제원)
언론엘리트	조갑제(조갑제닷컴), 김범수(미래한국), 김성민(자유북한방송), 김용삼(펜앤드마이크), 이재학(중앙일보), 인보길(뉴데일리), 조우석(미디어펜), 한정석(미래한국), 홍형(통일일보)
종교엘리트	김성욱(리버티해럴드 대표), 이계성(대한민국수호천주교인모임)
지식엘리트	송복(연세대), 김영호(성신여대), 유광호(연세대), 조성환(경기대), 강규형(명지대), 권희영(한국학중앙연구원), 김동성(중앙대), 김광철(한반도전략문제연구소), 김태효(성균관대), 류석춘(연세대), 복거일(소설가), 윤창현(서울시립대), 이명희(공주대), 이영훈(서울대), 조동근(명지대), 조영기(고려대)
군부엘리트	권두환(국방부), 김근태(1군사령관), 이영주(해병대사령관), 이석복(한국문화안보연구원, 한미연합사부참모장), 박창희(62사단장)
NGO엘리트	박주희(바른사회시민회의), 도희윤(피랍탈북인권연대), 유동열(자유민주연구원), 이경자(공교육살리기)

2. 국제 네트워크

복합체는 한미동맹을 불가침의 영역으로 본다. 북한은 이런 모습을 두고 한국을 미국의 식민지라고 비판한다. 네트워크를 살펴보기 위해 군이 국제사회를 따로 분류한 것은 이런 까닭에서다. 냉정하게 봤을 때 한국의 모든 것은 결국 '미국'과 관련되어 있다. 중국과 북한, 베네수엘라와 시리아, 이란 등이 한국과 관련되는 모든 배경에 미국의 손길이 느껴진다. 북한에서 탈출한 불쌍한 사람들에게 "웬 미국?"이라고 물을지 모르지만 전혀 안 그렇다. 국내에서 탈북자는 국정원의 감시를 받는다. 서울시 공무원 유우성 씨 간첩조작 사건에서 드러난 것처럼 언제 '간첩'으로 몰릴지 모를 두려움을 안고 산다. 최근에 망명한 태영호 공사의 활동도 국정원이 배후에서 조종하고 있다고 보면 틀리지 않다. 미국으로 가기 위해서는 일반인도 까다로운 입국심사를 받는다. 탈북자는 훨씬 더 힘들다. 그들이 백악관을 방문하고, 의회에서 연설하고, 교회를 다니면서 특강을 할 수 있다는 것은 무슨 뜻일까? 국정원과 미국 정부가 사전에 조율했다는 의미다. 미국의 부시 행정부가 북한을 '악의 축'으로 규정하고 북한에 대한 정책을 전면 수정한 2003년 이후 '북한인권' 문제가 전면에 부상한 것도 결코 우연이 아니다. 미국은 '악마'가 필요했고, 대중을 설득할 수 있는 가장 좋은 방법은 북한의 약한 고리 '인권'과 '독재'다. 중국에 대해서도 걸핏하면 이 두 가지로 공격한다. 다음에 나오는 〈표 26〉은 미국 정부(정확하게는 CIA)가 국제사회를 어떻게 요리하고 있는가를 잘 보여주는 증거다.

1) 탈북자, 국정원, CIA

<표 26> NED 민주주의상

연도	수상자	활동
2003	안혁	탈북자, '정치범수용소해체운동본부' 공동대표
	강철환	탈북자, '정치범수용소해체운동본부' 공동대표 <평양의어항> 역시 송지영 책에서 비판 받아…
	이순옥	탈북자 <꼬리없는 짐승들의 눈빛> 저술
	윤현	북한인권시민연합
2004	러시아	
2005	아프가니스탄	
2006	콩고공화국, 짐바브웨, 수단	
2007	이집트, 동남아, 러시아	
2008	Li Baiguang, Li Heping, Chen Guangcheng, Zhang Jianhong, Yao Fuxin and Hu Shigen	
2009	김성민	자유북한방송, 대만의 '아시아민주인권상' 수상
2010	이란 (Green Movement for democracy)	
2011	이집트, 탄자니아	
2012	미얀마	
2013	파키스탄, 쿠바, 러시아, 짐바브웨	
2014	류사오보(중국), 이라크전쟁찬성, 2010 노벨 평화상수상	
	슈지용(중국)	
2015	베네수엘라	
2017	말레이시아, 아프가니스탄, 과테말라, 앙골라, 우크라이나	
2018	북한인권시민연합	
	나우 (NAUH)	
	전환기정의워킹그룹	
	국민통일방송	

국립민주화기금(NED)가 '민주주의' 상을 주기 시작한 것은 1987년이다. 탈북자들이 이 상을 받기 시작한 해는 2003년부터다. 그해 유엔인권위원회에서 처음으로 북한인권 결의문이 채택된다. 미국 의회에서 '북한인권결의안'이 통과된 것은 이듬해인 2004년이다. 진실과 무관한 대외정책을 위한 불쏘시개였다. 증거가 있다. 2004년 12월 국가인권위원회가 주최한 '북한인권 국제심포지엄'에 참석한 카린 리 Friends Committee for National Legislation 선입집행위원은 '북한인권문제에 대한 미국의 여론과 반응'이라는 발표에서 북한인권이 미국에서 관심사항이 되는 과정을 설명한바 있다. 그는 "미국시민들은 미국을 인권의 상징으로 인식하며 다른 사회가 미국과 같은 자유와 권리를 누릴 수 있도록 도와야 하는 특별한 책임이 있다고 믿는다"면서 "인권에 대한 이런 좋은 감정 속에는 미국인권사에 팽배한 이중잣대가 숨어있다"고 꼬집었다. 그는 "지난 2002년 1월 부시 대통령이 북한을 '악의 축'으로 규정하기 전까지 북한인권문제는 미국의 일반적 관심사가 아니었다"면서 "부시 연설 이후 2002년 10월 미국 북한인권위원회, 2003년 북한자유연합(NKFC) 등이 결성됐다"고 말했다. 이 행사에 참석해 '국제사회에서 북한인권'이란 주제로 발표한 크리스틴 안 'Food First' 경제사회권 프로그램 팀장은 미국 내 북한인권담론에 대해 "가장 큰 문제는 북한인권문제를 보수 NGO들이 주도한다는 것이다. Human Right Watch같은 자유주의적 NGO조차 '자유권'에 초점을 맞추다 보니 '사회권'을 주목하지 못한다. 그러다보니 북한인권을 총체적으로 접근하지 못한다"고 지적했다. 안 팀장은 "북한이 국제사회에 인도주의적 도움과 발전원조를 해달라고 애걸할 때 인권운동은 어디에 있었느냐"며 "현재 인권이라는 것은 1세계 국가들이 가난한 국가들을 인권침해의 장본인으로 몰아세우기 위한 위선일 뿐"이라고 주장했다.

미국 내부 상황에 대해서는 권력 감시 기능에 충실한 〈뉴욕타임스〉와 〈워싱턴포스트〉 등도 북한 문제에서는 항상 정부만 좇는다. 몰라서 정부에 휘둘리는 게 아니라 알면서도 속아 주는 경우가 더 많다. 베트남전쟁, 코소보전쟁, 이라크전쟁, 리비아전쟁, 그리고 최근의 베네수엘라 등에서 반복해서 드러난다. 위에 나오는 인물 중 강철환은 앞에서도 여러 번 나왔다. 안혁은 강철환의 둘도 없는 친구다. 북한 정치범 수용소 15호에서 2003년 함께 탈출한 동지다. 이순옥의 증언도 나중에 허위로 밝혀졌다. 송지영 교수는 이와 관련해 "이순옥은 2004년 미국 하원에서 정치범 수용소에서 이루어지는 고문과 기독교인들에게 철물을 부어 화형하는 것에 대해 증언했다. 이후 이 씨는 정치범 수용소에 수감된 적이 없는 경미한 경제사범인 것으로 확인되었다."라고 말했다.[147] 공동수상자가 윤현이다. 1996년 북한인권시민연합을 창립한 인물이다. 공교롭게도 이 단체도 NED의 재정 지원을 받는다. 북한 인권 문제가 UN을 통해 자연스럽게 '현안'이 된 이후에 이들은 외면을 받았다. 트럼프 행정부가 북한에 관심을 가지기 시작한 2018년 이들은 다시 주목을 받는다. 2018년 수상자는 북한인권시민연합이다. 다음의 〈표 27〉에 나오는 인물이 참가한다.

---

147) Ha-young Choi. 2015/10/5. 일부 탈북자들의 증언이 무너지는 이유. <NK뉴스>.

<표 27> 북한인권시민연합

이름	직위 및 활동
윤현	창립자, 2006년에는 아시아인권센터(현 휴먼아시아)를 설립
박범진	국회의원, 이사장
고문 (직위)	김석우(통일원차관), 김호준(문화일보 편집인, 국가인권위원), 신각수(외교통상부차관), 신현상(프로뱅크회장), 윤영선(관세청장), 윤우(광복회 부회장), 최은범(대한적십자사), 신현상(프로뱅크회장), 김명수(민주평통 사무처장)
자문위원	윤인진(고려대), 박흥순(선문대), 박영희(그리스도대), 조의환(조선일보), 리민복(자유북한인협회), 김병로(서울대 통일평화연구소), 이영환(전환기정의워킹그룹)

복합체에서 지도자 역할을 한다고 볼 수 있는 김석우와 신각수가 고문을 맡고 있다. 〈문화일보〉 편집인을 지낸 김호준은 이명박 정부에서 제2기 신문발전위원장을 지냈다. 〈조선일보〉의 조의환 기자도 보인다. 2018년 공동수상자인 나우(NAUH)는 2003년에 설립된 단체다. "지금 당장, 인권을 위한 연대와 행동을(Now Action & Unity for Human Rights)"이라는 뜻이다. 트럼프 대통령이 국정연설에 초대한 탈북자 출신 지성호가 대표다. 당연히 NED가 지원하는 단체다. 김석우가 이곳에서도 고문을 한다. 또 다른 수상자는 전환기정의워킹크룹이다. 2014년 9월 서울에서 설립되었는데 재정 지원을 해주는 곳 중의 하나는 NED다. 북한을 대상으로 한 심리전을 목표로 한다. 대표는 이영환인데 제12회 이승만애국상 수상자다. 탈북자 출신으로 〈데일리NK〉에서 기자로 일하고 있는 오세혁도 참가한다. 마지막 수상자인 〈국민통일방송

〉은 〈자유조선방송〉 〈열린북한방송〉 〈데일리NK〉가 협력해서 만들어진 매체다. 2014년 설립되었고 NED 지원을 받는다. 대표는 앞에 나왔던 이광백이다. 전향한 주사파로 알려진다.

국내에는 전혀 이름도 들어보지 못한 탈북자 단체가 정말 많다. 그 명단을 대략 정리해 보면 다음과 같다.

> 북한전략센터, 북한인권정보센터, NK지식인연대, 북한민주화포럼, 북한민주화네트워크, 통일미래연대, 일천만이산가족위원회, 엔케이워치, 북한민주화위원회, 탈북자동지회, 탈북난민인권연합, 자유문화통일원, 뉴코리아여성연대, 세계북한연구센터, 북한인민해방전선, 북한전략센터, 탈북기독교총연합, 자유북한운동연합, 자유북한방송, 자유와 인권을 위한 탈북자연대, 탈북예술인총연합회, 탈북예술단체총연합회, 하나사랑협회, 큰샘, 자유통일탈북단체연합회, 평화통일탈북인연합회, 자유통일문화연대, NK인포메이션, NK디자인협회

얼핏 질서가 없어 보이지만 나름 지도자 역할을 하는 인물도 있다. 전향자 출신으로 뉴라이트 기관지 〈시대정신〉을 주도했던 한기홍이 그중 한 명이다. 탈북자 출신의 강철환을 만난 이후 북한인권 운동가로 돌아섰다고 알려진다. 자금을 출처는 알 수 없지만 〈데일리NK〉 〈자유조선방송〉 등의 설립에도 적극 나섰다. 현재 북한민주화네트워크 대표다. 다음 〈표 28〉에 관련 인물이 모두 정리되어 있다.

<표 28> 북한민주화네트워크

이름	직위 및 활동
유세희 (이사장)	한양대교수, 한국전략문제연구소, 비른사회를위한시민회의 공동대표
한기홍 (대표)	강철환 면담, <시대정신> <데일리NK> <자유조선방송> 등 설립
강철환 (이사)	조선일보 기자, 북한민주화위원회
김윤태 (이사)	북한민주화운동본부, NK데일리 논설위원
손광주 (이사)	<NK데일리> 편집인, 국정원 출신 (황장엽 비서)
유호열 (이사)	고려대 교수, 북한연구학회장
이재원 (이사)	법무법인 을지 대표, 북한인권소위원회 위원장

　　군부와 국정원의 그림자가 짙은 단체다. 탈북자 강철환은 어떤 식으로든 국정원과 관련될 수밖에 없다. 앞서 나온 손광주는 아예 국정원 출신으로 황장엽의 비서로 일했다. 국정원이 대북 심리전에 관심이 많다는 것도 부정할 수 없다. 미국 NED의 재정 지원을 받는 단체라는 것과 <NK데일리> 출신이 다수 참여하고 있다는 것도 눈여겨봐야 할 부분이다. 미국 LA에서 목회를 하면서 <미래한국> 편집위원으로 있는 김철홍의 활동도 두드러진다. 그 역시 전향자다. '트루스얼라이언스'에서는 "나는 왜 좌파사상을 버렸나: 운동권 주사파 세력의 실체"라는 제목으로 강의를 했다. 2019년 6월 19일 <크리스천투데이>에 실린 "기독교의 북한 선교 전략과 정치적 각성"이라는 칼럼에 그의 생각이 잘 묻어난다. 중국을 '악마의 후견인'으로 보는 관점은 "도대체 왜 미국은 중국을 문제 삼는 것일까? 왜냐하면 현재 트럼프 행정부는 현재의 중국을 1930

년대의 독일과 같은 나라로 보기 때문이다. 나치의 독일이 전체주의 국가가 되어 세계를 제패하는 패권국가가 되려 했던 것처럼 현재의 중국도 전체주의 국가로서 아시아를 넘어 전 세계를 자신의 영향력 밑에 두려하기 때문이다. … 현재의 북한은 중국의 위성국가다. 북한이 핵과 미사일도 중국의 기술적 도움이 없었다면 그렇게 빨리 개발할 수 없었을 것이다"라는 말에 압축되어 있다. 북한을 '불량국가'와 '위장전술' 프레임으로 파악하고 있다는 것은 "누가 과연 북한 주민들의 세계관과 가치관을 바꾸어 독립적 개인으로서 세계시장에 능동적으로 참여하는 세계인으로 부활하게끔 도와줄 수 있을까? 자유의 가치를 깊이 깨달아 알고 있는 대한민국의 자유민주 세력과 정치적으로 각성하여 보수주의 정치철학을 지지하는 기독교 세력이다. 북한을 자유인의 나라로 건국하고, 대한민국을 자유인의 나라로 다시 건국할 이중적 과제가 그들의 어깨 위에 있다."는 말로 드러난다. 한미자유총연맹 총재로 있는 강필원도 지도자에 속한다.

미국 CIA에서 북한 담당관으로 30년 이상 일한 인물이다.[148] 자유민주연구원에서는 해외 고문을 맡고 있다. 이동복, 고영주, 김문수, 송대성, 전정환 등이 대거 참여하는 곳이다. 대북풍선 날리기를 하는 탈북자 박상학과 〈자유북한방송〉 대표인 김성민 등이 미국 의회를 방문하고 교회를 다니면서 특강을 할 수 있도록 도와준다. 북한자유주간 행사도 주관한다. 2016년 9월 13일 〈한국일보〉에 실린 "워싱턴 보수단체, '핵에는 핵으로'"란 기사에 그와 관

---

148) 김성한. 2015/5/5. "美대사, 對北압박 높여 체제 종식시켜야". <조갑제닷컴>.

런한 인물이 소개되어 있다. 워싱턴 지역 10개 한인단체가 북한의 5차 핵실험을 규탄하는 성명서를 발표했다는 뉴스다. 당일 규탄 대회에 참석한 명단에는 강 총재를 비롯해 "워싱턴한인연합회(회장 임소정), 미동부재향군인회(회장 우성원), 6·25 참전 유공자회(회장 손경준), 워싱턴안보단체협의회(회장 이병희), 한국자유총연맹-워싱턴(회장 이문형), 대한민국잠수함연맹-워싱턴(회장 안미영), 한미애국총연합회(신동수 총재), 미동부재향군인회 메릴랜드 분회(분회장 김용하)" 등이 포함되어 있다. 물리적으로, 정서적으로, 종교적으로 한국과 미국 사이에 있는 교포사회도 복합체의 중요한 구성요소다.

2) 교회, 실향민, 군부, 펜타곤

미국에서 한인이 가장 많은 곳은 뉴욕, 워싱턴, LA, 시애틀 등이다. 국내에서 잘나가던 사람이 꽤 많다. 국내에 있는 동안 자녀들을 미국으로 보내 자리를 잡게 하고, 말년에 영주권을 얻어 나온 경우도 꽤 있다. 낯선 외국 생활을 위해 자연스럽게 교회를 중심으로 모인다. 공유하는 경험은 6·25 전쟁이나 그 이후의 반공교육이다. 미국에서 살아가는 동안 북한이나 중국에 대해 배울 기회도 많지 않다. 미국 언론을 통해서 세상을 보기 때문에 자연스럽게 미국 주류의 관점을 받아들인다. 미국의 대외정책에 자신의 견해를 맞추는 것이 국외자로 잘 생존하는 길이기도 하다. 미국의 희생에 감사하고, 종교적 공동체면서, 정부에 순종적인 한국인을 미국이 싫어할 까닭도 없다. 교포사회가 복합체의 핵심이 되는 것은 이런 배경에서다. 그중의 하나가 다음에 나오는 '한미자유연맹'이다. "공산 독재를 배척하고 대한민국의 자유민주주의를 수호한다"를 내세운다. 교포언론에 자주 등장한다. "한미자유연맹 27일 9대 출범총회", "한미자유연맹, 신입회원 모집, '자유민주주의 수호에 앞장'" "한미자유동맹 정세권 회장 취임 자유민주주의·한미동맹 힘쓰자" 등이다. 미국 CIA에서 오랫동안 근무했다고 알려진 강필원이 총재다. 모임의 성격에 대한 자세한 설명은 RFA에 나온다. "[세계의 한국인] 워싱턴 한미자유연맹 주최 '대한민국 지키기 포럼'"(2012/5/4) 기사다. 강필원 총재의 발언이 먼저 소개된다. "이곳 많은 동포는 이명박 정부의 미약한 보수정치를 안타까워하며 친북좌파의 집권 가능성을 심히 우려하고 있다. … 이번 포럼은 좌파세력의 해독을 지적하고 북한의 인권유린과 도발위협에 대응할 수 있도록 국민적 단합이 필요함을 믿고 이를 위한 우리의 목소리를 모으기 위한 자리"라는 얘기다. 기조연설자는 자유선진당의 박선영 의원이다. 탈북자들과 국군포로 할아버지를 돕는 목적으로 2012년 설립된 사단법인 '물망초' 이사장이다. 준비위원에 김길자(대한민국사랑회)와 김석우(통일부 차관)가 들어가 있다. 발기인 명단에는 권영해, 김태우, 박진, 조영기, 한기호 등이 보인다. "무례한 행동 때문에 북한은 머지않아 붕괴할 것입니다. 이 시간을 조금 앞당긴다면 탈북자들과 북한 주민의 고통스러운 삶이 조금 더 빨리 종식될 수 있을 겁니다. 그래서 여러분께 진심으로 부탁하고 애원합니다. 힘드시더라도 조금만 우리 함께 힘을 내 주세요. 우리의 동포고 우리의 가족일 수 있고, 누군가의 아들 딸이 그분들도 우리와 똑같은 자유의 공기를 마실 수 있게 도와주시기 바랍니다."라는 연설을 했다.

<표 29> 한미자유연맹

이름	직위 및 활동	
강필원	이사장(총재)	시국강연회 특강
전용운	회장	한미애국총연합회(회장), 이승만박사기념사업회
정세권	총재	대한민국회복연합 참석
유흥주	이사장	
임원진	이인탁(고문), 김명옥(사무총장), 박광우(목사), 이규환(장로), 고유경(부총재), 정운익(부총재)	
관련자	수전 솔티	북한자유연합, 축사
	전용운	이승만기념사업회 워싱턴회장
	이경주	6·25참전국가유공자회 워싱턴 지회장
	권동환	한미애국총연합회 명예총재
	임성환	월남참전자회 미주회 회장
	린다 한	글로벌한인연대
	이언주	시국강연회 특강
	유동열	시국강연
	이애란	박사, 탈북자, 서북청년단 재건회의

언론을 통해 확인할 수 있는 인물 중에는 유흥주가 눈에 띈다. 〈중앙일보〉에 "최후의 날이 다가온다"라는 칼럼을 쓴 적이 있

다.(2018/3/21) "지상전을 주로 맡는 미 육군 3사단 소속 부대가 6·25전쟁 이후 처음으로 한국에 간 것이 확인됐다. … 트럼프 대통령은 북한의 핵과 미사일을 외과 수술하듯 도려내려는 것이다. … 만에 하나, 북미 정상 회담이 잘못되면 그 책임이 한국에 돌아올 수도 있다. 한국의 발언권이 약해질 것이다. 한국을 제외한 미국 주도 북한 김정은 왕조 최후의 전쟁이 되는데, 이는 문 정부가 김정은을 보증서준 부담으로 봐야 한다."는 경고가 적혀 있다. 유동열과 이언주가 시국 강연에 초대를 받은 것으로 알려진다. 이언주의 "대한민국은 어디로 가고 있는가"라는 강의는 〈미주한국일보〉 〈미주중앙일보〉 〈미주조선일보〉에 모두 소개된다. "미국과 중국은 서로가 적대와 견제를 하면서도 전략적 상대로 생각한다. 중국은 패권적 전체주의로 가고 있는 것이 확연하게 드러나고 있다. 문재인 정권은 북한 때문에 미국과 일본을 차 버렸다. 집권 주사파는 맹목적 감상주의 빠졌다. 국제정치를 잘하지 못하고 있다"는 등의 발언을 한 것으로 전해진다. 탈북자 출신으로 여성박사 1호로 소개되는 이애란(자유통일문화원 원장)도 미국 교포사회가 자주 불러주는 인물이다. 2010년에는 미국 국무부가 주는 '용기 있는 국제 여성상'을 받기도 했다. 박근혜 대통령 탄핵 사태가 벌어진 2016년 이후 태극기 집회에 꾸준히 모습을 드러냈다. 〈뉴스원코리아〉에 그의 발언이 소개되어 있다.

광화문 광장에 나와 박근혜 대통령을 끌어내리려고 하는 사람들은 어떤 사람들입니까? 그들은 사회주의자를 추종하는 사람들입니다. 사회주의는 전쟁을 하지 않았는데도 300만이 굶어 죽게 만든 체제입니다. … 사회주의, 김일성 정권을 추종하려고 하는 자가 만에 하나 대한민국의 정권을 잡게 된다면 우리는 그때부터 인간이기를 거부하고 짐승처럼, 노예처럼 살아야 합니다. … 이제라도 늦지 않았습니다. 비록 이념의 낙동강 전선에 와 있지만 반드시 인천상륙작전을 성공시켜서 광화문에서 날뛰고 있는 종북 좌파 사회주의 추종세력을 척결하고 대한민국의 자유민주주의, 시장경제체제를 지켜내야 합니다.

그 밖에도, 교포사회는 다음의 〈표 30〉에 나오는 것처럼 많은 단체와 모임이 있다. 목사가 중심이 된 모임이 대부분이다.

〈표 30〉 교포사회 주요 단체

주요 단체	단체명 및 소속인물
이승만 기념사업회	매클린한인장로교회 (워싱턴지회장, 전용운)
	필라델피아 제일침례교회 (황준석 목사)
	뉴욕프라미스교회 (김남수 목사, 미주회장)
	뉴욕 신광교회 (손영구 목사)
	뉴저지 드림교회 (유병우 목사)
	LA 새창조교회 (최학량 원로목사, 사무총장, 군종참모 출신)
	샌프란시스코 (임승쾌 목사, 크리스천타임스 발행인)
	페더럴웨이 주님의 교회 (시애틀, 한용석 목사)
	하와이 크리스천교회 (황성주 목사)
	LA 유니온교회 (이정근 고문)
	워싱턴한인장로교회 (김택용, 원로목사, 워싱턴신학대학장)

한미우호증진협의회	이장연 (버지니아한인교회, 목사, 초대회장)
	김택용 (워싱턴한인장로교회, 2대회장)
	손인화 (버지니아장로교회 목사, 육군 군목, 공동의장)
	신동수 (워싱턴크리스찬교회, 원로목사)
	김용돈 (북버지니아한인장로교회, 목사)
	박덕준 (뉴욕제일장로교회, 목사, 3대회장)
워싱턴 북한선교회	신동수 (워싱턴크리스찬교회, 원로목사)
	최윤환 (목사, 평양출신, 여정크리스찬교회)
	노규호 (목사, 버지니아 거광교회)
	양경욱 (목사, 크라이스트커뮤니티교회)
	윤요한 (올림피아순복음교회 목사, '고향선교회' 대표, 함경도)
	정인량 (이사장, 워싱턴영광장로교회 목사)
	김영로 (버지니아, 열린문장로교회 장로, 대표)
대한민국회복연합	한성주 (공사출신 예비역 소장, 땅굴안보연합회대표)
	신청기 (목사, 렌스데일, 필라델피아)
	이장연 (버지니아한인교회, 목사, 상임고문)
	김명옥 (뉴욕예은교회, 목사, 이승만기념사업회 뉴욕지회장)
한미애국총연합회	권동환 (총재)
	신동수 (회장, 워싱턴크리스찬교회, 원로목사)
	김용돈 (부회장, 북버지니아한인장로교회, 목사)
	정영만 (월드비전교회, 목사)

위의 표에서 보듯 '이승만기념사업회'를 주도하는 인물은 대부분 연세가 많고 교회에서 중요한 직책을 맡는다. 그중에서 임승쾌는 세계한인기독언론협회 회장이다. 국내에 있을 때는 CBS에 근무했고 미국에서는 샌프란시스코 〈동아일보〉와 〈한국일보〉 등에서 편집국장을 지냈다. 그가 대표로 있는 〈크리스천타임스〉는

2003년에 설립된 매체다. LA 유니온교회의 이정근 목사님으로부터 많은 영향을 받았다고 밝힌 글이 있다. 미주 성결대 명예총장으로 있는 이정근 목사의 글은 2013년 12월 5일 〈한국일보〉에 나와 있다. 칼럼 제목은 "이승만, 안창호, 그리고 김일성"이다. '외교천재' 프레임은 "이승만은 미국 정규학교에서 학사, 석사, 박사학위를 받은 천재였다. 그것도 하버드와 프린스턴 같은 명문 중의 명문대학이었다"는 말로 드러난다. 북한을 '불량국가'로 보는 것도 다른 복합체 구성원들과 꼭 같다. "이승만과 김일성 가운데 과연 누가 더 잔혹한 독재자였을까. 삼대를 이어 폭력정치를 하는 자가 누구일까. 누가 더 많은 동족을 굶기고, 학대하고, 죽였는가. 진실로, 누가 더 자유, 민주, 인권, 평등, 법치, 복지가 보장된 국가를 후손에게 선물했는가."라는 부분이다. 다음의 〈표 31〉에 나오는 언론사들이 이 협회 소속이다.

<표 31> 세계한인기독언론인협회

매체명	발행인	활동
미주 기독신문 (시애틀)	임창연	이승만기념회
미주 크리스천신문 (뉴욕)	장영춘	
미주 크리스천신문 (LA)	이성자 (지사장)	
아멘넷 (뉴욕)	이종철	
크리스천 타임스 (북가주)	임승쾌	이승만기념회, 2003년 창간
크리스천 투데이 (CA)	서종천	
크리스천 미디어 (시애틀)	박재권	
크리스천 위클리 (LA)	조명환	
크리스천 헤럴드 (CA)	백종윤	
크리스천 저널 (시카고)	박도원	

미주침례신문 (애틀란타)	심윤수	
미주기독방송	남철우 (대표)	
미주복음방송	이영선 (대표)	

그 밖에, 구국재단(Save Korea Foundation)이라는 곳도 복합 네트워크 중의 하나다. 대표는 박근혜 대통령 변호인단 소속의 김 평우 변호사다. 특강으로 초대된 인물에 낯익은 얼굴이 많다. 국 내에서는 이인호(서울대교수, KBS 이사장), 조평세(트루스 얼라 이언스 대표), 박상학(자유북한운동연합 대표) 등이 초대를 받았 다. 미국인 중에서는 군산복합체의 이익을 대변하는 인물이 강사 로 온다. 먼저 고든 창(Gordon Chang)은 폭스뉴스 해설위원으로 대표적인 중국 비판론자다. 민주주의수호재단의 데이비드 맥스웰 (David Maxwell)은 예비역 대령으로 이란 전쟁을 일관되게 주장 해 왔다. 그레그 스칼라튜(Greg Scarlatoiu)는 북한인권위 사무총 장으로 있으면서 RFA에서 일한다. 자유민주연구원 해외자문위원 으로 알려진 로렌스 펙(Lawrence Peck)은 자칭 '종북 감별사'다. 박상학과 함께 다니면서 북한 정권의 붕괴를 공개적으로 요구하 는 수잔 솔티도 잘 알려진 인물이다.

3) 군산복합체와 미국 해바라기들

미국은 날마다 한국을 만난다. 원하지 않아도 한국에서 찾아온
다. 물론 직접 찾아오는 것은 아니고 인터넷을 통해, 특파원을 통
해, 유학파 전문가를 통해서다. 문제는 편식이 심하다는 점이다.
한반도 주변 정세와 관련해 가장 많은 정보를 쏟아내는 매체에는
VOA와 RFA가 포함된다 국내에서는 이 언론사의 실체를 잘 모르
지만 깊이 들여다보면 참 무서운 곳이다. 김성해의 『지식패권』에
나온 글을 읽어보면 도움이 된다

> 2019년 현재 BBG에 속한 매체는 VOA를 비롯해 라디오
> 자유유럽(RFE), 자유방송(RL), 쿠바방송국(Office of Cuba
> Broadcasting), 라디오자유아시아(RFA), 중동방송네트워크(Middle
> East Broadcasting Networks, MBN) 등이 있다.[149] 규모가 제일
> 큰 것은 VOA로 45개 언어로 방송되며 청취자 규모는 2억 4,000
> 만 명에 달한다. RFE/FL는 아프가니스탄, 이란, 파키스탄, 러시아
> 와 우크라이나어로 방송되며 2,500만 명 이상이 시청하는 것으
> 로 알려진다. 중동과 북아프리카를 대상으로 하는 MBN에는 알후
> 라TV(Alhurra Television), 라디오사와(Radio Sawa) 또 MBN 디
> 지털 등이 있다. 22개국에 방송된다. BBG의 법적 근거는 1994년
> 의 '국제방송법안(International Broadcasting Act)'이다. 3년 임기

---

149) BBG는 현재 U.S. Agency for Global Media(USAGM)라는 명칭으로 바뀐 상태
다. BBG의 역할을 그대로 계승했다.

의 위원 9명으로 구성된다. 국무장관은 당연직 위원이다. 출범 당시에는 USIA의 한 부분이었다. 1999년 '해외업무 개혁 및 구조조정 법안(Foreign Affairs Reform and Restructuring Act)'으로 독립기구가 됐다. 국무부의 감독을 받는 것은 바뀌지 않았지만 그때부터 해외매체를 직접 관리했다. 2017년 '국가방위수권법안(National Defense Authorization Act)'이 통과되면서 지금은 '자문 역할'만 한다. '독립기구'라는 것은 허울에 불과하다는 의미다.(제2권, 145 쪽)

재미있는 점은 국내 언론의 반응이다. 보수와 진보를 가리지 않고, 심지어 국민의 혈세를 지원받는 〈연합뉴스〉도 이들 매체를 아무런 문제의식 없이 인용한다. 몇 가지 사례만 보면 "VOA 中, 10월 북한에 정제유 제품 수출 안해"(연합뉴스, 2017/12/7), "VOA 13일 北유조선에 화물 넘기던 선박, 중국회사"(연합뉴스, 2018/2/16), "VOA '北, 중국산 곡물 수입액 급증'… 식량난 전조?"(연합뉴스, 2019/10/31) 등이 있다. 주요 정보원으로 이들 매체를 활용한다는 것은 〈한겨레〉도 별 차이가 없다. 다음과 같은 방식으로 인용한다.

"〈미국의 소리〉(VOA) 방송은 루니스호를 비롯해 지난달 미 재무부가 북한 선박과 환적을 한 것으로 의심된다고 지목한 선박들이 목적지에 입항하지 않은 채 공해상에 머물다 되돌아온 의심스런 항적 기록이 포착됐다고 이날 보도했다."(2019/4/3)

"비확산센터의 제프리 루이스 국장은 지난해 7월 〈미국의 소리(VOA)〉와 한 인터뷰에서 "강선은 지하 핵시설이 아니다"라며 "알려지지 않은 제3의 시설이 지하에 더 있을 가능성이 있다"고 말했다."(2019/2/28)

"〈미국의 소리(VOA)〉 방송은 7일(현지시각) 민간 위성업체 '플래닛 랩스'의 위성사진을 살펴본 결과 "동창리 미사일 발사장의 이동식 조립건물이 원상복구됐다"고 보도했다. 이 건물은 지난해 7월 해체됐으나 지난달 중순부터 자재들을 옮겨와 원래 위치에 재조립했다는 것이다."(2019/3/7)

국내 언론 처지에서는 직접 미국 정부를 취재할 수 없는 상황에서 불가피한 측면이 있다. 국제정보질서의 불평등에서 비롯된 구조적 문제점이다. 덕분에 북미관계, 한미관계, 남북관계에 대해 미국은 전혀 힘들이지 않고 '통제'를 한다. 국내 언론이 깔아준 명석 덕분이다. 다음의 〈표 32〉는 이런 구조에서 돈 한 푼 안 들이고 '멍석'에 앉을 수 있는 싱크탱크와 전문가 명단이다. 미국의 주류 언론에 등장하는 북한 관련 정보원과 큰 차이가 난다. 다시 말해, 뉴욕타임스, 워싱턴포스트, LA타임스 등에 등장하는 브루스 커밍스(Bruce Cummings), 찰스 암스트롱(Charles Amstrong), 데이비드 강(David Kang), 돈 오버도프(Don Oberdorfer), 스테픈 해거드(Stephen Haggard), 스테판 보스워스(Stephen Bosworth) 등은 목소리는 거의 못 듣는다. 한반도에 관한 전문적 식견을 갖고 있지만, 다음에 나오는 곳은 제대로 주목받지 못한다.

> Dartmouth College, Indiana, Georgetown, New York, Stanford, Swarthmore College, UC San Diego, U of Chicago, Washington Universit, Center for East Asia Policy Studies, Center for International Policy, Center for Korean Research, Center for a New American Security, Committee of Concerned Asian Scholars, Hoover Center, International Institute for Strategic Studies, Institute for Corean American Studies, Institute for Policy Studies, Institute of Religion and Public Policy, MacMillan Center, MacArthur Foundation, Mershon Center, National Bureau of Asian Research Nieman Foundation, Open Society Foundations

간혹 위에 나오는 기관이 인용되더라도 누가 정보원이 되는가는 또 다른 문제다. 같은 대학과 연구소에 있더라도 전혀 다른 의견을 가진 사람이 많다는 점을 생각하면 된다. 한 예로, 〈세종연구소〉에는 송대성 같은 분도 있지만 이종석(전 통일부장관)도 있다. 다음 〈표 32〉에 나오는 단체와 인물의 민낯을 들여다보면 문제가 훨씬 심각하다는 것을 깨달을 수 있다.

<표 32> 미국 싱크탱크

단체	인물
해군분석센터 (CNA)	켄 고스 (국제관계국장), 마이클 맥데빗 (선임연구원)
아틀란틱카운실	제임스 존스
허드슨연구소	패트릭 크로닌
미국평화연구소 (USIP)	1984년, 연방지원 연구기관, 프랭크 엄 (Frank Aum)
민주주의수호재단 (FDD)	데이비드 맥스웰, 매튜 하 (연구원)
랜드연구소	브루스 베넷
CSIS	조너선 힐먼
미국기업연구소 (AEI)	니콜라스 에버스타트 (Nicholas Eberstadt)
전략예산평가센터 (CSBA)	토머스 만켄, 브라이언 클라크 (Bryan Clark, 25년 근무, 해군사령부), 마크 군징어 (Mark Gunzinger, 국방차관보)
글로벌개발센터 (CGD)	스캇 모스 (재무부), 존 허틀리 (재무부)
Henry Jackson Society	중국 화웨이 스파이 주장
RWR Advisory Group	중국 화웨이

"美 해군분석센터 '만경봉호 입항은 북한의 승리'… 제재 깨는"(블루투데이, 2018/2/6). "[인터뷰] 켄 고스, 미 해군분석센터 국제관계국장 북한 선군정치…"(VOA, 2012/12/6). "[전문가 북핵 쟁점 진단] 美 해군분석센터 맥데빗 소장"(동아일보, 2006/10/24). '해군분석센터'를 치면 금방 찾을 수 있는 기사다. 영문 명칭은 Center for Naval Analyses다. 미국 해군과 해병대 산하로 연방정부의 지원을 받는다. 미국을 본따 국내에 설립한 게 〈한국해양전략연구소〉다. 1997년 설립되었는데 초대 소장은 국방부 차관을 지낸 정준호다. 그 이후, 박춘호(국제해양법재판소 재판관), 김홍열(전 해군참모총장), 안병태(전 해군참모총장) 등이

자리를 이어 받았다. 앞서 나왔던 이춘근 박사가 이곳 출신이다. 단순하게 생각해서 미국 해군의 이해관계를 대변한다. 한반도 평화를 위해 미국 국민이 낸 세금을 쓸 일은 없다. 국제관계국장 켄고스(Ken Gause)가 전문가로 자주 등장한다. 북한인권위원회와 관련이 깊은 인물로 CIA에 자문을 한다. 2003년 이라크 전쟁 당시 허위 정보를 제공한 인물 중 한 명이다. 〈중앙일보〉와 〈조선일보〉에 자주 나오는 아틀란틱 카운실은 1961년에 설립된 단체다. 명칭에 나오듯 북대서양조약기구(NATO)와 관련이 깊다. 현재 이사장은 척 헤이글(Chuck Hagel)이다. 전직 상원의원으로 국방부 장관과 대통령 정보자문 위원회 공동의장을 지냈다. 직전 이사장은 제임스 존스(James Jones)로 오바마 행정부 때 국가안보보좌관을 역임했다. 임원진 다수가 글로벌투자회사나 군수업체와 관련이 깊다.

미국평화연구소(United State Institute of Peace)는 1984년 냉전이 한창일 때 설립된 곳이다. 재정 지원은 의회를 비롯해 국무부, 국방부, 미국국제개발처(USAID) 등에서 받는다. 임원을 보면 성격이 잘 드러난다. 부시 2세 행정부에서 국가안보보좌관을 했던 스테판 하들리(Stephen Hadley)와 네오콘의 대표 주자 중 한 명이었던 폴 울프위츠(Paul Wolfwitz)가 이사장이다. 전직 이사로는 국방부장관을 지낸 제임스 매티스, 국무장관 마이크 폼페이오, 국방대총장 그레고리 마틴 등이 있다. 민주주의수호재단은 앞에서도 나왔다. 최근에는 이란과 전쟁을 꾸준히 부추기는 군산복합체 대변 싱크탱크다. 데이빗 맥스웰(David Maxwell) 선임 연구원은 특전사 대령 출신이다. 그 밖에 등장하는 전문가의 경력은 대강 이런 식이다. 브루스 베넷은 공군에서 만든 랜드재단에 일한다. 주한미군과 태평양사령부에서 근무한 경력이 있는 전직 군인이다. 패트린 크로닌은 미국 CIA와 함께 활동하는 국제개발처(USAID)를 거쳐 해군분석센터 선임분석관으로 일했다. 브루스 클링거는 중앙정보국(CIA)와 국방정보국(DIA) 분석관이다. 니콜라스 에버스타트 역시 북한인권위와 관련이 깊다. CSIS에서 이사로 재직한 경력이 있다. 중국이 일대일로 비판에 자주 등장하는 글로벌개발센터(Center for Gloabal Development)는 재무부 산하 기관으로 보면 된다. 끝으로, 전략예산센터도 짚어볼 부분이 많은 곳이다.

"北, 핵탄두 20여 개 보유… 핵중진국 도양 가능 美연구소" "북 핵탄두 20개 보유, 향후 쉽게 핵중진국 돌입할 듯" "美싱크탱크 北, 세계 8대 핵 보유국… 쉽게 핵 중진국" "미국 싱크탱크 북한은 핵 군소국, 쉽게 중진국" "美싱크탱크, 北, 세계 8대 핵보유국… 핵탄두 최소 20개" 2019년 5월 17일 국내 언론이 일제히 다룬 뉴스다. 전략예산센터(CSBA) 자료가 출처다. 토마스 만켄이 이사장이다. 해군대학에서 교수로 20년 재직했다. 국방부 차관보로 근무한 경력도 있다. 현재 회장은 앤드류 크레파이비치(Andrew Krepinewich)다. 대령으로 퇴직한 베테랑 군인이다. 방위컨설팅 회사인 솔라리움(Solarim LLC) 대표다. 이사진은 전부 군 출신 또는 군수업체 관련자다. 넬슨 포드(Nelson McCain Ford)는 이사장인데, 육군차관보를 지낸 인물이다. 존 킨(John M.

Keane)은 예비역 대장으로 군수업체 제너럴 다이나믹에서 소장을 맡았다. 데이브 맥커디(Dave McCurdy) 이사는 미국가스협회 회장으로 하원에서 정보위원장 출신이다. 청와대와 국방부, 국정원 등이 '국정홍보채널'을 통해 국민을 대상으로 의견을 전달하는 상황과 별로 안 다르다. 속된 말로 하면, 한국을 갖고 놀아도 된다고 생각한다. 한국 정부가 말을 잘 안 들으면 북한에 대한 안 좋은 정보와 전쟁 위협을 한다. 미국이 생각하는 대로 움직이면 '듣고 싶은 말'을 해 준다. 물론 말과 행동이 반드시 일치하지는 않는다.

제6장

작동방식 목격담

1. 분단과 국내정치 연계시키기

엘리트집단으로서 미래지향적인 국가발전에 이바지한다면 언론복합체라는 존재가 굳이 비판을 받아야 할 이유도 마땅치 않다. 하지만 현실에서 언론복합체는 순기능보다 역기능이 많다는 점에서 치밀한 분석과 비판적 접근을 필요로 한다. 특히 세계권력지도가 변화하는 최전선인 한반도 평화와 전쟁을 관리하는 문제에서 언론복합체의 폐해가 도드라진다. 노무현 정부 때 모습을 드러내 이명박 · 박근혜 정부에서 주목받았던 '뉴라이트'는 언론복합체와 한반도 평화가 대체 관계일 수 있다는 걸 보여주는 대표적인 사례다.

2004년 11월 23일 서울 명동 은행회관에서는 "21세기형 자유주의 전사 집단"을 자처하는 자유주의연대 창립식이 열렸다. 이 자리는 당시 새롭게 주목받던 '뉴라이트'의 대표주자라는 상징성 때문에 상당한 관심을 끌었다 자유주의연대는 창립선언문에서

"국민적 예지를 모아 선진국 건설에 매진해야 할 무한경쟁의 시대에 자학사관을 퍼뜨리며 '과거와의 전쟁'에 자신의 명운을 걸었다"며 노무현 정부를 비판했다. 또 이런 말도 했다. "노무현 정권은 좌파 포퓰리즘 정권이다. 국가정체성을 훼손하는 집권세력으로 인해 대한민국이 절체절명의 위기에 빠져 있다. 대한민국은 공산주의의 위협이라는 백척간두의 위기에서 자유민주주의를 지켜냈으며 한강의 기적을 이룩했다. 북한 인권개선과 민주화를 추구한다. 부시 행정부의 대북정책을 지지한다." 이들은 △과거청산보다 미래건설에 초점을 맞춘 개혁 △시장주도형 방식(작은 정부 큰 시장)으로 경제시스템 전환을 통한 2만 달러 시대 개척 △자유무역협정 능동적 추진 △빈부격차 해소가 아닌 빈곤 해소 △학생에게 학교선택권을 학교에게 학생선발권을 주는 교육혁신 △북한 대량살상무기 문제의 근원적 해결을 통한 전쟁가능성 제거 △북한 인권개선과 민주화 추구 △한미동맹 발전 등을 자신들이 추구하는 개혁방향으로 천명했다. 흥미로운 것은 이들이 제시한 방향이 고스란히 이후 이명박 정부의 국정목표가 됐다는 점이다.

'뉴(NEW)'를 표방했지만 막상 새로울 것 하나 없는 뉴라이트는 어떤 과정을 통해 당시 야당의 총아로 떠올랐을까. 바로 이 지점에서 동아일보를 위시한 언론복합체가 모습을 드러낸다. 동아일보는 2004년 11월 8일부터 15일까지 6번에 걸쳐 '뉴라이트 침묵에서 행동으로'라는 기획연재기사를 내보냈다. 조선일보도 매우 이례적으로 동아일보가 제창한 '뉴라이트'를 받아 관련 기사를 보도했다. 류근일 전 조선일보 주필은 자유주의연대 고문을 맡았으며 "자유주의 전사가 되어야 한다"는 요지로 창립식 축사도 했다. 그는 축사에서 "자유주의연대 발족은 한국 우파의 횃불이 기성 아날로그 우파의 손에서 젊은 디지털 우파의 손으로 넘어가는 것이자 시대착오적 좌파가 그들의 천적을 만났음을 의미한다"면서 "수구좌파의 그릇된 혁명실험과 그로 인한 국민적 고통을 더 이상 방치해선 안 된다"고 말했다.

또 하나 눈길을 끄는 것은 당시 동아일보 정치부장이었던 이동관이었다.[150] 그는 2004년 11월 18일자에 칼럼을 하나 썼는데 제목이 '뉴라이트를 잡아라'였다. 그는 여기서 "이제 한나라당의 유일한 활로는 뉴라이트로 상징되는 이념의 중간지역으로 진출하는 길밖에 없는 듯하다"고 주장했다. 동아일보와 조선일보 모두 뉴라이트와 대선전략을 공공연히 연결시켰다. 가령 동아일보 2004년 11월 13일자 '뉴라이트, 침묵에서 행동으로⑤: 정치권 중도통합론'은 "이념적 중간지대를 선점하려는 정치권 움직임이 본격화한다"면서 "일각에선 정치권의 '뉴라이트' 기류가 정계개편의 불씨가 될 수 있을 것이라는 관측도 나온다"고 보도했다. 당시 야당 역시 적극적으로 호응했다. 김덕룡 한나라당(현 자유한국당) 원내대표는 2004년 11월 23일 "한나라당 역시 국가정체성을 지키고 자유민주주의에 더 매진할 것"이라며 "뉴라이트는 신선한 충격을 주고 있다"고 강조했다. 심재철 기획위원장도 "뉴라이트 운

---

150) 이동관은 서울대 정치학과를 졸업하고 하버드 대학교 니만 펠로우과정을 수료했다. 1985년 동아일보를 입사했고 관훈클럽 운영위원을 지냈다. 2008년 2월부터 2009년까지 청와대 대변인, 이후 2010년 7월까지 청와대 홍보수석비서관, 2011년 1월부터 2011년 12월까지 언론특별보좌관을 역임했다.

동으로 침묵하던 보수의 목소리가 결집하고 있다"고 주장했다.[151]

뉴라이트는 극단적인 반공주의, 대북대결주의, 북한인권문제 거론 등 미국 네오콘과 상당한 공통점을 보였다. 김동춘 성공회대 교수는 필자와 전화인터뷰에서 "좌파에서 우파로 전향했다는 점, 입지를 정당화하기 위해 중도를 표방하지만 실제로는 우익입지를 강화시키려 한다는 점, 엔지오를 표방하지만 굉장히 정치적이라는 점" 등을 들어 "네오콘과 비슷한 점이 많다"고 말하기도 했다. 당시 동아일보도 그 사실을 인정했다. 동아일보는 뉴라이트를 다룬 일련의 기획기사 가운데 2004년 11월 8일자 '왜 움직이기 시작하나'에서 "뉴라이트가 정치적 자유주의, 경제적 시장주의, 외교적 국제주의를 표방한다는 점에서 1980년대 등장해 미국 '레이거노믹스'의 정책기조를 이룬 뉴라이트 신보수주의 운동과 맥이 닿아 있다"고 밝혔다. 미국 네오콘과 한국 뉴라이트가 상호 교류한 흔적도 있다. 2004년 11월 22일 대표적인 네오콘 가운데 한 명인 니컬러스 에버슈타트 미국기업연구소(AEI) 선임연구원은 '위클리 스탠더드' 기고문에서 "부시 2기 행정부가 친북적(노무현) 정권 대신 한국 국민을 상대로 직접 대화하고 한국의 국내 정치세력과 연대해 한국을 과거의 동맹으로 되돌려야 한다"고 주장했다. 실제 자유주의연대에 적극 참여하는 이른바 북한민주화론자들은 그 전부터 미국 NED(전미민주주의기금)를 통해 자금지원을 받아왔다.

자유주의연대 핵심 구성원 면면을 살펴보면 언론복합체가 더

---

151) 동아일보. 2004. 한나라, 뉴라이트 아전인수. 2004/11/26.

잘 보인다. 창립식과 함께 열린 토론회에서 발제를 맡은 사람은 1993년 고려대 총학생회장이자 제1기 한국대학총학생회연합(한총련) 조국통일위원장을 맡았던 최홍재라는 인물이었다. 그는 '잃어버린 세대 386(?), 386에 대한 성찰적 회고'라는 발제에서 "386운동은 반미친북 사회주의자 그 자체였으며 386에게 민주화는 사회주의나 북한화 통일로 가는 전술이었다"고 발언해 참석자들한테 큰 박수를 받았다. (대다수가 노인층인 청중들은 특히 "좌파 비판" 대목에 환호했다.) 최홍재는 이렇게 발언했다. "386은 김정일과 운명공동체가 되었다. 유엔인권위의 대북인권결의안 채택과정에서 386의원들이 보여준 모습은 반미-반인권-친김정일의 사고방식을 단적으로 표현하고 있다. 햇볕정책으로 친북반미가 사회적으로 확산됐다." 그는 이후 공정언론시민연대 사무처장 등으로도 활동하다가 이명박 정부에서 방송문화진흥회 이사가 되

었다.[152]

　신지호 자유주의연대 대표는 '선진화의 길, 자유주의'라는 발제에서 "오늘은 한국의 자유주의가 강단에서 해방되어 실천의 장으로 나온 날"이라며 "한국의 현 상황은 자유주의자들에게 전투성을 요구한다"고 강조했다. 그는 "대한민국이 선진국으로 가는 유일한 처방전은 자유주의"라며 "자율적인 환경에서 기업활동을 할 수 있도록 정부는 각종 규제를 완화해야 한다"고 주장했다. 신 대표는 이어 "건국-호국-산업화-민주화로 이어지는 대한민국 50년은 성공과 영광의 역사였다"며 "지금 우리에게 필요한 것은 '부정과 청산'이 아니라 '계승과 발전'의 역사관"이라고 주장해 과거

---

152) 필자는 당시 자유주의연대 창립식이 끝나고 최홍재를 따로 인터뷰했다. 당시 그가 했던 발언에서 눈여겨 볼 대목을 발췌해본다. "좌파들은 인권의식이 강하고 국제주의 성향을 가지는데 한국의 '좌파'는 좌파라고 하기 어렵다. 심각하기 짝이 없는 북한 인권문제를 회피하고 오히려 공론화를 가로막는 게 한국 좌파다. 이건 정상적인 좌파가 아니다. 그래서 '수구좌파'라는 호칭을 붙인 것이다. 386운동은 김일성주의를 바탕으로 한 사회주의 운동이었다. 386운동을 민족주의적이라고 말하지만 사실은 김일성주의에 입각해 민족주의를 이용한 거다. 그런 성향은 386출신 국회의원들이 반기업정서를 강하게 보이는 데서도 드러난다. 그들은 부자들을 삐딱하게 본다. 김일성주의, 계급주의적 시각을 여전히 갖고 있기 때문이라고 본다. 자유주의는 부자를 적대시하지 않는다… 1987년 당시 호헌철폐를 외친 국민과 학생들이 주사파는 아니다. 하지만 호헌철폐 독재타도는 주사파가 만든 구호였다. 내가 대학 다닐 당시 새내기들은 '부자는 친일파 친미파이고 노동자 착취한다'는 교육을 받았다. 과거 386학생운동권들이 끊임없는 선전선동으로 학생들을 의식화시킨 게 지금까지 영향을 미치고 있다… 북한은 인민의 생명을 파괴하는 정권이다. 이건 정권도 아니고 도적 무리일 뿐이다. 386출신 국회의원들은 반미주의 때문에 북한인권법을 반대한다. 광주학살에는 분노하면서 왜 북한인민들의 인권유린에는 입을 다무는지 묻고 싶다. 그게 어떻게 진보고 좌파일 수 있겠는가… 나는 개인적으로 참여정부가 좌파정권이 아니라 '좌파적 정권'이라고 본다. 좌파는 아니지만 좌파를 지향한다는 말이다. 역사문제, 북한문제, 대미관계에선 분명히 좌파적이다. 특히 대한민국의 정통성을 부정하는 듯한 역사인식은 큰 문제다."

사청산 추진을 강하게 비난했다. 그는 2008년 총선에서 한나라당 (현 자유한국당) 의원으로 당선됐다.[153)]

토론자로 나선 허현준 북한인권정보센터 연구위원은 "이제 새로운 눈으로 역사를 보아야 한다"며 "386이 추구했던 것이 진보가 아니라 반동이었다는 것이 이미 드러났다"고 말했다. 그는 노사모에게 "노무현을 대통령으로 인정하지 않고 김정일을 조선혁명의 대표로 인정하는 주사파에 맞서 강력한 투쟁을 전개해야 한다"고 촉구하기도 했다. 그는 박근혜 정부 행정관으로서 전경련 등을 압박해 어버이연합 등 단체에 자금지원을 하도록 하고 이 단체들을 관제데모에 동원했다는 혐의로 법정 구속됐다.

또 다른 토론자는 권혁철 자유기업원 법경제실장이었다. 그는 "일각에서는 소득분배가 불평등하다고 말하지만 경제성장 과정에서 소득불평등이 완화되고 있으며 소득불평등도 별로 없다"고 주장했다. 그는 "경제가 나빠질 때 가장 먼저 피해를 입는 사람은 바로 가난한 사람들"이라며 "경제의 발목을 잡으려는 사람들은 그 점을 잊지 말아야 한다"고 경고했다. 권 실장은 "분배를 강조하는 것은 한국경제를 남미식으로 만드는 길이 될 것"이라고 말

---

153) 신지호는 1980년대 노동운동을 하다가 1992년 '당신은 아직도 혁명을 꿈꾸는가' 등을 발표해 사회주의 포기선언을 한 뒤 일본 게이오기주쿠 대학에서 정치학 박사 학위를 받았다. 경실련, 삼성경제연구소, KDI 등에서 일하다가 2008년 총선에서 도봉(갑)에 출마해 당선됐다. 그는 2008년 촛불집회에 참여한 시민단체는 정부 보조금을 회수하자는 내용을 담은 '비영리 민간단체 지원법 일부 개정 법률안'을 국회에 제출했고, 2011년 당시엔 3,500만 명의 개인정보가 유출된 싸이월드 해킹사건에 대해 "북한과 관련됐을 가능성이 높다"고 발언해 구설에 올랐다. 2012년 총선에선 공천에서 탈락했다.

했다.

자유주의연대 집행위원장이자 자유주의연대의 핵심축이었
던 사단법인 시대정신 이사를 역임했던 홍진표는 이명박 정부에
서 한나라당 추천으로 국가인권위 상임위원이 됐다. 홍진표가 참
여했던 북한민주화네트워크(북민넷)는 2003년 이라크전쟁 발발
당시 "이라크전쟁을 지지한다"는 성명을 발표했다.[154] 홍진표는
2004년 10월 필자와 인터뷰에서 "장기간 독재로 대안세력도 없
고 민중의 의식수준도 낮은 이라크 상황에선 외부개입도 상당한
효과가 있으며 결과적으로 이라크 주민들을 후세인 치하에서 해
방시킨 점은 긍정적"이라고 평가했다. 그는 "선거를 통해 새로운
정부가 생기면 미국도 물러날 것이고 이라크는 민주정부를 갖게
될 것"이라고 전망하기도 했다.

북민넷은 자유주의연대 핵심들과 직결된다는 점에서 주의해야
할 단체다. 1999년 김영환, 홍진표 등이 세운 북민넷은 북한 인권
의 실상을 알리고 북한을 민주화해야 한다는 목표를 내세운 단체
다. 이들이 말하는 '북한 민주화'는 사실상 김정일 정권을 붕괴시
키겠다는 목표를 담고 있다. 이를 위해 이들의 활동에는 탈북자
지원 활동과 탈북 유도 등 보기에 따라선 '파괴공작'으로 비칠만
한 활동도 포함된다.[155] 이는 북민넷에서 활동했던 이광백 인터

---

154) 홍진표, 최홍재, 허현준 등은 모두 구학련으로 이어지는 학생운동 동지이자 북민넷
    핵심 인사들이었다.

155) 익명을 요구한 한 교수는 필자와 인터뷰에서 "2000년대 중반 학술회의 참석차 베
    트남을 방문했다가 북민넷 관계자들을 공항에서 우연히 만났다. 이들과는 과거 학
    생운동 등으로 오랜 안면이 있다. 이들과 대화하다가 베트남에 한국어학원을 만들
    어 그곳을 탈북자 기획입국 등에 활용하고 있다는 걸 알게 됐다."고 증언했다.

뷰에서도 명시적으로 드러난다. "초기 단계의 북한 민주화운동은 주요 활동무대가 중국이었다. 중국에서 탈북자를 모아 의식화·조직화해 다시 북한으로 들여보내는 방식이었다."[156] 공교롭게도 국가인권위원회는 2009년 북민넷을 그해 '대한민국인권상' 단체 부문 수상자로 선정했다. 북한인권 관련 활동을 하는 단체로는 처음이었다.

북민넷 초창기 회원으로 활동한 적이 있는 오광진 씨는 '시민의신문' 인터뷰에서 "1999년 9월 민혁당(민족민주혁명당) 사건이 터지기 직전 북한민주화운동 핵심 인사한테 '중국에 있는 김영환이 곧 귀국할 텐데 아무 준비없이 오겠느냐. 이미 조갑제를 만나 모든 준비를 마쳤다'는 얘기를 들었다"고 말했다. 김영환은 구학련 시절부터 홍진표 등 그룹의 좌장격이었으며 이후 북민넷이나 자유주의연대에도 큰 영향을 미치는 인물이었다. 김영환은 그후 한국에 입국한 직후 국정원에 연행됐고 수사과정에서 관련 사실 일체를 자백한 후 공소보류로 풀려났다. 국정원은 당시 "과거의 잘못을 깊이 뉘우쳐 북한과 관계를 단절하며 자발적으로 북한 민주화를 위해 앞장서겠다고 다짐하면서 수사에 자진 협조했다"고 발표한바 있다. 이 과정에서 김영환과 조갑제가 만났다는 것은 당시 언론보도를 통해 잘 알려진 내용이기도 하다.

---

156) 문화일보. "대학 때 '主思' 앞장섰지만… 외부정보 제공해 변화 유도 北에 민주시민 100만 양성". 2017/1/11.

2. NED와 국내언론

북민넷은 미국 내 보수적 싱크탱크와 상당한 협조관계를 유지하고 있었다. 북민넷은 2000년 4만 달러를 시작으로 '전미민주주의기금(NED)' 지원금을 꾸준히 받았다. NED는 홈페이지에서 "아시아에서 지원을 받는 주목할 만한 단체"로 북민넷을 비중 있게 소개하기도 했다. 당시 홍진표는 "지원금은 북민넷 기관지인 'Keys' 영문판 발간과 각국 도서관·연구소·기관과 인사한테 발송하는 데 쓴다"고 설명했다.

민변 통일위원회, 인권운동사랑방, 통일연대, 참여연대 평화군축센터 등이 공동주최해 2004년 3월 2일 개최한 '북한자유법안의 문제점과 시민사회의 대응' 토론회에서 발표한 유정애 이화여대 한국여성연구원 객원연구원(코넬대 개발사회학과 박사과정)은 NED에 대해 "미국 중앙정보부(CIA)가 수십 년 동안 은밀하게 했던 활동들을 민간단체의 틀을 빌어 공공연하게 하겠다는 것이 NED의 설립구상이며 실제 그런 활동을 하고 있다"고 밝혔다.[157] 그는 "60~70년대 CIA가 하던 일을 그대로 이어받아 1983년 레이건정부 당시 의회 산하 비정부기구로 꾸려진 NED"는 "1980년대 이란-콘트라 스캔들, 코스타리카에서 민주적으로 선출된 오스카 아리아스 대통령의 반대 세력 지원(1986~1988), 칠레 선거(1998), 니카라과 선거에서 샤모로 지원(1989~1990), 체코슬로

---

157) 민변 통일위원회, 인권운동사랑방, 통일연대, 참여연대 평화군축센터. 2004. '북한자유법안의 문제점과 시민사회의 대응' 토론회 자료집.

바키아(1990) 등의 사태에 개입해 왔다. 그들의 목표는 진보적 운동들, 특히 사회주의적 혹은 민주사회주의적 성향이 있는 운동들을 와해시키는 것이다. 이를 위해 돈, 기술적 지원, 훈련프로그램, 대외 관계 지원 등을 아끼지 않는다"고 주장했다.

NED와 CIA의 관련성은 일부 음모론자들의 주장이 아니다. NED 초대 회장인 알렌 와인슈타인은 "오늘날 우리(NED)가 하는 많은 일들은 CIA가 25년 전 비밀리에 했던 일들이다"라고 공개적으로 발언한바 있다.[158] 거슈만 역시 "[CIA가 했던] 이런 일들을 우리는 더 이상 비밀스럽게 할 필요가 없다. 세상 많은 민주단체들이 CIA 사주, 재정지원을 받는 단체로 보이는 것처럼 낭패는 없다. 우리는 지난 시기 특히 1960년대 부지기수로 이런 실수를 했다. CIA가 직접 나서는 비밀공작을 더 이상 하지 않아야 하는 이유다. 세상 눈 때문에 계속할 수도 없다. NED가 세상에 탄생한 이유다."라고 밝힌바 있다.[159] 콜린 파월 전 국무장관의 수석 보좌관을 지낸 래리 윌커슨 역시 이만열(미국명 임마누엘 페스트라이쉬)과 최근 대담에서 "민주주의를 위한다는 국립기부재단 및 그 밖의 NGO들 뒤에서 영향력을 행사하고 있는 존재가 CIA라는 것

---

158) Washington Post. 1991. INNOCENCE ABROAD: THE NEW WORLD OF SPYLESS COUPS. 1991/09/21.

159) Global Research. 2017. Trojan Horses and Color Revolutions: The Role of the National Endowment for Democracy (NED). 2017/08/17.

은 공공연한 비밀이다"라고 발언하기도 했다.[160) 당장 공개적으로 드러난 대표적인 사례만 해도 이란 등 중동을 상대로 내부붕괴 유도 공작, 이집트 무르시 정부 전복 공작, 베네수엘라 차베스 정부 전복을 위한 수십 년에 걸친 공작 등이다.[161)

NED는 한국 보수단체와 보수언론과도 긴밀히 연관된다. NED는 북한인권시민연합, 북한민주화네트워크, 북한민주화운동본부 등을 오랫동안 지원하며 관계를 맺어왔다. 이 가운데 북한인권시민연합은 NED의 지원으로 1999년부터 매년 북한인권에 대한 국제회의를 개최하고 있다. NED 의장인 칼 거슈만, 방상훈 〈조선일보〉 사장, 박관용 한나라당 의원 등이 이 회의에서 기조연설 혹은 축사를 해왔다. 2002년 7월 거슈만 회장은 일본 마이니치신문과 인터뷰에서 "한국에는 탈북자 망명을 돕는 20개 정도의 NGO가 있으며 NED는 북한인권시민연합 등 복수의 NGO에게 자금 원조

---

160) 이만열·윌커슨 대담. 2019. 홍콩 시위의 지정학적 배경. 다른백년. 윌커슨은 이 대담에서 "언론은 절대로 베네수엘라 사태와 홍콩을 비교하지 않지만, 우리는 홍콩의 젊은이들에게 민주주의에 대해 가르친다고 설쳐대며 활발히 활동하는 민주주의를 위한 (우익적인) 국립기부재단과 같은 수상쩍은 기구들을 분명히 파견해 놓았다"며 홍콩 시위에 영향을 끼치려는 미국의 움직임을 지적하면서 "내가 두려워하는 건 1956년 헝가리에서 그랬던 것처럼 우리가 젊은이들을 탄압에 내세우고 있다는 것이다. 우리는 과거에도 그랬던 것처럼 싸움이 일어나고 탄압이 있을 때 아무것도 하지 않을 것이라는 점이다. 소비에트의 탱크들이 1956년 헝가리에서 그 반란을 진압할 때 미국은 아무것도 하지 않았던 것처럼 말이다"라고 말했다.

161) 세계일보. 美, 이란 내부붕괴 유도. 2006/02/17. 동아일보, 美한, 민간 대북방송에 年 100만 달러 지원. 2006/09/28. 문화일보. 거슈먼과 NED. 2013/05/24. 한겨레. 이집트 반무르시 세력 배후엔… 역시 미국인. 2013/07/12. 한국일보. WP "美 , 베네수엘라 정권교체 위해 20년간 작업". 2019/02/21.

를 하고 있다고 밝혔다.[162)]

그해 7월 16일에는 윤현 북한인권시민연합 대표와 강철환, 안혁, 이순옥씨 등 세 명의 탈북자가 NED로부터 '2003년 민주주의상'을 수상했다. 시상식이 있던 날 열린 "강제노동 수용소, 기근, 난민: 긴급한 북한의 인권 위기상황" 세미나에서는 진 커크 패트릭 인권담당대사, 샘 브라운 백 상원 외교위원회 동아시아 태평양 소위원회 위원장 등이 참석했다.(월간조선 2003/09) 이런 문제로 인해 2004년 통일부 국정감사에서 열린우리당(현 더불어민주당)에서는 탈북자들을 정치적 목적을 갖고 국내에 조직적으로 입국시키는 이른바 '기획입국'을 주도하는 단체들을 NED가 자금지원하는 문제가 거론된바 있다.[163)] 북한인권 · 난민국제회의는 2005년 2월 14일 서강대에서, 2006년 5월 9일엔 노르웨이 베르겐에서 열렸는데 이 행사를 공동 후원한 건 NED와 조선일보였다.[164)]

우리가 분석하고자 하는 언론복합체와 NED의 연관성을 확인할 수 있는 전형적인 사례는 2005년 개국한 '자유북한방송'이라고 할 수 있다. 자유북한방송 대표였던 하태경(현 바른미래당 의원)은 2005년 미국 워싱턴DC에 체류하며 국제민주주의연구소(International Forum for Democratic Studies) 객원연구원을 지

---

162) 프레시안. 미 정부, NGO 통해 탈북자에 자금지원. 2002/07/02.

163) 문화일보. "정부지원 쌀 北서 유상판매". 2004/10/21. 조선일보. 10여 개 종교·인권단체, 목숨 건 활동. 2004/10/28.

164) 조선일보. 2005/2/14. 2면. '北조인권·난민 국제회의' 오늘 서강大서 열려. 조선일보. 2006/5/6. 1면. 알립니다. 노르웨이서 제7회北인권 국제회의.

냈는데 바로 NED 산하 연구소다.[165] 신동아에 실린 인터뷰에 따르면 열린북한방송은 NED, 국경 없는 기자회(RSF) 등으로부터 후원금을 받으며, 그 덕분인 "적자 경영은 한 해도 없었어요."라고 한다.[166]

국민통일방송 역시 NED 지원을 받는 대북방송매체다. 2005년 12월 '프리덤하우스'의 지원을 받아 전파를 내보내기 시작한 자유조선방송과 하태경의 열린북한방송, 데일리NK 등이 2014년 11월 통합한 기관이다. 국민통일방송 대표는 북민넷에서 김영환·홍진표 등과 함께 활동했던 이광백이었다. 이광백이 2017년 문화일보와 인터뷰한 내용을 보면 연간 총예산 12~13억 원 가운데 NED 지원금이 60% 가량이었다.[167]

3. 북한 인권개선인가 북한 때리기인가

NED가 국내 보수진영과 연결되는 접점은 북한인권문제다. 거슈먼과 함께 주기적으로 대북압박을 위한 권위자로 소환되는 또한 사람은 바로 미국 정부가 설립한 북한인권위원회(Committee for Human Rights in North Korea) 부회장인 수잔 솔티다. 거슈

165) https://www.ned.org/international-forum-for-democratic-studies/

166) http://shindonga.donga.com/Library/3/06/13/109445/3

167) 문화일보. "대학 때 '主思' 앞장섰지만… 외부정보 제공해 변화 유도 北에 민주시민 100만 양성". 2017/1/11.

먼과 솔티는 모두 대북 압박을 통한 북한 정권교체를 주장하는 강경파이고, 각각 2012년 2월과 2013년 2월 북한인권개선에 노력한 공로로 한국 정부로부터 수교훈장을 받았다는 공통점이 있다.[168] 거슈먼과 솔티, 북민넷을 통해 우리는 '인권(人權)'이 그 고결한 이상에도 불구하고 국제정치 무대에서 언제나 '인권정치'의 대상이 된다는 점을 다시금 확인할 수 있다.(Sellars, 오승훈 옮김, 2003)[169]

"북한 인권 개선 위해 연 135만 달러 지원"

"지금이야말로 북한 민주화 지원할 적기"

---

168) 월간조선. 수교훈장 홍인장 받은 칼 거슈먼 미국 NED 회장. 3월호. 동아일보. "北 문제 해결방법은 독재정권 교체": 2013/2/18.

169) Sellars, Kirsten. 2002. The Rise and Rise of Human Rights. 오승훈 옮김 2003. <인권, 그 위선의 역사>. 은행나무. 박경서. 2012. <인권이란 무엇인가>. 미래지식. 시민의신문 2005/12/5. "인권을 정치에 활용하는 유엔". 626호.

東亞日報

2013년 05월 07일 화요일 A27면 투데이

"北붕괴 시간문제··· 한국도 北인권개선 동참을"

■ 민주화 지원 칼 거슈먼 美NED회장

"독재자들이 자국민을 억압하는 이유는 정권이 불안정하고 흔들리고 있기 때문입니다. 불안정이 커질수록 독재의 강도는 높아지지만, 이는 역설적으로 체제를 더욱 불안정하게 만듭니다. 이런 점에서 볼 때 북한의 붕괴는 시간문제일 뿐입니다."

칼 거슈먼 미국 전국민주주의기금(NED) 회장(70)은 2일 서울 코리아나 호텔에서 동아일보와 인터뷰를 갖고 "최근 10년 동안 북한 주민의 외부세계에 눈을 뜨고 깨어나고 있음을 보여주는 수많은 징후가 나타나고 있다"며 이같이 주장했다.

거슈먼 회장은 NED 회장으로 취임한 1984년 이후 30년 가까이 전 세계 수많은 국가의 민주화 과정을 지켜보며 직접 지원했다. 미얀마 쿠바 등 독재국가의 변화 과정에 NED의 자금 지원을 받은 단체가 큰 활약을 했고 제스의 혁명 때도 마찬가지였다.

거슈먼 회장은 "1996년 북한 인권을 조사한 한국 북한인권시민연합의 보고서를 보고 큰 충격을 받았고 1999년부터 북한 인권활동가 후원에 나섰다"고 말했다. 그 공로로 거슈먼 회장은 지난해 큰 공로를 세운 외국인에게 한국 정부가 수

여하는 수교훈장 흥인장(興仁章)을 받았다. 최근엔 북한 장마당(시장)의 변화를 추적하는 프로젝트도 벌이고 있다.

오랫동안 북한을 지켜보고 수많은 탈북자를 만난 거슈먼 회장이지만 최근 한글로도 출판된 "14호 수용소 탈출"의 주인공 신동혁 씨의 증언이 인간의 상상을 초월하는 새로운 충격이었다고 말했다.

그는 "북한은 지구상에서 가장 폐쇄되고 악랄

美예산줄어 탈북자단체 등 후원 애로
한국이 적극나서 北변화 이끌어야

적인 정권이나, 나의 가장 큰 관심사 역시 북한의 변화"라고 말했다. 그가 매년 서울에 찾아오는 이유도 북한 인권을 개선하는 데 기여하려는 목적 때문이다.

"1990년대 말만 해도 북한의 인권 문제는 이슈가 되지 못했습니다. 하지만 지금은 국제적 자원의 문제로 부각되고 있습니다. 유엔에 북한인권 조사위가 신설되고 탈북자 2만5000명 시대가 열리고 이들이 스스로 북한 인권 개선을 위해 나선 것이 이런 변화를

칼 거슈먼 미국 전국민주주의기금(NED) 회장이 2일 동아일보와의 인터뷰에서 북한 인권 개선 필요성을 강조하고 있다. 양회성 기자 yohan@donga.com

이끌어 내기 위해 최선을 다했습니다."

북한 인권 발전사를 논할 때 NED는 빠트릴 수 없는 단체다. 1983년 창립된 비영리단체인

NED는 미 국무부의 자금 지원을 받아 90여 개국의 1400여 개 민주화 및 인권 관련 단체나 프로젝트에 자금을 지원해 왔다. 1년 예산만도 1억 달러(약 1095억 원)가 넘는 NED는 미 국무부 인권노동국(DRL)과 함께 탈북자 단체를 비롯한 북한인권단체의 가장 큰 재정적 후원자였다.

하지만 3월 미국의 자동예산삭감 조치인 시퀘스터가 발효되면서 이 활동이 국내 북한인권단체에까지 뛰었다. 한때 350만 달러(약 38억 원)에 이르던 DRL의 지원금은 내년부터 중단되고 100만 달러(약 10여 억 원)가 넘던 NED의 지원도 약 15% 삭감된다. 김정은 체제의 출범과 핵실험으로 북한에 대한 세계적 관심이 그 어느 때보다 커지는 시점이 정작 북한인권단체에는 암흑기의 시작이 된 셈. 거슈먼 회장은 북한인권단체의 생존을 위해 한국 국민과 정부, 정치권이 적극적으로 나서야 한다고 주문했다.

"지금까지 북한 인권 활동은 미국의 후원에 크게 의존해 왔습니다. 하지만 인권은 인류의 보편적 가치입니다. 민주화의 경험과 노하우를 갖고 있는 한국이 보다 적극적으로 나설 때 북한의 긍정적 변화도 빨라질 것입니다. NED도 최선을 다해 북한 인권 개선 운동을 지원할 것입니다."

주성하 기자 zsh75@donga.com

　　북한인권문제를 다루는 보고서와 언론보도에서 중요하게 근거로 활용되는 것이 탈북자 증언이다. 하지만 탈북자 증언은 사실관계 여부와 허위과장 등을 둘러싸고 끊임없이 논란의 대상이 되었다.[170] 가령 자신을 북한 정무원 총리 강성산의 사위라고 주장하는 강명도라는 탈북자는 1994년 7월 27일 기자회견에서 "북한이 현재 핵탄두 5개를 보유하고 있으며, 핵탄두 5개를 추가로 개발할 계획"이라고 주장한바 있다. 당시 한미 정보당국에서는 북한의 핵능력을 핵폭탄 1~2분량을 만들 수 있는 핵물질을 보유하는 정도로 판단하고 있었다. 강명도가 밝힌 근거라고는 자기가 아는 국가안전보위부 간부한테 들었다는 말밖에 없었지만 국내외 언론에

---

170) 시민의신문 2005/3/14. 탈북자 과장증언 몸값 부풀리기. 588호. 시민의신문 2005/3/28. 현직 목사, 기획입국 선교단체 비판. 590호.

선 북한 핵개발의 돌이킬 수 없는 증거로 인용됐다. 사실 이 기자 회견 자체가 청와대 지시로 급조되었다는 것은 '신동아'가 2003년 이 사안에 대해 질문서를 보냈을 때 김영삼 측에서 "기자회견을 하라고 지시했고, 그 이유는 북핵 협상이 한국을 배제한 채 진행되는 데 대한 불만 때문이었다"고 답변하면서 분명하게 드러났다.[171)]

2000년대 초반 '김운철 사건' 역시 다르지 않다. 탈북자 김운철의 증언은 르몽드, 뉴스위크 등이 대대적으로 보도하면서 북한 내 강제수용소와 고문, 처형 등 북한인권 문제를 국제적으로 공론화시키는 계기가 됐다. 하지만 그는 사실 1997년부터 중국을 드나들며 돈벌이를 하다 다섯 번이나 중국 당국에 체포돼 북한으로 송환됐던 사람으로 북한 보위부에 수감됐다가 2001년 4월 다시 탈북했던 박충일이란 인물이었다. 그는 1999년 11월 러시아 국경수비대에 체포돼 북한으로 송환된 7명 가운데 한 명인 김운철과 닮았다는 소리를 듣고는 김운철로 행세했고 결국 강제수용소 관련 증언 덕분에 한국으로 들어올 수 있었다. 당시 신건 국가정보원장조차 박충일과 김운철은 다른 사람이라고 2001년 7월 17일 국회 정보위원회에서 밝혔지만 그가 했던 증언은 이후 국제사회에서 북한인권을 문제삼는 주장에서 결정적인 증언으로 채택됐다. 유럽연합과 유엔 인권위원회에 보고된 '가짜 김운철'의 증언은 수정조차 하지 않았다. 이순옥이라는 탈북자는 미국 의회 청문회에서 기독교인을 대상으로 한 생체실험, 쇳물주입 살해 등을 증언했다.

---

171) 김연철. 2009. <냉전의 추억: 선을 넘어 길을 만들다>. 후마니타스.

정성장 세종연구소 연구위원은 '정세와 정책' 2004년 11월호에 쓴 글에서 "탈북자들조차 의구심을 가질 정도로 비현실적"이라며 "과장된 증언에 충격을 받은 미 의회가 만장일치로 북한인권법을 통과시킨 셈"이라고 지적했다.[172]

최근 사례로는 신동혁이 있다. 그는 증언 초기엔 자신을 14호 수용소에서 태어난 탈북자라고 말했다. 그의 증언을 담은 '14호 수용소 탈출'은 27개국에서 출간되었다. 2014년 9월 미국 국무장관이었던 존 케리가 신동혁을 직접 초대해 면담한 뒤 "북한 인권 탄압을 알리는 살아있는 표본"이라고 말하기도 했다. 그의 증언은 유엔에서 북한인권결의안이 통과되는 데 상당한 역할을 했다. 하지만 2014년 10월 북한에선 신동혁의 부친이 방송에 출연해 신동혁이 여섯 살 때 찍은 사진을 공개하고, 신동혁이 "13세 소녀를 성폭행하고 달아난 범죄자"라고 밝히면서 그의 주장은 거짓으로 드러나기 시작했다. 신동혁은 결국 "여섯 살 때 어머니, 형과 함께 14호 수용소에서 18호 수용소로 옮겨졌다"고 자신의 증언을 번복했다. 탈출을 계획하던 어머니와 형을 감시자들에게 고발했던 일 역시 14호 수용소가 아니라 18호 수용소에서 있었던 사건이라고 정정했다.[173] 또 13세 때 수용소를 탈출했다가 다시 잡힌 뒤 고문을 당했다고 기술했지만 사실 그 사건은 20세 때 일이었다고 말

---

172) 정성장. 2004. 미국의 북한인권법. 세종연구., <정세와 정책>. 100.

173) 중앙일보. 2015/1/31. 북한 14호 수용소 탈출 불가능 … 신동혁 말 믿지 않았다".

을 바꿨다.(박한식 · 강국진, 2018)[174]

이밖에도 2014년 영국 BBC방송이 '올해의 여성 100인'으로 선정하기도 했던 '탈북 여대생' 박연미는 2014년 '세계 젊은 지도자 회의'와 영국 의회 등에서 탈북 경험을 전하며 북한 인권 문제를 상징하는 존재가 됐다. 하지만 외교전문지 디플로매트는 2014년 12월 10일자 기사에서 신뢰성에 의문을 제기했다. 가령 친구 어머니가 2002년에 미국 영화를 봤다는 이유로 공개 처형되었다는 등 신뢰성이 떨어지는 증언을 비롯해 증언이 그때그때 조금씩 달라지는 문제도 있다.(박한식 · 강국진, 2018)

왜 자꾸 이런 문제가 반복되는가. 북한인권문제를 연구해 온 싱가포르 경영대학교의 교수 송지영(2015)은 이와 관련해, "탈북 활동가에 대한 시장압력"을 언급한바 있다. "탈북자들은 인터뷰를 하는 사람이 듣고 싶어 하는 이야기를 잘 알고 있다. 유엔 북한 인권조사위원회나 미국 의회, 서구 언론을 불문하고 질문은 한결같다. '왜 북한을 떠났나? 그곳에서의 삶은 얼마나 끔찍했나?' 그들의 이야기가 끔찍하면 끔찍할수록 더 많은 관심을 받는다. 국제적인 행사에 초청받는 일이 늘어날수록 수입이 늘어난다. 비극적이고 충격적인 이야기들의 경쟁, 이것이 자본주의가 작동하는 방식이다. 이는 한국에서 폐지를 줍거나 화장실을 청소하며 돈을 버

---

174) 그 자신이 탈북자 출신인 주성하(동아일보 기자)는 자신의 블로그에 쓴 글에서 "그는 이미 말을 너무 많이 바꾸어 신뢰를 잃었다"고 지적할 정도였다. 신동혁의 지인인 정광일 북한정치범수용소 피해자가족협회 대표(15호 수용소 출신) 역시 "처음부터 동혁의 말을 믿지 않았다. 14호에서의 탈출은 불가능하기 때문이다. 그런 점을 지적해도 다른 사람들은 시기 때문에 그런다고 생각하더라. 동혁이는 국내에선 별 활동을 안 했다. 들통 날까봐 두려웠을 거다".(중앙일보, 2015/1/31)

는 일보다 나은 삶이다."[175]

우리가 눈여겨봐야 할 대목은 탈북자들의 증언이 얼마나 믿을 만한가 자체보다는 오히려 언론이 탈북자 증언을 대하는 태도라고 할 수 있다. 탈북자 증언은 그들이 차지하는 특수한 위치 때문에 매우 조심스럽게 다루지 않으면 안 된다. 또한 탈북자라고 해서 모두 동일한 관점을 갖고 있는 것도 아니다. 가령, 필자가 2004년 인터뷰한 한 탈북자는 "일부 탈북자들이 자신의 경험을 지나치게 부풀린다"며 비판했다. 그는 "김정일 정권이 무너진다고 북한 주민들이 행복해지는 것은 아니다. 후세인 정권 무너졌다고 이라크 사람들이 행복해졌느냐"고 반문하면서 "'빨간 색안경'을 끼고 이북을 보지 말아달라"고 말했다.[176] 하지만 이런 증언은 찾아보기 쉽지 않은 게 현실이다.

조선일보와 동아일보 등 이른바 '보수언론'은 1990년대 후반부터 탈북자와 '대북소식통'을 동원해 탈북자 문제 등 북한 인권문제를 지속적으로 거론해왔다. 하지만 보도 자체가 갖는 자기모순 때문에 진의가 의심스럽다는 비판을 지속적으로 받아왔다. 조선일보는 북한인권 문제를 다룰 때는 인권이 갖는 보편적 성격을 강조하지만 정작 국가보안법에는 '한국의 특수성'을 강조한다. 또한 북한인권 문제를 김대중-노무현 정부의 대북포용정책을 비난

---

175) Song, Jiyoung(송지영). 2015. Unreliable witnesses: The challenge of separating truth from fiction when it comes to North Korea.Asia & the Pacific Policy Society's Policy Forum.

176) 강국진. 2004. "북한 정권 무너지면 북한 주민이 행복해 집니까?". 시민의신문 569호.

하는 근거로 활용한다. 이런 태도는 2004년 미국의 북한인권법에 대해 동아일보가 "우리가 하지 못한 일을 그들이 대신 한 셈(7월 24일)"이라고 강조하면서 "미국 정부와 긴밀히 협조하는 것이 도리(9월 30일 사설)"라고 밝히는 것으로 이어진다. 북한 인권 문제라는 것이 실제로는 북한 체제를 부정적으로 묘사하고 남북대결을 부추기기 위한 수단으로 작동하는 셈이다.

이런 양상을 극명히 보여주는 것이 김일성 · 김정일 · 김정은으로 이어지는 북한 지도자 흠집 내기라고 할 수 있다. 먼저 김일성에 대해서는 북한을 지배하는 김일성은 독립운동가였던 '진짜' 김일성의 이름을 훔친 '가짜'라는 게 사실로 통용됐다. 사악하고 교활한, 하지만 알고 보면 우스꽝스러운 돼지로 묘사했던 만화영화 '똘이장군'은 당시 김일성에 대한 이미지를 적나라하게 보여주는 초상이었다. 대학가에선 1980년대 후반 김일성은 '진짜'라는 글을 학보에 실었다가 필자가 구속되는 일도 있었다. 김일성 사후에는 김정일이 술주정뱅이이며 괴팍하고 종잡을 수 없는 인물이라는 '상식'이 언론을 지배했다. 미국 국무장관 올브라이트가 김정일과 여섯 시간 동안 면담한 뒤 "상대방의 얘기를 매우 잘 들으며 훌륭한 대화 상대다. 매우 결단력이 있으며 실용주의적이라는 인상을 강하게 받았다. 또 진지했다"고 표현한 게 들어갈 자리가 없었다.

이런 전통은 이제 김정은으로 이어진다. 특히 숙청은 김정은 시대 북한을 다루는 주요 열쇠 말 지위를 계속 이어가고 있다.[177] 잦은 숙청은 북한 권력구조가 불안정함으로 보여주는 증거처럼 언급되면서 '북한 붕괴론'을 유포하는 데 일조했다. 장성택[178] 처형을 시작으로 리영호 대장[179], 현영철 인민무력부장[180], 김용진 내각부총리 등에 대한 숙청 보도가 줄을 이었다. 심지어 이들이 "졸다가" 처형됐다는 보도도 나왔다. 이러다보니 리명수 대장이 2018년 초 공식회의에서 조는 모습이 조선중앙TV에 포착됐다며 처형을 예상했다가 그 직후 남북정상회담에서 버젓이 문재인 대통령 앞에 나타나는 웃지못할 촌극까지 빚어졌다. 심지어 김정은 부인인 리설주가 한동안 언론에 등장하지 않자 김정은이 리설주를 숙청했다거나, 현송월이 입에 담기 민망한 혐의로 잔인하게 처형됐다는 보도까지 아무렇지도 않게 실리는 지경이다.[181]

---

177) 조선닷컴. 2013. 리설주 '포르노, 불륜'으로 이미 숙청? "김정은, 10대 새 신부 찾는 중". 2013/12/11. http://news.chosun.com/site/data/html_dir/2013/12/11/2013121104189.html

178) 시사IN. 2013/12/18. 모두를 놀라게 한 장성택 처형 사건. 327호.

179) 이에 대해 박한식 조지아대 명예교수는 이렇게 언급한바 있다. "한국 언론에선 '숙청'이라는 관점에서 접근하지만 숙청은 권력투쟁을 동반한다는 점에서 리영호 대장 사례를 숙청이라고 봐야 할지 의문입니다. 리영호는 자기 주위에 자기를 위한 세력이랄까 이런 게 전혀 없었습니다. 줄줄이 다 숙청되는 상황이 안 일어났습니다. 물론 세대 차이가 좀 있고 해서 늙은 사람들이 좀 물러서고 젊은 사람들이 들어서는 상황은 있었지요. 리영호는 당시 나이가 70살이 넘어 그렇게 건강한 사람이 아닌데다 자기가 모시던 김정일이 세상을 떠나니 심리적으로도 그만두겠다는 생각도 있었던 것 같습니다. 자기 뜻에 맞지 않게 숙청돼서 밀려난 것은 아닌 걸로 판단합니다." 자세한 내용은 박한식·강국진. 2018. 『선을 넘어 생각한다』. 부키 참조.

180) 연합뉴스. 2015. 국정원 "북, 현영철 인민무력부장 공개처형".

181) 조선일보. "김정은 옛 애인 등 10여 명, 음란물 찍어 총살돼". 2013/8/29.

일 신문 "이설주 추문설"
뒤숭숭한 평양
외교관 자녀는 귀국령

김정은 북한 국방위 제1위원장의 부인 이설주가 지난 19일 평양에서 아시안컵 예선 선수권대회를 관람했다. 헤어 스타일을 짧게 바꾸고 반지를 끼고 나왔다. [평양 로이터=뉴시스]

평양이 뒤숭숭하다. 김정은 국방위원회 제1위원장의 부인 이설주의 성 추문설이 언론에 보도되면서다. 북한은 22일 조선중앙통신의 논평을 통해 "이와 배척들을 품은 온갖 나라와 국적을 막론하고 비열한 배신자들의 성 쌀아 색해 일삼고 있다"고 강하게 반발했다. 이런 상황에서 외교관과 해외파견 주재관 자녀에 대한 소환명령이 내려졌다. 소환령은 평양 엘리트층의 불만이 급증함에 따라 내부 단속을 강화하기 위한 조치다.

"음란물 예술단원, 이설주 언급"

아사히신문은 21일 발행한 북한 고위 관리 등의 발설 인용해 온하수 관현악단과 왕재산 예술단 단원 10여명이 포르노를 제작했으며, 북한 경찰 이면 보안부서가 이설주 대화를 도청하는 중 이설주 예행해서는 우리들처럼 놀고 있었다"는 발언을 입수했다고 전했다. 이후 관련 소문은 저탄하게 퍼져 북한이 지난 2월 관련자 10여명을 체포 총살하는 것이다. 2009년 5월에 창단된 온하수 관현악단은 전자바이올린과 독창가수 등을 위한 구성된 북한 최고의 예술단이다.

조선영상봉사단은 "오늘 북남관계가 또다시 엄중한 사태에 직면하게 된 것은 괴뢰패당과 보수 언론들의 사환촉을 내놓은 죄과 비열하고 비겁한 오물과 날조의 대합물을 계속 해대며 한 것"이라고 관련된다"며 이설주 가족 성추 연기 등 남북관계가 경색 된 이유로 이설주 관련 보도를 꼽았다. 도희성 파일럿북인권연대 대표는 "북한 임종에서 최고권위 모략 선전으로 이산가족 상봉을 연기 할 수 있게 됐다"며 "아직까지 내부사정이 불안한 북한이 상봉대상자에 대한 정신교육 등 내부 단속을 강화하기 위해 사건이 필요했을 것"이라고 분석했다.

中央日報
2013년 8월 29일 목요일 A06면 종합 27.5 × 8.1 cm

김정은 옛 애인 등 10여명, 음란물 찍어 총살돼
(보천보 전자악단 소속 가수 현송월)

가수·무용수 등 유명 예술인
性관계 장면 촬영·판매·시청
北, 은하수·왕재산 악단 해체

김정은 노동당 제1비서의 연인으로 알려진 가수 현송월을 포함해 북한 유명 예술인 10여명이 김정은의 지시를 어기고 음란물을 제작·판매

한 혐의로 지난 20일 공개 총살된 것으로 28일 밝혀졌다.

중국 내 복수의 대북 소식통에 따르면 가수 현송월과 은하수 관현악단의 문경진 등은 지난 6월 김정은의 '성 성격해음'을 소지한 사실이 적발됐으며 '사형된 예술가는 모두 정치범으로 규정됐다'고 말했다. 특히 은하수 약단 단원과 사형수 가족이 이산가족 상봉에 진행됨에 따라 "사형수가 촉된 모두 정치범송수용소로 끌려갔던 것으로 안다"고 말했다.

현송월은 보천보 전자악단 소속 가수로 김정은이 리설주와 결혼하기 전에 그녀와 사귀었다는 소문이 있었다. 문경진은 2005년 헝가리 '카티널 국제 바이올린 콩쿠르'에서 우승한 북한의 대표적인 연주가다. '공훈 예술가'까지 됐다 받았다. 은하수 악단 자녀 바이올리니스트 정선영도 이번에 처형됐다. 페이지=안윤현 특파원

이런 흠집내기 보도의 최근 사례인 김영철 숙청설 보도는 국제적인 관심을 끈 끝에 국제적인 오보로 결론이 나면서 한국 언론의 신뢰까지 떨어뜨리는 사례가 됐다. 주지하다시피 조선일보는 하노이 북미정상회담 직후 김여정 조선노동당 제1부부장과 김영철

부위원장, 북미정상회담의 북측 실무협상을 맡았던 김혁철 국무위원회 대미 특별대표가 외무성 간부 4명과 함께 조사받은 뒤 미제에 포섭돼 수령을 배신했다는 혐의로 미림비행장에서 총살당했다고 보도했다.[182] 5월 31일자 보도를 보면 하노이 정상회담을 총괄했던 "김영철은 해임 후 자강도에서 강제 노역 중"이고 "김혁철과 함께 실무 협상을 담당한 김성혜 통일전선부 통일책략실장은 정치범 수용소에 보내졌다"고 했다. 하노이 회담에서 김정은의 통역을 맡았던 신혜영도 결정적 통역 실수로 "최고 존엄의 권위를 훼손했다"는 이유로 정치범 수용소로 갔다고 한다. 김여정 노동당 제1부부장도 근신 중이라고 전했다. 하지만 조선중앙통신은 6월 3일 김영철 부위원장이 공식 석상에 찍힌 사진을 공개하며 "어제(2일) 김정은 북한 국무위원장이 군인가족예술소조경연에서 당선된 군부대 공연을 관람했다"고 보도했다. 조선일보는 6월 26일자 5면에는 '김여정 위상, 최룡해급으로 격상'이란 제목으로 김여정의 위상이 올라갔다는 소식을 전했다.[183] 5월 기사와 6월 기사 모두 출처는 국가정보원이었다. 이 분야 전문가들은 애초에 김영철이 최고인민회의 제14기 제1차 회의 이후 공식석상에 모습을 드러내지 않았던 건 악성종양 제거를 위해 북한 지도층이 이용하는 봉화진료소에서 치료를 받았기 때문이며, 김정은 위원장이 6월 2일 군인가족예술소조공연 관람에 김영철을 대동한 것은 치료가 끝난 상태에서 '노역설'을 불식시키기 위한 것으로 보인다고

---

182) 조선일보. "김영철은 노역刑, 김혁철은 총살". 2019/5/31.

183) 조선일보. '김여정 위상, 최룡해급으로 격상'. 2019/6/26 5면.

밝힌바 있다.[184]

2019년 5월 31일 금요일 A01면 총합 31.5 x 10.2cm

"김영철은 노역刑, 김혁철은 총살"

북한이 하노이 미·북 정상회담의 실무
협상을 맡았던 김혁철 국무위원회 대미
북미대표와 외무성 실무자들을 협상 결
렬 핵심을 물어 처벌한 것으로 30일 알
려졌다. 대미 협상을 총괄했던 김영철 노
동당 통일전선부장도 혁철과 조치(강제
노역 및 사상 교육)를 담한 것으로 전해
졌다. 하노이 협상 결렬로 총괄받은 김
정은 국무위원장이 내부 동요와 불만을
들리기 위해 대대적 숙청을 진행 중인 것
으로 관측된다.

북한 소식통은 이날 "김혁철이 지난

대북 소식통은 "북한, 하노이 결렬에 대미 협상 실무팀 집단 숙청"
노동신문 "반당·반혁명 준엄한 심판"… 장성택 처형 후 첫 언급

3월 외무성 간부 4명과 함께 조사받고
미림비행장에서 처형당한 것으로 안다"
고 전했다. 이 소식통은 "김영철은 해당
후 자강도에서 강제 노역 중"이라
며 "김혁철과 함께 실무 협상을 담당한
김성혜 통일전선부 통일책략실장과 정
철 국무위원회 대미특별대표 등 책임한
신분"이라고 말했다.

이 회담에서 김정은의 통역을 맡았던 신
혜정이란 미제 스파이 혐의가 적용돼
정치범 수용소에 보내졌다"고 했다. 하노
이 회담에서 김정은의 통역을 맡았던 신
혜정은 정치범 수용소에
갔다는 것으로 알려졌다. 김혁철 노동
당 제1부부장도 근신 중인 것으로 봤
졌다. 정부 관계자는 "하노이 회담 이후
김영철의 행적이 포착되지 않는다"

"김정은이 근신시킨 것으로 파악하고
있다"고 했다.

노동당 기관지 노동신문은 이날 "당
에서는 수행을 받드는 혁하고 뒤에 돌
아앉아서는 딴 꿈을 꾸는 동상이몽은
수행에 대한 도와·의리를 저버린 반당·
혁명 행위"라며 "이런 자들은
혁명의 준엄한 심판을 면치 못하게 된
다"고 했다. 또 "수행에 대한 충실성을
말로만 외우고 실지어 대세에 따라 변
하는 배신자·변절자도 나타나는 터인"
며 "충실성은 결코 투쟁 연한이나 경력

에 기인하는 것이 아니다"고 했다.

노동신문에 '반당·반혁명, 준엄한 심
판' 등 숙청을 암시하는 표현이 등장한
것은 2013년 12월 장성택 노동당 행정
부장 처형 이후 처음이다. 국책 연구소
관계자는 "하노이 회담 관련자들에 대
한 대규모 숙청이 진행 중이라는 의미"
라며 "피의 숙청과 공포 분위기가 한동
안 이어질 것"이라고 했다.

김명성 기자 기사 A3면

대미협상 총괄 김영철 대미 특별대표 김혁철

2019년 6월 26일 수요일 A05면 정치 25.6 x 19.3cm

"김여정 위상, 최룡해급으로 격상"

국정원 "김영철은 위상 떨어져 역할 조정, 의전은 현송월 담당
시진핑, 北에 식량·비료 내줄듯… 군사교류 재개 논의 가능성"

국가정보원은 25일 김정은 북한 국무
위원장의 여동생인 김여정 노동당 선전
선동부 제1부부장의 위상이 크게 올라간
반면 김영철 당 부위원장의 위상은 하락
한 것으로 보인다고 밝혔다. 국정원은 최
근 시진핑(習近平) 중국 국가주석 방북
때의 사진·영상 등을 근거로 이 같은 판
단을 내렸다.

국정원은 이날 국회 정보위원회가 이
해호 바른미래당 의원을 만나 "(김여정
에 대한) 역할 조정이 있어서 무게가 올
라간 것 같다"며 "사진을 보면 최룡해 최
고인민회의 상임위원장이나 리수용 노
동당 부위원장과 같은 반열에 있다"고 밝
혔다. 북한의 '2인자' 인 최룡해와 어깨
를 나란히 할 정도로 김여정의 위상이
라갔다는 것이다.

실제 김여정은 지난 20일 평양 국제비
행장(순안공항)에서 열린 시 주석 환영
식 때 직책상 자신의 상관(上官)인 당부
위원장들과 나란히 도열했다. 군(軍)에
서 열 1위인 김수길 총정치국장보다도 앞
자리에 섰다. 2017년 10월 당 정치국 후보
위원에 오른 김여정은 위원으로 승진했
을 가능성도 있다. 전직 고위 정보 담당

자는 "김여정이 김정은의 통치를 보조하
는 역할을 하면서, 일종의 비상시 후계
구도를 위한 포석으로 보인다"고 했다.
국정원은 그러나 김영철에 대해선 "시
주석 방북 당시 환영 행사에 등장한 것은
맞지만 정상회담에서 빠졌다"며 "위상
이 떨어진 것이고 역할 조정이 있다는 것
을 보여준다"고 보고했다. 이에 따라 과
거 김여정이 하던 현장 행사나 의전 담당
역할을 하는 것으로 평가했다.

국정원은 시진핑 중국 국가주석의 방
북한 이후 중국의 대북(對北) 경제·군사
적 지원이 강화될 가능성이 있다는 것으로
분석했다. 국정원은 "(중국 측에서) 경제
인사와 군 관련 인사가 배석했다는
사실로 미뤄볼 때, 유화이 국제사회의 대
북 제재 틈 안에서 민생 지원에 초점을 두
고 논의한 것으로 보고 있다"고 했다. 시
주석은 이번 방북에 딩쉐샹(丁薛祥) 국
가발전개혁위원회 주임, 중산(鍾山) 상
무부장, 마오닝(毛寧) 정치공작부 주임
등 경제와 군 관련 장관급 인사와 동행했
다. 경제 분야의 장관급 인사가 시 주석

의 반복을 수행한 건 이례적이라고 국정
원은 평가했다.

국정원은 또 중국이 구체적으로 식량
및 비료 지원, 대북 관광 확대 방안 등을
내놓을 수 있다고 내다봤다. 국정원은
"중산 상무부장이 배석한 것으로 미뤄 대
북 관광 요인을 완화해주고, 예술 등 문
화 교류를 장려하는 동·우회 지원 받아동
의 논의해볼 수 있다고 본다"고 했다.

국정원은 (북·중이) 식량·비료 지원
등을 협의할 것으로 본다"며 "고위급
군사 교류 재개를 보여줄 가능성도 있
다. 다만 담당 무게가 둥을 확대한다는
이야기가 아니고, 군사 관련 행사·회의
의 참관 등의 낮은 교류로 보인다"고 했
다. 시 주석 방북 때 북한이 보여준 "황제
의전" 역시 북·중 밀착을 볼 보여준다는
분석이다. 국정원은 "북한의 의전과 환
대가 대단했다. 김정은·리설주 부부가 공
심야에 숙소까지 동행할 정도였고, 27시
간 김진핑 부부가 체류하는 동안에 60%
이상의 모든 일정에 동행했다"고 했
다. 또 "테이블을 중국의 천수색으로 'ㄷ'
자 형태로 배치했고, 패색의 북한식을 달
피해 중국식·서구식을 변치대비하는 모
습을 보였다"고 평가했다.

국정원은 시 주석이 전격 방북을 결정
한 배경으로 "G20 정상회의'와 '홍콩
시위 사태"를 꼽았다. 국제사회의 이목

을 '홍콩 시위'에서 '평양'으로 돌리기
위한 목적이 있었다는 뜻이다. 김정은
역시 시 주석 방북으로 '하노이 회담 결
렬' 로 손상된 리더십과 권위를 상당히
만회한 것으로 보인다고 국정원은
평가했다.

윤형준 기자

왜 자꾸 이런 일이 반복되는가. 한국 언론이 국정원이 흘리는
불확실한 정보 혹은 가십성 소식을 별다른 검증 없이 보도하는 게

---

184) 정성장. 2019. '김혁철 처형설'과 '김영철 노역설'에 대한 일곱 가지 의혹. 세종연구
소. <세종논평> 2019-18.

주요 원인이라고 할 수 있다. 가령 개 120마리로 장성택을 죽였다는 보도는 결국 중국 소셜미디어에 올라온 풍자적인 게시물이 출처인 것으로 드러났다. 하지만 좀 더 본질적인 질문이 필요하다. 과연 불확실한 혹은 신뢰도가 떨어진다는 걸 몰라서 그런 보도가 나왔을까 하는 점이다. 수십 년에 걸친 북한 흠집내기 보도는 다분히 의도적이라고 보는 게 합리적이다. 북한이 비정상적인 국가라는 선입견으로 볼 수도 있지만 그것 역시 왜 그런 선입견이 작동하는가라는 질문으로 돌아가면 결국 같은 결론이 나올 수밖에 없다.

'굿 셰퍼드(2006년 작)'라는 첩보 영화가 있다. 할리우드 유명 배우인 로버트 드 니로가 감독을 맡고 맷 데이먼과 안젤리나 졸리가 주연했다. 쿠바 피그스만 침공작전을 비롯한 CIA의 비밀공작과 미소 간 정보전의 이면을 다뤘다. 주인공 에드워드 윌슨의 멘토인 프레더릭스 교수는 '흑색선전' 활용법을 이렇게 설명한다. "흑색선전, 역정보는 특히 조심해서 다뤄야 한다. 적에게 어떤 타격을 줄지 잘 분석해야 해." 곧바로 이어지는 장면에서 영국의사협회는 히틀러가 제1차 세계대전에 참전했을 때 매독에 걸린 걸 입증하는 진료기록을 공개했다는 라디오 방송이 흘러나온다. 물론 윌슨이 조작한 흑색선전의 일환이다. 김일성 조작설을 비롯해 김영철 노역설에 이르기까지 수십 년간 계속된 '북한 흠집내기'는 물론 정보공작이 아니라 언론보도의 범주에 속한다. 하지만 그 결과만 놓고 본다면, 더구나 출처가 '대북 소식통'이나 '미국의 소리' '자유아시아방송' 혹은 일부 탈북자들이라는 걸 고려한다면 고의적인 오보와 흑색선전의 경계가 모호해진다는 의심에서 과연 얼마나 떳떳할 수 있을지 생각해볼 일이다.

다양한 층위의 북한 지도자 흠집내기와 '믿을 수 없는' 비정상 국가라는 보도의 홍수를 살펴보면 그 밑바닥에 북한은 붕괴하고 있으며, 붕괴할 수밖에 없다는 인식이 자리잡고 있다는 데 주목하지 않을 수 없다. '붕괴'가 정확히 어떤 의미인지 불분명하다는 것은 논외로 치더라도, 북한붕괴론은 끊임없이 비슷한 모습으로 확대재생산됐다는 걸 알 수 있다. 가령 1997년 조선노동당 비서 황장엽과 2016년 영국 주재 북한대사관 공사 태영호 사례를 비교해보면 모두 대통령 선거 등 중요한 선거를 앞두고 선거패배 우려가 높아지는 시점이었고, 남북관계는 표류하고 있었다는 공통점이 있다. 황장엽과 태영호 모두 '자유대한의 품'에 안겨 '북한은 붕괴한다'는 주장을 내놓았다는 것도 공통점이라면 공통점이다.

위키리크스에 따르면 커트 캠벨 국무부 동아태차관보는 한국에서 '여론 주도층' 다섯 명과 북한의 미래에 대한 의견을 청취했는데, 그 자리에서 한 전문가는 "지난 10년 동안 한국과 미국, 중국, 일본 등 국제 사회가 응석을 받아 준 것이 북한의 정권 유지를 도와주었다"고 말했다. 그 '여론 주도층'이 강조한 핵심은 북한이 매우 취약한 상태이기 때문에 강하게 압박하면 굴복할 수밖에 없다는 것이었다. 그 다섯 명이 누군지는 알 수 없지만 언론인이 포함되었을 거라고 보는 것이 합리적 추론이 아닐까 싶다.

4. 주한미군 분담금, 미국 이익과 동기화하기

　대북 비밀 공작원이었던 박채서 이야기를 다룬 『공작』을 보면 한국 정보를 미국에 제공하는 '검은 머리 미국인들' 이야기가 등장한다. 박채서는 1990년대 초반 정보사에서 일할 당시 정치, 국방, 경제, 사회, 문화, 언론 등 한국 사회 각 분야에서 지도급 인사로 행세하는 '검은 머리 미국인들'이 380명에 이르렀다고 한다. 미국 정보요원들이 이들을 포섭하는 데 사용한 미끼는 CIA 공작교범에서 밝힌 포섭공작의 4대 요소(돈, 이념, 타협, 자존심)가 아니라 미국 시민권이었다. 이는 이들이 미국에 협력하는 댓가로 원하는 것이 "한국에서 제2의 6·25 전쟁이 터졌을 때 미국으로 피신할 수 있는 '비상 탑승권'"이라는 걸 의미한다.[185]

　박채서가 밝힌 '검은 머리 미국인들'은 위키리크스가 폭로한 주한미국대사관 외교전문에 '취재원(contact/source)'으로 등장한다. 위키리크스가 공개한 미국 외교전문(25만 1,287건) 가운데 주한미국대사관이 작성한 문건은 1,980건(2급비밀 123건, 3급비밀 971건)이다. 이 가운데 출처에 따라 '청와대 취재원(Blue House contact/ Blue House source)'이 등장하는 전문은 18건, 국회는 14건, 외교통상부와 통일부는 13건, 국방부는 6건 등이

---

185) 김당. 2018. 『공작』 1권. 이룸나무. 99~102쪽.

다.[186] 언론계에 종사하는 취재원이 존재할 가능성도 존재한다. 주한미국대사관이 2006년 8월 19일 작성한 3급 비밀 전문인 '노무현 대통령의 전시작전통제권, 북한, 미국, 국내 정치에 대한 비공식 발언'을 보면 주한미국대사관은 8월 13일 노무현 대통령이 4개 신문사 간부들을 초청해 나눈 대화 녹취록을 입수했다. 이 전문은 "한국에는 오프 더 레코드 따위는 없다. 특히 언론인들이 개입될 때는 더 그렇다. 다음 녹취록은 만찬에 참가한 한 언론사 간부로부터 입수한 것이다"라고 밝혔다.[187]

군이 위키리크스까지 들추지 않더라도, 굳이 음험한 공작까지 따지지 않더라도 한미동맹 사안은 한국 언론에서 미국의 이익에 자신들의 이익을 동기화하는, 자발적 동의와 능동적 순응의 전형적인 사례라고 할 수 있다. 그런 면에서 2018년 연초부터 1년 동안 한미 간 핵심 의제 가운데 하나인 주한미군 방위비 분담금 문제를 살펴보는 것이 큰 의미가 있다.

주한미군 방위비 분담금은 주한미군 주둔비 가운데 한국이 분담하는 몫으로, 주한미군에서 일하는 한국인 노동자 인건비와 각종 미군기지 건설 비용, 군수 지원비 등 명목으로 사용한다. 한미 양국은 1991년부터 특별협정을 맺어 한국이 부담할 주한미군 방

---

186) 위키리크스가 공개한 외교전문에 등장하는 'contact'는 첩보영화에 등장하는 정보원(情報員)보다는 정보원(情報源) 혹은 '정직한 협조자', 흔히 말하는 '취재원'에 가까운 의미다. 하지만 일부 인사는 "절대 보호 요망(strictly protect)"이라고 적시한 "가치 있는 정보원(a valued contact)"이라는 표현에서 보듯 문맥상 외국 정부에 포섭된 '情報員'와 유사한 부분도 있어 보인다. 자세한 내용은 김용진. 2012. 『그들은 아는, 우리만 모르는』. 개마고원. 334~336쪽 참조.

187) 김용진. 2012. 『그들은 아는, 우리만 모르는』. 개마고원. 343~347쪽.

위비 분담금 액수를 정했는데 2014년 타결한 9차 협정은 2018년 12월 31일 만료되면서 2018년 연초부터 10차 협상을 진행했다. 주한미군 방위비 분담금 문제는 사실 트럼프가 당선 이전부터 논란을 예고했던 사안이었다. 트럼프는 대선 당시 이 문제를 여러차례 거론하며 공론화했기 때문이다. 트럼프는 2016년 1월 CNN 인터뷰에서 주한미군 철수 가능성을 묻는 질문에 "우리에겐 (방위비로) 푼돈(peanut)만 준다. 한국은 더 많은 돈을 줘야 한다"고 말한바 있다. 2018년 3월 트럼프는 미주리에서 열린 기금모금 만찬 연설에선 "우리는 그들(한국)과 무역에서 큰 적자를 보면서 그들을 보호하고 있다. 우리는 무역에서 돈을 잃고 군대(주한미군)에서도 돈을 잃는다"고 말했다. 2018년 4월30일 NBC 방송은 전현직 관리들을 인용해 "지난 2월 트럼프와 존 켈리 백악관 비서실장이 주한미군 철수 문제를 놓고 격렬한 논쟁을 벌였다"고 보도했다. 트럼프는 2018년 6월 한미정상회담에서도 "주한미군 주둔비용의 공정한 분담이 이뤄지도록 하겠다"고 공언한바 있다.

트럼프는 동맹보호 자체를 거래 대상으로 보는 관점을 여러 차례 드러낸 셈이다. 2018년 5월에는 뉴욕타임스가 복수의 소식통을 인용해 트럼프가 국방부에 주한미군 병력감축을 고려하라고 지시했다고 보도하자 존 볼턴이 4일 사실무근이라며 반박하기도 했다.[188] 트럼프의 발언은 주로 분담금이라는 비용 문제로 나타나지만 일각에선 아예 외교적 거래 대상으로 삼기도 했다. 헨리 키

---

188) 서울신문. 트럼프發 주한미군 감축설… 볼턴 "완전한 난센스" 즉각 진화.
    2018/5/5. 3면.

신저가 2018년 7월 트럼프 행정부 고위관료들에게 "북핵 해결에 더 좋은 기회를 가지기 위해 (중국과의 협상에서) 주한미군 철수 카드를 제시할 수 있다"고 조언했다는 뉴욕타임스 보도가 대표적이다.[189]

월스트리트저널이 2018년 12월 7일 보도한 내용을 보면 "트럼프는 한국이 지금보다 두 배까지 올리기를 원한다"면서 미국 협상팀이 요구한 액수는 총액 50% 인상에 해당하는 12억 달러(약 1조 3,500억 원)라고 보도했다. 1991년 이후 그때까지 인상폭은 2.5~25.7%였다.[190] 협상 과정에서 미국은 이를 관철하기 위해 다양한 압박수단을 동원했다. 주한미군 사령부는 전국주한미군한국인노동조합에 공문을 보내 "협상이 타결되지 않으면 2019년 4월 15일부터 강제 무급휴직을 발효할 수밖에 없다"고 통보하기도 했다. 8,700여 명에 이르는 미군기지에서 일하는 한국인 노동자 인건비는 75%를 한국 정부가 부담한다.[191]

해리 해리스 주한미국대사는 12월 11일 '송년 한미우호의 밤' 행사 축사에서 "한국은 더 많은 것을 할 수 있고 해야 한다"고 말했다. 한국을 방문한 스티븐 비건 미 국무부 대북정책 특별대표는 자신의 업무가 아닌데도 "주한미군 방위비 분담금 문제는 북핵

---

189) 조선일보. 트럼프 눈에 주한미군은… 동맹 보호막보다는 거래 대상. 2018/5/3. 4면.

190) 한겨레. 2018. WSJ "트럼프, 한국 방위비 2배로 내길 원해". 2018/12/10. 9면.

191) 한국일보. 2018. 주한미군 "한국인 근로자 무급휴직" 방위비 압박. 2018/12/14. 1면.

이슈와 매우 연관된 사안"이라며 압박에 가세했다.[192] 한미 간 협상은 접점을 찾지 못하면서 결국 해를 넘겼다. 핵심은 역시나 "총액 등과 관련한 양측 간 입장차"였다.[193] 이 즈음 미국에선 5년 단위이던 협상을 1년 단위로 바꾸자고 요구했다. 2014년 체결한 제9차 협정의 유효기간이 2018년까지였기 때문에 2019년 연초엔 방위비분담금 무협정 상태가 된 셈이다. 이 과정에서 청와대는 외교부 차원에서 진행하던 실무협상을 중단하고 청와대가 직접 현안을 챙기는 것으로 대응했다.

이즈음부터 언론에선 '트럼프가 주한미군을 감축할 수도 있다'는 보도가 잇따랐다. 2019년에 적용되는 미 국방수권법이 의회 승인 없이는 2만 8,500명 수준인 주한미군을 2만 2,000명 미만으로 줄일 수 없도록 돼 있는데 "6,500명은 트럼프 대통령이 마음만 먹으면 줄일 수 있다"는 우려였다.[194] 하지만 국방수권법에서 6,500명을 유동적인 병력으로 남겨놓은 것은 주한미군 병력 일부가 자유롭게 기지를 이동하도록 한미 국방부의 병력운용에 따른 것이었다는 점에서 '주한미군 감축' 우려는 과장된 측면이 있었다. 주한미군 감축 우려를 이유로 들며 신속히 분담금 협상을 마쳐야 한다는 주장은 결국 분담금 증액을 감수하라는 무언의 압

192) 중앙일보. "주한미군 분담금 증액 북핵 문제와 매우 연관". 2018/12/29. 1면.

193) 경향신문. 한·방위비분담금 협상 타결 불발 미국 대폭 증액 요구에 접점 못 찾아. 2018/12/15. 5면.

194) 조선일보. 트럼프 제어할 '안전판' 없어진다. 2018/12/22 8면. 중앙일보. 주한미군 철수 제동 건 매티스 퇴장… 분담금에 영향 미칠 듯. 2018/12/22. 5면.

박으로 작용할 여지가 컸다.[195) 물론 이 과정에서 '주한미군 감축
이 왜 한국 안보에 위협이 되는가'라는 좀 더 근본적인 질문은 제
대로 거론되지 않았다. 그런 면에서 보면 배명복 중앙일보 대기
자가 "미국이 한국에 소중한 만큼 한국도 미국에 소중하다"면서
"미국의 무리한 요구를 무턱대고 수용해야 하나. 그럴 순 없는 노
릇이다. 우리 국민이 납득할 수 있는 타당한 근거를 미국에 요구
하며 따질 건 따져야 한다"고 강조한 건 시사하는 바가 적지 않았
다.[196)

주한미군 방위비 분담금은 1991년부터 방위비분담 특별협정
(SMA)에 따라 한국 정부가 분담하기 시작했으며, 그 규모는 1991
년에는 1,073억 원이었다. 그 뒤 꾸준히 늘어 2014~2018년도는
9,200억 원을 기준으로 매년 물가상승률을 적용하되 4%를 넘지
않게 했다. 2018년 기준 연 9,602억 원 수준이었다.[197) 약 2조 원
으로 추정되는 주한미군 주둔비의 절반 가량이다. 분담금은 크게
미군기지에서 일하는 한국인 노동자 인건비(40%), 미군 막사와
환경시설 등 군사건설비(40%), 탄약 저장과 항공기 정비 등 군수
지원비(20%) 등으로 나눌 수 있다. 일부에선 무상 제공한 미군기
지 땅값에 세금감면 등을 감안하면 부담률이 60~70%에 이른다
고 본다. 의정부와 동두천 기지를 평택과 대구 등으로 옮기는 연
합토지관리계획 사업 비용 역시 당초 미국 정부가 부담하기로 합

---

195) 조선일보. '방위비 압박용' 미군 감축론… 1여단 안오면 지상군 사라져. 2019/1/19.
　　6면. 동아일보. "주한미군 감축 땐 1순위가 2사단 지상군". 2019/1/22. 3면.

196) 배명복. 트럼프가 미국은 아니다. 중앙일보. 2019/01/29.

197) 주한미군 방위비 분담금 규모 추이는 e-나라지표를 참조.

의했지만 결국 평택 기지 확장 비용(약 12조 원)의 92%를 한국 정부가 부담했다. 일본과 독일은 각각 50%와 20% 가량이다. 거기에 주한미군에게 무상으로 제공하는 토지 비용, 카투사 인력 지원, 기지 주변 정비 비용 역시 4조 원이 넘는다는 연구결과도 있다.[198]

게다가 미국은 분담금 중 미집행액 역시 제대로 된 규모조차 공개를 안하고 있다.[199] 주한미군은 2002년 이후 분담금 중 집행하지 않은 돈을 커뮤니티 뱅크에 예치했고, 커뮤니티 뱅크는 이를 다시 '뱅크 오브 아메리카'에 예치해 이자 수익 등을 얻었다. 2000년대 후반엔 적립금 규모가 1조 원을 넘어서기도 했으며, 2016년 말 기준으로 3,331억 원이었다. 미군이 한국 정부가 준 돈으로 돈놀이를 한다는 비판이 일자 정부는 2014년 6월 미 국방부에 커뮤니티 뱅크의 법적 지위와 이자 규모를 묻는 질의서를 보냈지만 미 국방부는 1년 3개월이나 지난 2015년 9월 답변서를 보냈는데 '이자수익은 주한미군에 귀속되지 않았고 커뮤니티 뱅크 운영비로 썼다'는 황당한 내용이었다.[200] 하지만 이 문제를 지적한 보도는 손으로 꼽을 정도다.[201]

분담금 협상을 둘러싼 일련의 과정을 복기하면서 눈여겨봐야

---

198) 중앙일보. 한국, 평택기지 이전비만 9조 쓰는데… 트럼프 셈법서 뺐다. 2019/1/2. 14면.

199) 한국일보. "방위비 더 내라" 노골적 트럼프… 매년 1조 1,000억 원 요구할 듯. 2018/2/22. 4면.

200) 박병수. 분담금과 이자소득. 2018/3/19.

201) 한국일보. "방위비 더 내라" 노골적 트럼프… 매년 1조 1,000억 원 요구할 듯. 2018/2/22. 4면. 박병수. 분담금과 이자소득. 한겨레. 2018/3/19.

할 것은 언론, 그중에서도 군사안보 분야에서 전문성을 가진 것으로 평가받는 전문기자들과 주요 논설위원들을 중심으로 한 보도 태도다. 미국이 한국에 기지를 유지하고 군대를 주둔시키는 건 당연히 미국의 국익을 위해서다. 미국이 자원봉사단체가 아닌 한 너무나 명약관화한 사실이지만 한국 언론에선 전혀 그렇지 않았다. 미국의 이익과 한국의 이익을 동일시하고, 다른 질서를 인정하지 않았다. 가령 중앙일보에서 국방부 출입기자로 오랫동안 일하다 국방부 대변인으로 변신한 뒤 다시 중앙일보로 돌아와 '김민석의 Mr. 밀리터리'를 연재하는 김민석 논설위원의 2018년 12월 28일자 '북핵 위협 커지는데… 한국은 안보 고립'을 보자.

이 글은 한반도 주변 정세를 개괄하면서 "한국은 미국과의 전통적인 동맹관계가 훼손될 가능성이 없지 않고, 일본과는 반감이, 중국과 우호관계는 회복되지 않고 있다. 남북은 국방백서에 '북한군=적'이라는 문구를 삭제할 정도로 우호적(?)이지만, 실상 북한 핵위협은 커지고 있다"고 주장한다. 이에 대한 해법으로는 "정부는 한국의 안보 고립화 현상을 우선 되돌려야 한다. 방위비 분담금 협상은 조속히 원만하게 마칠 필요가 있다. 남북 화해·통일을 위해서라도 우리를 도울 동맹 및 우방 관계를 돈독하게 다져야 하지 않을까"라고 말한다. 이 글이 지향하는 바는 다음 구절에서도 극명히 드러난다. "지난해 말 트럼프 대통령이 대북군사옵션을 꺼냈을 때 매티스 장관이 반대하지 않았으면 어땠을까. 트럼프 대통령은 대북군사옵션을 발동했을 것이고, 본격적인 작전이 개시되기 전에 김 위원장은 고개를 숙이고 나왔을 가능성이 있다. 그랬다면 북한의 비핵화는 더 신속하게 진행됐을 것으로 보인다." 대북군사옵션이란 말 그대로 북한을 선제공격한다는 의미다. 전쟁을 이처럼 쉽게 이야기하는 발상 자체가 충격적이다. 그는 2019년 연초에는 "한국 안보상황을 고려하면 분담금은 유사시 미군사력을 활용할 수 있는 일종의 보험금"이라고 밝혔다.[202]

이하경 중앙일보 주필은 '주한미군 철수는 자해행위다'라는 칼럼에서 "주한미군은 한미동맹을 실증한다"고 규정한 뒤 "주한미군 철수의 칼자루는 트럼프가 쥐고 있다. 그렇다면 우리는 미국에 필요한 나라가 되어야 한다"고 주장했다. 이 글은 "우리가 방위비 분담금 협상으로 소모전을 벌일 때가 아니다. 미국과 확실하게 북핵 공조태세를 갖춰야 한다"며 더 강력한 한미동맹을 위해선 "소모전"이 아니라 미국의 믿음을 얻는 데 노력해야 한다고 주장한다.

중앙일보는 연초에 공로명 전 외교통상부 장관 인터뷰를 실었다. 공로명은 주한미군 방위비 분담금 질문을 받고 이렇게 답했다. "방위비 분담금은 한미동맹의 윤활유다. 주한미군이 있으니 우리에게 핵우산이 있고 북한은 물론 중국까지 견제할 수 있다. 우리가 내는 방위비가(지난해 기준) 1조 원이 채 안 되는데, 대부분이 전기·수도 요금이며 한국인 근로자들 임금도 있다. 결국 우리에게 다시 돌아오는 돈이 적지 않다는 얘기다. 트럼프 대통령이 2배 더 내라고 하는데, 우리가 2배 더 못 낼 건 뭔가. 단 교섭과정에서 2배가 아닌 1.5배로 깎자는 식으로 협상을 잘하면 된다.

---

202) 김민석. 2019. 방위비 분담금은 비용 아닌 안보 보험금. 중앙일보. 2019/1/3. 24면.

지금의 미국은 어느 날 갑자기 주한미군 철수를 실행에 옮길 수도 있다. 그렇게 되면? 한국의 외교안보는 위태롭기 짝이 없게 된다."203) 조선일보는 전 통일연구원장인 김태우 기고문을 실었는데, 이 글에서 김태우는 "동맹은 전부터 중병을 앓고 있었고 분담금을 둘러싼 티격태격은 드러난 병세 중 하나일 뿐"이라면서 "가장 결정적인 요인은 동맹 공조보다 민족 공조를 앞세우는 문재인 정권"이라고 규정했다. 그는 "동맹을 통해 받아들인 자유민주주의 사상, 시장경제 원칙, 기독교적 문화 등은 한국을 세계 유수의 국가로 자리매김하게 한 원동력이 됐다"면서 "이제라도 정부와 국민이 합심해 동맹 추스르기에 나서야 한다"고 종용했다.204)

공로명이 밝힌 '방위비 분담금의 90% 가량은 한국으로 돌아온다'는 프레임은 이후 분담금 협상에서 한국 정부를 압박하는 논리로 확대재생산됐다. 조선일보는 1월 24일자에 기사에선 공로명을 인용해 "주한미군의 존재가 제공하는 (전쟁) 억지력은 금전으로 환산할 수 없는 커다란 자산"이라며 "정부는 (방위비 분담금이) 안보를 위한 필수 불가결한 부담이라는 자세로 시급히 대처해야 한다"고 전했다.205) 이어 1월 26일자에선 팩트체크란 이름으로 재론됐다.206)

---

203) 중앙일보. 공로명 "안보 구두쇠 안돼… 방위비분담금 2배 못 낼 건 뭔가". 2019/1/8. 5면.

204) 김태우. 중병 앓는 한미동맹, 모두 침묵만 할 것인가. 조선일보 2019/1/16.

205) 조선일보. 공로명 전 외교 "분담금은 안보 필수비용 한국인 인건비·전기료 등으로 국내 흡수". 2019/1/24. 4면.

206) 조선일보. 우리가 낸 방위비 분담금, 최대 94% 국내경제에 흡수. 2019/1/26 4면.

동아일보 이기홍 논설실장은 분담금 협상이 특별히 더 중요한 세 가지 이유를 들었는데 첫째는 "결렬 상태가 계속되면 주한미군이 북미 간 흥정 카드로 전략할 수 있다는 점"이고 둘째는 "김정은의 평화공세·남북화해 무드와 한미 갈등이 결합하면서 한국 내에서 주한미군의 중요성에 대한 믿음이 무너지는 단초가 될 수 있다"는 점, 셋째는 "미국 내에서도 회의감이 확산되고 후임 정권들도 주한미군 감축을 큰 방향으로 밀고 갈 가능성이 크다"는 점이다. 그는 이런 점을 들어 "결국 가장 큰 걸림돌은 동맹을 경시하는 트럼프의 아집, 그리고 좌파그룹을 의식하는 한국 집권세력의 낡은 인식"이라고 결론내린다.[207]

　　대안적 질서를 모색하는 목소리는 극히 일부에 불과했다. 문정인 특보는 2018년 4월 30일 포린어페어스 기고문에서 "평화협정을 체결하면 주한미군 주둔을 정당화하기 어렵다"는 발언을 한바 있다. 물론 5월 1일 문재인 대통령이 "주한미군은 한미동맹의 문제"라면서 "평화협정 체결과는 상관이 없다"고 발언하고 5월 3일에는 문정인 특보 역시 "주한미군 주둔은 바람직하다. 철수를 주장한 적 없다"며 진화에 나서긴 했지만 주한미군 주둔의 정당성과 전제를 정면으로 거론했다는 점에서 토론이 필요한 대목이다. 남태현 미국 솔즈베리대 교수가 경향신문에 기고한 글에서 "한미동맹을 건국신화로, 종교로 숭배하며 반세기를 보냈다. 그러는 사이 이성적이고 냉철한 사고마저 잃어버린 것은 아닐까?"라면서 던지는 다음 질문은 그래서 더 곱씹을 필요가 있다. "한국 정부가

207) 이기홍. 주한미군 흔드는 한미동맹 혐오자들. 동아일보. 2019/1/25.

이렇게까지 끌려다닐 필요가 있을까요? 주한미군을 더 요구하는 게 혹시 미국 아닐까요? 미군이 떠난다고 북한이 쳐내려올까요? 중국이 미사일을 쏠까요? 일본군이 독도를 점령할까요? 미군을 언제, 어떻게 보내야 할까요?"[208]

　결국 논란 끝에 한미 양국은 분담금을 10억 달러 미만인 약 1조 389억 원으로, 협정유효기간 1년에 합의했다. 한미 양측 수석 대표들은 2월 10일 외교부 청사에서 협정문에 가서명했다. 국무회의는 3월 5일 협정안을 통과시켰다. 국회 외교통일위 수석전문위원실의 한미방위비분담금특별협정 비준동의안 검토보고서에 따르면 한국이 낸 분담금 가운데 지난해 말까지 미국이 사용하지 않은 액수가 1조 3,310억 원이나 된다.[209] 천정배 민주평화당 의원은 9차 한미방위비분담금특별협정 기간(2014~2018) 동안 미군이 분담금 가운데 954억 2,000만 원이 괌이나 오키나와 미 군용기 정비에 사용했다고 주장했다.[210]

　협정 기간이 1년으로 바뀌면서 타결되자마자 내년도 분담금 협상이 이어질 수밖에 없다. 2019년 9월 23일 문재인·트럼프 정상회담에서도 분담금이 의제로 거론됐다. 이 자리에서 문 대통령은 "합리적이고 공평한 수준"에서 협상이 이뤄져야 한다면서, 최근 국방 예산 인상과 미국산 무기 구매 비중 증가 등을 언급했다. 무기구매를 들어 분담금 협상 수준을 과도하게 인상하지 못하게 하

---

208) 남태현. 화석처럼 굳어버린 1953년. 경향신문 2019/1/11. 31면.

209) 한국일보. 미, 미집행 방위비 분담금 1조 3,000억 원 쥐고도… 증액 요구했다. 2019/3/21. 1면.

210) 동아일보. 방위비 분담금 954억, 괌-일 주둔 미군에 쓰였다. 2019/4/4. 8면.

는 의도로 보이지만, 비용부담의 총액을 놓고 보면 회의적인 반응이 나올 수도 있는 대목이다.[211] 정부는 이제 다시 3개월 동안 제11차 분담금 협상을 마무리해야 하는 과제를 떠안게 됐다. 이게 쉽지 않다는 건 정부에서 더 잘 인식하고 있다.[212] 이미 9월 24~25일 열린 11차 SMA 협상 1차 회의에서도 상당한 입장차를 확인했다.

공교롭게도 분담금 협상 타결 뒤 일부 신문에는 평택에 있는 부동산 상품을 소개하는 홍보성 기사가 실렸다. 이 기사를 보면 분담금 협상 이후 "주한미군을 대상으로 한 주택 임대사업이 수익형 부동산 시장에 블루칩으로 떠오르고 있다"고 한다. 이 수익형 단독주택단지가 블루칩인 건 "안정적이고 지속적인 수익률을 기대할 수 있다"는 점 때문이다. 그리고 그 이유는 바로 "미군 체류비가 방위비분담금에서 사용되기 때문"에 "임대료를 연금처럼 월세로 미군 주택과에서 직접 받아 안정적으로 수익을 올릴 수 있기 때문"이다.[213]

211) 연합뉴스. 한미동맹 강조 속 문 대통령 "방위비 합리적·공평하게 분담해야". 2019/9/24.

212) 연합뉴스. 2019/9/26. 외교부 "방위비협상 연내 타결 쉽지 않아"… 협상 난항 예고)에 따르면 외교부 당국자는 9월 26일 기자들과 만나 방위비 협상과 관련, "(연말까지) 3개월 안에 협상 타결이 쉽지는 않을 것이라 생각한다"면서 "타결이 가능해지려면 상당히 많은 노력이 필요할 것이라 생각한다"고 말했다.

213) 중앙일보. 잔금납부 후 임대료 3,600만 원 선지급 공실·연체 걱정 뚝. 2019/4/25. 동아일보. 평택 주한미군·군무원 전용 수익형 렌털하우스. 2019/7/12.

제 7 장

내전의 시작? 내전의 극복!

남북경제협력을 활성화해야 한다거나 인도적 지원을 재개해야 한다거나, 심지어 이산가족상봉을 한다고 할 때조차 꼭 등장하는 비판 혹은 우려로 '퍼주기'를 들 수 있다.[214] 언론에 등장한 '퍼주기'는 크게 정치적 관점과 경제적 관점으로 구분할 수 있다. 경제적 관점은 예산낭비나 경제적 손실에 따른 산출문제, 정치적 관점은 굴욕외교나 한미동맹 훼손 혹은 안보위협 등에 주목한다. 하지만 곰곰이 생각해보면 북한에 퍼줬다는 말은 넘쳐나는 데 비해 구체적으로 얼마나, 언제 어떤 목적으로 퍼줬다는 것인지 제대로 된 예산 규모조차 거론되지 않는다. 일부 보도에서 규모를 언급하는 것조차 대북 인도적지원과 남북경협, 민간 상거래까지도 포함하며 전체 양상을 과장하는 행태를 버젓이 하고 있다. '퍼주기' 자체는 대북 쌀지원 논란 와중에 출현한 것으로 대북 인도적 지원을 비판하는 용례로 쓰였다. 어느 순간부터 금강산 관광이나 개성

---

214) '퍼주기'와 관련한 더 자세한 내용은 다음을 참조할 것. 강국진. 2013. 「대북 '퍼주기' 담론과 대북 인도적 지원 예산 분석」, 한국언론정보학회 봄철 정기학술대회 발표문. 박한식·강국진. 2018. 『선을 넘어 생각한다』. 부키.

공단 등 투자는 물론 현대가 금강산 관광 사업권을 위해 지불한 4,500만 달러 등 민간상거래 등 거의 모든 영역으로 확장되면서 개념상 혼란만 극심해졌다. 게다가 실제 대북인도적지원 규모조차도 현금 없이 현물이며, 그 규모조차 퍼주기라고 하기엔 민망한 수준이다. 단재 신채호가 남긴 명언이라는 "역사를 잊은 민족에게 미래는 없다"[215] 만큼이나 근본도 없고 실체도 없다. 그렇지만 이 '퍼주기'라는 단어는 2000년 남북정상회담 직후 등장해 지금까지 합리적 토론과 미래지향적인 상상력을 갉아먹고 다닌다. 야당 대표는 물론 나중에는 현직 대통령이 공식 석상에서도 사용할 정도로 진실인 양 통용됐다. 당연히 남북관계와 관련한 구체적인 정책에 영향을 미쳤다. 왜 이런 일이 벌어졌을까. 단순히 '가짜뉴스에 속았다'는 식으로 치부해버리면 마음은 편할지 모르지만 어른스럽지는 않다. 무엇보다도 비슷한 사태가 되풀이되는 걸 막을 길이 없다.

책을 마무리하면서 '퍼주기'를 먼저 꺼낸 이유가 있다. 단순한 개념 하나처럼 보이는 것이 실제로는 상당히 정교한 담론전략의 결과물일 수 있다는 우려다. 북한에 대해 당연한 지원이나 투자를 가로막는 데 대단한 이론이 필요하지 않다는 것도 보여준다. 왜 그렇게 되었을까? 국민은 왜 '퍼주기'란 단어를 그렇게 쉽게 받아 들일까? 민족끼리 이 정도의 정상적인 후원도 못하게 된 배경은 무엇일까? 결과적으로 분단이 계속되는 상황에서 '퍼주기'

---

215) 뉴스톱. 2019/10/31. 역사를 잊은 민족에게 미래는 없다? 무한도전이 퍼뜨린 가짜 신채호 명언.

말고도 우리가 눈여겨봐야 할 사례는 없을까? 분단은 불가피한 게 아니라 선택이며, 국민 다수의 선택을 가로막는 세력이 있다는 게 이 책의 출발점이다. 분단을 둘러싼 무수한 주장이 담론으로서 얼마나 정교하고 설득력이 있는가를 질문하는 대신 '누가 이익을 보고 누가 비용을 지불하나'를 뜻하는 '퀴 보노(Cui bono)'라고 물었다. 컵에 있는 물을 두고 반쯤 찼다고 하는 것도 반쯤 비었다고 하는 것도 모두 진실일 수 있기 때문이었다. 물론 그렇다고 정답이란 없다는 입장은 아니었다. 만약 물을 버리는 중이었으면 '반이 비었다'는 게 맞다. 반대로 물을 채우는 중이면 '반이 찼다'고 말해야 한다. 본질은 '맥락'에 달렸다. 그래서 '누가 말하는가'와 '왜 말하는가'를 들여다봤다. 탐험을 시작하기 전에 먼저 지도를 챙겨야 하는 것처럼 '복합체'와 '담론정치'와 같은 이론적 논의도 가져왔다. 뭘 그렇게 복잡한 설명이 필요하냐고 물을지 모르지만 이유가 있다. 인간의 인지 능력이 갖는 근본적인 한계 때문이다. 적절한 개념 없이 세상을 이해할 수 있는 길은 없다. 김춘수의 시에서 말하는 것처럼 들녘에 있는 무수한 풀 중에서 무엇인가에 대해 '꽃'이라는 이름을 주는 것은 사물을 인식하는 출발이 된다. "아는 만큼 보인다"는 말은 더 정확하게 표현하면 "아는 단어(개념)만큼 세상을 이해할 수 있다"가 된다. 제2장에서는 이런 내용을 다뤘다. 지도 없이도 여행은 할 수 있지만, 몸은 고단해진다. 귀찮더라도 이론에 해당하는 부분을 한번 훑어봐야 다음에 나올 내용이 훨씬 쉽게 이해된다. 본격적인 분석은 제3장부터 시작된다.

명색이 학계와 언론계에 한 발을 담그고 있으면서 아무런 근거도 없이 '주장'만 할 수는 없는 노릇이다. "눈에 보이는데 뭘 증명하려고 해!"라고 핀잔을 받을 수도 있다. 그렇지만 "분단이 극복되지 못하고 있는 것은 언론복합체 때문이야"라는 주장이 설득력이 있으려면 그만한 근거를 제시해야 한다. 복합체 주장에 동의하지 않는 사람이 봤을 때도 "그럴 수 있다"라고 저절로 고개를 끄덕일 정도가 되어야 한다. 증거를 바로 들이밀지 않고 2019년 광화문 시위부터 시작해 정황 증거를 쭉 나열한 것은 이런 까닭에서다. 2019년 10월의 집회는 과연 보수언론과 자유한국당이 말하는 것처럼 '10월 혁명'으로 불릴 만한 것일까? 지난 2016년과 2017년 겨울의 촛불시위와 본질적으로 같은 '국민저항'일까? 복합체라는 관점을 채택한 덕분에 이 질문에 대한 답을 찾을 수 있었다. 지난 2003년 이후 꾸준히 세력을 확장해 왔던 그 누군가가 배후에 있고, 그들이 조국 사태를 계기로 담론전쟁에 성공했다는 내용이 이 책에 담겨 있다. 그렇다면 과연 그들은 누구이며, 현실 정치에 어떤 식으로 개입했을까? 제4장과 제5장은 이 질문에 대한 답이다. 관련 증거를 담는 과정에서 분량이 좀 많아졌다. 언론을 통해 확인할 수 있는 발언을 직접 인용하면서 같은 내용도 반복된다.

'담론전쟁의 현장.' 제4장의 제목이다. 복합체의 주도세력으로 부상한 언론이 직접 개입하는 부분과 '멍석 깔아주기'를 통한 후원전략으로 구분되어 있다. 분단을 유지하기 위해 만들어진 '천사와 악마'는 누구일까? 그리고, 전쟁의 경험과 반공교육이 뼛속 깊이 박혀 있는 한국 사회에서 이런 주장이 먹혀들 수 있도록 동원된 전략은 무엇일까에 대한 분석결과를 제시했다. 많은 천사 중에서도 복합체가 각별한 관심을 쏟는 후보로는 '이승만 대통령, 전시작전권, 한미동맹'을 꼽았다. 악의 우두머리는 북한이다. 중국은 '악마의 후견인'으로, 또 베네수엘라와 포퓰리즘은 '악마의 선발대'다. 언론복합체를 구성하는 지도자와 핵심세력, 그들 간 형성된 네트워크는 제5장에서 찾아볼 수 있다. 국내 언론을 통해 자주 접하는 인물 대부분이 이 장에 나온다. 크게 언론계, 종교계, 정치권, 공안집단, 지식사회, 군부, 탈북자사회, 교포사회, 미국 군산복합체 등이 영역별로 정리되어 있다. 미국이 포함될 수밖에 없는 이유와 한국 사회에 어떤 식으로 개입하는지에 대한 설명도 담았다. 분석의 마지막 장에 해당하는 제6장은 일종의 '후식'이다. 복합체의 작동방식과 구성요소를 한꺼번에 다 소화하지 못하더라도 대략 어떤 식으로 세상이 굴러가는지 설명해 준다. 몇 가지 사례를 선택했다. 직접 눈으로 보고 들은 얘기다. 앞에 나오는 인물들이 실제 어떤 식으로 '작업'을 하는지, '무엇'을 생각하는지, 왜 그렇게 하는지에 대한 목격담이라고 생각하면 된다.

1. 평화와 통일은 방해받고 있는가?

'안' 하는 것과 '못' 하는 것은 전혀 다르다. 지금껏 우리는 분단이 지속되는 이유를 외부에서 찾았다. 미국이, 중국이, 일본이 '원하지 않는다'라는 것을 핑계로 내세웠다. 민족 내부에서도 모든 책임은 북한에 있다고 떠넘겼다. 과거에 우리를 공격했기 때문에, 지금까지 계속 속였기 때문에, 원래 사악한 집단이기 때문에 '화해'와 '공존'의 대상이 아니라고 봤다. 북한이 대화하는 동안에도 계속 미사일을 쏘고 대량살상무기를 개발하고 있다는 것은 누구도 부정하지 못하는 사실이기도 하다. 문재인 정부가 하는 일에도 사사건건 시비를 건다. 무엇보다 도움받을 준비가 안 되어 있다. 염치도 없고, 무례하고, 툭하면 협박한다. 그러나 겉으로 보이는 모습이 전부는 아니다. "손바닥도 마주쳐야 소리가 난다"라는 말처럼 우리는 다 잘하는데 북한만 문제라는 생각은 전혀 공정하지 않다. 당장 문재인 정부만 하더라도 '우리 민족끼리'라는 근본적인 합의를 안 지킨다. 뭐든지 미국의 허락을 구한다. 방향이 옳고 해야 하는 일이 있다면 대통령은 의지를 갖고 추진해야 한다. 문재인 대통령은 그렇지 않다고 한다. 불과 2년 전 광화문에서 촛불을 든 사람들이 원했던 대북정책은 이게 아니었다. 정상회담을 하고 '공동선언문'을 발표했지만, 북한이 봤을 때는 달라진 게 없다. 한미군사훈련도 꾸준하고 미국으로부터는 과거 정부 때보다 더 많은 군수품을 산다. 닫힌 개성공단은 열리지 않았다. 금강산 관광도 이미 물 건너갔다. 2019년 상황만 봐도 북한만 탓할 수 없다는 의미다. 게다가, 소리를 만드는 양쪽 손바닥이 전혀 '평등'하지 않다는 것도 문제가 된다. 한쪽 손은 제대로 쓰지도 못하도록 묶여 있고, 다른 손은 철갑을 둘렀다. 동네에서 애들끼리 하는 싸움에 비유하면 좀 더 쉽다. 한쪽은 혼자서 싸운다. 제대로 먹고 입지도 못한 채 독기만 남았다. 다른 쪽은 부잣집 애다. 불리하다 싶으면 은근슬쩍 편들어 주는 미국이라는 정말 센 형도 옆에 있다. 구경하는 주변 어른들도 일방적이다. 북한이라는 애가 이기면 뭔가 잘못됐다고 생각한다. 부잣집 애가 반칙을 했다고 말해도 귀를 기울여 주지 않는다. "못된 게 싸움만 잘 한다"고 욕을 한다. 직접 싸움을 목격하는 것이 아니라 국제사회를 관통하는 미국, 영국, 프랑스 등 강대국 언론에 의존하는 것과 관련이 깊다. 분단 책임이 어디에 있는지 물을 때 '양비론'이 틀렸을 뿐만 아니라 오히려 '대한민국'이 더 문제일 수 있다는 말이다.

지금껏 분단을 극복하려는 노력이 없지는 않았다. 그러나 앞에서 살펴본 것처럼 곳곳에 지뢰밭이 있었다. 김영삼 정부 때 전쟁 일보 직전까지 내몰린 것은 이동복으로 대표되는 안기부의 방해공작과 무관하지 않다. 김일성 국가주석이 사망했을 때 '민족'이라는 관점에서 최소한의 예의를 갖출 수 있었지만 '안' 했다. 전시작전권만 제때 환수했더라도 한미군사훈련은 우리의 '전략'에 따라 조정할 수 있었다. 북한의 처지도 인정할 수 있는 부분이 없지 않았다. 인류 역사상 최강의 군사력을 자랑하는 미국이 한국군을 포함해 연간 20만 명 이상을 동원하는 군사훈련을 한다. 하늘에는 핵미사일을 실은 전투기가 뜨고 바다에서는 전 세계에 몇 척 없다는 항공모함이 있다. 땅덩어리가 넓어서 훈련이 전쟁으로 바뀌어도 반격할 수 있는 것도 아니다. 만에 하나 선제공격을 당하면 반격할 재주도 없다. 우리는 늘 방어훈련이라고 하지만 그것을 믿을 바보는 없다. 지구상에서 이처럼 거대한 군사훈련은 다른 곳에서 존재하지 않는다. 군사훈련에 공격과 방어라는 말을 갖다 붙이는 것도 어색하다. 작전계획 5026과 5027에서 드러난 것처럼 북한을 기습 공격하는 것도 엄연히 포함되어 있다. 1948년이라는 특수한 시기에 제정되어 점차 괴물로 성장한 국가보안법은 손을 '못' 댔다. 방해자가 늘 나타났다. 국정원에서는 희한한 시점에 간첩 사건을 폭로했다. 국가안보가 걸린 문제에 웬 시비냐고 할지 모르지만 지나간 흑역사가 너무 많다. 군사정부 시절 간첩사건은 약방의 감초처럼 나왔다. 심지어 성고문도 있었다. 나중에 조작사건으로 밝혀지는 사례도 계속 늘어난다.

　국정원이 멍석을 깔아주면 국회와 언론에서는 '색깔론'을 들이밀었다. 면책특권이 있으니 거짓이 드러나도 "미안해 난 몰랐어"라고 하면 되는 국회의원이 앞장섰다. 국민을 대표하는 분이라 당연히 '국가이익'을 우선했을 것 같지만 꼭 그렇지는 않다. 김대중 정부에서 빨갱이 사냥에 가장 앞장섰던 분은 김용갑이다. 2000년 국회에서 민주당이 국가보안법을 개정하려고 했을 때 "이러니 사회 일각에서 민주당이 조선노동당의 2중대라는 소리까지 나는 것"이라고 말했던 장본인이다. 그 뒤에도 계속 어깃장을 놨다. 김대중 정부를 향해 "현 정권의 대북정책은 김정일 독재정권은 살려주고 대한민국의 정통성은 뿌리부터 흔드는 총체적 실패작"이라고 했고, 노무현 정권을 "북한 노동당 2중대 1소대다"라고 불렀다. 툭하면 공안정국을 만든 배후에도 이들이 있다. 당시에는 한나라당에 있었던 홍준표 의원은 2003년 고영구 국정원장의 임명을 두고 "친북인사가 정보원 요직에 들어가면 어느 우방이 국정원에 정보를 제공하겠느냐"고 했다. 정형근 의원도 "북한의 핵심 세력이 정부 내에 있다고 확신한다"고 말하고 다녔다.[216] 흥미롭게도, 이들 세 사람은 모두 안기부와 각별한 인연이 있다. 제5장, 정치권에 진출한 공안세력 부분에 잘 나와 있다. 그들이 국회에서 한 발언이 일파만파 퍼진 것도 저절로 이루어진 것과는 거리가 멀다. 앞서 살펴본 복합체의 작동방식을 복기해 보면 답이 나온다. 미국이 많은 경우 뒤에 있었다는 것도 새삼스럽지 않다.

자칫 전쟁이 날 뻔한 상황을 모면한 직후에 등장한 게 1994년의 제네바 합의다. 북한이 이 합의를 먼저 깼다고 믿는 사람이 많지만, 진실은 오히려 정반대에 가깝다. 당시 북한은 잃을 게 너무 많았고 미국은 얻을 게 많았다. '악의 제국' 소련이 무너진 뒤 자연스럽게 등장한 게 '불량국가'다. 랜드연구소에서 이 개념을 만들었다. 북한을 '악의 축'으로 규정한 뒤 부시 행정부는 곧바로 북한 인권 문제에 관심을 쏟았다. 미국 국무부가 통제하는 NED가 탈북자들을 대상으로 '민주주의'상을 수여한 해가 2003년이다. 진실은 중요하지 않았다. 미국이 인권을 정치에 이용한 것도 해묵은 얘기다. 북한이 미국 달러를 위조했고 불법 돈세탁을 했다는 방코델타아시아(BDA) 사건도 결국 근거가 없는 것으로 드러났다.[217] 애초 미국 재무부의 일방적인 주장이었다. 정치적 목적

---

216) 황준범. 2004/12/9. '색깔론 각설이' 잊지도 않고 또 왔네. <한겨레>.

217) 김성해·류로·김동규. 2017. 관습적 오류 혹은 의도적 프로파간다: 북한관련 '의혹'의 실체적 진실과 담론 왜곡의 구조. <의정연구> 23(1). 188-226.

이 있는 프로파간다에 가까운 주장이었지만 결국 한국 사회의 여론에 영향을 미쳤다. 보수언론, 친미 성향의 전문가, 공안세력이 힘을 보탰다. 북한이 속인 부분도 있지만, 미국이 북한을 벼랑 끝으로 내몰았다는 점도 부정할 수 없다. 대통령까지 지낸 노무현도 그렇게 생각할 정도다. 중국과 북한은 당연히 미국 책임이 더 크다고 믿는다. 2019년에도 반복되는 풍경이다. 무대와 시나리오는 변하지 않고 배역을 맡은 인물만 달라졌다. 언론복합체로 불리는 집단이 이 연극의 감독이었을 가능성이 아주 크다.

2. 언론복합체는 엄연한 실체로 존재하고 있을까?

지난 2019년 10월, 광화문은 뜨거웠다. 온 국민이 조국 전 장관을 비난했고 문재인 정부를 꾸짖었다. 그러나 복합체의 그림자는 곳곳에서 보였다. 혹시나 하는 마음에서 그들을 추적했고 '실체'의 상당 부분이 드러났다. 평범한 생명체처럼 머리에 해당하는 리더 그룹이 있고, 핵심세력이 그들의 뒷배가 된다. 언론계에서는 조갑제, 김용삼, 류근일, 인보길, 이도형 등이 지도자로 분류된다. 공안세력에 속한 인물 중에는 과거 경력을 쉽게 짐작할 수 없는 인물도 있다. 고려대 교수로 소개되는 홍관희가 대표적이다. 원래는 중앙정보부 산하였던 국가안보전략연구원 출신이다. 그 후에 일한 곳도 재향군인회다. 삶의 터전 자체가 북한과 적대적일 수밖에 없는 환경이다. 미국 CIA 그림자가 짙은 한국자유회의에 참가하는 것 역시 우연은 아니다. 경찰 대공수사부와 관련이 있는 유동열도 신비의 인물이다. 그가 원장으로 있는 자유민주연구원은 전혀 간단치 않다. 전직 민주평통수석위원, 내무부장관, 대법관, 예비역 장군, 공안검사 등 쟁쟁한 인물이 모두 회원으로 참가한다. 단순히 이름만 내건 정도가 아니라 각종 포럼, 세미나, 행사에 나온다. 복합체가 깔아준 명석 덕분에 유 원장 자신은 동에 번쩍 서에 번쩍한다. 미국과 유럽 지회가 있을 정도로 방대한 것도 이 연구원의 특징이다. 자금 출처가 전혀 안 나온다. 그런데도 황장엽을 특강 강사로 불러올 수 있고 미국 해병대 기지를 둘러본다. 1950년대 미국 CIA 알렌 달라스 국장의 지시로 출범한 자유아시아위원회(Committee for Free Asia)와 닮은 꼴이다.[218] 막강한 후원세력이 없으면 불가능한 일이다. 미국과 한국의 정보기관에서 도움을 받고 있다는 것 정도는 확인된다.

국가보안법 폐기 혹은 개정을 적극적으로 방해하는 세력 중 다수가 자유한국당 국회의원으로 잘 나가고 있다는 것도 드러났다. 앞에 나온 세 사람을 빼고도 김기춘, 황교안, 강재섭, 권영세, 김진태, 최연희, 이철우, 박종근, 장윤석, 정점식, 곽상도 등이 여기에 속한다. 권력의 최상층으로 알려진 청와대 민정수석, 법무부장관, 국정원장 등의 요직을 두루 거쳤다. 전시작전권과 한미동맹이라는 전선에는 한미연합사 부사령관을 중심으로 한 예비역 장군들

---

218) 정종현. 2016. 자유아시아위원회(CFA)의 '원고 프로그램(Manuscript Program)' 지원 연구. <한국학연구> 43. 137-172.

이 결집해 있다. 분단 후 70년 동안 전쟁 한번 없었던 한국 군대에서 장군은 무려 400명이 넘는다. 그들이 퇴직 후에 받는 연금은 평균 매월 400만 원 정도다. 연봉으로 치면 5,000만 원에 달한다. 2018년 대한민국 직장인 평균 3,000만 원과 비교가 안 된다. 그들은 이 연금을 받아 광화문과 시청광장에 모인다. 대통령을 찾아가 전시작전권 반환을 연기하라고 요구하고, 〈조선일보〉 등에 상당 액수를 주고 성명서를 낸다. 국가안보는 자신들이 제일 잘 알기 때문이라고 말은 하지만 그것도 절반만 맞다. 다르게 생각하는 군인도 많다. 정의당의 김종대 의원이나, 국정원장을 지낸 전직 장군 출신 임동원이나, 평화네트워크의 정욱식 대표도 전문성으로만 보면 결코 뒤지지 않는다. '집단이기주의'라고 비판할 만한 지점도 많고 군산복합체와 끈이 닿아 있다는 증거도 있다. 대한민국수호예비역장성단, 재향군인회, 성우회 등을 좋게만 볼 수 없는 이유다. 복합체의 중요한 한 축으로 개신교가 있다는 것도 드러났다.

광화문 집회에서 문재인 하야를 공개적으로 외치는 전광훈 목사가 두드러진다. 정치와 종교의 분리를 내세우는 교회가 봤을 때 정도를 벗어난 사람으로 보이지만 속내는 전혀 다르다. 그는 정치에 깊숙이 개입해 왔고, 스스로 정치 권력이 된 한기총의 대표선수다. 영락교회를 세웠던 한경직 목사가 이 모임의 깃대를 꽂았고, 여의도순복음교회의 이영훈 목사 등이 이 자리를 거쳐 갔다. 북한 선교와 인권 문제에 교회가 깊숙이 개입되어 있다는 것도 복합체로 의심하는 근거다. 북한을 '불량국가'로 보는 것을 넘어 악마로 본다. 북한 정권이 붕괴되기 전에는 말도 섞으면 안 된다고 본다. 그러면서 미국에 대해서는 절대복종하는 이중성을 보인다. 미국이 아무런 관계도 없는 우리를 위해 피를 흘렸다는 것과 같은 황당한 얘기를 진짜로 믿는다. 국제사회의 본질을 조금이라도 알면 아예 꺼내기조차 민망한 주장이다. 한미조찬기도회 같은 것을 위해 지불하는 돈도 상당하다. 그 돈으로 세금이라도 제대로 냈으면 하는 반감이 생길 정도다. 고인 물은 썩기 마련인데 정말 오랫동안 양지에서 안 떠난다. 극동방송의 김삼환 목사는 무려 40년 가까이 반공투사로 산다. 뉴라이트를 이끈 김진홍과 서경석 목사, 순복음교회의 이영훈 목사 등은 정년도 없다. 북한을 돕는 것도 순수함과는 거리가 있다. 미국이 의도적으로 인권을 정치화하고 있다는 것에 대해 전혀 개의치 않는다. 북한을 여전히 선교의 대상으로만 본다. 하나님을 믿는 한국은 잘 살고 하나님을 안 믿어서 북한은 죄받고 있다는 견해다. 금란교회의 김홍도 목사 같은 분이 입버릇처럼 주장하는 말이다. 미국 CIA가 뒷돈을 주면서 부추기는 심리전에 힘을 보태주는 교회도 많다. 그들 입장에서는 너무 당연하다. 하루라도 빨리 북한정권이 무너져야 한다는 생각뿐이다. 공식적으로 광화문 집회와 북한선교에 나서고 있는 곳만 해도 사랑제일교회, 광림교회, 정동제일교회, 여의도순복음교회, 수원침례교회, 중앙성결교회, 금란교회, 두레교회, 강남교회, 오직예수제일교회, 명성교회, 대전중문교회 등 수십 곳이 넘는다. 언론계, 종교계, 공안세력 등 각자 영역을 넘어서 합종연횡 하고 있다는 것도 드러났다.

네트워크는 크게 국내와 국제사회로 나뉜다. 언론이나 학계, 종교계 등 같은 범주에 속하는 사람들끼리 모이는 단일형태도 있고 다른 범주와 함께 만드는 복합형태도 있다. 그중에서도 〈조선일보〉의 네트워크는 사방팔방으로 펼쳐 있다. 보수적인 언론인 중에서 이 회사와 관련이 없는 사람이 있을까 할 정도다. 빨갱이 사냥으로까지 부를 수 있는 '색깔론'의 최전선에 서 있는 〈한국논단〉〈미래한국〉〈뉴데일리〉〈월간조선〉 등이 모두 〈조선일보〉와 관련이 있다. 〈구국기도〉와 〈생명의강〉처럼 종교를 중심으로 한 네트워크도 잘 발달해 있다. 현재 자유한국당 대표를 맡고 있는 황교안을 중앙에 놓으면 뚜렷한 그림이 나온다. 한쪽에는 공안세력이 있고 다른 쪽에는 교회가 있다. 광화문에서 함께 삭발한 김문수와 이언주를 비롯해, 검찰에서 한 식구로 지냈던 고영주와 곽상도가 여기에 속하는 인물이다. 단순한 신념 또는 정말로 국가를 생각하는 마음에서 그러지 않았을까? 별로 안 그렇다. 안토니오 그람시가 말한 진지전이라는 개념을 잘 알고 움직인다. 천사 미국과 악마 북한이라는 색안경을 '못' 벗고 '안' 벗는다. 1950년대 미국이 한국을 비롯해 제3세계 지식인을 겨냥해 추진했던 '문화 냉전'이 얼마나 강력한가를 잘 보여주는 증거다. 프랜시스 손더스의 책 『문화적 냉전 - CIA와 지식인들』에서 "특정 주체가 사실은 누군가의 의도대로 움직이면서도 정작 스스로는 자신의 의지에 따라 움직인다고 믿게 되는 경지"로 볼 수 있다. 평생 학식과 덕망을 쌓은 분들에게 무슨 결례냐고 따질지 모르지만 그들의 말과 행동을 달리 설명할 길이 없다. 미국 CIA의 앵무새 역할을 했던 백낙준과 장준하의 주장과 너무 닮았다.

3. 언론복합체가 세력 확장에 성공한 비결은 무엇일까?

복합체의 기원은 2000년대 초반으로 거슬러 올라간다. 본인들이 보기엔 세상이 잘못된 방향을 간다고 믿을 만한 이유가 많았다. 자신들이 뿌리를 내리고 있었던 이해관계의 지형이 변하고 있다는 위기감도 작용했다. 분단체제의 최대 수혜자 중 하나인 교회가 앞장섰다. 공안세력이 힘을 보탰고 군부도 움직였다. 그렇지만 그 후 전개된 상황이 그렇게 절박하지는 않았다. 크게 힘들이지 않고 정권을 되찾는 데 성공했다. 이명박과 박근혜 정부를 거치면서 정부를 지원하는 정도의 역할에 머물러도 별문제가 없었다. 문재인 정부를 출범시켰던 촛불시위는 이들이 본격적으로 단합하게 된 계기가 된 것으로 보인다. 〈월간조선〉의 조갑제를 비롯해 공안세력이 주로 주장했던 사상투쟁에 대한 공감대가 넓어졌다. 정권을 빼앗겨도 담론전쟁에서는 승리할 수 있는 몇 가지 조건이 잘 갖추어진 상황이었다. 앞에 나왔던 S-M-C-R-E 모델로 설명이 된다. 끝에 나오는 효과(E)는 여기서 '천사와 악마' 만들기다. 전선은 대략 6개 정도가 두드러진다. 수호천사로 만들어야 하는 후보군은 이승만, 전시작전권과 한미동맹이다. 반대로 악마가 되어야 하는 후보군에는 북한, 중국, 포퓰리즘 등이다. 경쟁력이 있는 첫 번째 지점은 송신자(S)다. 각 전선에서 칼럼을 쓰고, 인터뷰에 나가고, 토론하고, 다른 견해를 가진 사람들을 논리적으로 눌러야 한다. 보수와 진보라는 진영으로 구분했을 때 아예 상대가 안 된다. 한 예로, 이승만 연구가 있다. 한쪽에서는 삼성이 돈을 지원해 주는 연구소가 있다. 〈조선일보〉와 밀접한 관계에 있는 〈뉴데일리〉도 후원을 한다. 대한민국사랑회 같은 곳에서 애국상도 수상한다. 그러나 맞은 편에는 〈백년전쟁〉을 제작한 민족문제연구소 정도만 있다. 전시작전권, 한미동맹, 미중패권이라는 전선으로 가면 상황은 훨씬 열악하다. 미국 유학 정도는 다녀와야 권위를 인정받는다. 경험에서도 뚜렷한 차이가 있다. 한쪽은 국립외교원, 정부 출연 연구기관, 대학교수를 거쳐 고위 공무원을 지낸 인물들이다. 다른 쪽은, 이런 호사스러운 경험을 할 수 없다. 미국 유학도 웬만한 형편이 아니면 엄두를 못 낸다. 중국이나 북한을 연구주제로 잡으면 학계에서 살아남기도 어렵다. 정부 출연 연구소에 들어가는 것은 더 어렵다. 주류가 되어야 이런 자리에도 기회가 생긴다. 메시지 생산과 품격이라는 점에서도 유리하다.

정보는 권력이다. 굳이 국가보안법이 아니더라도 북한에 대해 선뜻 호의적인 발언을 못하는 데는 이유가 있다. 워낙 정보가 제한적이다. 국정원과 일부 집단에서 정보를 독점한다. 미국이라는 정말 든든한 후원자가 있다는 것도 큰 차이를 만든다. 에드워드 스노든이 폭로한 것처럼 미국 정보기관이 영국, 캐나다, 뉴질랜드, 호주와 힘을 합쳐 수집한 정보는 상상을 초월한다. 문재인 대통령과 김정은 위원장이 굳이 건물 밖을 나가 '산책'을 하면서 대화를 하는 이유를 생각해보면 된다. 미국은 이런 장점을 잘 이용한다. 국내에서 국정원이 필요할 때 자신들이 원하는 정보만 일부 유출해 원하는 목적을 달성하는 것처럼 미국도 그렇다. 북한에 대한 방대한 정보를 토대로 원하는 시간대에, 원하는 방식으로, 원하는 정보만 보여준다. 확인은? 군사기밀이기 때문에 해 줄 수 없다. 게다가, 미국의 관점은 힘들이지 않아도 너무 잘 축적되어 있고 꾸준히 생산된다. 번역만 열심히 하면 된다. 랜드재단, CSIS, 해리티지, AEI, 브루킹스와 같은 싱크탱크는 물론 하버드, 버클리, 예일대, 프린스턴, 조지워싱턴, 터프트, 스탠포드 등에서 나오는 보고서와 책만 꾸준히 챙겨봐도 메시지를 생산하는 데 아무런 어려움이 없다. 뉴욕타임스, 워싱턴포스트, 월스트리트저널, 가디언, BBC, CNN 등을 챙겨보면 굳이 그런 수고조차 안 해도 된다. 땅 짚고 헤엄치기다. 학계와 언론에 무슨 국적이 있냐고 반문을 하겠지만 현실은 안 그렇다. 물론 오로지 학문적 진실만 추구하는 사람도 있다. 그러나 연방정부의 예산이 들어가는 연구소에서 정부의 방침과 정반대가 되는 보고서가 만들어지긴 어렵다. 굳이 정부의 방침과 다른 연구를 하고 싶다면 다른 곳에서 직장을 찾으면 된다. 랜드연구소나 해리티지와 같은 싱크탱크도 크게 안 다르다. 대안적인 메시지를 생산해야 하는 진영은 이런 상황에서 전혀 평등하지 않은 게임을 한다. 담론 시장이 복합체에 전혀 불리하지 않다는 얘기다. 복합체가 우위를 점하고 있는 지점은 채널도 예외가 아니다.

국내 언론의 지형은 평등하고는 거리가 멀다. 보수를 대표하는

〈조선일보〉〈중앙일보〉〈동아일보〉가 종이신문에서 차지하는 비중은 대략 70%다. 대형 아파트, 직장, 관공서 등이 아니면 진보지로 알려진 〈한겨레〉나 〈경향신문〉을 물리적으로 만나기도 어렵다. 당장 배달이 안 된다. 신문지국에 전화를 해보면 굳이 왜 그런 신문을 보느냐고 핀잔을 받는다. 지역에 따라 다르지만, 전국 평균이 그렇다. 한술 더 떠서, 여론주도층에서 이들이 차지하는 비중은 훨씬 더 높다. 노무현 대통령이 기를 쓰고 이들의 영향력을 억제하려고 했던 이유가 있다. '국정홍보채널(KTV)'이 출범한 건 이들이 가로막고 있는 '관문'을 우회해 보려는 고육지책이었다. 그나마 남은 게 공영방송이다. 그래서 권력을 다시 장악한 이명박 정부가 곧바로 KBS와 MBC 이사회 수술 작업에 들어갔다. 복합체의 핵심 중 한 명으로 꾸준히 등장하는 고영주 변호사가 방송문화진흥회 이사장이 되는 것은 이런 배경에서다. 담론전쟁을 염두해 둔 복합체는 한발 더 나갔다. 종합편성채널 얘기다. 시청자의 선택 폭을 넓힌다는 것도 있지만 정치적 목적도 분명 있었다. 어차피 종편을 할 만한 언론사는 정해져 있었다. 조중동을 비롯해 전경련의 이익을 대변하는 경제지 중에서 사업자가 나올 수밖에 없는 구조다. 직접 개입하거나 멍석을 깔아 줄 수 있는 채널은 이렇게 장악된 상황이다. 물론 팟캐스트, 유튜브, 인터넷 매체가 등장했기 때문에 채널 장악력은 떨어졌다는 분석도 있다. 그렇지만 인류 역사가 증명해 준 게 있다. 습관은 오래간다. 일터에 나가면 편하게 신문을 읽는다. TV를 통해 뉴스를 접하는 것도 쉽게 안 사라진다. 식당에서 밥을 먹을 때, KTX를 타고 이동할 때, TV는 바로 눈앞에 있다. 페이스북이나 카톡이나 포털에 나오는 뉴스 중에도 제대로 된 것은 대부분 언론을 전문으로 하는 언론사에서 제공한다. 끝으로, 공략해야 할 수용자(R)도 복합체 편이 많다.

간혹 정치에 관심이 많은 젊은이도 있지만 그러기엔 청춘이 너무 짧다. 먹고 살기 위해 준비도 해야 하고 연애도 필수다. 꼭 투표를 해야 하는지 망설이는 게 당연하다. 목표 공략층을 생각할 때 남는 집단은 누구일까? 연령대로는 40대 이상이다. 그러나 민주화운동을 경험한 386 세대는 복합체가 공략해도 별 효과가 없다. 각종 여론조사와 투표를 통해 실질적으로 정치에 개입하는 사람은 결국 60대 이상이다. 교회를 출석하는 분들은 목사님이 일상적으로 만날 수 있어서 굳이 언론을 통할 필요가 없다. 그중에서 제주, 여수와 순천, 광주 등에서 권력에 혹독하게 짓밟힌 경험이 있는 일부는 공략 대상에서 빠진다. 누가 남을까 싶지만 중요한 선거에서 승패를 결정할 만큼은 된다. 얼마 전 돌아가신 언론인 장행훈이 '선거복합체'라는 개념을 꺼낸 것은 이런 까닭에서다. 막연하게 추측을 하면 여기에 해당하는 사람은 다음의 경험을 공유하고 있을 가능성이 크다. 전쟁을 직접 겪었거나 그와 관련한 상처를 기억한다. 학창시절에는 반공 교과서로 공부했고 반공글짓기와 웅변대회 경험이 있다. TV에서는 반공 드라마를 봤고 북한에 대해서는 좋은 얘기보다는 나쁜 얘기를 훨씬 많이 들었다. 반대로, 미국에 대해서는 상당한 환상을 갖고 있다. 물건도 미국에서 만든 것이라면 무조건 믿는다. 정부에 대해 감히 대들 생각을 하지 않는다. 대통령은 아버지다. 검찰은 너무 높아서 잘 모르고 경찰만 해도 시키는 대로 한다. 권위에 복종하는 생활 방식이 몸에 배었다. 대통령을 탄핵한다는 것은 옳고 그름을 따지기 전에 '부모'에 대한 불효와 같이 본다. 복합체 지도자는 이들과 많은 면에서 닮았다. 집단기억, 집단정서, 상식이 모두 일치한다. 목표물이 된 수용자 입장에서도 나쁠 게 없다. 자신이 아는 얘기를 한 번 더 확인하는 것에 불과하다. '위장전술, 불량국가, 동맹훼손, 혈맹' 등 어느 것 하나 평소 생각과 어긋나는 게 없다. 본인들에게 너무도 당연한 것을 못 받아들이는 사람은 그들에게 어떻게 비칠까?

현실에 대해 '무지'하거나, '순진'하거나, 누군가에 의해 '세뇌'를 당한 사람일 수밖에 없다. 당연한 말이지만 여기서 불순 세력은 종북, 좌파, 얼치기 사회주의자, 민주화 인사들이다. 조갑제닷컴에 올라온 "[한 386의 고백] 나의 사상적 스승 리영희를 비판한다"에 이 정서가 잘 드러나 있다. 공안당국이 '의식화의 원흉'이라고 불렀던 인물이 리영희다. 필자는 "1959년 울산 출생. 연세大 신학과 졸업. 全大協 연대사업국장 겸 서총련 연대사업국장, 전민련 결성준비委 학생대표 역임. 북한민주화포럼 간사"로 소개되는 이동호다. 앞서 나왔던 전향자 중의 한 명이다.

> 나의 스승 리영희는 내 인생의 좌표였고 길잡이였다. 그는 나의 삶의 행로를 바꾸었다. … 1990년대 초반 소련의 붕괴와 동구 사회주의 국가들의 연이은 붕괴는 내게 리영희와의 만남만큼 충격이었다. 탈북자들과 언론을 통해서 알려지기 시작한 북한의 참혹한 실

상은 사회주의와 주체의 나라 북한에 대한 동경을 깨부셨다. … 그
(리영희)는 허상을 보았고, 지금도 그 허상을 좇고 있다. 그가 본
것은 사회주의 나라의 實在(실재)가 아니라 선전 문구를 사실로 착
각한 것이다. 레닌의 표현대로 리영희는 「쓸모 있는 바보」였다. 사
실과 선전을 구분하지 못하고 공산주의자들의 선전에 속아 자신이
속한 사회를 저주했던 어리석은 모습이 오늘 나의 눈에 비친 리영
희의 모습이다.

4. 내전은 시작되었는가? 무엇을 어떻게 해야 하나?

2019년 대한민국에서 내전은 진행형이다. 전쟁을 너무 쉽게 말
한다고 힐난할지 모르지만 틀린 말이 아니다. 냉정하게 말하자면,
1953년 휴전이 된 이후 단 한번도 내전이 아닌 날은 없었다. 다만
최근까지만 하더라도 너무 일방적인 전쟁이라 표면에 드러난 적
은 없다. 죽은 자는 말을 못 한다. 국민보도연맹 사건에서 보듯 누
가 어떻게 죽었는지 아직도 안 드러난 게 많다. 1988년 올림픽을
앞두고 연출되었던 상반된 풍경이 지금도 지속하고 있다. 한쪽에
는 정수라의 '아! 대한민국'으로 대표되는 세상이 있다. "도시엔
우뚝 솟은 빌딩들 농촌엔 기름진 논과 밭// 저마다 자유로움 속에
서 조화를 이뤄가는 곳// 도시는 농촌으로 향하고 농촌은 도시로
이어져// 우리의 모든 꿈은 끝없이 세계로 뻗어가는 곳// 원하는

것은 무엇이든 얻을 수 있고// 뜻하는 것은 무엇이건 될 수가 있어// 이렇게 우린 은혜로운 이 땅을 위해// 이렇게 우린 이 강산을 노래부르네"란 낙원이다. 다른 쪽에는 전혀 다른 세상이 존재했다. 그중의 하나는 '임을 위한 행진곡'에 나오는 "사랑도 명예도 이름도 남김 없이// 한평생 나가자던 뜨거운 맹세// 동지는 간데 없고 깃발만 나부껴// 새 날이 올 때까지 흔들리지 말자// 세월은 흘러가도 산천은 안다// 깨어나서 외치는 뜨거운 함성// 앞서서 나가니 산 자여 따르라."란 세상이다. 또 다른 하나는 '잠들지 않는 남도'에 녹아 있다. "외로운 대지의 깃발 흩날리는 이념의 땅// 어둠살 뚫고 피어난 피에 젖은 유채꽃이여// 검붉은 저녁 햇살에 꽃잎 시들었어도// 살 흐르는 세월에 그 향기 더욱 진하라// 아- 아- 아- 아! 반역에 세월이여// 아! 통곡의 세월이여// 아! 잠들지 않는 남도 한라산이여"라는. 그냥 모른 척하고 살았을 뿐이다. 2019년 우리는 복합체의 고함에 놀라 꿈에서 깨고 있을 따름이다.

잠깐만 둘러보면 선전포고문은 곳곳에서 보인다. 2019년 1월 11일. 서울중앙지검에서 공안1부 검사와 부부장을 거친 후 춘천에서 국회의원이 된 김진태는 〈뉴데일리〉 인터뷰를 통해 이렇게 선언했다. "의원총회에서 몇몇 분들이 '이봐라. 국민들이 이렇게 이념에 신물을 내니까 이제 그런 소리 그만하고 민생에 집중하자'고 하더라. 정말 어이가 없었다. 그런 식의 나약한 태도가 여태까지 우파를 이 모양으로 만든 거다. 오히려 더 치열하게 이념 무장하고 이념 투쟁을 해야 한다. 민생을 가지고 우리가 챙긴다고 아무도 알아주는 사람이 없다. 그거는 집권 여당일 때 했어야, 사회주의 주사파 정권하고 무슨 민생을 협조한다는 소릴 하나. 다시 말하지만 낙동강 전투다."〈조선일보〉편집국장을 역임한 후 역시 자한당 국회의원이 된 강효상도 "대한민국은 바야흐로 **사상의 전쟁** 가운데 서 있습니다. 이 땅에 자유의 가치를 처음 뿌리내린 이승만 대통령의 업적을 세계사적 관점에서 제대로 재평가하고 기리는 일이야말로 대한민국 성공의 역사를 지켜내는 첫걸음이라 감히 말씀드립니다."란 말을 남겼다. 경기도 도지사를 지냈던 전향자 출신의 김문수의 발언도 전해진다. 2019년 7월 4일 〈조갑제닷컴〉에 소개되어 있다. "지금은 주사파가 대한민국의 권력을 잡았습니다. 자유파 대통령 박근혜와 이명박은 감옥에 갇혀 재판받고 있습니다. 주사파와 자유파 사이에 체제전쟁 중입니다. 문재인+김정은 주사파 공동체가 사상이념 · 권력의 고지를 점령했습니다. 자유대한민국은 주사파에 의해 점령됐습니다. 자유파와 주사파는 적대적 관계로서, 사상이념 체제투쟁에서 주사파가 승리하여 집권하고 있습니다. 문재인 정권은 종북 주사파 정권이며, 김정은과 연방제 통일을 하는 것이 1차 목표입니다."란 내용이다.

한 사람이 말하면 안 들린다. 둘이 목소리를 합치면 주변에서 돌아본다. 셋 이상 모이면 현실이 된다. 있는 현실을 부정할 재주는 없다. 남은 건 방법론이다. 복합체는 강하다. 위에서 잠깐 살펴본 것처럼 담론전쟁에서 이길 수밖에 없는 고지를 선점하고 있다. 문재인 정부가 지금은 권력을 잡고 있지만 언제든지 다시 뺏길 수 있다는 것을 인정해야 한다. 민주주의 체제에서 어차피 제도적 권력은 주고받을 수밖에 없다. 그게 아니면 독재가 된다. 문제는 선거의 승패와 상관없이 어떻게 하면 분단체제를 극복할 수 있을까 하는 문제다. 쉽지는 않겠지만 몇 가지 기회의 창이 남아 있다. 위에 나온 커뮤니케이션 모델을 한 번 더 적용하면 된다. 첫째, 송신자(S)와 메시지(M)에서 복합체는 상대적으로 나이가 많다. 경험이 많은 것은 장점이지만 그래서 "물 먹은 사람이 소금을 찾는다"라는 문제가 생긴다. 그들이 속해 있는 집단과 이해관계를 밝히면 '곡학아세(曲學阿世)'라는 문제로 인해 신뢰를 잃을 가능성이 크다. 미국이라는 거인의 어깨너머로 세상을 바라보는 데 너무 익숙해 주체적 사고가 부족하다. 제국의 영향력이 약해지면서 미국의 관점이 오히려 한국의 관점과 충돌하는 상황이 생긴다. 미국 유학이나, 전문직 경험, 정보의 부족도 해결되고 있다. 굳이 유학을 가지 않아도, 굳이 공안세력이 독점하는 정보에 의존하지 않아도 방대한 규모의 정보를 얻을 수 있다. 권력이 인위적으로 쌓은 정보의 장벽이 낮아지고 있다. 재미교포 신은미처럼 평범한 주부가 진짜 '악마'의 모습을 보고 전해준다. 언론이 보도자료가 없어도 얼마든지 취재할 수 있는 것과 비슷하다고 보면 된다. 감투가 아닌 실력으로 승부를 겨룰 기회도 많아졌다. 담론의 설득력을 높이기 위해 반드시 '장관, 국장, 국회의원'을 거치지 않아도 된다는 의미다.

둘째, 복합체가 우위에 있긴 하지만 공론장이 꾸준히 확장된다는 것도 기회다. 한 예로, 예전에는 〈조선일보〉에 칼럼을 써야 의미 있는 반향을 일으켰다. 지금은 다르다. 누구나 원하면 글을 기고할 수 있는 〈허핑턴포스트〉 같은 채널이 있다. 영향력은 측정할 수 없지만, 훨씬 더 많은 사람이 읽는다. 공론장의 변화는 손혜원 의원이나 유시민 전 복지부장관의 시도로 그 효과가 증명되기도 했다. 손 의원이 공중파라는 막강한 권력에 맞서기 위해 선택한 대항마는 페이스북이었다. 방송에서 찾을 수 없었던 '멍석'을 스스로 깔았다. 조국사태를 맞아 유시민이 찾은 전략도 긍정적으로 볼 부분이 많다. 한편으로는 〈알릴레오〉라는 유튜브 채널을 동원했고 다른 한편으로는 대중과 직접 소통하는 방식을 찾았다. 그의 강연은 주류 언론의 외면에도 아랑곳하지 않고 페이스북, 카카오톡, 트위터를 통해 목표 공략층에 도달한다. 국제정보질서의 구조적 불평등도 개선되고 있다. 미국과 영국으로 대표되는 서방이라는 관문은 작아졌다. 원하기만 하면 또 의지가 있으면 러시아, 중국, 베네수엘라, 이란, 시리아에 있는 그 누군가와 만날 수 있다. 미국이 과거와 달리 쿠데타 시도에서 거듭 실패하는 것도 이런 정보환경의 변화와 관련이 깊다. 예전에는 중요한 채널 몇 개만 장악하면 국민의 눈과 귀를 막을 수 있었지만, 지금은 힘들다. 앞으로는 더 힘들어질 개연성이 높다 비유를 하자면, 좋은 음식이 있으면 이제 더 이상 장소와 시간을 걱정하지 않아도 되는 이치다. 주문은 이제 온라인으로 이루어진다. 편리해진 교통 덕분에 위치는 그다지 문제가 안 된다. 결국 남는 건 '품질'이다. 경쟁력 있는 담론만 있으면 '공감과 설득' 전쟁에서 승리할 수 있다는 의미다.

끝으로, 한반도를 둘러싼 객관적 지형 자체가 전혀 불리하지 않다. 국내에서 복합체가 안전하게 기득권을 누릴 수 있었던 배경은 미국이다. 당장은 아닐지 모르지만, 미국의 후퇴는 불가피하다. 중국의 성장 역시 엄연한 현실이다. 물론 자칫하면 샌드위치가 될 수 있고, 중국이 패권국이 될 수도 있다. 한국은 정체되어 있고 주변국만 성장했다면 이런 우려가 더 맞다. 그러나 한국도 달라졌다. 우리만 모르고 있다. 전 세계시장에서 경쟁력을 확보한 상품만 해도 엄청나다. 한류로 대표되는 우리의 소프트파워 역시 전혀 무시당하지 않아도 될 수준이다. 과학, 의학, 정보통신 분야에서도 선진국에 안 밀린다. 약한 고리는 사회과학이다. 미국에 대한 지식 의존이 너무 오래 지속됐다. 지난 60년 이상 미국에 의해 쇠사슬에 묶여 있는 코끼리라고 생각하면 된다. 그냥 끊어 버리면 된다. '못' 하는 게 아니라 '안' 하는 거다. 그렇지 않다면 복합체가 '한미동맹'을 수호천사로 만들기 위해 그렇게 노력할 이유가 없다. 남북문제를 지금과 전혀 다른 방식으로 풀어갈 수 있는 것 역시 기회로 봐야 한다. 북한의 핵무장은 역설적으로 한반도의 전쟁 가능성을 낮췄다. 노무현 대통령이 본인의 의지와 달리 이라크 파병을 결정할 수밖에 없었던 '북한 공격'을 더는 두려워하지 않아도 되는 상황이다. 국내 여론만 잘 관리하면 된다. 금강산이든, 개성공단이든, 백두산이든 북한을 '우리 민족'으로 인정하고 시작하면 된다. 당장 껍질을 깨는 고통이 있더라도 앞으로 얻게 될 '보상'과 비교할 수 없다. 국민을 어떻게 설득하고 동참하도록 할까만 고민하면 된다.

목마른 사람이 우물을 판다. 우리는 지금 목이 마르다. 복합체가 그렇지 않다고 설득하지만, 몸이 안다. 국민에게 이 상황을 정직하게 알려야 한다. 그동안 지식인과 언론은 너무 게을렀다. 분단의 기회비용이 뭔지 제대로 알리는 노력이 없었다. 평화와 통일을 통해 얻을 수 있는 것에 대해서도 청사진을 주지 못했다. 미국이 차려준 밥상에 이런 메뉴는 올라와 있지 않다. 지금까지 우리는 우물을 파는 대신 미국산 '생수'에 의지해 왔고 덕분에 중독이 생겼다는 점도 깨우쳐 주지 않았다. 게다가, 앞으로도 생수값은 계속 오를 수밖에 없다. 당장 트럼프 대통령이 작년보다 5배가 많은 주한미군분담금을 요구해도 속수무책이다. 북한이 노골적으로 반대하는 군수품 수입을 계속하는 것도 이런 까닭에서다. 그냥 우물을 파면 된다. 지금은 수고스러울지 모르지만 향후 100년의 미래를 보장하는 길이다. 출발점은 의외로 간단하다. 미국을 통하지 않고 북한과 얘기하면 된다. 함께 우물을 파면 덜 힘들고, 더 빨리 양질의 물을 얻을 수 있다.

참고문헌

- Bastiaan van A& Naná de G(2014), Corporate elite networks and US post-Cold War grand strategy from Clinton to Obama, European Journal of International Relations, 20(1), 29~55.

- Bergsten, C. F(1998, February 24), The International Monetary Fund and the national interests of the United States: Testimony before the Joint Economic Committee United States Congress. Retrieved fromhttps://piie.com/commentary/testimonies/international-monetary-fund-and-national-interests-united-states.

- Bhagwati, J. N.(2000), The wind of the hundred days : how Washington mismanaged globalization. Cambridge, Mass., MIT Press.

- Entman, R. M. (2004). Projections of power: Framing news, public

- Fairclough, N. (2004). Analyzing Discourse: Textual analysis for social research. London. Routledge.

- Hall S, Clarke J, Critcher C, Jefferson T, Roberts B. (1978). Policing the crisis: Mugging, the state, and law and order. London: Macmillan.

- Harden, B(2012), Escape from camp 14: One man's remarkable odyssey from North Korea to freedom in the west. New York, NY: Penguin Books.

- Homolar, A(2010), Rebels without a conscience: The evolution of the rogue states narrative in US security policy, European Journal of International Relations, 17(4), 705~727.

- Ikenberry, G(2005), Power and liberal order: America's postwar world order in transition, International Relations of the Asia-Pacific, 5, 133~152.

- Katherine Gordy & Jee Sun E. Lee(2009). Rogue Specters: Cuba and North Korea at the limits of US hegemony, Alternatives, 34, 229~248.

- Ken K(2001), U.S. nationalism and the axis of evil: U.S. policy and rhetoric on North Korea, Humanity & Society, 25(3&4), 239~262.

- Kenneth, O(2006), Total Cold War: Eisenhower's Secret Propaganda Battle at Home and Abroad. Lawrence, Kansas: University Press of Kansas.

- Kim, S.H. (2005) Educating public opinion: Understanding U.S. dollar hegemony in the era of global news media, Unpublished Dissertation, Pensylania State University.

- Krugman, P.(May 1998), "America the Boastful." Foreign Affairs.

- Laurence H. Shoup and William Minter(1977), Imperial Brain Trust: The Council on Foreign Relations and United States Foreign Policy, New York and London: Monthly Review Press.

- Lennon, ATJ. & Eiss. C. (Eds.)(2004), Reshaping Rogue States: Preemption, Regime Change, and U.S. Policy Toward Iran, Iraq, and North Korea. Cambridge, MA: MIT Press.

- Matray, J(2013), The Failure of the Bush Administration's North Korea Policy: A Critical Analysis, International Journal of Korean Studies, Spring, 140~177.

- Nicholas, J. C(2008), The Cold War and the United States Information Agency: American Propaganda and Public Diplomacy, 1945–1989. Cambridge, UK: Cambridge University Press.

- Pillar, P. R(2016), The role of villain: Iran and U.S. foreign policy. Political Science Quarterly, 131(2), 365~385.

- Stevenson, R L, and D, L, shaw(1984), Foreign news and the news world information order. Ames, Iowa State University Press.

- 강국진. 2013. 「대북 '퍼주기' 담론과 대북 인도적 지원 예산 분석」. 한국언론정보 학회 봄철 정기학술대회 발표문.

- 강국진. 2017. <조세담론의 구조와 변동에 관한 연구: 노무현·이명박·박근혜 정부를 중심으로>. 성균관대학교 국정전문대학원 박사학위논문.

- 강국진·김성해. 2011. 정치화된 정책과 정책의 담론화: '부자감세' 담론의 역사성과 정치성. 『한국행정학보』. 45(2): 215~240.

- 강국진·김성해(2013). 재정건전성 담론 해체하기: 미디어담론에 내포된 프레임 구조 와 변화를 중심으로. 『한국언론정보학보』. 63: 5~25.

- 강명구. 1994. 경제뉴스에 나타난 경제위기의 현실구성에 관한 연구. 『언론과 사회』. 3: 92-131.

- 강명구·박상훈. 1997. 정치적 상징과 담론의 정치; '신한국'에서 '세계화'까지. 『한국사회학』. 31(1): 123~161.

- 공임순. 2017. 1950년대 전후 레짐(postwar regime)과 잡지 '희망'의 위상. 『대중서사연구』. 제23권 3호. 9-55.

- 김미란. 2014. 문화 냉전기 한국 펜과 국제 문화 교류. 『상허학보』. 41, 329-370.

- 김민식. 2016. 1950년대 한국군의 미국 군사유학 시행과 그 영향. 『군사』. 98, 285-321.

- 김민환. 1995. 미군정의 언론정책. 『언론과 사회』. 제8권, 6-38.

- 김성보. 2008. 미국·한국의 냉전 지식 연결망과 북한 연구의 학술장 진입. 『사이』 제22호. 9-36.

- 김성해. 2013. 담론복합체, 정치적 자본, 그리고 위기의 민주주의 : 종북(從北)담론의 텍스트 구조와 권력 재창출 메커니즘의 탐색적 연구. 『미디어, 젠더 & 문화』. 통권 제28호. 71~111.

- 김성해. 2013. 동아시아 공동체와 담론 전쟁: 한국 언론의 동북공정과 독도분쟁 재구성. 『언론과사회』. 제21권3호. 64~106.

- 김성해. 2019. 『지식패권 1: 보이지 않는 족쇄와 달콤한 복종』.민음사.

- 김성해. 2019. 『지식패권 2: 약소국의 눈물과 잿더미 위에 피운 꽃』. 민음사.

- 김예림. 2007. 냉전기 아시아 상상과 반공 정체성의 위상학 - 해방~한국전쟁후 (1945~1955) 아시아 심상지리를 중심으로. 『상허학보』. 20. 311-345.

- 김옥란. 2012. 오영진과 반공·아시아·미국 - 이승만 전기극 〈청년〉·〈풍운〉 을 중심으로. 『동악어문학』. 59. 5-55.

- 김용학·유석춘. 1996. 한국의 권력 엘리트 이동 유형에 관한 연구. 『성곡논총』. 제 27권 3호. 165-197.

- 박한식·강국진. 2018. 『선을 넘어 생각한다』. 서울: 부키.

- 박휘락. 2016. 북한 핵위협 대응에 관한 한미연합군사력의 역할 분담. 『평화연구』. 제24권 1호. 81~116.

- 백낙청. 1998. 『흔들리는 분단체제』. 서울: 창비.

- 신진욱. 2008. 보수단체 이데올로기의 개념 구조, 2000~2006 - 반공, 보수, 시장 이 데올로기를 중심으로. 『경제와 사회』. 통권 제78호. 163-193.

- 심혜경. 2018. 1950년대 말 아시아재단 서울지부의 연구 지원 사례연구 - 고황경·이 만갑·이효재·이해영의 『한국농촌가족의 연구』를 중심으로. 『한국학연구』. 49. 155-188.

- 이봉범. 2008. 1950년대 문화 재편과 검열. 『한국문학연구』. 34. 7-49.

- 이선미. 2006. '미국'을 소비하는 대도시와 미국영화 - 1950년대 한국의 미국영화 상 영과 관람의 의미. 『상허학보』. 18. 73-105.

- 이선미. 2009. 1950년대 미국유학 담론과 '대학문화' - 『연희춘추』의 미국관련 담 론과 기사를 중심으로. 『상허학보』. 25. 235-272.

- 이정환. 2012. "보수언론 선거복합체, 방치하면 민주주의는 끝장이다." [창간 17주 년] 장행훈 언론광장 공동대표 인터뷰. 『미디어오늘』. 2012년 5월 16일.

- 이준식·박태균. 1995. 해방 50년! 분단의 역사, 통일의 역사: 지배세력과 분단의 역 사. 『역사와현실』. 16. 21-39

- 이춘근. 2013. 『대한민국 핵무장의 논리』. 서울: 한반도선진화재단.

- 이하나. 2012. 1950-60년대 반공주의 담론과 감성정치. 『사회와역사』. 95권. 201-241.

- 장규식. 2014. 1950~1970년대 '사상계' 지식인의 분단인식과 민족주의론의 궤적. 『한국사연구』. 167. 289-339.

- 장영민. 2009. 미국의 헤게모니와 한국 민족주의 - 냉전시대(1945~1965) 문화 적 경계의 구축과 균열의 동반. 『한국근현대사연구』. 49. 190-197.

- 장영민. 2016. 미군정기 도미유학에 관한 기초 연구. 『한국근현대사연구』. 79. 225-268.

- 정해구. 1994. 미군정과 좌파의 노동운동 - 정치적 상황과 전평의 운동노선을 중심으로. 『경제와 사회』. 통권 2호. 111-142.

- 조항제. 1998. 1960년대 한국 방송의 자율성의 성격: 코포라티즘과 복합대기업화. 『한국방송학보』, 제10호. 289-322.

- 주재우. 2013. 미·중의 동아시아지역 질서관 비교 분석: 미국의 '아키텍처' 개념을 중심으로. 『아태연구』. 제20권1호. 59~95.

- 지주형. 2011. 『한국 신자유주의의 기원과 형성』. 서울: 책세상.

- 차재영. 1994. 주한 미점령군의 선전활동 연구. 『언론과 사회』. 5호. 29-52.

- 차재영. 2014. 1950년대 미국무성의 한국 언론인 교육교류 사업 연구: 한국의 언론 전문직주의 형성에 미친 영향을 중심으로. 『한국언론학보』. 제58권 2호. 219-245.

- 프랜시스 손더스. 2016. 유광태, 임채원 공저. 『문화적 냉전: CIA와 지식인들』. 서울: 그린비.

- 한상철. 2017. 한반도 이념전쟁 연구: 1919-1950, 빨갱이와 반동분자. 서울: 선인.

- 허은. 2015. 냉전시대 미국정부의 『자유세계』 발간과 '자유 동아시아'의 형성. 『아세아연구』. 제58권 1호. 101-143.

- 홍석률. 2012. 『분단의 히스테리』. 서울: 창비.

감사의 말

　살다 보면 '안' 하는 것과 '못' 하는 게 전혀 다르다는 것을 깨닫을 때가 많다. 무려 70년 가까지 지속하고 있는 한반도 분단도 이런 부류다. 북한 때문에, 중국 때문에, 미국 때문이라는 것은 핑계다. 남과 북이 입버릇처럼 말하는 '우리 민족끼리'의 원칙으로 그냥 담대한 걸음을 내딛으면 된다. 왜 안 될까? 왜 다수 국민은 여전히 북한을 우리의 반쪽으로 보기보다는 우리를 죽이지 못해 안달하는 악마로 볼까? 미국은 과연 우리의 수호천사일까? 몇 가지 근본적인 질문을 던지면 '다른' 길이 보인다. 책을 기획한 의도다. 너무도 익숙한 풍경이라 뜻밖의 질문을 제기하고 함께할 사람을 찾는 게 어려웠다. 저널리즘학연구소 회원분들이 같이 고민하고, 자료를 찾고, 토론을 해 준 덕분에 고비를 넘었다. 지면을 통해 감사의 인사를 드린다. 관점이 다를 수 있고, 책의 프레임에 동의하지 않는 분도 있고, 분단의 해답을 다른 곳에서 찾는 분도 있다. 그럼에도 불구하고! 많은 분이 흔쾌히 이 책 작업에 힘을 보태줬다. 일본으로 급하게 가시는 관계로 공동필자에서는 빠졌지만, 강명구 교수님께 각별한 감사의 인사를 전하는 것은 이런 까닭에서다. 지도교수와 제자의 인연으로 만나 앞으로도 좋든 싫든 한 식구로 살아가야 하는 최종환에게도 고맙다는 인사를 전한다. 북한대학원대학교에서 쓰고 있는 박사 논문을 잘 마치고 늘 하고 싶었던 전문가로 당당하고 행복하게 살아갈 수 있기를 빈다. 겨우 지면에 감사 표시를 하는 것만으로는 많이 부족한 분이 이 책을 출판해 주시기로 한 박은경 대표님이다. "세상에 뭐 이런 분이 다 있어"라는 찬사가 절로 나온다. 필자로서 많이 부족한 걸 잘 아는데 흔쾌히 책을 내주시겠다는 그 결단에 경의를 표한다. 독자의 관심을 많이 받아서 재정적이라도 작은 도움이 되었으면 한다. 그게 아니더라도 나중에 더 좋은 책으로 이 신세를 조금이라도 갚아갈 생각이다. 공동필자로 항상 믿고 따라주는 강국진 박사에게도 정말 고맙고 곁에 있어 든든하다는 얘기를 해 주고 싶다. 박한식 교수님과 함께 북한에 관한 〈선을 넘어 생각한다〉라는 책을 냈고 벌써 본인 이름으로 책도 몇 권째 나오는 장래가 촉망되는 후배다. 못난 선배와 함께 작업한 별로 대단할 것 없는 책이지만 이를 통해 한 뼘 더 성장하는 기회가 되었으면 한다. 끝으로, 사랑하는 가족을 빼놓을 수 없다. 제대 후 복학해서 잘 적응하는 아들과 대학 입시를 준비하는 딸, 사랑과 헌신으로 가정을 지켜주는 아내, 모두에게 감사하다는 말을 전한다. 세상 빛을 보게 해 주신 아버지 김용호와 어머니 김정수께 이 책을 바친다.

천사 미국과 악마 북한

발행일	2019년 12월 6일 ㅣ 초판 1쇄
지은이	김성해 · 강국진
발행인	박은경
펴낸곳	생각을 나누는 나무(한국애드)
출판등록	2011년 10월 28일 ㅣ 제2011-18호
주소	대구광역시 남구 이천로 142
대표전화	053-765-1770
이메일	hkad1770@chol.com
ISBN	979-11-86181-23-2 (03300)

이 책은 한국언론진흥재단의 도움을 받아 저술, 출판되었습니다.